DERECHO ADMINISTRATIVO: IDENTIDAD Y TRANSFORMACIONES

EDICIONES UNIVERSIDAD CATÓLICA DE CHILE
Vicerrectoría de Comunicaciones
Av. Libertador Bernardo O'Higgins 390, Santiago, Chile

editorialedicionesuc@uc.cl
www.ediciones.uc.cl

DERECHO ADMINISTRATIVO: IDENTIDAD Y TRANSFORMACIONES

Alejandro Vergara Blanco

Enero 2018
ISBN 978-956-14-2207-0

Diseño:
Salvador E. Verdejo Vicencio
versión | producciones gráficas Ltda.

CIP - Pontificia Universidad Católica de Chile

Vergara Blanco, Alejandro, autor.
Derecho administrativo : identidad y transformaciones / Alejandro
Vergara Blanco.
Incluye notas bibliográficas.

1. Derecho administrativo-Chile-Historia.
2. Derecho administrativo-Chile-Fuentes.
I. t.

2017 342.8306 + 23 RDA

DERECHO ADMINISTRATIVO: IDENTIDAD Y TRANSFORMACIONES

ALEJANDRO VERGARA BLANCO

EDICIONES UC

ÍNDICE GENERAL

PRÓLOGO

La actual identidad del derecho administrativo es el resultado de las transformaciones operadas en su núcleo dogmático desde hace cuarenta años casi. Este libro, una selección de doctrinas, comentarios y opiniones de su autor, intenta mostrar algunas de esas manifestaciones.

I. LA ERA DEL DERECHO NEOMODERNO

El espacio jurídico que hoy habitamos es neomoderno. La actual identidad de la disciplina es fruto de esa transformación que hizo mutar el derecho, de moderno a neomoderno.

Desde la perspectiva puramente jurídica, se han venido desarrollando desde el inicio mismo de la década de 1980, procesos que alteraron profundamente lo que antes existía. Ya nada fue lo mismo. Desde esos años se abrió un nuevo espacio jurídico, un nuevo *ethos*, el que se ha desarrollado hasta hoy con bríos y salud renovada, dados los perceptibles signos de cambio que es posible percibir por doquier, en las fuentes del derecho, en toda relación jurídica, en cada disciplina jurídica. De ahí que cabe un calificativo que distinga esta era de la inmediatamente anterior.

La condición neomoderna del derecho actual es el reflejo de esas variaciones. Es el estado en que ha quedado la cultura jurídica tras las transformaciones que afectaron a nuestra sociedad, con los cambios producidos desde 1980, primero, en el nivel de las reglas (de las leyes, de las normas) y, después, a partir de lo anterior (como es inevitable en toda sociedad democrática), en las otras tres fuentes del derecho que conforman las dimensiones y la cultura jurídica de un país: en los usos y costumbres de ese pueblo (de donde fluyen los principios), en la jurisprudencia y en la doctrina de los autores. Como esas cuatro fuentes del derecho (leyes, usos, jurisprudencia y doctrina) natural y necesariamente siempre son relativas a determinados sectores de la vida en sociedad, son necesariamente especializadas en alguna materia o disciplina jurídica, el fenómeno de lo neomoderno debe revisarse de ese mismo modo: en cada disciplina jurídica. De ahí que entonces existe, por ejemplo, un derecho administrativo neomoderno, un derecho de aguas neomoderno, un derecho minero neomoderno o un derecho de energía neomoderno, y cada jurista puede observar con precisión el modo en que se manifiesta en la disciplina que cultiva. Pero el fenómeno es amplio y pareciera cubrir todas las disciplinas jurídicas.

II. EL JURISTA COMO BARÓMETRO SOCIAL

A la vez, este libro muestra también el perfil de un autor. Todo jurista suele (incluso, *debe*) opinar sobre temas de su especialidad que se conectan con relevantes decisiones en la sociedad de su tiempo. Pareciera que es una obligación del oficio de juristas, pues es un modo de divulgación de su conocimiento.

Las doctrinas, críticas y opiniones que todo jurista suele ofrecer a la legislación, a las decisiones de la jurisprudencia y a las doctrinas de otros autores, no solo se publican en sedes especializadas (revistas jurídicas), sino también se suelen entregar en pequeñas dosis, a través de ensayos, columnas de opinión o comentarios publicados en sedes de difusión más amplios, como diarios o revistas de divulgación. Esas son sedes de edición en que cada jurista puede intentar conectarse con los demás integrantes de la sociedad en que vive.

Esas opiniones, que eventualmente se alternan con las de otros juristas o intelectuales, pueden ser útiles para el debate público, pero eso no convierte al jurista en un activista político o social: es simplemente un *opinólogo* especializado. Sería un activista si el jurista, desde una militancia política específica, entrara en la arena del poder. Si opina desde sus convicciones, es simplemente un intelectual más que alza su voz para ser escuchado por sus conciudadanos.

Cada jurista, por natural gusto, vocación o necesidad, especifica el saber y naturalmente se especializa en una o varias materias, y los textos que publica en tales sedes contienen planteamientos que conforman sus ideas aplicadas a las materias en que ha especializado su conocimiento. De ahí que al mismo tiempo los escritos de divulgación más útiles de los juristas son aquellos que, a la vez, son relativos a la disciplina que cultiva y están conectados con las discusiones de la sociedad de su tiempo. Así, puede convertirse en una especie de barómetro, y captar las pulsaciones sociales en conexión con su ciencia.

III. EL DERECHO ADMINISTRATIVO NEOMODERNO

En este libro recopilatorio, republico una selección de escritos breves, propios del oficio de jurista, que he ido publicando por aquí y por allá en los últimos casi treinta años, relativos al derecho administrativo; todo el período de tiempo en que he cultivado esta disciplina jurídica ha coincidido con la era del derecho neomoderno. Quizás estos trozos de doctrina (en una materia bien específica), caídos poco a poco, sean a la vez crónica de algunas de las más relevantes transformaciones y observatorio concreto del desarrollo y asentamiento de ese espacio de la cultura jurídica.

Esta recopilación de escritos no abarca todas las materias del derecho administrativo, sino un perfil de la disciplina: algunos trazos, costados o partes. Tal vez con ello pueda mostrar la conexión de una disciplina jurídica con la neomodernidad y prestar alguna utilidad conceptual en el actual debate sobre sus temas.

Estos textos, que marcan la evolución del pensamiento y las preocupaciones temáticas de un autor, acaso sigan teniendo conexión con la actualidad y sirvan para comprender el espacio de la cultura jurídica neomoderna. Este fenómeno se comenzaba a manifestar poco antes y en el mismo momento en que yo mismo comenzaba a escribir textos jurídicos, y ha seguido manifestándose (profundizándose, asentándose) hasta ahora mismo.

Hay aquí entonces algunas de las razones de los neomodernos, la voz de un jurista neomoderno en una materia específica; aunque el fenómeno es más amplio y pareciera cubrir todas y cada una de las disciplinas jurídicas. Ofrezco así algunos trazos de ese nuevo paradigma jurídico aplicado a una materia y disciplina jurídica específica, en que esas transformaciones son bien notorias, pudiendo observarse en cada uno de los textos recopilados la manifestación concreta de esas transformaciones.

Abrigo la esperanza de que en este libro, en su conjunto, con sus aciertos y errores, en mis opiniones y aun en las de aquellos legisladores, jueces y juristas que someto a crítica estricta, el lector pudiese comprobar que la cultura jurídica es hoy, y desde hace cuarenta años casi, diferente a todo lo anterior; de ahí que la califico de neomoderna.

***

Los textos que recopilo son editados sin modificaciones, para mantener así su tonalidad original acorde a la época en que fueron escritos y publicados por vez primera; salvo errores menores que han sido corregidos. Algunos textos corresponden a versiones resumidas de escritos de más larga extensión, ajustados al espacio de columnas de divulgación. Si nada se dice en nota al pie, el texto respectivo es editado en su versión original con el mismo título enunciado en cada caso. Los escritos se ofrecen ordenados por materia, pero con la indicación cronológica precisa.

Esta recopilación ha visto la luz gracias a la dedicación de diversas personas, en especial de mis ayudantes que año a año se forman al interior del Programa de Derecho Administrativo Económico UC; ellos han venido realizando en diversas épocas el dedicado y delicado trabajo de reunión, transcripción y orden de la primera versión de todos y cada uno de los textos aquí recopilados, los que se encontraban en diversas sedes de edición. También ellos han realizado los índices finales. Les estoy muy agradecido.

Santiago, noviembre de 2017.

§ 1

FUENTES DEL DERECHO ADMINISTRATIVO

I. LA CONSTITUCIÓN ADMINISTRATIVA DE LA REPÚBLICA[1]

A propósito del actual proceso de reforma constitucional, cabe preguntarse: ¿Cuál es la vinculación del derecho administrativo con las bases de la democracia? ¿Qué lugar ocupa el derecho administrativo en medio de tales bases? ¿Cuál es el rol de los administrativistas en una eventual reforma constitucional? ¿Qué lugar está ocupando hoy el derecho administrativo en una reforma al texto constitucional? Así, bajo el llamado de una "Constitución administrativa de la República", abordo la conexión de la disciplina del derecho administrativo con la Constitución; pues pareciera que, si se pretende modificar esa norma, cabe tener en consideración esta perspectiva.

Por una parte, el derecho administrativo, como disciplina erudita que guía la enseñanza, la redacción de normas y la jurisprudencia, es relevante en nuestra democracia. Por otra parte, la Constitución es, tanto una norma como también una noción política, pues ella organiza y limita el poder de los órganos del estado; y consagra las garantían fundamentales de los ciudadanos. En otras palabras, la Constitución como noción política y como texto (norma) es una base de la democracia.

Cabe distinguir la norma (Constitución) de las disciplinas especializadas del derecho. Pues el articulado de la Constitución se refiere, qué duda cabe, al derecho constitucional. ¿Pero solo a esa rama del Derecho? El texto constitucional también se refiere a las demás ramas del derecho; por ejemplo, al derecho administrativo, al derecho procesal, al derecho internacional público, al derecho tributario, al derecho laboral, al derecho penal, al derecho civil; en fin, al derecho comercial.

No obstante, como se comprueba en el trabajo empírico que ofrezco en anexo, el porcentaje de contenido de normas constitucionales de cada disciplina es notablemente diferente; pero que lo que es aún más significativo es que la mayor

---

1 Publicado en: *Mirada Administrativa*, N° 2, noviembre de 2016 (Santiago, Programa de Derecho Administrativo Económico), pp. 3-14.

representatividad, en cantidad de normas (y de desarrollos y regulaciones constitucionales) es del derecho administrativo y solo en segundo lugar el derecho constitucional, si bien seguido muy de cerca. Al anterior le siguen el derecho procesal y el derecho penal. El resto de las disciplinas tienen una presencia mucho menor en el texto constitucional. Es extremadamente relevante, entonces, el derecho administrativo en el plan regulatorio constitucional vigente.

¿Qué puede significar esto? Simplemente que, en las bases de la disciplina del derecho administrativo, quizás de un modo más genuino que en ninguna otra disciplina, están ancladas las bases de la democracia. Si se observa bien las bases del derecho administrativo es posible observar una vinculación directa, día a día, cuerpo a cuerpo, entre cada ciudadano o administrado, con distintos órganos burocráticos, en un enfrentamiento que no tiene parangón en derecho público, salvo en el caso del derecho procesal, por el enfrentamiento del juez con las partes. El terreno del derecho constitucional, aun siendo relevante, es mediato para el ciudadano, pues se antepone la Ley, que en buena medida es un elemento abstracto. Si hay quien puede incidir de un modo directo e inmediato en la vida de un ciudadano es la acción u omisión de un agente de la Administración; para el ciudadano pareciera más palpable la discrecionalidad o arbitrariedad de un jefe de servicio que la proyectada limitación que a su libertad imponga una ley; siendo ambas igualmente relevantes.

¿Cómo comprender esto, sino observando las bases de la disciplina del derecho administrativo? La construcción del derecho administrativo en clave científica, como cualquier disciplina jurídica, solo es posible realizarla adecuadamente, a través de la idea de "sistema", una de cuyas funciones es permitir observar sus bases, su núcleo, su matriz (su "núcleo dogmático") y a partir de dicha matriz identificarla como tal. Saber lo que se es, y lo que la distingue de otras disciplinas, es esencial no solo para reafirmar su autonomía, sino para poder revisar (como en este caso) las normas relativas a la disciplina.

En otras palabras, solo sabiendo lo que es básicamente el derecho administrativo podremos identificar las normas de esta disciplina en la Constitución (que es lo que queremos ahora comprobar).

El derecho administrativo es difícil de delimitar como disciplina autónoma para el práctico, pues no hay un cuerpo legal (o código) sistemático de toda la materia, sino que existen normas dispersas; además, existen muchos vacíos ("lagunas").

¿Dónde está el derecho administrativo en la *praxis*? ¿Existe dentro de las problemáticas sociales alguna que responda a la Administración, a su interrelación con las personas y a la regulación de su acción? Y esto es así (de donde podemos considerar configurada la disciplina del derecho administrativo y sus bases) pues existen tres temáticas o hechos que en su conjunto explican la relación jurídica que cada día se da entre los diversos órganos de la Administración y los ciudadanos/administrados; todo ello derivado de la acción administrativa necesaria e ineludible en un Estado de derecho.

Así, el derecho administrativo surge, se configura y se reconoce cada día a partir de *(Figura 1-1)*:

i) la existencia de la "Administración", como hecho jurídico orgánico y funcional. Esto es, la existencia de una gran variedad de órganos administrativos, a cuyo conjunto le llamamos por facilidad de lenguaje "Administración";

ii) los "administrados" o ciudadanos, que son quienes se vinculan con tales órganos administrativos, como parte de esa relación jurídica; y,

iii) la acción administrativa, esto es, la actuación concreta de cada órgano, tomando decisiones u omitiéndola; lo que da origen de una relación jurídica con el administrado.

Figura 1-1. Núcleo dogmático del derecho administrativo

Cabe ahora, entonces, observar más de cerca la evidente relevancia del derecho administrativo en los textos constitucionales.

La existencia de un derecho administrativo tiene, en nuestra democracia y cultura política, la misma antigüedad que el derecho constitucional: ambos nacen fruto de los mismos acontecimientos libertarios e independentistas de fines del siglo XVIII y principios del siglo XIX, de los cuales surgen textos constitucionales, conteniendo normativas propias de estas disciplinas. A partir de esas regulaciones han nacido estas dos disciplinas eruditas a cuyos cultores, hasta hoy, se les denomina, respectivamente, administrativistas y constitucionalistas. Ambos tipos de intelectuales están íntimamente relacionados con la democracia y el poder.

Si bien ambas disciplinas se relacionan de manera muy estrecha, es indiscutible que gozan de una autonomía propia; autonomía que, en el caso del derecho administrativo, fue adquiriendo notoriedad a partir de las resoluciones del Consejo de Estado francés, el que fue dotando a esta especialidad de contenido y principios propios, y así hasta las evoluciones experimentadas en nuestros días.

El derecho democrático presupone la existencia de un Estado, como un *compositum* sociológico, detentador del poder soberano, sujeto a tres limitantes que, a su vez, son las raíces del derecho administrativo, configurando aquello que en la actualidad entendemos como Estado de derecho, a saber:

i) la separación de poderes o funciones del Estado (con frenos y contrapesos bien marcados entre ellos),
ii) la existencia de un catálogo normativo que reconoce los derechos y garantías fundamentales que emanan de la naturaleza humana, y
iii) el principio de "legalidad" (devenido luego de "juridicidad"), en virtud del cual la organización y el ejercicio de la potestad estatal deben sujetarse a la ley en cuanto manifestación de la voluntad soberana.

La Constitución, norma suprema de todo Estado democrático, contiene todos los elementos anteriormente descritos, mandatando al legislador a plasmar dichas bases esenciales en regulaciones positivas y ejecutables.

La Carta Fundamental, por otra parte, constituye el núcleo vertebrador del sistema de fuentes del derecho: ninguna norma puede contradecirla, fijando los parámetros, tanto formales como materiales que deberán respetar las disposiciones de inferior jerarquía. Por cierto, los principios jurídicos propios de cada disciplina también deberán formularse con arreglo a esas reglas mínimas.

A partir del asentamiento de las tres bases esenciales señaladas, el derecho administrativo es la rama del derecho a la que corresponde la ardua e importante tarea de dinamizar, articular y concretizar dichos principios, regulando las vinculaciones intersubjetivas entre Administración y ciudadano. La presencia de esta rama del derecho en cualquier texto constitucional puede advertirse a partir de una tripartición de elementos:

i) La organización de la estructura administrativa, sujeta siempre a control jurídico por parte de los tribunales.
ii) La existencia de los administrados, como titulares de derechos públicos subjetivos.
iii) La actuación de la Administración (acción administrativa), sujeta siempre al principio de legalidad.

Así, el establecimiento de una Constitución deviene necesario para asentar las bases propias de un Estado de derecho, democrático y garantista. No obstante, la función dinamizadora y de concreción recae sobre los órganos de la Administración, preocupación central del derecho administrativo; de ahí la importancia que un buen texto constitucional, además de contener los preceptos básicos de su carácter, deba prever o configurar adecuadamente la materia propia del derecho administrativo, para el adecuado despliegue posterior de las garantías que brinda el Estado de derecho, el correcto funcionamiento de los órganos administrativos y la legitimidad de la actuación administrativa.

Anexo: LA PRESENCIA NUMÉRICA DEL DERECHO ADMINISTRATIVO EN EL TEXTO DE LA CONSTITUCIÓN

En una aproximación empírica, tomando en consideración la técnica del núcleo dogmático de cada disciplina (como método de análisis de cada norma), a continuación, muestro tres gráficos que toman como referencia distintos parámetros para computar la presencia de cada rama especializada en la Constitución vigente.[2]

1. Los números de la Constitución: disciplinas jurídicas y normas

Para identificar las distintas disciplinas se utilizó, entonces, la técnica del núcleo dogmático (cuya respuesta es la de mostrar una relación jurídica singular: de derecho administrativo, de derecho constitucional, de derecho penal, etc.) y luego se aplicó dicha técnica para identificar en cada artículo, inciso o letra de la Constitución su núcleo regulatorio, vale decir, identificar la disciplina a que se

2 El trabajo de revisión e investigación de datos, cómputos y gráficos que se expone en este capítulo fue realizado, al interior del Programa de Derecho Administrativo Económico (PDAE) UC, por sus investigadores Daniel Bartlett Burguera y Esteban Cañas Ortega, a quienes agradezco este aporte.

refiere cada regulación. Esto es, de cada norma, o de un inciso en algunos casos, se puede decir: este artículo es de naturaleza constitucional o administrativo, o lo que corresponda. Por ejemplo, si se regula la formación de las leyes, se trata de un tema propio del derecho constitucional; si se regula la creación de un órgano administrativo, como las municipalidades, se trata de un asunto propio del derecho administrativo; si se regula el debido proceso, se trata de un tema propio del derecho procesal; y así en cada caso *(Figura 1-2)*.

Figura 1-2. Las disciplinas del derecho en el texto constitucional

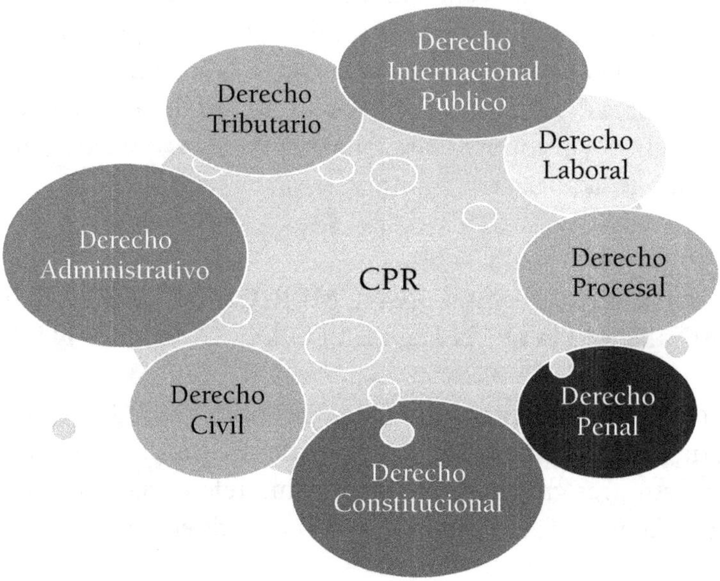

1a. fase. Identificar a cada disciplina en las normas constitucionales

Según su núcleo dogmático, los siguientes artículos de la Constitución pertenecen a cada una de las disciplinas que se mencionan en la *Tabla 1-1*[3]:

[3] La cantidad de incisos, caracteres y palabras fue calculada también con los datos obtenidos de la tabla que se presenta. En el caso del derecho minero, de aguas y ambiental, esos antecedentes se incorporaron en el recuento del derecho administrativo.

Tabla 1-1. Tabla analítica de la presencia de las disciplinas del derecho en el texto constitucional

Disciplina	Artículos, números e incisos.
Derecho administrativo	Artículos 1° (incisos 3°, 4° y 5°); 3°; 4°; 6°; 7°; 8°; 12; 19 (N°s: 2; 3 [incisos 1°, 2° y 3°]; 8; 9; 10; 11; 12 [incisos 4° y 5°]; 13; 14; 16 [inciso 5°]; 17; 18 [incisos 3° y 4°]; 21 [inciso 2°]; 22; 23 y 24); 24; 32 (N°s: 6, 7; 8, 9, 10, 11, 16, 17 y 20); 33; 34; 35; 36; 37bis; 38; 52 (N° 2); 53 (N°s: 2, 3 y 5); 63 (N°s: 7, 8, 9, 10, 11, 12, 13, 14, 18, 19); 64; 65 (incisos 2° y 3°; [y N°s 2, 3 y 4]); 93 (N°s: 4, 8, 9, 12; 13 y 16); [e incisos 7°, 12, 15 y 17]; 94 (inciso 2°); 98; 99; 100; 101; 102; 103; 104; 105; 106; 107; 108; 109; 110; 111; 112; 113; 114; 115; 116; 117; 118; 119; 120; 121; 122: 123; 124; 125; 126; 126bis. Disposiciones transitorias: Segunda; Tercera; Quinta; Décima; Decimoséptima; Vigésima primera; Vigesimosegunda y Vigesimosexta;
Derecho constitucional	Artículos 1° (incisos 1° y 2°); 2°; 5°; 10; 11; 13; 14; 15; 16; 17; 18; 19 (N°s: 1; 4; 5; 6; 7; 12; 13 y 26); 22; 23; 25; 26; 27; 28; 29; 30; 31; 32 (N°s: 1; 2; 3; 4; 5; 12 y 19); 37; 39; 40; 41; 42; 43; 44; 45; 46; 47; 48; 49; 50; 52 (N° 1); 53 (N°s: 4; 7 y 10); 54 (N° 2); 55; 56; 56bis; 57; 58; 59; 60; 61; 62; 63 (N°s: 1; 2; 3; 5; 6; 17 y 20); 65; 66; 68; 69; 70; 71; 72; 73; 74; 75; 93 (N°s: 1; 3; 5; 6; 7; 10; 11; 13; 14 y 15); 94bis; 106; 107; 127; 128; 129. Disposiciones transitorias: Cuarta; Decimotercera; Decimosexta; Decimoctava; Vigesimotercera; Vigesimoquinta y Vigesimoséptima
Derecho procesal	Artículos 19 (N° 3 [incisos 4°, 5°, 6° y 7°]); 20; 21; 32 (N° 13); 45; 53 (N°s: 1; 8 y 9); 76; 77; 78; 79; 80; 81; 82; 84; 85; 86; 87; 88; 89; 90; 91; 92; 93 (N°s: 2; 6 y 7); 94 (incisos 1° y 3°); 95; 96; 97. Disposiciones transitorias: Novena; Decimoprimera; Decimocuarta y Vigésima.
Derecho internacional público	Artículos 5 (inciso final); 32 (N° 15); 54 (N° 1). Disposiciones transitorias: Decimoquinta y Vigesimocuarta.

Disciplina	Artículos, números e incisos.
Derecho Tributario	Artículo 19 (N° 20). Disposiciones transitorias: Sexta
Derecho Penal	Arts. 9; 19 (N° s: 1 [inciso 3°]; 3 [inciso final]); 7 d); 32 (N° 14); 63 (N° 16); 83. Disposiciones transitorias: Primera; Séptima; Octava y Decimonovena.
Derecho Civil/Comercial	Artículo 19 (N^{os}: 15; 21 [inciso 1°] y 25).
Derecho Laboral y de Seguridad Social	Artículos 19 (N°s 16 [incisos 1° al 4°]; y 18 [incisos 1 y 2]); 65 (N° s 5 y 6)
Derecho Minero	Artículo 19 (N° 24 [incisos 6 a 10]).
Derecho de Aguas	Artículo 19 (N° 24 [inciso final]).
Derecho Ambiental	Artículo 19 (N° 8)

2a. fase. Identificar la presencia numérica o porcentual de cada disciplina.

De este trabajo se llegó al siguiente resultado:

i) *Total de "artículos" de la Constitución.* Se consideraron artículos y numerandos e incisos de larga extensión, y disposiciones transitorias, según muestra la *Tabla 1-2*:

Tabla 1-2. Clasificación del articulado de la CPR

Articulado de la CPR	Número de artículos
Artículos 1° - 129 (de los artículos 19, 32 y 63 solo se cuentan los encabezados)	129
Artículos subdivididos en números o incisos: 19, 32 y 63.	Artículo 19: 26
	Artículo 32: 20
	Artículo 63: 20
Disposiciones transitorias	27
Total "ARTÍCULOS":	222

ii) *Presencia de ramas del derecho en la CPR por número total de artículos.* Una vez obtenido al resultado total anterior, se aplicó un método de comparación porcentual o numérico de las distintas normas y disciplinas en el texto de la Constitución. Los resultados son los siguientes (*Figura 1-3*):

Figura 1-3. Presencia de las ramas del derecho en la CPR por número de artículos (total: 222)

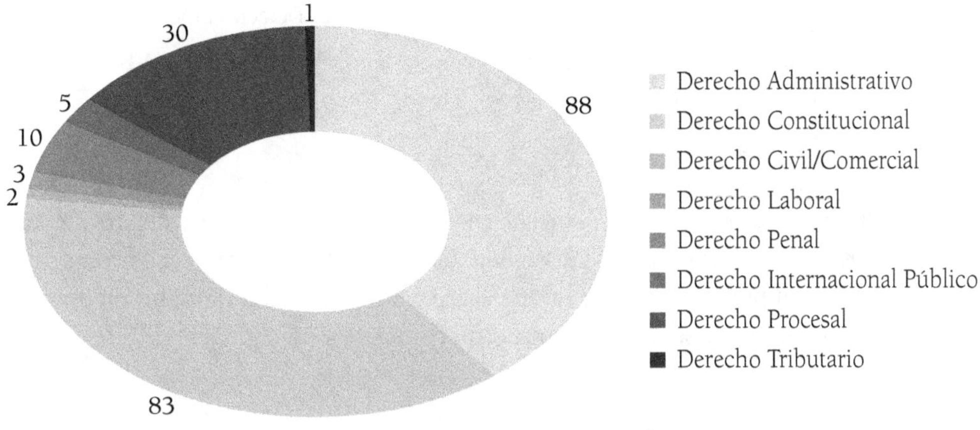

En la *Figura 1-3* se tomó en consideración el número de artículos íntegros de la CPR (o números o incisos largos; o disposiciones transitorias), que contuvieran preceptos de las diferentes ramas del derecho.

iii) *Presencia de las ramas del derecho en la CPR por número de incisos.* Con la *Figura 1-4*, se busca la mayor precisión posible para indagar la representatividad de las distintas especialidades jurídicas, haciendo uso del mismo sistema de contabilización: se analizó inciso por inciso del texto constitucional para determinar qué ramas del derecho gozaban de mayor presencia en este.

Figura 1-4. Presencia de las ramas del derecho en la CPR por número de incisos

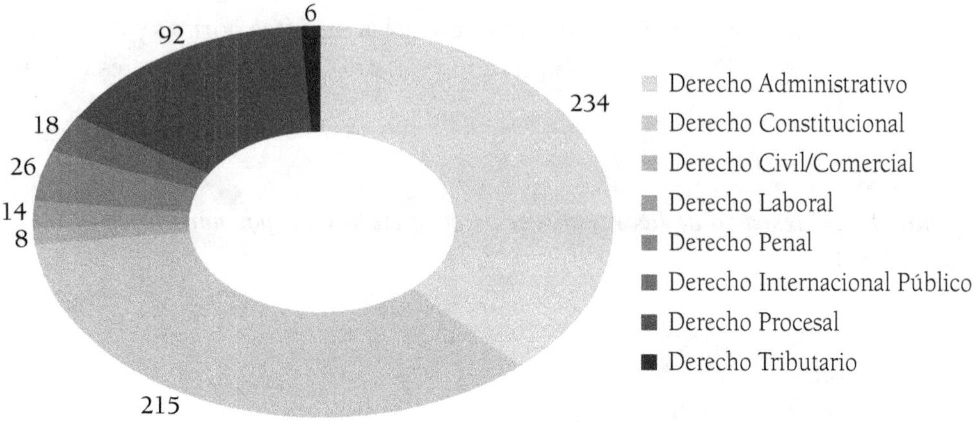

iv) *Presencia de las ramas del derecho en la CPR por número de caracteres de cada norma identificada en cada disciplina.* Con la ***Figura 1-5*** se busca representar cuál es el *porcentaje de texto* que ocupa cada rama del derecho en el texto constitucional, según el número de caracteres de cada artículo.

Figura 1-5. Presencia de las ramas del derecho en la CPR por número de caracteres

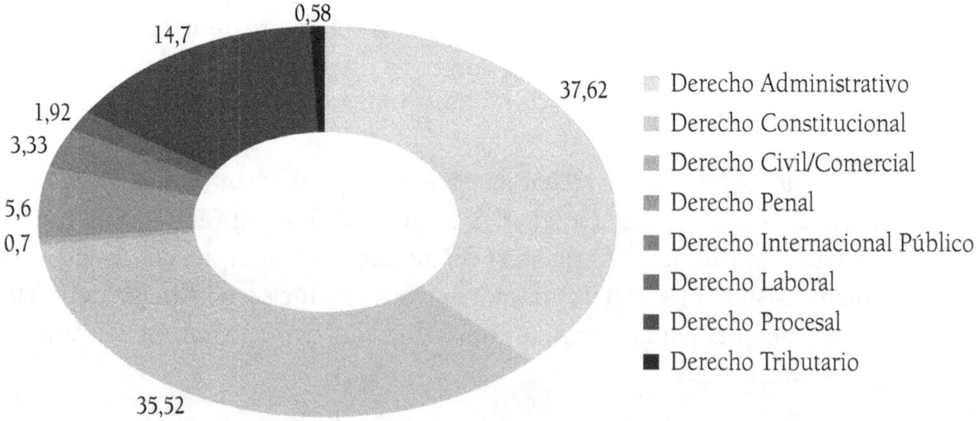

2. Presencia de los asuntos de derecho administrativo en la jurisprudencia del Tribunal Constitucional (2010-2015)

Para intentar un nuevo contraste, se siguió observando el fenómeno de la presencia disciplinaria, ahora en la jurisprudencia del Tribunal Constitucional (TC); bajo el supuesto de que es en esa sede donde se analiza de un modo más integro el texto constitucional. En la *Figura 1-6*[4] se muestra cuál ha sido la presencia de los asuntos sobre derecho administrativo en los casos enjuiciados por el TC de los últimos seis años (con exclusión del año 2016).

Figura 1-6. Sentencias totales dictadas por el TC (2010-2015) y comparativa con asuntos relacionados con el derecho administrativo

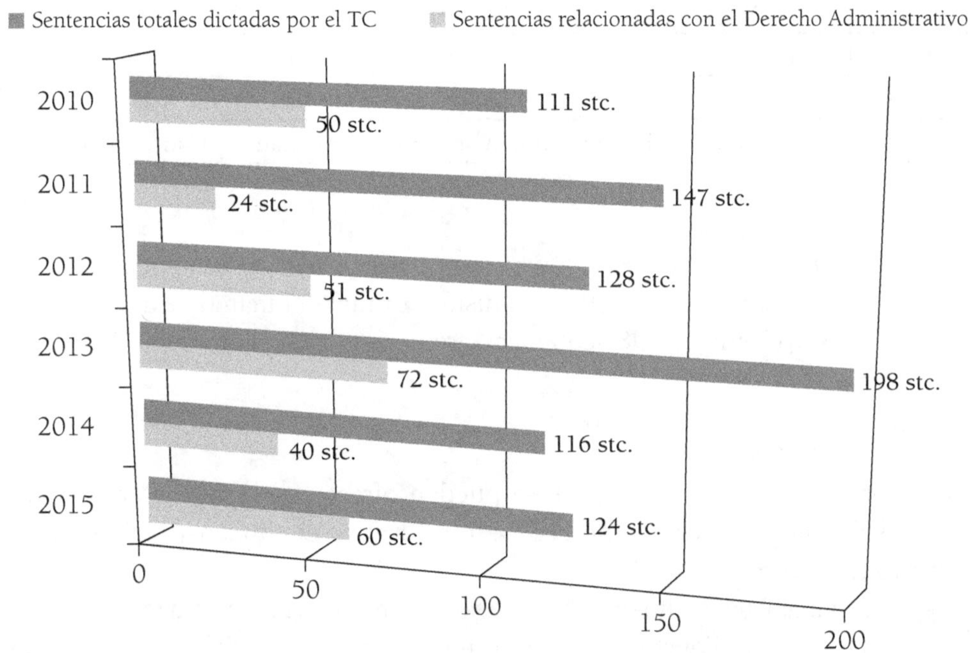

[4] Resultado obtenido a partir de las herramientas de filtraje de la base de datos jurídica online *Legal Publishing Thomson Reuters/La Ley*.

En la resolución de casos relativos a derecho administrativo por parte del Tribunal Constitucional de los últimos seis años, se aprecia una constante y representativa presencia de esta especialidad del derecho en el conjunto de asuntos enjuiciados por parte del TC. Por año, arroja los siguientes porcentajes en cuanto a la especialidad del Derecho Administrativo (DA), según muestra la *Tabla 1-3*:

Tabla 1-3. Porcentaje de sentencias del TC relativas al derecho administrativo (2010-2015)

Año	Porcentaje	Comentarios
2010	45,04%	
2011	16,32%	El porcentaje más bajo de todos los años comparados
2012	39,84%	
2013	36,36%	
2014	34,48%	
2015	48,38%	El año con mayor representatividad de asuntos sobre DA

No obstante lo anterior, cabe considerar que el número de sentencias dictadas por el Tribunal Constitucional ha sido disímil durante el marco de años comparado: el año 2013 emitió 198 sentencias, frente a 111 en el 2010.

3. Evaluación de los resultados

De las anteriores figuras (N° 5-9), se pueden ofrecer las siguientes consideraciones sobre la presencia del derecho administrativo en la Constitución y en la jurisprudencia del TC:

i) La rama del derecho que más relevancia presencial pareciera tener tanto en el texto de la Constitución como en la jurisprudencia del TC es el derecho administrativo; si bien seguida de cerca por el derecho constitucional. Estas dos disciplinas marcan un primer nivel de regulación de la norma constitucional a una distancia considerable respecto de las demás ramas del derecho.

ii) En el segundo nivel encontramos al derecho procesal, como tercera rama con mayor presencia, también en todos los casos.

iii) El tercer nivel lo comparten el derecho penal y el internacional público, con un nivel de presencia similar en el caso del último gráfico.
iv) La menor presencia en la Constitución viene representada por las siguientes ramas (siguiendo en orden decreciente): derecho laboral, derecho civil/ comercial y derecho tributario.

II. LA LONGEVIDAD DE UNA CONSTITUCIÓN[5]

La longevidad de la Constitución estadounidense es difícilmente comprensible para todos aquellos que vivimos sumidos en sistemas de constantes cambios constitucionales. Todo lo que sobre ella nos diga el especialista acerca de su origen, vigencia o contenido no explicará nunca tan claramente su configuración actual como lo hace el conocer, paso a paso, las diferentes etapas por las que ha atravesado su evolución hasta el actual estado de cosas.

Y esto es precisamente lo que se hace en este libro: ir mostrando, a través del relato periodístico –pero no por eso menos detallado, documentado y preciso– las circunstancias de cada uno de los casos fallados por el Tribunal Supremo americano y que han ido modelando "el ejemplo de 200 años de la Constitución americana", como señala su título.

En cuanto a sus autores, por lo señalado, ellos no son juristas: Friendly es un conocido periodista norteamericano. Ha sido presidente de los informativos de la cadena CBS, miembro de la Ford Foundation y profesor de la cátedra Murrow de Periodismo de la Universidad de Columbia. Elliot es productora de televisión e instructora en la Escuela de Graduados de Periodismo de la Universidad de Columbia.

A través de este libro se pretende mostrar cómo funciona ese delicado equilibrio entre los derechos de la persona y los de la sociedad, y cómo se ha ido adaptando la Constitución norteamericana a los tiempos cambiantes, y las causas que han hecho de la Constitución un "documento vivo". La Constitución estadounidense se firmó el 17 de septiembre de 1787. Desde entonces, y luego de la famosa Declaración de Derechos, dieciséis enmiendas la han actualizado, tratando de los temas de la esclavitud, el sufragio femenino, la temperancia, los impuestos sobre la renta y la sucesión presidencial. Como señalan los autores, y

---

5 Recensión a: *Frenos y contrapesos al poder*, de Fred Friendly y J. H. Elliot (Barcelona, Tesys y Bosch, 1987, 399 pp.). Publicado en: *Revista Chilena de Derecho,* vol. 16, N° 3, 1989, pp. 847-848.

no sin razón, "resulta ser que la versión de 1787 de la Constitución fue solo el primer borrador de lo que ahora llamamos la Ley Suprema".

Leer este libro es hacer un recorrido de las diferentes causas (con todos sus detalles y con la cita oportuna de toda la documentación pertinente) a través de las cuales los magistrados del Tribunal supremo norteamericano (entre los que los hay célebres, como el juez John Marshall, y otros que se dan cita en estas páginas) han logrado, efectivamente, que este no sea un prolijo códice jurídico (o una mera "norma", como se le insiste en llamar a veces) sino un "documento humano"; o, como escribió el juez Marshall aquí citado, "la Constitución ha sido prevista para perdurar por los siglos (...) por lo que debe adaptarse a las diversas crisis de los asuntos humanos", ¡cuán lejos nosotros estamos de todo esto!

Quienes deseen conocer el itinerario de esta Constitución ejemplar, aquí lo encontrarán en un ameno relato periodístico. Acertadamente, se ofrece también su texto íntegro con todas sus enmiendas, en un apéndice.

III. EL CÓDIGO CIVIL COMO SUPLETORIO EN CASOS DE DERECHO ADMINISTRATIVO[6]

Una equivocada doctrina viene sustentando la tesis de la supletoriedad general del llamado "derecho común" (como equivalente a derecho civil/Código Civil), basada en el artículo 4° CC.

El ejemplo paradigmático es el de la responsabilidad patrimonial de la Administración (tema en que muchos autores siguen refiriéndose a responsabilidad "civil" y "extracontractual" del Estado), en que la doctrina civilista que citamos más adelante, usando la técnica de la supletoriedad y lo escuetas que resultan ser las normas especiales en la escasa regulación administrativa, postula la aplicación lisa y llana de las normas y principios del derecho civil en la materia.

En un trabajo anterior iniciamos el análisis de este tema, analizando la verdadera y la falsa supletoriedad[7], lo que ahora continuamos.

El Código Civil no es supletorio de la normativa de naturaleza no privada, como es la administrativa. No existe base normativa para afirmar lo contrario. Además de la *lex*, en el *ius* (esto es, en las disciplinas jurídicas de donde surgen principios e instituciones) la distinción es nítida: el derecho civil es parte del derecho privado y el derecho administrativo es parte del derecho público.

Es coherente y verdadera la supletoriedad del Código Civil (CC) respecto de normas de naturaleza privada; pero es incoherente dicha aplicación supletoria a relaciones de derecho administrativo. El artículo 4° del CC[8] es un caso de falsa supletoriedad, pues su texto (*"preferirán"*) ni sentido permiten postular que el CC

---

6 Publicado como "El Código Civil como supletorio de las demás leyes. Crítica a una tesis excesiva", en: *La Semana Jurídica*, N° 359, semana del 3 al 16 de octubre de 2007, pp. 6-7.

7 Vergara (2007a). Véase, asimismo, un ejemplo legislativo de verdadera supletoriedad en un campo del derecho público/administrativo en Vergara (2006), y un ejemplo de correcta aplicación jurisprudencial de la supletoriedad en materia administrativa, en el comentario en Vergara (2007b).

8 El artículo 4° del CC señala: "Las disposiciones contenidas en los Códigos de Comercio, de Minería, del Ejército y de la Armada, y demás especiales, se aplicarán con preferencia a las de este Código".

pueda rellenar todas las lagunas de las normativas especiales (cabe recordar que el CC es una norma especial frente a la también especial normativa administrativa).

Salvo que se intente sustentar la errónea tesis, que critico en este trabajo, de ser tal código un orden "común", como el baluarte normativo de todo el resto del ordenamiento nacional, donde se encuentran todos los rellenos de lagunas posibles. Revisaré críticamente estos planteamientos, pues la tesis del Código Civil como supletorio de todo el resto del ordenamiento no solo carece de base normativa, sino que, además, es teóricamente incoherente.

1. LA OPINIÓN CORRECTA DE CIVILISTAS TRADICIONALES: EL CÓDIGO CIVIL COMO NORMA SUPLETORIA SOLO DEL DERECHO PRIVADO

En un texto muy tradicional de derecho civil[9], se estudia correctamente el artículo 4° CC desde la perspectiva de las normas comunes (o generales) de frente a las normas especiales, dando como ejemplo el caso del CC de frente al Código de Comercio.

Además, al clasificar el derecho objetivo en público y privado, señala que el derecho civil constituye el derecho privado general y común.

Es "común", primero, "porque todas las relaciones jurídicas privadas de los hombres que no están disciplinadas por otra rama especial o autónoma del derecho son regidas por el derecho civil; y es común, en segundo lugar, porque sus principios o normas generales suplen las lagunas o vacíos de las demás ramas del derecho privado cuando ellas no aparecen inspiradas por principios singulares que contradigan a los del común"[10].

Agrega que "con respecto al civil, las otras ramas del derecho privado constituyen normas especiales porque, en su ámbito respectivo, derogan las reglas civilistas o las modifican". Y que "la importancia de[l] derecho civil deriva principalmente de la generalidad de su aplicación; sus normas llegan a suplir los derechos especiales, mediata o inmediatamente, cuando estos carecen de preceptos adecuados sobre un asunto o materia propios de su competencia. Y, como se ha subrayado, este carácter supletorio erige al derecho civil en el representante de la unidad del derecho privado que, en su diverso fraccionamiento (derecho

9 Alessandri *et al.* (2005), p. 50-51.

10 Alessandri *et al.* (2005), p. 84.

comercial, derecho de minas, derecho del trabajo, derecho industrial) adquiere cierta cohesión unitaria a través de aquel"[11].

Esta es una opinión muy razonable: el Código Civil como supletorio del resto del orden interno de naturaleza privada. Es algo coherente.

2. EL INTENTO ACTUAL DE APLICAR EL CÓDIGO CIVIL A RELACIONES PROPIAS DEL DERECHO ADMINISTRATIVO

No obstante, hay autores que no solo suelen considerar al Código Civil como "común" de las demás disciplinas del derecho privado (como lo postulaban Alessandri *et al*, con razón), sino, además, con evidente exceso postulan al CC como común de todo el sistema jurídico.

Es el caso de Corral Talciani[12], que postula la aplicación de "los preceptos del derecho común (esto es, el Código Civil)" para la regulación de la responsabilidad del Estado/Administración de frente a los particulares y señala que "en lo no previsto [por las leyes administrativas], debe aplicarse el derecho común".

El mismo autor, en otro trabajo[13], intenta terciar en un debate de los autores de derecho administrativo, relativo a la base normativa de la responsabilidad patrimonial de la Administración, en que algunos sustentan que se deriva de una norma constitucional y otros que deriva de una norma administrativa[14]. Corral nos ofrece una tercera vía: señala que dicha responsabilidad administrativa es un tema ¡civil! Y, para justificar su tesis, dedica un párrafo titulado "¿Existe el derecho común? El rol del Código Civil"[15]. Señala que cabe reflexionar sobre el "derecho común o supletorio", haciendo así sinónimas las expresiones.

Señala que existe un "corazón o espina dorsal del orden jurídico a donde podemos recurrir cuando no haya previsiones especiales o contrarias en algunas leyes o normativas específicas", afirmando que es el artículo 4° del Código Civil la base normativa para llenar todo tipo de lagunas en nuestro ordenamiento: "Si la ley no dice nada sobre un determinado tópico, deben aplicarse las reglas generales y vamos a otro cuerpo normativo como, por ejemplo, el Código Civil". Es muy

---

11 Alessandri *et al.* (2005), p. 84.

12 Corral (2003a), p. 307.

13 Corral (2003b), pp. 30-31.

14 Véase un esquema en Vergara (2005), pp. 168-171, con bibliografía.

15 Corral (2003b), pp. 30-31.

enfático al señalar que dicho artículo 4° "traduce un principio más general que inspira todo nuestro ordenamiento jurídico y le confiere una estructura (siquiera aspiracionalmente) racional, orgánica y coherente. No habría realmente ordenamiento si las disposiciones normativas operaran como islas independientes sin conexión ninguna entre sí". Señala que "los distintos cuerpos legales no operan solos, aislados unos de otros, sino sobre la base de conceptos, de reglas, de principios, que ya forman parte del acervo común de todo operador jurídico. Esta es la función del llamado derecho común que, en materia de derecho privado, está representado por el Código Civil"[16].

Corral Talciani ofrece una doctrina extrema, pues postula que el Código Civil puede aplicarse "como derecho común" en el caso de la responsabilidad por hechos dañosos ocasionados por agentes de la Administración (que él llama "responsabilidad 'civil' del Estado"). Como se ve, en este caso, la técnica de la supletoriedad está siendo postulada para operar todo un trasvase de normas a una materia en que los principios y lógica interna son distintos, como las relaciones de derecho administrativo.

En otras palabras, para nuestro autor la relación jurídica de la responsabilidad administrativa la cuestión sería *entre privados*. Este es un evidente exceso; nuestro autor equivoca su análisis en la base, pues la responsabilidad de la administración no origina una relación entre privados, sino entre el privado y la actuación de un órgano administrativo en cuanto tal, tema que evidentemente es de derecho administrativo y que debe resolverse de acuerdo a normas, principios e instituciones de naturaleza precisamente administrativa.

No nos detenemos ahora en el tema de fondo (la responsabilidad administrativa), sino en la técnica de solucionar estos casos mediante la "aplicación subsidiaria del derecho privado común a la responsabilidad del Estado"[17]. Nótese aquí que nuestro autor ya no se refiere al Código Civil, como ley o norma, que sea supletorio; sino ahora al "derecho". Señala que "no hay impedimento alguno para que puedan aplicarse supletoriamente las reglas del Código civil al régimen de responsabilidad del Estado por falta de servicio previsto, ya sea en la Ley de Bases Generales de la Administración del Estado o en la Ley Orgánica Constitucional de Municipalidades"[18].

16 Corral (2003b), pp. 30-31.

17 Corral (2003b), p. 40.

18 Corral (2003b), p. 41.

Olvida nuestro autor preguntas propias de la comprensión de una relación jurídica administrativa: ¿podrá desde el derecho privado obtenerse normas y principios coherentes para analizar, por ejemplo, lo que sea la "falta de servicio"? ¿Será ese el concepto dogmático administrativo adecuado, que cita con tanta soltura nuestro autor?

Esta falsa doctrina pareciera que ha comenzado a operar como un mito jurídico, pues un autor se refiere incluso ya no a la aplicación "supletoria" de las normas del Código Civil, sino que a la aplicación "subsidiaria" [sic][19].

3. UNA PROPUESTA DE CAMBIO NORMATIVO PARA CONSAGRAR UNA ERRÓNEA TESIS

En realidad, esta es la opinión usual de los actuales autores de derecho civil.

Por ejemplo, en un análisis colectivo del artículo 4° CC se señala que dicha norma "refleja el principio de que la ley especial prevalece por sobre la general"; y se agrega que "se echa de menos la consagración de otro principio, a saber: que el Código Civil constituye derecho común o supletorio, de modo que sus preceptos se aplican en todos los asuntos para los que no haya legislación especial en contrario"[20].

Señalan los autores que la referencia a los Códigos del Ejército y la Armada (entiéndase el Código de Justicia Militar) no se sostiene, dado que "contiene regímenes jurídicos de derecho público, como es adecuado para instituciones del Estado (...), de modo que la materia de este código no puede considerarse especial con respecto a un código de derecho privado, como es el Código Civil"[21]. En otras palabras, los autores sostienen, con razón, que solo debería considerarse supletorio el Código Civil respecto de materias de derecho privado.

Curiosamente, sin acusar inconsistencia con lo anterior, señalan que en doctrina "no se discute que el Código Civil contiene derecho común supletorio"[22]. Citan como legislación comparada el artículo 4° N° 3 del Código Civil español (según la reforma de 1974), que establece la supletoriedad. Tema que, por lo demás, en cuanto a su posible expansión al derecho administrativo, es discutido

19 Es el caso de Barros (2006), p. 501, no obstante los documentados e interesantes argumentos en la materia de fondo: la responsabilidad patrimonial de la Administración.

20 Guzmán y colaboradores (1999), p. 40.

21 *Idem.*

22 *Idem.*

en ese país y la jurisprudencia no lo acepta[23]. Pero señalan que resulta importante "consignar en el artículo 4° el carácter supletorio del Código Civil, siguiendo así el ejemplo del nuevo Título Preliminar del Código español", agregando que "la existencia de una norma sobre el tema zanjaría toda discusión sobre las normas aplicables cuando en la legislación especial no se contiene un precepto de remisión al Código Civil, similar al contenido en el artículo 2° del Código de Comercio". Terminan señalando, en el más puro estilo racionalista: "La función integradora del derecho supletorio se explica en el caso del Código Civil, por estar contenidos en él los principios informadores del derecho común"[24].

Todo lo anterior lleva a los autores a proponer el siguiente texto, como reforma del artículo 4°: "Las disposiciones de este Código se aplicarán como supletorias en el silencio de otras leyes". Esperamos que no sean oídos por los legisladores.

Estas proposiciones de reforma (y otras contenidas en dicho libro), son objeto de comentarios de tres profesores de derecho civil (Hernán Corral Talciani, Ramón Domínguez Águila y Carlos Peña González), ninguno de los cuales se refiere siquiera al tema abordado, sin objetar su desarrollo. Pareciera claro que para ellos lo señalado por Guzmán Brito y colaboradores es *communis opinio*.

4. ¿EL CÓDIGO CIVIL EN EL CENTRO DEL SISTEMA JURÍDICO?

Es un trabajo más antiguo el que da base a Guzmán Brito para ofrecer estas ideas, pues ya en 1993 plantea que cabe considerar al Código Civil como centro del sistema jurídico[25]. Lo hace a propósito de su crítica al conocido trabajo de Natalino Irti (*L'età della decodificazione*)[26].

A los efectos del análisis de la supletoriedad, en estos autores se trasluce esa *communis opinio* sobre la naturaleza central, común del Código Civil, de frente a todo el resto de las normas y disciplinas del derecho, que parecieran no existir como tales, sino como parte de aquel gran bastión normativo y disciplinario denominado "Código Civil".

Esto significa negar el carácter de polisistema (según Irti) o de cosmos de disciplinas, todas ellas autónomas entre sí (sin perjuicio de que algunas sean

23 Cabe revisar, por ejemplo: González Navarro (1993), pp. 1223 y sigs.; y García de Enterría y Fernández (2004), p. 46.

24 Guzmán *et al.* (1999), p. 41.

25 Guzmán (1993).

26 Cf. Irti (1999 [1979]).

derecho común de frente a otras) dentro del sistema jurídico. No es posible postular que todo el resto de las disciplinas giran en rededor del derecho civil: ello es claramente pleonástico, pues habría que pensar que solo existe el derecho civil, el que no solo sería la espina dorsal del sistema jurídico, sino que lo sería todo, pues el resto de las disciplinas es derecho civil o singular o especial, respecto al general/común derecho civil.

¿Se trataría el resto de las disciplinas de brazos o ramas del derecho civil, acaso? Ello parece desajustado y plantea dificultades al momento de intentar asumir la especialidad de las relaciones jurídicas administrativas y la autonomía misma de la disciplina del derecho administrativo de frente al derecho civil (disciplina esta última que es llamada "común"), lo cual es razonable solo respecto del resto del derecho privado, pero no de frente a disciplinas de derecho público, como es el caso de la disciplina del derecho administrativo.

Y ello resulta agravado en Chile dado el sistema de control jurisdiccional vigente, en que no existe un juez administrativo especializado, y la mayor tendencia de los jueces generalistas es a resolver las cuestiones fronterizas con criterios civilistas.

Los argumentos y el análisis desde la teoría y la historia del derecho los dejamos para otra oportunidad.

Bibliografía citada

Alessandri R., Arturo, Somarriva U., Manuel y Vodanovic, Antonio (2005): *Tratado de Derecho Civil. Partes preliminar y general* (Santiago, Editorial Jurídica de Chile), T. 1.

Barros Bourie, Enrique (2006): *Tratado de responsabilidad extracontractual* (Santiago, Editorial Jurídica de Chile), 1.230 pp.

Corral Talciani, Hernán (2003a): *Lecciones de responsabilidad civil extracontractual* (Santiago, Editorial Jurídica de Chile).

—(2003b): "La responsabilidad de los órganos del Estado: ¿régimen constitucional o régimen civil?", en: *Cuadernos de Extensión Jurídica* N° 7 (Responsabilidad civil de entidades corporativas), Universidad de los Andes (2003), pp. 21-45.

García de Enterría, Eduardo y Fernández, Tomás Ramón (1994): *Curso de Derecho Administrativo, I* (Madrid, Thomson-Civitas), 845 pp.

González Navarro, Francisco (1993) *Derecho Administrativo español* (Pamplona, Eunsa), *1*, 1.242 pp.

Guzmán Brito, Alejandro (1993): "Codificación, descodificación y recodificación del derecho civil chileno", en: *Revista de Derecho y Jurisprudencia* (Santiago, Editorial Jurídica de Chile), vol. XC, I, pp. 39-61.

—(2001): *El derecho privado constitucional de Chile* (Valparaíso, Ediciones Universitarias de Valparaíso [de la Universidad Católica de Valparaíso]), 302 pp.

Guzmán Brito, Alejandro y colaboradores (1999): *"Modificaciones al título preliminar del Código Civil"*, en: Fundación Fernando Fueyo Laneri, Estudios sobre reformas al Código Civil y Código de Comercio (Santiago, Editorial Jurídica de Chile, 1999), pp. 40-42 (referente al artículo 4° CC).

Irti, Natalino (1999[1979]): *L'età della decodificazione* (4ª edición [1ª de 1979], Milán, Giuffrè) 220 pp. [contiene el prólogo: "L'età della decodificazione" vent'anni dopo" (pp. 1-13)] [edición castellana de la 1ª edición italiana: La edad de la descodificación (traducc. Luis Rojo Ajuria, Barcelona, Bosch, 1992), 214 pp.]

Vergara Blanco, Alejandro (2005): "Panorama general del derecho administrativo chileno", en: González Varas, Santiago (dir.): *El derecho administrativo iberoamericano* (Granada, Instituto de Investigación Urbana y Territorial), 791 pp.; lo citado en pp. 135-183.

—(2006): "Eficacia derogatoria y supletoria de la Ley de Bases de los Procedimientos Administrativos", en: *La Semana Jurídica* N° 289, pp. 8-9.

—(2007a): "Verdadera y falsa supletoriedad normativa", en: *La Semana Jurídica* N° 337, pp. 6-7.

—(2007b): "Cómputo y prórroga de plazos en los procedimientos administrativos especiales. Una correcta aplicación supletoria de la LBPA", en: *Jurisprudencia al Día* N° 60, pp. 821-822 [fe de erratas en: *Jurisprudencia al Día* N° 62, p. 864].

IV. ¿POR QUÉ IMPORTA LA DICOTOMÍA PÚBLICO/PRIVADO EN EL ACTUAL DERECHO ADMINISTRATIVO?[27]

La neomoderna legislación administrativa ha incorporado un nuevo y urgente motivo: la necesidad de clasificar la normativa toda, en pública o privada, para identificar las normas que, en caso de vacíos (lagunas), cabe aplicar supletoriamente en materia de concesiones de obras públicas y de contratación administrativa.

En derecho administrativo es tradicional referirse a la dicotomía público/privado, por diversos motivos: ya sea por el antiguo uso de categorías civiles/privadas en la disciplina; ya sea por el fenómeno más reciente de aplicación cruzada de regímenes privados a la relación pública-administrativa (la llamada "huida" del derecho administrativo), o viceversa: aplicación de regímenes públicos a relaciones entre particulares. Pero ahora hay una nueva razón: el relleno en materia de concesiones de obras públicas y en contratación administrativa.

La bipolaridad derecho público/derecho privado es la más rancia clasificación jurídica: hay que hundirse en la historia para encontrar su origen en un breve texto de Ulpiano, dedicado a la enseñanza, que luego sería incorporado a las Institutas y al Digesto. En dicho texto, Ulpiano dice que los aspectos del estudio del derecho son dos: *publicum et privatum*: es público el que se refiere al estado de la cosa romana, y es privado el que atañe a la utilidad de cada individuo.

Pero esta distinción desaparece completamente de la literatura jurídica en toda la Edad Media, época dominada por el concepto unitario de derecho común y la autonomía de los derechos particulares (*iura propria*). Romanistas y canonistas rehusaron durante muchos años mutilar la unidad del panorama con esta bipolaridad.

Reaparece en el siglo XVII simplemente en la literatura jurídica, en que los autores lo utilizan para distinguir los campos científicos del derecho en dos: uno público y otro privado. También lo retoman con mucha fuerza los filósofos.

27 Publicado en: *El Mercurio Legal*, 30 de diciembre de 2013.

Por ejemplo, Kant lo utiliza en su texto de vejez relativo a Teoría General del Derecho. Últimamente, los análisis más completos son de Jürgen Habermas y Hannah Arendt.

Algunos han negado con rotundidad esta clasificación, tildándola de ideológica y anticientífica. Es el caso de Hans Kelsen. Otros ofrecen lúcidos desarrollos, como Max Weber, Gustav Radbruch, Norberto Bobbio y, así, en todas las veredas de la Filosofía y de la Teoría del Derecho. Hoy en día es muy general su uso por toda la doctrina jurídica y en diferentes disciplinas.

Sin perjuicio de la generalidad de su uso y acogida, lo más acuciante para todos nosotros hoy es que no solo se trata ya de un uso por los autores para los simples efectos de clasificar las materias de enseñanza (como fue el caso de Ulpiano), sino que el legislador ha comenzado a utilizarlo para definir marcos de aplicación de normas y ha comenzado a clasificar las normas en una de las dos categorías: es el caso del artículo 21 de la Ley de Concesiones de Obras Públicas [DFL 164, 1991=DS 900, 1996] y del artículo 1° de la Ley de Contratación Administrativa [N° 19.886, 2003], las cuales se refieren, por vez primera en nuestro ordenamiento, a "normas de derecho público" y a "normas de derecho privado", dando por hecho de que al derecho administrativo pueden serles aplicables, sucesivamente, normas de uno u otro sector del ordenamiento normativo.

Y esto en medio de una realidad aún más relevante para nosotros: es que la disciplina misma del derecho administrativo, es una disciplina del derecho público, según la clasificación que los autores han aceptado desde el siglo XVII. Y ahora, el legislador y para que decir la realidad jurisprudencial, nos empuja a una aplicación cada vez más usual de normas de derecho privado.

¿Es eso coherente? ¿O es solo desesperación por encontrar siquiera algún dato normativo en medio de tanta laguna normativa, como es la realidad del derecho administrativo?

Pero si ampliamos la mirada descubriremos que la dicotomía público/privado es la explicación de la vida en sociedad. ¿Qué es lo público? ¿Qué es lo privado? ¿Cuál es el género próximo de los sustantivos/adjetivos público y privado? ¿Para qué sirve jurídicamente la extendida discusión filosófica y sociológica al respecto? Cuando un filósofo o un sociólogo clasifican la realidad en público/privado, ¿se sitúa en las mismas esferas que el jurista? Todo esto es relevante a efectos de la actual respuesta jurídica que exigen disposiciones legales bien concretas.

Cabe observar este fenómeno de lo público/privado desde diversas perspectivas, distintas a la jurídica, que permitan una aproximación a la realidad. Es un tema habitual de filósofos y sociólogos. Autores como Jürgen Habermas y Hannah Arendt lo han desarrollado desde sus perspectivas, y de modo polémico entre ellos. Su perspectiva es la observación de la vida misma y se preguntan: ¿para qué sirve el binomio público/privado en la explicación de la vida social? Podemos revisar las respuestas más habituales.

a) Es una herramienta de racionalización de la organización social. Todos estos análisis inundan al pensamiento actual y cada cual utiliza esta contraposición de diferente modo. Parece que aquí hay un quiebre con lo que pensamos los juristas (siguiendo a Ulpiano, Kant), y lo público y privado para el pensamiento filosófico o sociológico general parece que es algo matizado:

1° *Lo público*: sería aquello que le corresponde al pueblo en su conjunto/lo común a todos. No necesariamente lo estatal.

2° *Lo privado*: lo particular y lo íntimo. No obstante, cabe distinguir dos dimensiones de la actuación del individuo: i) la privada: es la libre iniciativa del particular, el desarrollo personal, y, ii) la pública: los individuos se desarrollan como defensores del interés de la colectividad. La división de estas dos dimensiones supone la sociedad y el Estado, pero es distinto.

Así lo público/privado se entremezcla: i) el Estado puede velar tanto por lo público como por lo privado, y, ii) los particulares tienen dos dimensiones: privada/pública. De tal modo que no podemos adjudicar todo lo público al Estado, ni todo lo privado al individuo; ambos tienen ante sí a ambas dimensiones.

La visión filosófica y sociológica, entonces, no coincide necesariamente ni con las visiones históricas (ya vimos que la bipartición ha sido evolutiva) ni con la visión jurídica (que revisamos en un trabajo anterior).

b) Hay una axiología de lo público y lo privado: creación de principios. De aquí podrían surgir principios jurídicos. Así:

i) *La esfera pública: estaría dominada por la noción de interés general.* Pero cabe distinguir si el interés general es una suerte de interés ontológicamente propio de la nueva entidad creada por la reunión de individuos, esto es, el Estado; o si es el interés de la sociedad en su conjunto, que es distinto y distinguible de esa realidad llamada Estado.

ii) *La esfera privada: sometida a los intereses particulares.* Como consecuencia jurídica de esta representación bipolar de la sociedad, se han conformado dos categorías de personas o sujetos de derecho: i) personas privadas: que son naturales y jurídicas; y ii) personas públicas: solo jurídicas. Así, para algunos juristas (o sistemas jurídicos) toda la distinción del derecho público y derecho privado reposa en este silogismo:

1° *Órganos públicos*: las personas jurídicas "públicas" (esto es, los órganos del Estado) son las encargadas del interés general; enseguida:

2° *Derecho especial/público para tales órganos públicos*: para su regulación jurídica, la Ley crea derechos estatutarios; esto es, un derecho creado para tales personas "públicas", que es exorbitante del "derecho común" (civil, que se aplica a las personas "privadas"), de lo que resulta la bipolaridad público/privado:

3° *Jurisdicción pública*: Todo ello resulta traducido en un dualismo jurisdiccional, dos órdenes de jurisdicción, lo que da una base institucional a la división del derecho; jueces para lo público y para lo privado. Es el caso de Francia, en cada conflicto cabe verificar si es competente un juez administrativo (de derecho público) o un juez judicial (de derecho privado).

c) No es estática esta división en la sociedad; es evolutiva. Está conectada con la realidad histórica y con las ideologías dominantes. No es lo mismo lo público y lo privado en regímenes más o menos: i) estatistas (que intentan capturar por el Estado todo lo público/se adueña de todo lo común, incluidos aspectos privados relevantes); o, ii) liberales (que intenta ampliar lo privado). Es, en definitiva, una división fluctuante. Tenía razón Kelsen: es una división ideológica; depende de las tendencias que laten en la sociedad.

Entonces lo público y privado es distinto en la realidad; y debemos ser cuidadosos al intentar trasladar sin tamiz, pura y simplemente, los textos filosóficos o sociológicos hacia el mundo del derecho.

V. EL FENÓMENO DE LA "INTERPRETACIÓN ADMINISTRATIVA" DE LAS LEYES[28]

La "interpretación administrativa" es una figura surgida a principios del siglo XX, al hilo del ingenio *chilensis*, que se ha enquistado en leyes y práctica de los órganos administrativos. Hoy casi no hay proyecto de ley que reforme el marco regulatorio de los órganos de la Administración que no incorpore (o potencie) la pseudo-potestad de interpretar administrativamente las leyes sectoriales; además, suele ser utilizado este mecanismo, por la propia Administración, para mejorar su posición en diversos procedimientos ya judiciales o de control (mediante la estratagema de intentar hacer "vinculantes" tales auto-interpretaciones, tanto de frente al administrado o incluso ante los propios tribunales).

La interpretación jurídica es una herramienta, antes que nada, para la labor del Juez, y en tal caso resulta vinculante por la aplicación del derecho que corresponda a una contienda suscitada entre partes, con un alcance limitado a estos. No podemos dejar de mencionar la importante y útil interpretación efectuada por la Doctrina especializada en cada materia. El efecto de esta última frente a terceros no es vinculante, si bien siempre puede resultar provechosa y de respaldo en la interpretación que realicen los otros actores de la escena jurídica.

Ambos (Jueces y Doctrina) integran lo que podríamos llamar "clasificación clásica" de intérpretes jurídicos. Eso es así, en cualquier país, pero resulta que en el derecho chileno, desde fines de la década de los años veinte del siglo XX, ha venido surgiendo una nueva y poco usual figura en la interpretación jurídica: el "intérprete administrativo". Es a este tema que Alejandro Guzmán Brito dedica su reciente monografía jurídica: *La interpretación administrativa en el derecho chileno* (Colección "Ensayos jurídicos", Thomson Reuters, La Ley – Legal Publishing, Santiago, 2014) 235 páginas, sobre la que deseo dar esta breve noticia, siguiendo la documentada investigación que ofrece este libro.

---

28 Publicado en *El Mercurio Legal*, el 31 de diciembre de 2014.

Esta figura nació con la Contraloría General de la República y su Contralor, la cual en la actualidad se dota no únicamente de funciones consultivas, sino también interpretativas. No obstante ello, este modelo paradigmático de "intérprete administrativo", no es el único competente hoy en día para interpretar jurídicamente las normas administrativas. A partir de la década de los sesenta germinaron otros, como el caso del Director General del Servicio de Impuestos Internos, el cual ostenta la facultad de "aplicación y fiscalización administrativa de las disposiciones tributarias", de acuerdo al Código Tributario (CT), y la de "interpretar administrativamente las disposiciones tributarias, fijar normas, impartir instrucciones y dictar órdenes para la aplicación y fiscalización de impuestos" (según la Ley Orgánica del Servicio de Impuestos Internos), facultad que también se extiende a los directores regionales. Y, así, sucesivamente fue otorgándose competencias de interpretación administrativa a diferentes Jefes del Servicio, órganos con facultades de supervigilancia o, en general, órganos con potestad de mando sobre inferiores jerárquicos en la escala funcionarial, hasta contar en la actualidad –según el autor– con veinte ejemplos.

En esta línea, Guzmán Brito sostiene, en su completísima y erudita obra, que no hay un molde concreto o pauta de diseño para esta potestad, por lo que apunta que se ha estado asistiendo a una implantación inorgánica, ante la cual, el autor, observando la realidad jurídica, se propone construir una senda o establecer un marco general, a través de los cuales pueda guiarse frente a la profusión del otorgamiento atomizado de la mentada facultad.

El autor parte situando al "intérprete administrativo", proponiendo su delimitación frente a prototipos concretos de derecho chileno y comparado, cuya ubicación, si bien en la mayoría de casos citados entronca dentro de la Administración pública, difieren de la función de la "Interpretación Administrativa", pues dicen mayor relación con los órganos consultivos, de igual manera que no toda "interpretación administrativa" llevada a cabo por los funcionarios supone tal: será solo la del Jefe de Servicio u órgano con potestad de mando la que deberá imperar por último. Es decir, no estamos ante un poder interpretativo difuso, sino más bien concreto.

Enseguida, tras establecer el marco general de esta figura, así como los ejemplos más destacados, el autor va perfilándola en torno a diversas cuestiones de indudable interés, tanto teórico como práctico: cuál es su fuente de atribución; sobre quién recae su titularidad; el ámbito material de actuación interpretativa; la tipología de normas que puede interpretar; el grado de vinculación que genera frente a distintos sujetos; cómo solucionar posibles conflictos competenciales entre órganos con la misma función y similar campo de actuación, o inclusive qué debe hacerse ante la posibilidad que dos o más Jefes del Servicio interpreten la misma norma; la clasificación de dicha interpretación entre la diversa tipología existente, así como la naturaleza jurídica del acto interpretativo; el momento u ocasión de interpretación, así como la posibilidad de modificar con posterioridad; los límites hermenéuticos a los cuales dicha interpretación está sometida; y, por último, toda vez que Guzmán Brito defiende la naturaleza jurídica del acto interpretativo como acto administrativo, de conformidad con la Ley de Bases de Procedimientos Administrativos, su posibilidad de impugnación por parte de ciertos sujetos en vía administrativa y judicial.

Destaca en especial una conclusión a la que llega el autor tras un exhaustivo análisis de los textos que examina. Postula que la facultad de "interpretar" no proviene únicamente de una atribución expresa en ese sentido, sino que también puede surgir, por un lado, de la atribución en la aplicación de normas y, por el otro, de la posibilidad de supervigilar, por parte del Jefe del Servicio, a órganos distintos de los que este encabeza.

Adicionalmente, este trabajo no se limita únicamente a exponer la realidad y sistematizarla, sino que también incorpora modelos de soluciones, de mayor o menor consistencia, con el propósito de cubrir ciertas lagunas que pueden eventualmente crearse ante la actuación de estos órganos. A mayor abundamiento, da respuesta a cuestiones suscitadas ante el *factum* del actuar de los "intérpretes administrativos", planteando preguntas con sus respectivas respuestas o, en algunas ocasiones, formulando interrogantes que podrían ser abordados ajenamente con posterioridad.

La obra cierra su contenido con un completo y útil anexo que contiene tres apéndices relacionados con el desarrollo de la temática expuesta, los cuales servirán de respaldo a quienes interese un posterior estudio, a partir de los parámetros fijados por el autor, a saber: una compilación de los textos legales que confieren la facultad de interpretar administrativamente a ciertos servicios o jefes de servicio, reproduciendo su contenido esencial y ordenado cronológicamente; una circular del año 2001 extendida por el Director del Servicio de Impuestos Internos sobre consultas y, por último, un dictamen del Contralor General de la República de 1970, sobre los criterios interpretativos sobre leyes y reglamentos, emanados de dicho ente público.

Estamos ante una obra notablemente novedosa en cuanto a su desarrollo y posicionamiento frente a una realidad fuertemente apegada al derecho chileno, que sin duda brindará posteriores ocasiones de estudios dogmáticos en profundidad sobre los temas que plantea, los cuales ya cuentan con este gran avance, pudiendo ahora partir de la exhaustiva tarea sistematizadora del desarrollo de teorías y formulación de principios efectuada por Guzmán Brito. Es, en suma, un verdadero regalo que un autor del derecho privado le brinda a la doctrina y a la práctica del derecho administrativo, pues viene a llenar un vacío notable en la materia y a proporcionar una inestimable ayuda para la explicación de este fenómeno tan arraigado en nuestro país.

VI. ROL DE LOS PRINCIPIOS JURÍDICOS EN EL DERECHO ADMINISTRATIVO. A PROPÓSITO DE UNA TRADUCCIÓN[29]

En el primer estudio que aquí compilamos, el profesor Franck Moderne expone cómo el tema de los principios generales del derecho es uno de los más controvertidos del derecho contemporáneo, siendo innumerables los estudios monográficos, obras y tesis consagradas al tema en las diferentes lenguas europeas. Esta no es la realidad chilena y operó en realidad como uno de los principales estímulos para traducir esta obra. En efecto, sí bien existen destacables trabajos dedicados al tema, la atención prestada a él en nuestro país es esporádica o cubre perspectivas que, si bien valiosas (como la Filosofía del Derecho), suelen dejar de lado su aplicación al orden jurídico vigente, a través de la dogmática jurídica especializada. Para qué decir de la realidad jurisprudencial, tan poco analizada entre nosotros, la que no ha ofrecido últimamente una especial riqueza en cuanto a creación de principios jurídicos.

Se pregunta el profesor Moderne por la "legitimidad" del recurso a los principios generales del derecho, cuestionamiento que lo lleva a analizar la legitimidad del derecho mismo en nuestras sociedades, incluso en las perspectivas que discuten los fundamentos del derecho moderno, perfilando un derecho "postmoderno" o incluso "neomoderno". A partir de Weber, cree encontrar Moderne el germen de los principios generales del derecho en la "racionalidad" atribuida al orden jurídico en el derecho moderno, atribuyéndole a estos principios generales del derecho una legitimidad funcional: su contribución a forjar la coherencia del orden jurídico normativo y su utilidad para llenar las lagunas del derecho. Es en esta función de los principios generales del derecho de realización de un sistema jurídico coherente, señala Moderne, con prudencia y razón, que corresponde a los actores calificados de cada país, y aun de cada disciplina, verificar los principios que mejor ejercen ese rol, pues ello varía de país en país y de disciplina en disciplina.

---

29 Prólogo a la traducción de: *Principios generales del derecho público*, de Franck Moderne ([traducción de Alejandro Vergara Blanco] Santiago, Editorial Jurídica de Chile, 2005, 301 pp.) [2da. ed., Santiago, Thomson, 2017].

Esta tarea es hoy esencial y marca el cuidado con que ha de ser leído este libro: los principios específicos, o su contenido, aquí retenidos, han ejercido un papel relevante en Francia y aun en Europa, como lo pone brillantemente en evidencia el profesor Moderne. Es innegable que esta técnica jurisprudencial y doctrinaria no tiene un mayor desarrollo en Chile y, por lo demás, con esta traducción no se espera influir en una transposición pura y simple de los principios abordados en este libro, ni de su contenido, a los problemas que deba enfrentar nuestra jurisprudencia, pues ello no resultará posible ni adecuado en muchos casos y podría ser excepcional su aplicación directa. Ello deriva de diferencias insalvables de historia jurídica y social, idiosincrasia y sistema jurídico vigente. Aún más allá de estas posibles transposiciones, que en caso de ocurrir siempre serán excepcionales, es la aplicación del método mismo de los principios generales del derecho la mayor utilidad que podemos esperar para un lector chileno o de un sistema distinto, pero no ajeno, al francés. Es la precisa técnica del recurso a los principios generales del derecho, más que el contenido de cada principio específico, la que nos ha servido de estímulo mayor para emprender esta tarea de traducción de los trabajos de Moderne.

Entonces, para nosotros es este el comienzo de una tarea, que será de gran utilidad para todos los juristas chilenos, incluso hispanos e iberoamericanos: tomar mayor conciencia del papel preciso que pueden llegar a ocupar los principios generales del derecho en nuestro sistema jurídico; de su rol para la coordinación, sistematización y coherencia de una disciplina jurídica y aun de un orden jurídico; y, en fin, de las exigencias a que podemos someter a nuestros jueces judiciales y constitucionales para su formulación creativa.

La historia de esta traducción es sencilla y, quizás, similar a otras del género. En los últimos años pude constatar el interés creciente del autor en el tema, a través de la lectura de sus trabajos aquí reunidos, que fueron apareciendo en diversas sedes. Al presentar ante el profesor Moderne mi intención de traducirlos y reunirlos en un solo volumen, me manifestó lo ajeno que a la tradición editorial francesa era dicho tipo de obra; pero terminó por aceptarlo, lo que agradezco profundamente. Debo agradecer igualmente al profesor Eduardo García de Enterría el bello prólogo que dedica a esta obra y, en especial, su entusiasmo y el estímulo que me transmitió para llevar a cabo este trabajo.

Esta traducción, además, marca una década de colaboración entre la Facultad de Derecho de la Pontificia Universidad Católica de Chile y el Instituto de Estudios Ibéricos e Iberoamericanos de la Facultad de Derecho de la Universidad de Pau, en Francia, y de amistad con sus integrantes.

El profesor Moderne, fundador del Instituto y director por largos años, y su sucesor y actual director, profesor Pierre Bon, han realizado una fructífera y generosa colaboración con nuestra Universidad, la que ha generado trabajos de derecho comparado, traducciones (como la que ahora se presenta), investigaciones, conferencias y sesiones de trabajo, traduciéndose en un constante estímulo por mejorar nuestro trabajo universitario. Los profesores Moderne y Bon han animado y potenciado no solo el trabajo profesional en las aulas de clase de nuestra Universidad, en especial de doctorado, sino que han sido participantes en varias ocasiones en las tradicionales *Jornadas chilenas de derecho público,* como consta en sus Actas anuales, expandiendo así su actividad a varias otras universidades de nuestro país, siendo ellos ampliamente conocidos por nuestros colegas profesores de derecho público.

Además, el 2003 marca el inicio de una especial colaboración de la Embajada de Francia en Chile, a través de su Instituto Franco-Chileno y su agregado cultural y científico, con el Programa de Doctorado de la Facultad de Derecho de la Pontificia Universidad Católica de Chile, lo que esperamos redunde en beneficios directos para la ciencia jurídica chilena.

En la traducción que ofrezco de esta obra reunida del profesor Moderne he intentado en todo lo posible ser fiel a los términos del original francés, del que solo me he despegado en la medida necesaria para hacerlo más comprensible según la sintaxis del castellano, y he mantenido casi todas sus expresiones más libres y su fino humor. He agregado, al final, un índice de autores citados. Espero la indulgencia del autor y de los lectores ante eventuales traiciones al verdadero sentido del texto.

VII. LOS PRINCIPIOS JURÍDICOS Y LA TAREA DE CONSTRUIR EL DERECHO ADMINISTRATIVO EN CLAVE CIENTÍFICA[30]

1. LOS PRINCIPIOS JURÍDICOS COMO FUENTE DE DERECHO ADMINISTRATIVO

El derecho administrativo no está formado únicamente por normas positivas, sino también por principios jurídicos que tienen una significativa importancia por la falta de sistematicidad y gran variedad de normas administrativas, de distinta jerarquía y con contenido diverso, que regulan esta realidad jurídica.

Detrás de estos principios jurídicos están, por cierto, los valores materiales y morales de las sociedades contemporáneas, en los cuales se sustenta no solo el derecho administrativo sino otras ramas del derecho, cada una de las cuales adquiere una identidad o fisonomía propia, pues todas ellas tienen que ver con una tecnicidad particular de las instituciones de cada especialidad del derecho. Cuando hablamos de los principios de eficacia y eficiencia a que debe sujetarse la actividad de la administración, nos estamos refiriendo a unos concretos y específicos principios, que pudieran tener su paralelo en el derecho civil o comercial (por el valor que implican); pero que en el derecho administrativo se vinculan con la forma y efectividad de unas típicas actuaciones administrativas que, en su contraste con el dato objetivo que es la ley (la tipicidad de las potestades

30 Publicado en: *Revista de Derecho Administrativo* N° 6 (Santiago, Abeledo Perrot, 2012), pp. 63-80. Corresponde a un texto leído como ponencia en el marco del seminario "La era de los principios. La evolución e impacto de los principios jurídicos en el Derecho Chileno", 12 y 13 de agosto de 2010, Facultad de Derecho, Universidad Alberto Hurtado, Santiago. La sede de publicación de las Actas de ese seminario es: Flavia Carbonell, Rodrigo Coloma, Raúl Letelier (Coordinadores) (2011): *La Era de los Principios. Análisis y crítica de los principios jurídicos* (Santiago, Abeledo Perrot). Ofrezco aquí, a propósito del análisis de los principios jurídicos, varios materiales dispersos y publicados en diferentes sedes, que menciono en cada caso con el objetivo de destacar la función primordial que ellos cumplen en la disciplina del derecho administrativo.

administrativas) y el dato subjetivo, los derechos públicos subjetivos (lo que esperan y entienden los ciudadanos por una buena administración), encuentran su verificación práctica.

Pareciera que en el ámbito del derecho administrativo es donde mejor se justifica la aplicación de los principios jurídicos, por las características del ordenamiento administrativo, carente de una sistemática codificadora. Lo anterior tiene su origen en la forma en que se fue construyendo esta especialidad del derecho, que es obra de la jurisprudencia del Consejo de Estado francés[31], la cual se fue construyendo a través, precisamente, del enunciado de ciertos principios jurídicos que se convirtieron en la piedra angular del ordenamiento del derecho administrativo contemporáneo: el principio de legalidad, el principio de control judicial y el respeto de los derechos subjetivos de los particulares. Son estos principios jurídicos en los cuales se sustenta el derecho administrativo positivo de hoy.

A esta característica se suman otras, relacionadas con la realidad actual:

a) La abundancia en la producción normativa administrativa: de leyes administrativas, como de otros cuerpos normativos derivados de la potestad reglamentaria.
b) Las normas administrativas suelen ser circunstanciales y orientadas muchas de las veces a regular políticas o directrices de gobierno, y pocas dedicadas a desarrollar y agotar las instituciones jurídicas que regulan.
c) Las potestades administrativas son, en buena parte, construidas como potestades discrecionales, aun cuando la ley marque los límites o ciertos requisitos para su ejercicio. La forma por cómo están formuladas las normas administrativas –la mayoría de las veces, demasiado amplias o incompletas– posibilitan este margen de discrecionalidad o libertad en la toma de decisión.

Ahora, estos principios son aplicados únicamente por el juez, o pueden ser utilizados por los funcionarios públicos en la práctica administrativa, frente a la laguna o inexistencia de una norma. La respuesta no es tan sencilla, pues ha sido entendido por mucho tiempo que "en el derecho administrativo solo está permitido hacer lo que la ley establece", por lo que no pudiera el funcionario amparado en un principio jurídico dictar un acto administrativo: tendrá que hacerlo amparado en una norma, en un título que lo habilite para tal. Por ejemplo, no podrá el funcionario público, amparado en el principio de equidad, conceder un derecho

31 García de Enterría (2004), p. 90.

a quien, a su juicio, es quien más se lo merece amparado en criterios morales o subjetivos, pues se convertiría en un administrador de justicia y produciría el quiebre de la división de poderes, criterio angular del Estado de derecho.

Los principios jurídicos que inspiran el ordenamiento jurídico, son fruto y desarrollo de la vida jurídica: "No proceden por deducción de primeras verdades morales, sino que son principios técnicos que articulan sobre todo el mecanismo básico del derecho, que son las instituciones; y su desarrollo y perfección es un fruto de la vida jurídica, un hallazgo a través del manejo de problemas concretos, y es la obra por excelencia de la jurisprudencia y de la doctrina, actuando en recíproca interrelación"[32].

Las normas administrativas, en cuanto reguladoras del ejercicio del poder público, ofrecen una seguridad y certeza que son incuestionables. Siempre la aplicación de un principio lleva un grado de racionalidad que no es propio de la práctica administrativa. La Administración podrá aplicar un principio, pero lo hará como consecuencia de la aplicación de una norma en la cual este principio se refleja: podrá argumentar un reglamento en aplicación de un principio que se encuentra reflejado en la norma que ejecuta o desarrolla, o no podrá modificar su conducta habitual sin avisar a los posibles particulares afectados por respeto al principio de confianza legítima. Sin embargo, no podrá utilizar un principio jurídico como el único fundamento de una determinada decisión administrativa, simplemente, por respeto a la legalidad y seguridad necesaria de la actuación administrativa.

La conciencia cada vez mayor de la relevancia de los principios es notoria en las más maduras reflexiones actuales de la doctrina administrativista[33].

2. LOS PRINCIPIOS JURÍDICOS COMO RESULTADO DE UNA INTERPRETACIÓN RIGUROSA DE LAS FUENTES

a) El método jurídico. Para una mejor comprensión del papel de los principios en el fenómeno jurídico y, en especial, en las disciplinas especializadas (como es el caso del derecho administrativo), no podemos olvidar los temas fundamentales de la Teoría del Derecho, metadisciplina que contiene el instrumental metodológico

---

32 García de Enterría (2004), p. 91.

33 Véase el espléndido trabajo de madurez de Cassagne (2009), *passim*; y, para Chile, el reciente y excelente aporte de Céspedes (2011), *passim*, que contiene una revisión de los principios en las diversas disciplinas jurídicas.

de todo jurista, entre cuyas herramientas más elementales se sitúa la Teoría de la Interpretación[34].

En las respuestas que jueces y abogados (esto es, los prácticos del mundo jurídico) dan a los casos difíciles, suelen apoyarse en los análisis que ofrecemos los juristas (esto es, aquellos aportes de teorías jurídicas o doctrinas, en libros y publicaciones científicas). Pues todo jurista ha de ofrecer teorías o modelos teóricos de solución de problemas jurídicos difíciles; y, para ello: sistematiza las fuentes, describe instituciones, disecciona principios generales de derecho.

La disciplina que indaga y ofrece un método dirigido a guiar la construcción de las teorías jurídicas es una meta-disciplina: la Teoría del Derecho, que es aquel lugar desde el cual el jurista escruta y recibe (previo tamiz, con su instrumental metodológico) los aportes de otras ciencias fronterizas al derecho. Pero, la Teoría del Derecho no debe confundirse con estas otras disciplinas: ni con la Filosofía del Derecho (cuyo fin es el estudio de los valores) ni con las dogmáticas particulares (esto es, cada una de las disciplinas especializadas del derecho: el derecho administrativo, el derecho civil, etc.), sin perjuicio de sus indudables conexiones

En este sitio no deseo plantearme de un modo detallado y polémico respecto de la línea demarcadora entre las distintas disciplinas preocupadas de "lo jurídico", ni de la naturaleza y alcance de tal materia tan disputada. Solo deseo destacar los temas fundamentales de la Teoría del Derecho; y entre ellos, ciertos cánones básicos que han de guiar toda interpretación rigurosa. Mientras que en la arena de la Filosofía del Derecho se disputa la batalla entre iusnaturalismo y positivismo, en la arena del Método la tarea consiste en formular y reformular, una y otra vez, las teorizaciones que describo más adelante. Sin perjuicio de que la Teoría del Derecho es un prisma de gran precisión para observar aquella batalla de valores y después, depurando toda la información allí obtenida, construir sus modelos teóricos.

Los modelos teóricos que todo jurista ha de ofrecer no pueden quedar entregados solo a su fuero "interno", que lo lleve a aferrarse exageradamente a alguno de los siguientes dos polos de atracción: i) los dictados de su propia conciencia ética o política (especulación exagerada; militancia personal), o ii) la literalidad desnuda y aislada de un solo texto normativo (ceguera interpretativa, desconexión con la realidad y los valores inmanentes al sistema jurídico).

---

34 Véase Vergara (2007d, 2007e y 2010a).

Los juristas debemos tener conciencia de la existencia de los filtros que la cultura jurídica ha puesto a nuestro servicio: un método y una hermenéutica rigurosa[35].

b) De la hermenéutica a los principios jurídicos. Solo después de un análisis de los datos que ofrecen las fuentes (de una armoniosa argamasa de: normas, hechos, una interpretación racional, y resistematizando los criterios jurisprudenciales), los juristas pueden ofrecer lo más propio de su tarea: los "principios jurídicos", los llamados "principios generales del derecho".

Pero estos principios jurídicos son el resultado de la comprensión de un jurista que ha recorrido con oficio (ciencia y arte) aquellos lugares en que, según su método, hacen al derecho: la realidad ineludible de los hechos y las normas que ha de aceptar, respecto de las cuales ha de realizar una interpretación rigurosa. Solo así ambos pueden ofrecer en sus doctrinas unos principios jurídicos, los cuales no han salido "de la nada", ni solo de los textos, ni solo de sus íntimas convicciones: han salido de un método depurado que posibilita, a través de ellos, la paz social.

Una vez formulado un principio jurídico, ya todo parece simple, pues todos nos quedamos con él como con un patrimonio colectivo. Pero el jurista que utilizó su ciencia para ofrecer un "principio" solo pudo hacerlo después de recorrer un camino como el expuesto; un tropiezo de método y ya desaparece ese producto cultural maravilloso para una sociedad: principios jurídicos estos en los que se basan la paz, la justicia, la seguridad, la certeza, en fin, su vida misma.

Entonces, como el Hombre no ha sido creado como una máquina sin conciencia, nada puede impedir la inevitable, ineludible y refrescante incorporación de los principios jurídicos y de los valores que, como argamasa, los juristas debemos agregar al desnudo texto legal, mero proyecto de justicia, seguridad y certeza jurídicas.

En fin, una sociedad que desea cubrir estándares mínimos de seguridad, certeza y justicia, todo juez –ejerciendo su arte u oficio de "dar justicia"– y todo abogado, en defensa de esos valores, no solo deben tener ante sí el caudal de normas y la realidad (la cruda "realidad del proceso"), sino también los modelos teóricos que le ofrezcan los juristas, como guía a su tarea. De ahí que la ciencia jurídica, como cultura asequible, debe intentar estar a la altura de ese desafío y ofrecer resultados metodológicamente confiables.

---

35 En Vergara (2007d, 2007e y 2010a) describimos los senderos trazados por Emilio Betti (1890-1968), quien sitúa la hermenéutica en medio del método jurídico, y por Karl Larenz (1903-1993), quien ofrece un magnífico esquema de los temas que hacen al método jurídico.

3. EL CADA VEZ MÁS EXTENDIDO USO POR EL LEGISLADOR DE LA EXPRESIÓN "PRINCIPIOS"

Como he adelantado en otro sitio[36], cada vez más nuestro legislador –siguiendo, por cierto, tendencias foráneas– ha venido dando concreción positiva a ciertos "principios". El legislador actúa de ese modo olvidando que su papel es crear *reglas* y no *principios*. Así:

i) En el ámbito administrativo, un ejemplo paradigmático de ello se encuentra en los artículos 4° a 16 de la Ley N° 19.880, de 2003, los cuales contemplan doce "principios" a los que está sometido el procedimiento administrativo[37].

ii) Anteriormente, en el artículo 3° inciso 2° de la Ley N° 18.575, de 1986, Orgánica Constitucional de Bases Generales de la Administración del Estado, ya el legislador se había tentado con consagrar "principios", solo enunciándolos, pero sin desarrollarlos como lo hace la Ley N° 19.880 de 2003.

iii) En el frontispicio de la Ley N° 20.285, de 2008, declara que "la presente ley regula el principio de transparencia..." (artículo 1°) y, como si eso no fuera poco, más adelante declara que "el derecho al acceso a la información (...) reconoce, *entre otros* (sic), los siguientes principios (...)" (artículo 11).

A) Cabe distinguir reglas y principios

Captura así el legislador una expresión que los juristas han venido asignando a ese delicado papel de jueces y juristas de ir, precisamente, más allá de la Ley (rellenando lagunas), lo que no se condice con el papel del legislador de emitir reglas.

Este uso que el legislador efectúa de la expresión "principios" origina ambigüedad, pues se confunde con los Principios Generales del Derecho, que son ofrecidos por la jurisprudencia y la doctrina, y no por el ordenamiento positivo[38].

---

36 Vergara (2010d), en que explicitamos esta crítica a propósito de la Ley N° 20.285, de 2008, sobre transparencia.

37 Véase críticamente a este respecto González Pérez (2003), pp. 370-371.

38 En tanto que "órganos" llamados a manifestar la conciencia social del tiempo. Véase Betti (2009), p. 149. Es más, se sostiene que los principios plasmados en textos positivos (es decir, los denominados "principios explícitos" o "principios con forma de norma jurídica", en terminología de Larenz) son verdaderas *reglas*. Véase Prieto Sanchís (2008), p. 205.

Y tal confusión, en definitiva, priva a jueces y juristas del reconocimiento de la tarea que cumplen en la sociedad: rellenar las lagunas de las reglas.

Cabe recordar, en este punto, que solo después de un análisis de los datos normativos, fácticos, de una interpretación racional, y resistematizando los criterios jurisprudenciales, los juristas pueden ofrecer lo más propio de su tarea: los "principios jurídicos", los llamados "Principios Generales del Derecho". Estos principios jurídicos son el resultado de la comprensión de un jurista que ha recorrido con oficio (ciencia y arte) aquellos lugares en que, según su método, hacen al derecho: la realidad ineludible de los hechos, las normas que ha de aceptar, y respecto de las cuales ha de realizar una interpretación rigurosa. Solo así ambos pueden ofrecer en sus doctrinas unos principios jurídicos, los cuales no han salido "de la nada", ni solo de los textos, ni solo de sus íntimas convicciones: han salido de un método depurado que posibilita, a través de ellos, la paz social. Entonces, como el Hombre no ha sido creado como una máquina sin conciencia, nada puede impedir la inevitable, ineludible y refrescante incorporación de los principios jurídicos y de los valores que como argamasa los juristas deben agregar al desnudo texto legal, mero proyecto de justicia, seguridad y certeza jurídicas[39].

Entonces, tenemos:

i) Los "principios" que dice crear el legislador, que no son más que reglas/regulaciones, cuyo contenido cabe interpretar de frente a otras reglas, y verificar si hay lagunas.

ii) Los principios que crea la jurisprudencia y la doctrina, como superadores de las reglas, incorporando a las lagunas valores jurídicos distintos y separados de las reglas. Tal distinción tiene efectos desde la hermenéutica: mientras aquellas (las reglas) se *interpretan*, estos (los principios) se *ponderan*[40]. Se trata, en definitiva, de mecanismos distintos.

En realidad, los denominados "principios" a que alude la ley son más bien auténticas *reglas*. En tal caso, estaríamos ante una verdadera "captura" terminológica del legislador de una expresión propia de la dogmática, que cabe advertir y no confundir.

---

39 Por otra parte, no debe olvidarse que los intentos de positivización de principios están normalmente destinados al fracaso, particularmente cuando los mismos no han culminado su proceso de maduración histórica. Véase Betti (2009), p. 138.

40 Véase Dworkin (1978), pp. 26-27; Alexy (2000), pp. 296-297, y Atienza y Ruiz (1996), p. 9.

Para exponer la relevancia de separar ambos tipos de principios, podemos revisar el artículo 4° de la Ley N° 20.285, de 2008, el cual define al "principio de transparencia" como el respeto y la cautela de la publicidad de los actos, resoluciones, procedimientos y documentos de la Administración, así como la de sus fundamentos y la facilitación del acceso de cualquier persona a esa información, exigencias que constituyen un deber de actuación de la Administración, según señala el mismo precepto. Tal disposición se asemeja estructuralmente más a una regla/norma que a un verdadero principio, desde que estos se muestran opuestos a formulaciones específicas, que es precisamente lo que realiza el artículo 4° citado[41].

Pero, además, la idea de que la transparencia se configura más bien como una regla que como un principio, obedece a la función que el secreto (de información intima o privada) juega respecto de la propia transparencia: como *excepción*. En efecto, el recurso a las excepciones constituye, en Teoría del Derecho, uno de los métodos utilizados para resolver los conflictos normativos entre *reglas*, método el cual, por cierto, según se indicó anteriormente, difiere del propio para los supuestos de colisiones de principios[42].

B) Codificación administrativa y principios

Siguiendo una tradición extranjera de codificación académica o no legislativa de las normas de la disciplina especial del derecho administrativo (no podemos desconocer que emulamos en este sentido los casos del *"Código de las leyes administrativas"*, impulsado por Eduardo García de Enterría en España; o del *"Code Administratif"*, editado por la casa Dalloz en Francia, entre otros) y con el único ánimo de ordenar las normas existentes desde 2005 (con reediciones en los años 2006, 2007 y 2011)[43], hemos puesto a disposición de los lectores una selección de los textos de derecho administrativo que hemos considerado los más significativos y más frecuentemente utilizados por el ciudadano y las autoridades, por los profesionales y los estudiantes, por los abogados y los jueces.

Además, esta función meramente ordenadora, a través de esa *"sistematización*

41 Véase, Betti (2009), p. 137; Dworkin (1978) pp. 26-27, y Moderne (2005), p. 29.

42 Véase, Alexy (2000), pp. 295-297.

43 Se trata del: *Código Administrativo General* (Santiago, Abeledo Perrot, 4a. ed. 2011), véase prefacio. Soy consciente de que, en este caso, y siguiendo una tradición académica de codificación privada, hemos capturado una expresión que pareciera ser del legislador; pero debe recordarse que, en el derecho histórico y comparado, ha venido siendo compartida entre la doctrina y el legislador el uso de la expresión "código".

de las leyes administrativas", como reza el subtítulo, llega a cumplir una labor cultural, en el sentido de mostrar de un modo didáctico el contenido principal de la disciplina del derecho administrativo.

Traigo nuevamente aquí lo que señalo en el prefacio de esa edición, por su conexión con el tema de los principios jurídicos, que es la gran tarea de jueces y juristas en el derecho administrativo.

El autor de este texto no guarda ninguna ilusión de que, a raíz del orden ofrecido en el "Código Administrativo general", el legislador se sienta tentado a codificar todo el derecho administrativo; antes, al contrario, debemos considerar que esta sistematización asume el riesgo de hacer concebir tales ideas.

Una actitud codificadora global del derecho administrativo hoy es solo una añoranza racionalista y antihistórica. De su desarrollo no cabe quizá sino esperar una nueva escuela de la exégesis o un literalismo exasperante, que tiene inundadas nuestras mentes. Contentémonos con celebrar el movimiento codificador decimonónico, pero no para emularlos en el futuro, sino para realizar lo propio de nuestros tiempos: concebir cuerpos legales lo suficientemente coherentes con las materias reguladas, sin un ánimo inútil de plenitud, para no impedir la inevitable, ineludible y refrescante incorporación de los principios generales del derecho y de los valores que, como argamasa, los jueces y juristas debemos agregar al desnudo texto legal, mero proyecto de seguridad, certeza y justicia.

4. LOS PRINCIPIOS JURÍDICOS Y LA *SUMMA DIVISIO* PÚBLICO/PRIVADO

La bipolaridad público/privado es una *summa divisio* de las disciplinas jurídicas, que marca un clasificatorio fundamental de todas ellas.

En un trabajo anterior[44] analizo la vieja dicotomía derecho público/derecho privado, *summa divisio* disciplinaria jurídica que pareciera siempre estar en medio de todo, e implica referirse a la epistemología de las disciplinas jurídicas, de donde surge esa otra dicotomía que está en la apertura y en el cierre del fenómeno jurídico: *lex* y *ius*[45].

Para conectar los principios jurídicos con esta bipolaridad, cabe repasar las funciones de tal bipolaridad. La claridad sobre la bipolaridad ya no solo es

44 Vergara (2010c).

45 Ideas y desarrollo ya expuestos, en otro contexto, en: Vergara (2004b).

necesaria a efectos de la Ciencia del Derecho, para buscar coherencia o similitudes en cada sector del derecho, para los efectos de su enseñanza, sino también para estos dos efectos prácticos:

1° Asignar tal o cual condición a las normas; y,

2° verificar si es posible o coherente el método de integración de normas de ambos sectores; esto es, si es teórica y prácticamente aceptable la intromisión de normas para llenar lagunas de uno hacia otro sector[46].

Y es esta la conexión de esa bipolaridad público/privado con los principios jurídicos.

El fenómeno de lo privado /público en el derecho, antes que nada, cabe reducirlo a la clasificación que realizan los científicos del derecho en dos grandes agrupaciones de disciplinas jurídicas, según su contenido.

Y es respecto de las normas que componen dichas disciplinas que se realiza el trabajo de disección del jurista: fijando su naturaleza jurídica o formulando principios, instituciones y teorías jurídicas, a través de todo el aparataje técnico propio de la Ciencia del Derecho. Además, como cada disciplina jurídica tiene su propio núcleo, sus bases, principios y características esenciales, a partir de ello surge su autonomía disciplinaria. Así, existe el derecho penal (de las penas), laboral (de la relación subordinada), de aguas (del aprovechamiento de las aguas), etc. Estas materias y subsecuentes disciplinas, según sus parentescos, forman dos grandes familias, dando origen a la gran clasificación en público/privado.

De lo anterior, fluye lo siguiente:

i) La bipolaridad derecho público/derecho privado es una *summa divisio* de las disciplinas jurídicas, que marca un clasificatorio fundamental de todas ellas; origina dos sectores diferenciados del fenómeno jurídico. De ahí que las disciplinas que integran cada uno de estos dos sectores comparten entre sí bases esenciales y principios jurídicos, y, viceversa, las disciplinas de diversos sectores no los comparten.

   De esta *summa divissio*, según la materia específica de cada disciplina. El jurista, *a posteriori*, asigna una naturaleza jurídica concordante a cada norma y, a su vez, dependiendo de la ubicación de la disciplina en uno de los dos polos, tales normas podrán ser sindicadas de naturaleza pública o privada.

ii) De ahí la dificultad de la utilización de técnicas de integración normativa,

46 Tema al que me refiero en Vergara (2009).

como es el caso de la supletoriedad[47], entre disciplinas de los sectores contrapuestos del derecho. Entonces, no parece adecuada, ante lagunas normativas, la utilización de técnicas de integración normativa, como la supletoriedad, entre disciplinas de los sectores contrapuestos del derecho. Además, esa utilización es problemática, pues las normas así integradas lo hacen *sin los ajustes* que incorpora el jurista a través del delicado proceso de construcción de principios jurídicos desde y hacia sectores bipolares/contrapuestos, que no comparten bases esenciales ni principios jurídicos entre sí.

Lo anterior queda en evidencia aún más al intentar conocer la micrología de los principios jurídicos: pues estos no solo son propios de cada sector bipolar del derecho, sino que los principios jurídicos, en verdad, son propios de cada disciplina jurídica.

Más adelante me refiero al modo en que el derecho administrativo rescata sus principios jurídicos.

5. LA TAREA DE CONSTRUIR EL DERECHO ADMINISTRATIVO EN CLAVE CIENTÍFICA[48]

Todo indica que cabe actualizar el sistema científico del derecho administrativo[49]. Corresponde comenzar por despejar la autonomía disciplinaria, normativa y de principios jurídicos.

a) El contexto del trabajo jurídico: análisis normativo y epistemología disciplinaria. Este desarrollo relativo a las fuentes del derecho administrativo se conecta con esa necesaria búsqueda de soluciones por el jurista y el juez, cada vez que percibe una laguna legal, para lo cual se tienen dos caminos:

i) el más fácil: recurrir a la norma existente en algún cuerpo codificado, usualmente civil, a la que se le agrega una ingente producción y experiencia doctrinaria, y

ii) el más difícil: buscar en medio de la precariedad y anarquía de las escuetas normas administrativas, y enfrentarse incluso a veces al vacío doctrinario.

47 Tema que analizo críticamente en Vergara (2010 e).

48 Reproduzco aquí parcialmente ideas contenidas en el apartado final de: Vergara (2010 e).

49 Barnes 2006, p. 13, y, en especial, el desarrollo de Schmidt-Assmann (2006), pp. 133-175.

De ahí la conexión final de este trabajo, con el subproducto más delicado que juristas y jueces ofrecen a la sociedad: los principios generales de derecho.

En la práctica, se trata de que la utilización de todos estos elementos y distinciones teóricas nos sirvan para responder una simple pregunta: ¿puede el juez, el jurista o el práctico utilizar "directamente" una norma de naturaleza civil, contenida en el Código Civil, y aplicarla para la solución de un conflicto de contenido administrativo? ¿Puede la norma civil, que surge y se incorpora al ordenamiento para resolver conflictos relativos a relaciones jurídicas *inter privatos*, aplicarse a otras relaciones jurídicas *radicalmente* distintas, como aquellas que vinculan a un particular con la Administración del Estado? ¿Puede una *lex* de derecho privado aplicarse a un problema de derecho público?

En el actual escenario cabe distinguir normas y disciplina administrativas:

i) Existen *normas* que regulan la materia administrativa, escuetas pero que conforman un sistema normativo que debiera permitir a jueces y juristas arribar a soluciones coherentes; y,
ii) existe el derecho administrativo, como rama del saber en actual conformación, quizá no en su grado de madurez, pero con un *corpus* doctrinario al cual recurrir.

El sistema normativo (salvo jerarquías o mandatos de integración normativa expresos) origina esquemas de autorrelleno de lagunas normativas. Igualmente, cada disciplina autónoma conforma su sistema de instituciones y principios, que ayudan a esa autointegración, y la única argamasa son los principios jurídicos, pero no la burda práctica de trasladar, sin tamiz alguno, leyes desde un sistema a otro, sin percibir la incoherencia que puede significar ese arrastre desde disciplinas que no solo son distintas en cuanto a su esencia a su célula más básica: la relación jurídica, su naturaleza y los sujetos que la componen, sino que al ser de sectores distintos de la *summa divisio* del derecho (privado/ público), implica postular soluciones mediante principios jurídicos que pueden resultar incoherentes. Es que el relleno de lagunas de cada disciplina debe ser autogestionado y no con arrastre de soluciones desde disciplinas vecinas, por rancias y prestigiosas que sean.

Esta es la cuestión a la que este escrito desea aportar con un análisis desde una perspectiva de dogmática jurídica (esto es, de ciencias jurídicas específicas: el derecho administrativo y, de paso, el derecho civil), y además desde la Teoría del Derecho (en especial, el análisis normativo y la epistemología disciplinaria).

b) Las instituciones del derecho civil en los inicios del derecho administrativo. El actual fenómeno de la supletoriedad de normas civiles para resolver casos administrativos tiene una explicación histórica: la fértil utilización de instituciones del derecho civil en el nacimiento del moderno derecho administrativo. Pero pareciera que ese fenómeno no debe seguir desarrollándose de una manera tan extendida, pues el derecho administrativo, como disciplina jurídica autónoma, tiene la posibilidad de ofrecer instituciones y principios propios para el relleno coherente de las lagunas normativas.

Además, dada una ausencia de jerarquías normativas y la actual conformación de las disciplinas dogmáticas del derecho civil y administrativo, en que una y otra son autónomas, estas pueden ofrecer con independencia teorías jurídicas y formular principios jurídicos propios que sirvan para el relleno endógeno de las lagunas normativas.

Cabe distinguir dos aspectos en la materia civil: la *lex* el Código Civil y la disciplina científica denominada "Derecho Civil" (aunque, hasta el siglo XIX, y quizá hasta hoy en algunas mentes sea difícil separar el Código de la disciplina, pues se enseñó durante mucho tiempo "Código Civil" y no "Derecho Civil"). Su vertiente normativa (el Código Civil) ha permitido integrar el derecho nacional y el relleno de lagunas en las restantes normas especiales; y, su vertiente doctrinaria, como disciplina jurídica autónoma (que convive con las demás), ha aportado sus teorizaciones a las nacientes y restantes disciplinas jurídicas, usualmente más jóvenes. Este fenómeno es visible desde el siglo XIX en Chile; en especial, en el caso del derecho administrativo, pero cuya autonomía tanto normativa como disciplinaria, hoy ya cabe reivindicar.

El orden normativo del derecho administrativo se ha construido desde las cenizas de la Revolución Francesa[50] y es el resultado de unas ideas políticas que podemos resumir en la posibilidad, inusitada e inmensa a la luz de la realidad del Antiguo Régimen, de que cada ciudadano pueda iniciar ante un órgano independiente un juicio en contra de la Administración: ese es el origen de contencioso administrativo, que ya no es un juicio entre particulares, sino que entre un particular y la autoridad administrativa. De ahí, entonces, se trasluce una relación jurídico-administrativa, entre un ciudadano/administrado y el Estado/ Administración, la que caracteriza esencialmente a esta disciplina. Pero, tras ello, incluso para garantizar ese resultado –pues la Administración debe llevar adelante una serie de funciones, de modo más o menos monopólico o con colaboración de los particulares– es necesario construir todo un aparataje conceptual.

50 Cf. García de Enterría 1986, p. 41.

Así surge, paralelamente, y con alguna lentitud, el tratamiento científico del derecho administrativo, el cual tiene por primer objeto de análisis a la Administración, como realidad autónoma dentro del sistema de órganos del Estado; y, enseguida, el señalado contencioso administrativo. Esto originó la creación de cátedras universitarias, desde el siglo XIX y la aparición de obras doctrinarias especializadas en la disciplina.

Para posibilitar esta acción administrativa, para explicarla científicamente y para analizar los problemas y conflictos, fue necesario, desde un inicio, la utilización del instrumental del derecho civil, pues los primeros ropajes del derecho administrativo eran muy precarios. Así, desde los orígenes del derecho administrativo se ha producido la utilización instrumental de muchas de las teorizaciones más probadas del derecho civil:

i) de la personalidad jurídica (para explicar la naturaleza de los órganos de la Administración);
ii) de la propiedad (para explicar la naturaleza de los bienes públicos);
iii) de los actos y el negocio jurídicos (para explicar la naturaleza de los actos administrativos);
iv) de las obligaciones y contratos (para explicar la naturaleza de las concesiones y de los aún llamados "contratos" administrativos); y,
v) en fin, de la responsabilidad por daños (para explicar la naturaleza de la responsabilidad administrativa).

Lo anterior es algo indesmentible en la reconstrucción histórica de la disciplina del derecho administrativo[51] y, en especial, en la revisión de las vinculaciones entre el derecho administrativo y el derecho civil, dados los diversos aportes de este último a aquél[52]. Esta utilización del derecho civil es notoria hasta el día de hoy en el lenguaje de la legislación, de la jurisprudencia y, aun, de la doctrina. Si bien este tema tiene singularidades en Chile, no es nuevo en el contexto del surgimiento del derecho administrativo y ha sido objeto de viva polémica. Es un hito la actitud de un ilustre autor que, a principios del siglo XX, denunciaba "la intención de anexar el derecho administrativo al derecho civil"[53].

---

51 Tarea que no abordamos aquí; no obstante que esta afirmación puede comprobarse en las más conocidas historias de la disciplina. Respecto de Francia: Mestre (1985), Burdeau (1995), Cassese (2000), Bigot (2002) y Renaut (2007). Respecto de Italia: Rebuffa (1981), Giannini (1980) y Mannori y Sordi (2001). La constatación, también en Montt (2005), p. 252.

52 Véase, para España, Martín-Retortillo (1996) y, para Francia, Dubois (2001) y Plessix (2003).

53 Hauriou (1914), V (prefacio).

c) Flujo y reflujo desde y hacia otras disciplinas. En los últimos años, en que ha habido un giro ideológico en las bases normativas administrativas, además de este *flujo* se ha producido un cierto *reflujo*: una verdadera "huida" del derecho administrativo hacia el derecho privado[54].

Esta utilización instrumental por el derecho administrativo de instituciones de otra disciplina no solo se produce respecto del derecho civil, sino también respecto de otras; por ejemplo:

i) el derecho penal, a raíz del ejercicio cada vez más amplio de la potestad sancionatoria de la Administración (en que se utiliza elementos de la Teoría del Delito)[55];

ii) además, es tradicional el análisis de los estrechos vínculos del derecho administrativo con el derecho constitucional, por la aplicación de normas y principios de este rango normativo[56].

iii) la conexión con el derecho laboral, en fin, es notoria: la subordinación y dependencia (que es matriz de esa disciplina) de los funcionarios públicos, es evidente.

d) La definición del núcleo y márgenes de cada disciplina. Sin embargo, la necesidad del presente es que la dogmática de cada disciplina pueda, a partir de las normas que el legislador dicta, continuar la labor necesariamente incompleta de la *lex*, diseñando instituciones y elaborando principios, y, en especial, definir los márgenes de su disciplina. Tal labor la realiza todo jurista a través de la especificación de su materia; técnica que podemos calificar como diseño del "núcleo dogmático"[57] de cada disciplina. En derecho administrativo esa materia esencial puede ser asimilada a la "función típica"[58] o al "giro o tráfico administrativo"[59]; materia que, por su conexión con un sector de la realidad, ontológicamente, conforma su contenido esencial, básico, en que se concentran todas las normas de tal naturaleza.

---

54 Sobre la "huida del derecho administrativo", véase González-Varas (1996), fenómeno también llamado "privatización del derecho administrativo": cf. Napolitano (2003), p. 75 y sigs.

55 Vid.: Nieto (2006), p. 25, y Vergara (2004a y 2005b).

56 Véase: Stirn (2004), p. 3. Incluso se ha planteado que sería el derecho constitucional el que le da la "sustancia" al derecho administrativo. Cf. Soto (1996), T. I, p. 38 (en nota).

57 Tal expresión, que usa la teología y la filosofía para otros análisis, se desarrolla para las ciencias jurídicas en: Vergara (2010a). Una aplicación al derecho administrativo en: Vergara (2006a).

58 García de Enterría y Fernández (2004), p. 60.

59 Es la concepción subjetiva funcional de González-Varas (2008), I, p. 36.

En fin, la dificultad es mayor cuando el propio Código Civil alberga normas de indudable naturaleza administrativa y que no pertenecen al derecho civil, sino al derecho administrativo. Es el caso de todo el título III "De los Bienes Nacionales" del libro II, relativo a los bienes (arts. 589 a 605)[60], situación que no solo se da en el Código Civil chileno, sino también, por ejemplo, en Argentina, en donde la doctrina le asigna naturaleza administrativa a los preceptos relativos a los bienes públicos contenidos en el Código Civil de ese país[61].

En medio de esta tarea, nos preguntamos en este escrito por el papel que cumplen *hoy* las normas civiles (*lex*) en el núcleo de la disciplina y, de ahí, en la resolución de problemas de naturaleza administrativa.

e) Tareas para juristas y jueces en el caso de anomias administrativas. El problema de la supletoriedad de las normas civiles se ha presentado en el derecho comparado y es usual que la doctrina postule la capacidad autointegradora del derecho administrativo[62], o que reconozca que la doctrina de la disciplina no ofrezca todavía un sistema completo[63], lo que obliga de cierta manera a operadores y jueces a recurrir a las normas civiles.

Pero, si se acepta como válida la tesis de la supletoriedad, el resto de las disciplinas serían brazos o ramas del derecho civil. Ello parece desajustado y plantea dificultades al momento de intentar asumir la especialidad, en nuestro caso, de las relaciones jurídicas administrativas y la autonomía misma de la disciplina del derecho administrativo de frente al derecho civil (disciplina esta última pretendidamente "derecho común"), lo cual es razonable solo respecto del resto del derecho privado, pero no de frente a disciplinas de derecho público, como es el caso de la disciplina del derecho administrativo[64].

Y ello resulta agravado en Chile dado el sistema de control jurisdiccional vigente, en que no existe un juez administrativo especializado, y la mayor tendencia de los jueces generalistas es resolver cuestiones fronterizas con criterios

---

60 Ver análisis en Vergara (1992), pp. 210-211. Lo reconoce igualmente la doctrina civilista. En efecto, Lira Urquieta (1954), p. 415, reconoce que estos preceptos no son civiles, sino administrativos.

61 Véase Cassagne (1981), p. 50.

62 Para el caso de España, a raíz del Título Preliminar del Código Civil, véase: González Navarro (1993), pp. 1223-1234.

63 Martín-Retortillo (1996), p. 33 y sigs.

64 Una visión escéptica de esta autonomía en: Barros (2006), p. 482 (en nota) y p. 501; y Valdivia (2005), p. 878.

civilistas, siendo mayor el riesgo de transposición de reglas civiles hacia materias administrativas, sin un cedazo de verificación previa de bases esenciales o de coherencia de principios jurídicos entre uno y otro ordenamiento.

¿Cuáles son las tareas para superar y no estimular la extendida tesis facilista de arrastrar normas civiles para colmar anomias administrativas? Al menos dos:

i) Para la doctrina del derecho administrativo (esto es, para los juristas, quienes con sus escritos producen, en conjunto, lo que debemos denominar la doctrina del derecho administrativo, así como la cultura de la disciplina), el esfuerzo esperado consiste en avanzar hacia la construcción en clave científica de cada una de las instituciones de la disciplina, de manera coherente con la naturaleza y sustancia de la relación jurídica administrativa. De esa manera, las miradas furtivas ya no se detendrán tanto en la norma civil. El mayor esfuerzo se encuentra en las instituciones más básicas del contencioso administrativo: la nulidad y la responsabilidad.

ii) Para los jueces, una mayor mirada a la técnica más usual de su actividad: la creación o recreación de los principios generales del derecho[65], observando con mayor atención el fenómeno jurídico, íntegro, que solo se abre con la ley y cuyo cierre pleno de valores lo realiza el juez en su sentencia; y en especial, en caso de anomia, de ausencia de Ley, abriéndose al producto más depurado que ofrece a la sociedad: los principios[66].

Y, observar un método de interpretación más delicado que el simple arrastre de normas: el recurso a los principios en que se fundan las normas que no conciernen *a priori* al derecho administrativo, pudiendo ser utilizados para traspasar (con precaución) al derecho público los principios que sustentan, en algún dominio técnico, las normas del derecho privado[67].

---

65 Sobre la necesidad de un uso intensivo de los principios en nuestro país, ver Vergara (2005ª), p. 8.

66 Véase Betti (2006 [1955]), pp. 131-156 y *passim*, y Larenz (1994 [1979]), pp. 465 y sigs. Un resumen del fenómeno jurídico y del papel de los principios generales de derecho en Vergara (2007d).

67 Véase una explicación de dicha técnica en Moderne (2005), pp. 151-169.

Bibliografía citada

Alexy, Robert (2000): "On the Structure of Legal Principles", *Ratio Juris*, Vol. 13, N° 3, pp. 294-304.

Atienza, Manuel y Ruiz Manero, Juan (1996): *Las piezas del derecho. Teoría de los enunciados jurídicos* (Ariel Derecho, España), 207 pp.

Barnes, Javier (editor) (2006): *Innovación y reforma en el derecho administrativo* (Sevilla, Global Law Press, Editorial Derecho Global), 341 pp.

Barros Bourie, Enrique (2006): *Tratado de responsabilidad extracontractual* (Santiago, Editorial Jurídica de Chile), 1.230 pp.

Betti, Emilio (2009 [1955]): *La interpretación jurídica* (compilación y traducción de Alejandro Vergara Blanco, prólogo de Giuliano Crifò, Santiago, LexisNexis), 217 pp.

Bigot, Grégoire (2002): *Introduction historique au droit administratif depuis 1789* (París, Presses Universitaires de France), 390 pp.

Burdeau, François (1995): *Histoire du droit administratif* (París, Presses Universitaires de France), 494 pp.

Cassagne, Juan Carlos (1981): *El acto administrativo* (Buenos Aires, Abeledo-Perrot), 421 pp.

—(2009): *El principio de legalidad y el control judicial de la discrecionalidad administrativa* (Buenos Aires/ Madrid/ Barcelona, Marcial Pons), 239 pp.

Cassese, Sabino (2000): *La construction du droit administratif. France et Royaume-Uni* (París, Montchrestien), 152 pp.

Céspedes Proto, Rodrigo (2011): "Los principios generales del derecho, un enfoque desde la perspectiva del derecho público", *Revista de Derecho Administrativo* (Santiago, Abeledo Perrot), N° 5.

Dubois de Carratier, Laurent (2001): "L'influence de la culture privatiste sur la doctrine administrative au XIXe. siècle", en: *Droit Ecrit. Revue de la Faculté de Droit de Toulouse* N° 1, pp. 3-26.

Dworkin, Ronald (1977): *Taking Rights Seriously* (Harvard University Press, USA), 371 pp.

García de Enterría, Eduardo (1984): *Reflexiones sobre la ley y los principios generales del derecho* (Madrid, Civitas), 182 pp.

—(1986): *Revolución francesa y administración contemporánea* (4ª. ed., Madrid, Thomson Civitas), 150 pp.

García de Enterría, Eduardo y Fernández, Tomás Ramón (2004): *Curso de derecho administrativo* (Madrid, Thomson-Civitas), T. I, 845 pp.

Giannini, Massimo Severo (1980): *Premisas sociológicas e históricas del derecho administrativo* (Madrid, Instituto Nacional de Administración Pública), 85 pp.

González Navarro, Francisco (1989) "La Teoría General de Sistemas como matriz disciplinar y como método jurídico (una nueva terminología en la reciente jurisprudencia)", en: *Persona y Derecho* (Pamplona, Universidad de Navarra), vol. 21, pp. 1-72.

—(1993) *Derecho administrativo español* (Pamplona, Eunsa) I, 1.242 pp.

González Pérez, Jesús (2003): "La Ley chilena de procedimiento administrativo", en *Revista de Administración Pública*, N° 162, pp. 359-389.

González-Varas, Santiago (1996): *El derecho administrativo privado* (Madrid, Editorial Montecorvo), 747 pp.

—(2008): *Tratado de derecho administrativo* (Navarra, Thomson-Civitas), I, 701 pp.

Hauriou, Maurice (1914): *Précis de droit administratif et de droit public* (Paris, Éditions Sirey), 1.150 pp.

Larenz, Karl (1994 [1979]): *Methodenlehre der Rechtswissenschaft* (4ª. ed., Berlín), traducción: *Metodología de la ciencia del Derecho* (Madrid, Ariel, 1994), 536 pp.

Lira Urquieta, Pedro (1954): "nota", en: Bello, Andrés, *Obras Completas. Código Civil de la República de Chile* (Caracas, Ministerio de Educación), 12, vol. 1.

Mannori, Luca y Sordi, Bernardo (2001): *Storia del diritto amministrativo* (Roma-Bari, Editori Laterza), 551 pp.

Martinic, María Dora *et al.* (2005): *Sesquicentenario del Código Civil de Andrés Bello. Pasado, presente y futuro de la codificación* (Santiago, LexisNexis) 2 tomos; vol. 1: pp. 1-816; vol 2: pp. 817-1.517.

Martín-Retortillo Báquer, Sebastián (1996): *El derecho civil en la génesis del derecho administrativo y de sus instituciones* (Madrid, Civitas), 249 pp.

Mestre, Jean-Louis (1985): *Introduction historique au droit administratif français* (París, Presses Universitaires de France), 294 pp.

Moderne, Franck (2005): *Principios generales del derecho público* (traducción Alejandro Vergara Blanco, Santiago, Editorial Jurídica de Chile), 301 pp.

Montt Oyarzún, Santiago (2005): "Codificación y futuro de la educación jurídica en Chile", en: Martinic (2005) I, pp. 249-291.

Napolitano, Giulio (2003): *Pubblico e privato nel diritto amministrativo* (Milán, Giuffrè), 254 pp.

Nieto, Alejandro (2006): *Derecho administrativo sancionador* (4ª. ed., Madrid, Tecnos), 591 pp.

Plessix, Benoît (2003): *L'utilisation du droit civil dans l'élaboration du droit administratif* (París, Éditions Pantheon-Assas), 880 pp.

Prieto Sanchís, Luis (2008): *Apuntes de Teoría del Derecho*, 3ª ed. (Trotta, España), 331 pp.

Rebuffa, Giorgio (1981): *La formazione del diritto amministrativo in Italia* (Bolonia, Il Mulino), 222 pp.

Renaut, Marie-Hélène (2007): *Histoire du droit administratif* (París, Ellipses) 160 pp.

Schmidt-Assmann, Eberhard (1998): *Das Allgemeine Verwaltungsrecht als Ordnungs Idee* (Heidelberg, Springer), traducción de la 1ra. edición alemana: *La Teoría General del Derecho Administrativo como sistema* (Madrid, Marcial Pons Ediciones, 2003).

—(2006): "El método de la Ciencia del Derecho Administrativo", en: Barnes (2006) pp. 133-175.

Soto Kloss, Eduardo (1996): *Derecho administrativo. Bases fundamentales* (Santiago, Editorial Jurídica de Chile), T. I, 359 pp.

Stirn, Bernard (2004): *Les sources constitutionnelles du droit administratif* (Paris, Librairie Générale de Droit), 163 pp.

Valdivia, José Miguel (2005): "Codificación del derecho de la responsabilidad del Estado", en: Martinic et al. (2005) 2, pp. 868-906.

Vergara Blanco, Alejandro (1992): *Principios y sistema del derecho minero* (Santiago, Editorial Jurídica de Chile), 433 pp.

—(2004a): "Esquema de los principios del derecho administrativo sancionador", en: *Revista de Derecho, de la Universidad Católica del Norte,* año 11, N° 2, pp. 137-147.

—(2004b): "Público y privado ante la dogmática y la Teoría del Derecho. En especial, las disciplinas de bienes públicos, minas y aguas (a propósito de un reciente libro sobre la "constitucionalización del derecho")" en: *Revista de Derecho Público*, N° 66 (Santiago, Universidad de Chile), p. 495-523.

—(2005a): "Presentación", a: Moderne (2005), pp. 7-10.

—(2005b): "Panorama general del derecho administrativo chileno", en: González Varas, Santiago (dir.): *El derecho administrativo iberoamericano* (Granada, Instituto de Investigación urbana y territorial), 791 pp.; lo citado en pp. 135-183.

—(2006a): "Eficacia derogatoria y supletoria de la Ley de Bases de los Procedimientos Administrativos", en: *La Semana Jurídica* N° 289, 22 al 28 de mayo de 2006, pp. 8-9; explicación gráfica en p. 12.

—(2006b): "Reconstrucción de los límites actuales del derecho administrativo chileno y de su núcleo dogmático. Una primera formulación" en: *Actas de las Terceras Jornadas de Derecho Administrativo* (Antofagasta, 2006); coord. Eduardo Cordero (Universidad de Antofagasta, 2008) pp. 81-93.

—(2007a): "Verdadera y falsa supletoriedad normativa", en: *La semana Jurídica* N° 337, pp. 6-7.

—(2007b): "El Código Civil como supletorio de las demás leyes. Crítica a una tesis excesiva", en: *La semana Jurídica* N° 359, pp. 6-7.

—(2007c): "Cómputo y prórroga de plazos en los procedimientos administrativos especiales. Una correcta aplicación supletoria de la LBPA" en: *Jurisprudencia al Día* N° 60, pp. 821-822 [fe de erratas en: *Jurisprudencia al Día* N° 62, p. 864.].

—(2007d): "Los temas de la Teoría del Derecho y la interpretación rigurosa. En el sendero de Betti y Larenz", en: *La Semana Jurídica* N° 365, 26 de diciembre de 2007 al 8 de enero de 2008, pp. 6-7.

—(2007e): "La hermenéutica jurídica rigurosa en Betti. A propósito de una traducción castellana", *Revista Chilena de Derecho*, N° 1, pp. 181-186.

—(2009): "Derecho administrativo y supuesta supletoriedad general del Código Civil", en: *Revista de Derecho Administrativo* N° 3 (Santiago, Legal Publishing) pp. 45-68 [= en: *La primacía de la persona. Estudios en homenaje al profesor Eduardo Soto Kloss* (coordinadores: Jaime Arancibia M. y José Ignacio Martínez E., Santiago, Legal Publishing-Abeledo Perrot, en coedición con la Universidad de los Andes, 2009) pp. 259-280].

—(2010a): "Sistema y autonomía de las disciplinas jurídicas. Teoría y técnica de los "núcleos dogmáticos"", en *prensas*.

—(2010b): "Un mito jurídico: el Código Civil como supuesto centro del sistema normativo", *en prensas*, en: *Revista de Derecho Público* (Santiago, Universidad de Chile) [este trabajo no fue publicado, en definitiva].

—(2010c): "La *summa divisio iuris* público/privado", en: *Revista de Derecho* (Coquimbo, Universidad Católica del Norte).

—(2010d): "Transparencia, secreto, acceso a la información y datos personales: doble dicotomía de estándares y derechos públicos subjetivos. Crítica al uso de la expresión "principios" por el legislador", *en prensas*, en: "Actas de las VI Jornadas de derecho administrativo" (Santiago, Universidad Alberto Hurtado/Abeledo Perrot).

—(2010e): *El Derecho Administrativo como sistema autónomo. El mito del Código Civil como "derecho común"* (Santiago, Abeledo Perrot).

§ 2

JURISDICCIÓN CONTENCIOSO ADMINISTRATIVA

I. RECURSO DE PROTECCIÓN: SUSTITUTO INCOMPLETO DE UNA JURISDICCIÓN CONTENCIOSO ADMINISTRATIVA ESPECIALIZADA[68]

Se ofrece en este trabajo un sencillo análisis crítico de la situación de la jurisdicción contencioso administrativa en Chile, en especial del recurso de protección de garantías fundamentales como su parcial sustituto. Parte el autor exponiendo los criterios usuales de distinción de los sistemas contencioso administrativos en el derecho comparado. Enseguida, se revisa la evolución histórica de la ausencia de un orden jurisdiccional especializado en lo contencioso administrativo y luego se expone la situación de búsqueda de una jurisdicción administrativa a través del recurso de protección, y los problemas que este plantea. Cierra el trabajo algunas conclusiones.

1. SISTEMAS COMPARADOS DE CONTENCIOSO-ADMINISTRATIVO

Para comprender la situación chilena, podemos revisar, siquiera brevemente, cómo se han establecido la jurisdicción contencioso administrativa en el resto del mundo, y compararla con Chile[69].

---

68 Este trabajo corresponde a la Conferencia Inaugural que el autor tuvo el honor de pronunciar en las *Jornadas Nacionales de Derecho Administrativo* (Buenos Aires, Universidad Católica Argentina, noviembre de 2004), gracias a la amabilidad e invitación de esa universidad y de Juan Carlos Cassagne, profesor de Derecho Administrativo e insigne jurista argentino. Publicado en dos partes, como: "El recurso de protección como sustituto de una jurisdicción contencioso administrativa especializada. Elementos para el análisis", en: *La Semana Jurídica,* N° 224, semana del 21 al 27 de febrero de 2005 (Parte 1), pp. 14-15, y en *La Semana Jurídica,* N° 225, semana del 28 de febrero al 6 de marzo de 2005 (Parte 2), pp. 14-15. Apareció también publicado en las Actas de ese encuentro: *Amparo, Medidas Cautelares y Otros Procesos Urgentes en la Justicia Administrativa* (Buenos Aires, LexisNexis-Abeledo Perrot, 2005), pp. 77-89.

69 Una perspectiva comparada, véase en: Lemasurier (2001), que seguimos en el esquema. Respecto de España: García de Enterría y Fernández (2004) y Santamaría Pastor (1999), p. 615 y sigs. Respecto de Francia: Chapus (1993).

*a) Definición.*El contencioso-administrativo cabe definirlo como el conjunto de recursos abiertos a los administrados para someter a un juez los litigios que los oponen a la Administración.

i) Desde la perspectiva de los administrados, estos recursos garantizan sus libertades, sus derechos, incluso sus simples intereses contra los abusos de la Administración. Ellos pueden obtener, a la vez, la anulación de los actos ilegales (a través del llamado "contencioso de anulación") y la reparación de los daños de que ellos son víctimas ("contencioso de indemnización" o "de plena jurisdicción").

ii) Desde la perspectiva de la Administración, estos recursos permiten al juez ejercer un control sobre la Administración, esto es, de obligar a respetar la regla de derecho (contencioso de anulación) y de obligar a reparar el perjuicio causado (contencioso de indemnización).

*b) Características.*Este contencioso se caracteriza por tres rasgos o características principales:

i) los recursos son entablados ante un juez o una autoridad que, por definición debe ser imparcial, independiente del Gobierno y de la Administración;

ii) el juez falla, sentencia o dictamina en derecho, no en equidad, y se limita a controlar el respeto de la regla de derecho; y

iii) el control se ejerce *a posteriori* sobre las decisiones tomadas por la autoridad administrativa.

Estas tres características lo distinguen del control no jurisdiccional[70].

*c) Los sistemas comparados de contencioso administrativo.*Los recursos jurisdiccionales deben conciliar a la vez el respeto a la legalidad y a los derechos y libertades individuales; como también el respeto de las potestades y prerrogativas necesarias de la Administración para asumir su misión y dirigir los servicios públicos. Estos son elementos difíciles de conciliar, y los sistemas de control jurisdiccional son diferentes según los países y ninguno es perfecto. Existen en el mundo occidental tres grandes sistemas de control jurisdiccional:

---

70 Como es el caso en Chile del control, usualmente *a priori*, realizado por la Contraloría General de la República. Además, cabe recordar que, una vez reclamada la intervención de los tribunales por un particular, el órgano contralor se abstiene de intervenir, según reiterada jurisprudencia administrativa.

i) *El sistema francés*. Este sistema consiste en someter a la vez el contencioso de la legalidad y el contencioso de la indemnización a un solo juez especializado, el juez administrativo, independiente del juez judicial de derecho común. Tiene la ventaja de la independencia de la jurisdicción, y su carácter especializado. Tiene el inconveniente de los numerosos conflictos de competencia entre los dos órdenes jurisdiccionales.

ii) *Los sistemas mixtos* (Alemania, Italia, Países Bajos). Estos sistemas consisten en someter el contencioso de la legalidad al juez administrativo, mientras que los recursos de pleno contencioso en materia contractual y en materia cuasidelictual los conoce el juez judicial. La ventaja es que la repartición de competencias entre los dos órdenes es más lógica[71]: cuando la Administración actúa ejerciendo prerrogativas de potestad pública, es controlada por el juez administrativo, y cuando actúa como un particular (servicios públicos o causa daños) es tratada como una particular y se debe recurrir al juez de derecho común. El inconveniente es que la repartición de competencias conlleva dificultades.

iii) *El sistema anglosajón y español* (Gran Bretaña, Estados Unidos y España). Consiste en confiar al juez judicial la integridad del contencioso-administrativo. Pareciera ser el mejor sistema por su simplicidad, pero tiene ventajas e inconvenientes. Es ventajoso que los justiciables recurran al juez habitual. Pero es un inconveniente que usualmente los jueces judiciales manifiestan una cierta reserva para censurar a la Administración, a la que por lo demás suelen conocer poco. Pero en esto hay muchas variaciones, y existe una cierta tendencia a crear múltiples instancias especializadas de litigios administrativos.

*d) La situación en Chile.*Pues bien, ninguno de estos sistemas rige en Chile,aunque quizá se acerca a este último. Pues la situación es bastante anárquica: de partida, no existe orgánicamente la jurisdicción administrativa especializada, ni dentro del Poder Judicial ni como rama de la Administración, ni siquiera de manera independiente. No está definida como tal, y se trata de una ausencia y dispersión que ha originado cauces por vías anormales, según veremos, infra.

---

71 Cf. Lemasurier (2001), p. 5.

2. HISTORIA DE LA AUSENCIA DE UNA JURISDICCIÓN CONTENCIOSO ADMINISTRATIVA ESPECIALIZADA DE GENERAL APLICACIÓN

Aun a riesgo de difundir algo ya muy conocido, para los efectos de este trabajo panorámico es necesario señalar los hitos fundamentales de la ausencia de contencioso-administrativo especializado en Chile.

a) La Constitución Política de 1925 contenía una disposición, que se tornó de aquellas que dramáticamente hubo que llamar "programáticas", en virtud de la cual se previó la creación de tribunales administrativos. Al mismo tiempo, la ley limitaba la jurisdicción del Poder Judicial a las causas civiles y criminales que estableciera la ley. A raíz de eso, la doctrina y la jurisprudencia judicial de la época mayoritariamente entendieron que, en virtud del principio de la separación de poderes, tales tribunales no tenían la competencia para conocer causas de la materia contenciosa administrativa.

En virtud de ello se concluía que se trataba de un vado legal y que mientras el legislador no actuara, los tribunales ordinarios debían abstenerse de llevar a juicio a la Administración.

Esto produjo una gran indefensión de los particulares en sus pretensiones de frente a la Administración, en aquellos casos en que esta lesionaba sus derechos; sin perjuicio del papel limitado que cabe reconocer a la Contraloría General de la República[72].

b) El texto primigenio de la Constitución Política de 1980, sin embargo, persistió en la idea de la creación especializada de estos tribunales de lo contencioso administrativo. Así, en su artículo 38 inciso 2° la Constitución Política de la República (CPR) reiteró la necesidad de creación de los "tribunales contencioso-administrativos que determine la ley", y, enseguida, en el artículo 79 CPR restringió la potestad del Poder Judicial solo a los "negocios de su competencia", fórmula que excluía, entonces, a la materia contencioso-administrativa. Todo parecía indicar que esta vez los tribunales especiales administrativos no quedarían solos en el texto desnudo de la CPR, sino que serían creados. Pero ello no ocurrió así...

72 Véase Soto Kloss (1996), p. 357, y Silva Cimma (1994), p. 192.

c) En 1989, mediante plebiscito, la CPR de 1980 fue modificada en variados aspectos, y, en la materia que nos ocupa, se incluyeron las dos siguientes modificaciones: 1°) se suprimió la frase "contencioso-administrativo" del artículo 38 inciso 2° CPR, quedando la frase genérica dirigida a los "tribunales que determine la ley", y 2°) en el artículo 79 se eliminó la referencia explícita a los tribunales contencioso-administrativos.

A raíz de estas modificaciones constitucionales, en todo caso no se ha concluido, ni por la doctrina ni por la jurisprudencia (como antaño), que la Administración tendría inmunidad jurisdiccional por virtud del sacrosanto principio de separación de poderes, sino que se ha impuesto la sana doctrina de la plenitud jurisdiccional de los Tribunales que integran el Poder Judicial, dada la inexcusabilidad a que están sujetos[73].

Este es el contexto histórico. Ahora un análisis dogmático.

3. ÓRDENES DE JURISDICCIÓN VIGENTES Y JUSTICIA CONTENCIOSO-ADMINISTRATIVA

¿Cómo está determinada la competenciajurisdiccional en materia contencioso administrativa en Chile? Si es difícil usualmente identificar el juez habilitado para resolver un conflicto, en nuestro país ello tiene dificultades irritantes, pues en el caso de la jurisdicción administrativa, esta no existe orgánicamente y cabe recabarla en los tres órdenes de jurisdicción existentes.

En efecto, funcionalmente, la justicia chilena comprende tres órdenes de jurisdicción:

a) Primer orden jurisdiccional: la justicia constitucional. Le corresponde tanto al Tribunal Constitucional (TC) como a la Corte Suprema (CS) reunida en Pleno:

i) El TC es juez *a priori* y realiza un control concentrado de constitucionalidad: declaración de inconstitucionalidad de los proyectos de ley, ya sea por la vía de una cuestión de constitucionalidad o por la vía del control preventivo de las leyes orgánicas constitucionales y las leyes de *quorum* calificado. En este caso, se trata de contencioso anulatorio de leyes y, en virtud de la sentencia, el proyecto de ley no se podrá convertir en ley.

73 Véase Soto Kloss (1992), p. 397 y sigs., y Silva Cimma (1994), p. 193.

ii) La CS es juez *a posteriori*: declaración de inaplicabilidad por inconstitucionalidad de las leyes para causas específicas, sin efectos generales. En este caso, la sentencia solo tiene efectos relativos para la causa en que se invoca y declara la inaplicabilidad; la ley sigue vigente.
Este es un sistema mixto de control de constitucionalidad: mitad al estilo europeo; mitad al estilo norteamericano.

b) Segundo orden jurisdiccional: la (dispersa) justicia contencioso-administrativa. No hay organicidad alguna, sino más bien una gran dispersión, como analizamos infra. Le corresponde tanto al Tribunal Constitucional como a los tribunales ordinarios y especiales de justicia, que integran el Poder Judicial, como también a otros órganos independientes (tribunales especiales que no forman parte del Poder Judicial ni de la Administración). A veces también la ley, con una dudosa legitimidad constitucional, le asigna el papel de juez a un órgano de la Administración.

i) El TC ejerce la función de jurisdicción contencioso-administrativa al resolver la constitucionalidad de los decretos y reglamentos (artículo 82 N°s 3, 5, 6 y 12 CP).

ii) Los tribunales ordinarios que integran el Poder Judicial ejercen la plenitud de la jurisdicción contencioso-administrativa de modo supletorio y general, ante la inexistencia de tribunales especiales de lo contencioso administrativo con competencia general. Conocen de todas las acciones contencioso-administrativas especiales, como, por ejemplo, las reclamaciones en contra de superintendencias y servicios, contenidas en leyes especiales (reclamos especiales contra la Superintendencia de Servicios Sanitarios; en contra de la Superintendencia de Electricidad y Combustibles; en contra del Director General de Aguas, etc.). Estas son acciones especiales de reclamación contencioso administrativas y dan origen a un proceso contencioso-administrativo.

iii) Existen órganos independientes que no forman parte ni de la Administración ni del Poder Judicial, con potestad jurisdiccional en el orden contencioso-administrativo. Es el caso especial del Panel de Expertos de la Ley General de Servicios Eléctricos[74].

iv) Existen órganos de la Administración con potestad jurisdiccional en el orden contencioso administrativo (en que esta puede tener el carácter de

74 Respecto del Panel de Expertos de la Ley General de Servicios Eléctricos, vid.: Vergara Blanco (2004a), pp. 34-41, y Vergara Blanco (2004b).

juez y parte: es el caso del Director del Servicio de Impuestos Internos, en el contencioso administrativo tributario).

En todo caso, el sistema de control de la juridicidad administrativa también incorpora un órgano independiente de la Administración que ejerce la supervigilancia: la Contraloría General de la República (cuyo papel se analiza en el capítulo siguiente).

c) Tercer orden jurisdiccional: la justicia ordinaria. Está confiado a los tribunales que integran el Poder Judicial; estos tienen potestad de imperio y están sujetos a la superintendencia directiva, correccional y económica de la Corte Suprema.

Son, en general, estos tribunales los que conocen todo tipo de conflictos, civiles y criminales. Conocen de todo tipo de conflictos, en especial aquellos que no caben dentro de los órdenes anteriores, pues tienen otorgada la plenitud jurisdiccional común. En especial, a ellos también les están confiados los recursos extraordinarios relativos a las garantías fundamentales. Es el caso de las dos siguientes acciones extraordinarias:

i) *Recurso de Amparo.* Es el tradicional *habeas corpus*. En su virtud, "todo individuo que se halle arrestado, detenido o preso con infracción de lo dispuesto en la Constitución o en las leyes" puede ocurrir ante los tribunales en busca de protección de su libertad (artículo 21 CP).

ii) *Recurso de Protección.* Para el caso de las garantías fundamentales de contenido patrimonial, la CPR creó esta acción especial y extraordinaria, en virtud de la cual "el que por causa de actos u omisiones arbitrarios o ilegales sufra privación, perturbación o amenaza en el legítimo ejercicio de los derechos y garantías" que enumera la CPR (propiedad, libre empresa, igualdad y otras), puede ocurrir a la Corte de Apelaciones respectiva, la que, según esa Carta Fundamental, "adoptará de inmediato las providencias que juzgue necesarias para restablecer el imperio del derecho y asegurar la debida protección del afectado, sin perjuicio de los demás derechos que pueda hacer valer ante la autoridad o los tribunales correspondientes" (artículo 20 CPR).

Al recurso de protección no es posible considerarlo *per se* en ninguno de los órdenes jurisdiccionales desarrollados supra (constitucional o contencioso-administrativo), pues: 1° no constituye esencialmente un control de constitucionalidad como el que ejerce el TC; y, 2° ni cabe calificarlo de proceso únicamente contencioso-administrativo. No obstante este origen del recurso de protección, inserto en el orden judicial ordinario y dirigido a garantizar la propiedad, la igualdad y otros derechos fundamentales, ante cualquier atentado, ha devenido, según veremos, en un sustituto del orden jurisdiccional administrativo, ante la ausencia de un adecuado orden administrativo especializado.

Este es el esquema dogmático fundamental. Ahora nos infiltraremos en los entresijos de la práctica.

4. BÚSQUEDA DE JUSTICIA ADMINISTRATIVA EN UN SISTEMA QUE CARECE DE TRIBUNALES ESPECIALIZADOS

*a) La búsqueda de justicia administrativa en medio de la anarquía chilensis.*Entonces, cabe preguntarse, ante qué jurisdicción pueden recurrir los particulares que se sientan lesionados por actos de la administración, tanto para solicitar la anulación de tales actos (contencioso de anulación o de *excés de pouvoir*) y la consiguiente indemnización (contencioso indemnizatorio o de responsabilidad; o de plena jurisdicción). Debemos recordar que en Chile no existe, como se ha señalado, ni una jurisdicción ni un procedimiento especial o de efecto general supletorio para las contiendas contencioso-administrativas.

La respuesta lógica sería la siguiente: que se debe recurrir ante el Poder Judicial respecto de las causas contra actos de la Administración. Pero ello envuelve nuevos inconvenientes, a raíz de la falta de un procedimiento general. ¿Qué actitud han tomado los justiciables en Chile? Sin perjuicio de una serie de contenciosos especializados establecidos en diversas materias especiales (amparo económico; reclamaciones a la autoridad sanitaria; a la autoridad eléctrica, y otros), cabe referirse al contencioso de general aplicación.

b) Las vías ordinarias (ante el lento juez judicial) en un país sin tribunales especiales del contencioso-administrativo:

i) *La nulidad (el exceso de poder chileno: el contencioso anulatorio)*. Una primera vía es la del contencioso anulatorio general, ante un tribunal de primera instancia, mediante el procedimiento civil, supletorio, y ante los tribunales ordinarios que forman parte del Poder Judicial. Es el llamado juicio de "nulidad de derecho público", que se ha intentado recurrentemente, para obtener una primera declaración anulatoria, y enseguida indemnizatoria, mediante la cesación de los efectos del acto anulado. El intento permanente es producir un contencioso de plena jurisdicción y no una sentencia meramente declarativa. Es una acción muy utilizada, con algunos excesos, por ejemplo, la tesis de la imprescriptibilidad de la acción de nulidad de los actos de la administración, lo que ha venido recientemente a ser objeto de un cambio jurisprudencial[75].

ii) La plena jurisdicción: responsabilidad del Estado Administrador. Una segunda vía, ante los mismos tribunales, es la relativa a los juicios de responsabilidad de la administración, por actos de sus agentes, de plena jurisdicción. Son contenciosos bastante generalizados, en que se ha impuesto una jurisprudencia muy sólida de frente a la Administración, pasando por una época de acogimiento al menos formal de una teoría de la responsabilidad objetiva, con algún apoyo doctrinario, hasta la actual época de acogimiento de una tesis de responsabilidad subjetiva, con un apoyo mayoritario de la doctrina y la jurisprudencia[76].

Las dos vías anteriores, podríamos decir, son las ordinarias en un sistema que carece de una jurisdicción especializada de lo contencioso-administrativo de general aplicación. Pero es indudable que este cauce tiene todas las dificultades de la justicia ordinaria, su lentitud y la falta de remedios urgentes, o de verdaderas medidas cautelares.

5. UNA VÍA EXTRAORDINARIA (Y RÁPIDA) EN UN PAÍS SIN CONTENCIOSO-ADMINISTRATIVO ESPECIALIZADO: EL RECURSO DE PROTECCIÓN COMO SUSTITUTO INCOMPLETO

a) La natural necesidad de un cauce jurisdiccional. Ante la falta de esa jurisdicción especializada del contencioso administrativo, cada vez que un particular se enfrenta con la Administración y no le es posible recurrir a otras vías de reclamo (administrativas: ante la Contrataría General de la República; o jurisdiccionales: ante la no existencia de un recurso especial de lo contencioso administrativo, como es el caso municipal, o eléctrico, o de aguas, u otros; en fin, ante la respuesta inadecuada de los juicios de primera instancia señalados en el párrafo anterior: nulidad y responsabilidad), la vía de acción más utilizada, desde su creación en 1976-1980, es el recurso de protección (contenido en el artículo 20 de la Constitución).

---

75 Vid., el actualizado y completo análisis de: Jara Schnettler (2004), con una exhaustiva bibliografía.

76 Vid.: Cordero Vega (2003), Ferrada Bórquez (2004) y Sanhueza Acosta (2005).

Pero ¿qué ha ocurrido? Que este recurso de protección de las garantías constitucionales no fue creado como un sustituto de la jurisdicción contencioso-administrativa; y, a pesar de eso, dada la fuerte presión de los justiciables y la laxa interpretación que las cortes han dado a algunas garantías constitucionales, en gran medida esta vía se ha convertido en una jurisdicción doble:

i) por una parte, sigue respondiendo al molde primigenio de la CPR, como amparo de garantías constitucionales de contenido patrimonial, y al respecto hay una nutrida, notable y valiosa jurisprudencia; y,

ii) por otra parte, encontramos aquí el cauce por donde los justiciables que se enfrentan a lesiones en sus derechos provenientes de actos de la Administración, han convertido, con algún éxito, esta acción en un contencioso no solo cautelar sino con sentencias claramente anulatorias, con el mismo efecto de un proceso de exceso de poder.

b) Crítica del recurso de protección como sustituto permanente de un proceso contencioso-administrativo. Sin perjuicio de la clara situación de justicia concreta a que ha llevado el recurso de protección, a la que con razón se ha calificado de "revolución silenciosa" (Soto Kloss), no podemos considerar a este remedio como permanente. Claramente, como queda en evidencia una superficial mirada a su jurisprudencia, tan disímil, solo es la solución para el mejor amparo de los derechos y garantías patrimoniales; pero no es la solución a la ausencia del contencioso-administrativo.

a) Pero esta situación, al no estar claramente regulada, ni al ser la jurisprudencia muy uniforme, dista de ser siquiera una solución ideal permanente para las garantías fundamentales de orden patrimonial.
Lo más grave es que este recurso de protección, a pesar de dar lugar a un verdadero juicio, que es el marco insoslayable en que se realiza la jurisdicción[77], no siempre se tramita a través de un proceso en que se cumplan los más mínimos cánones o estándares de un debido y racional proceso, como lo exige para todo proceso el artículo 19 N° 3 CP.
Dado lo escueto del texto que lo consagra en la CPR (artículo 20), cabe una intervención legal, pues los autoacordados de la CS no han dado una solución medianamente aceptable, fijando plazos nada razonables y una ausencia de garantías procesales mínimas para los justiciables.

b) En el caso del recurso de protección como sustituto del contencioso-administrativo, ha sido, es verdad, la palanca desesperada de los particulares

77 Cf. Ferrada Bórquez *et al.* (2003), p. 74.

lesionados por actos de la administración, motivados por la ausencia de un contencioso-administrativo especial y de efectos generales[78].

De un tipo de recurso del que no se debiera esperar más que la cautela extraordinaria de derechos (pues eso es, en esencia la acción de protección consagrada en la CP), se ha llegado a un verdadero anulatorio de actos (recurso de *excés de pouvoir*), a través de sentencias que a pesar de lo extraordinario y cautelar del recurso (a la espera del juicio de lato conocimiento posterior en el plan de la propia CP), en algunas ocasiones producen no solo cosa juzgada formal sino la nulidad para siempre de actos de la Administración. En algunos casos ese remedio ha sido notable en cuanto a justicia concreta, pero, dado el zigzagueo constante de la jurisprudencia, no hay criterios seguros a los cuales atenerse ni en los cuales los justiciables puedan confiar su certeza. Y, cabe recordar, la certeza en el sistema jurídico es un valor del derecho, es un fin al cual cabe dirigir a la legislación.

c) Una de las características más notables de la jurisprudencia del recurso de protección es la concentración de casi todas las protecciones a solo dos garantías constitucionales: propiedad e igualdad.

   i) A través de la garantía de la igualdad y a través de alguna dialéctica asociada, se llega al principio de la legalidad o de la juridicidad; esto es, el amparo de la garantía de la igualdad se transforma en el contencioso del exceso de poder, anulatorio.

   ii) A través de la garantía de la propiedad (y aún, de la "propietarización" de los derechos[79]) se llega al principio de la potestad invalidatoria. Además, al amparo de la garantía de la propiedad, se transforma igualmente en contencioso del exceso de poder, invalidatorio.

CONCLUSIONES

1° El recurso de protección es una acción rápida y eficaz establecida por el constituyente chileno para la protección y cautela de las garantías constitucionales de orden patrimonial. Debe seguir prestando ese servicio, pero reconducido a través de un verdadero proceso, con garantías de racional y justo.

78 Véase Ferrada Bórquez *et al.* (2003), p. 77.

79 Véase Vergara Blanco (1992).

2° El recurso de protección, ante la ausencia de un tribunal o de una jurisdicción de lo contencioso administrativo, se ha transformado en un sustituto de tal jurisdicción administrativa especial, de un modo inorgánico, incompleto y que no llena en ningún caso los estándares mínimos de justiciabilidad ante los abusos administrativos.

3° Cabe esperar que este fenómeno de desorden jurisprudencial que se ha asentado en las Cortes chilenas se mantenga incólume e impune ante una buena parte de la acción administrativa arbitraria hasta que no se establezca en Chile una justicia administrativa de general y supletoria aplicación.

Bibliografía citada

Chapus, René (1993): *Droit du contentieux administratif* (París, Montchrestien), 4ª Ed, 1.045 pp.

Cordero Vega, Luis (2003): *La responsabilidad de la administración del Estado* (Santiago, LexisNexis), 202 pp.

Ferrada Bórquez, Juan Carlos (2004): "La responsabilidad patrimonial de la Administración del Estado de Chile: una breve revisión al estado actual de la discusión" en: *La responsabilidad patrimonial del Estado* (compilador: Marín González, Juan Carlos, México, Editorial Porrúa), pp. 107-135

Ferrada Bórquez, Juan Carlos; Bordalí Salamanca, Andrés y Cazor Aliste, Kamel (2003): "El Recurso de Protección como mecanismo de control jurisdiccional ordinario dé los actos administrativos: Una respuesta inapropiada a un problema jurídico complejo", en: *Revista de Derecho* (Universidad Austral), Vol. XIV, julio.

García De Enterría, Eduardo y Fernández, Tomás Ramón (2004): *Curso de Derecho Administrativo* (Madrid, Civitas), T. 2.

Jara Schnettler, Jaime (2004): *La nulidad de derecha público ante la doctrina y la jurisprudencia* (Santiago, Editorial Libromar), 285 pp.

Lemasurier, Jeanne (2001): *Le contentieux administratif en droit comparé* (París, Economica), 108 pp.

Sanhueza Acosta, Ricardo (2005): *Teoría general de la responsabilidad-patrimonial extracontractual del Estado administrador* (Santiago, Lexis-Nexis).

Santamaría Pastor, Juan Alfonso (1999): *Principios de Derecho Administrativo* (Madrid, Editorial Centro de Estudios Ramón Areces), vol. II.

Silva Cimma, *Derecho Administrativo chileno y comparado* (Santiago, Editorial Jurídica de Chile, 1994).

Soto Kloss, Eduardo (1992): *El recurso de protección* (Santiago, Editorial Jurídica de Chile).

—(1996): *Derecho Administrativo* (Santiago, Editorial Jurídica de Chile), t. 1.

Vergara Blanco, Alejandro (1992): "La propietarización de los derechos", en: *Revista de Derecho* (Universidad Católica de Valparaíso), vol. 14, pp. 281-291.

—(2004a): *Derecho eléctrico* (Santiago, Editorial Jurídica de Chile).

—(2004b): "El contencioso-administrativo en materia eléctrica: naturaleza jurisdiccional de las funciones del Panel de Expertos", en: *Actas de las Primeras Jornadas de Derecho Administrativo,* Valdivia, noviembre de 2004.

II. SOBRE EL PLAZO PARA INTERPONER EL RECURSO DE PROTECCIÓN[80]

Ofrezco una relación de las líneas jurisprudenciales que se han ido formando en torno al tema del cómputo del plazo para interponer el recurso de protección.

1. INTRODUCCIÓN

El artículo 20 de la Constitución, al consagrar el recurso de protección, no estableció norma especial alguna sobre su plazo de interposición. Solo consagra su admisibilidad respecto de "actos y omisiones", que ocasionen "privación, perturbación o amenaza" en el ejercicio de alguno de los derechos que señala. Además, indica cómo la Corte de Apelaciones deberá "restablecer el imperio del derecho" y "asegurar la debida protección del afectado". Entonces, si bien no hay plazo determinado en la Constitución, sí existen estos criterios fundamentales, que subrayo desde un inicio.

Fue el Auto Acordado de la Corte Suprema, de 29 de marzo de 1977, sobre tramitación del recurso de protección de garantías constitucionales, a través de su numeral 1°, el que estableció un plazo, al señalar:

"El recurso se interpondrá dentro del plazo fatal de quince días corridos ante la Corte de Apelaciones en cuya jurisdicción se hubiere (cometido) el acto o (incurrido) en la omisión arbitraria o ilegal que ocasione una privación, perturbación o amenaza en el legítimo ejercicio de las garantías constitucionales a que se ha hecho referencia".

Así, parece un nuevo requisito de admisibilidad (cuyo transcurso producirá una eventual preclusión) no visualizado –ni querido, pienso– por el constituyente, pero que la Corte Suprema estimó necesario establecer y que parece justificado, siempre y cuando no se interprete de una forma rígida.

80 Publicado en: *Gaceta Jurídica* (Santiago, 1992), pp. 7-10.

Sobre este requisito de admisibilidad del recurso de protección, e interpretando esta intervención normativa del alto tribunal, se ha originado una abundante jurisprudencia, en donde podemos descubrir una variopinta casuística, de la que tomo algunas muestras más adelante. Por de pronto, la cuestión no es sencilla y no se reduce, ni podría reducirse, a una interpretación literal del Auto Acordado, sino que es necesario, a mi juicio, una "racional y justa" valoración de los antecedentes, sin olvidar los presupuestos de derecho que instrumentó el constituyente para el establecimiento mismo del arbitrio: esto es, si persiste la "privación, perturbación o amenaza", o si aún no se "restablece el imperio del derecho", o si aún es posible "asegurar la debida protección al afectado", que es lo que en el fondo se desea, más allá de la necesidad procesal de un plazo.

En todo caso, si hemos de aceptar este plazo, también debe quedar claro que, sobre su cómputo, ha sido la propia jurisprudencia y la doctrina, las que han ido estableciendo ciertos matices que no pueden olvidarse, a los que me refiero enseguida.

2. LA SITUACIÓN DE LOS ACTOS

Debe considerarse en forma separada la situación de los actos, por un lado, y las omisiones, por el otro.

En cuanto a los actos, se bien el Auto Acordado dice que el plazo se cuenta desde que "se hubiere cometido", la propia jurisprudencia -con el apoyo constante de la doctrina y de los comentaristas[81]- ha ido matizando esta escueta determinación.

En primer lugar, ya parece haber quedado atrás el cómputo del plazo tomando en consideración solo el momento de ocurrencia del hecho material y se ha impuesto el criterio del "conocimiento", efectivo o presunto, lo que, a su vez, obliga a distinguir si el acto contra el cual se recurre se ha puesto en conocimiento del recurrente mediante alguna forma de notificación o publicidad.

a) Así, si se trata de un hecho material, deberá verificarse si de alguna forma el recurrente ha tomado conocimiento del mismo, para lo cual, en realidad, la decisión del juez ha de ser adoptada con mucha prudencia y flexibilidad.

81 Véase en esta materia: Eduardo Soto Kloss, *El recurso de protección* (Santiago, 1982), pp. 254-265; Pamela Verdugo Johnston, *El recurso de protección en la jurisprudencia* (Santiago 1989), pp. 128 -137; y Juan Manuel Errázuriz G. y Jorge Miguel Otero A., *Aspectos procesales del recurso de protección* (Santiago 1989), pp. 129-146.

Es básico este "conocimiento", y ello dependerá de la publicidad del acto (por ejemplo, publicaciones de periódicos), del domicilio del recurrente (puede tratarse de una publicidad regional, de un lugar diferente al domicilio del afectado), en fin, de su presencia o ausencia del país o del lugar. En ese marco, la jurisprudencia ha dicho que "el plazo de quince días que prevé el Auto Acordado de la Corte Suprema sobre tramitación del recurso de protección, debe contarse a partir de la fecha en que fue notificada al interesado la resolución administrativa que se estima agraviante"[82].

b) Debe considerarse aquí, también, los hechos o actos materiales de "efectos progresivos", en cuanto a la amenaza, privación o perturbación de los derechos del recurrente, pues la conciencia o la certeza de que un tal acto está o podrá afectar un derecho constitucional puede no adquirirse en un primer momento, desde que principió el acto, sino que puede adquirirse esta certeza con posterioridad.

Y este criterio, tan importante como novísimo en nuestra jurisprudencia, ha sido recientemente consagrado en un fallo de la Corte Suprema de 2 de octubre de 1991, en el que se dice que "si el recurrente de protección no tiene antecedentes ciertos o ignora absolutamente –sin tener facultad o motivo razonable para enterarse– de que determinadas actuaciones tienen por futuro conculcar sus derechos, aparece como evidente que, una vez que adquiere la certeza de que los actos observados y aparentemente legítimos le afectarán en sus derechos constitucionales, le crearán desde ese instante el derecho de solicitar protección"[83].

c) Este caso es distinto al de los hechos o de aquellos actos que se reiteran consecutivamente en el tiempo, ya sea que se agoten sucesivamente, uno a otro, o bien sea el mismo que se renueva permanentemente. En este caso, según la jurisprudencia, el plazo se cuenta desde que se cometió el último de ellos[84].

---

82 Corte de Apelaciones de Valparaíso, 27 de marzo de 1991, publicada en *Gaceta Jurídica* N° 132, (junio de 1991), pp. 60-66, con un interesante voto disidente del profesor Lautaro Ríos Álvarez, referido al tema del plazo en el recurso de protección, según el cual este debe contarse desde el acto terminal en que culmina la vía administrativa.

83 Véase caso: *Sociedad Agrícola El Carmen Ltda. con Agroganadera Ltda.*, comentado por el autor en *Informe Constitucional* N° 193 (6 de noviembre de 1991).

84 Véase, por ejemplo: Sentencia de la Corte Suprema de 16 de julio de 1981, en *Revista de Derecho y Jurisprudencia*, 78 (1981), II, 5, p. 83.

Estos "ilícitos continuados" ya han producido una pacífica jurisprudencia en cuanto al plazo[85].

En esta línea se inscribe el criterio sustentado por la Corte Suprema en sentencia de 5 de noviembre de 1990, en que confirma otra de la Corte de Apelaciones de Santiago, de 2 de agosto de 1990, cuando señala que un recurso ha sido interpuesto dentro de plazo, pues "el acto que se estima arbitrario o ilegal se está repitiendo periódicamente, es decir, cada vez que se liquidan las remuneraciones" [86].

d) Si estos actos o hechos son de aquellos que han sido notificados especialmente al afectado, y ello consta, quizás es el único caso en que el plazo debe contarse desde esa notificación, pues hay constancia del "conocimiento" efectivo del acto.

Digo lo anterior con la salvedad que ha impuesto la propia jurisprudencia en cuanto a la "certeza de afectar derechos" (véase supra letra b) o de los actos reiterados (letra c), y que este conocimiento sea completo[87].

Entonces, en cuanto a los actos, podemos decir que, más que contarse el plazo respectivo desde la "comisión" de estos, ha imperado, con mucha prudencia, el criterio del "conocimiento" y, ahora, el novísimo e importante criterio de la "conciencia o certeza de afectar los derechos propios".

3. SITUACIÓN DE LAS OMISIONES

El caso de las omisiones es diferente. Es obvio que, en general, bien puede aplicársele las mismas matizaciones anteriores.

Quisiera referirme brevemente al caso de una omisión permanente, que es el caso más común. Pues, en el lenguaje del Auto Acordado, si se "incurre" en una omisión en una data determinada, y es un hecho único o que se subsana con

---

85 Véase, con amplia cita, Eduardo Soto Kloss, Comentario, en *Informe Constitucional* N° 57 (16 de abril de 1991), p. 4, en que redunda en lo que he desarrollado sobre el "conocimiento adquirido", como criterio válido en estas materias.

86 Sentencias publicadas en *Gaceta Jurídica* N° 129 (marzo, 1991), pp. 111 a 116. En la sentencia de la Corte Suprema se incluye el siguiente alcance: "Tratándose de omisiones o de acciones de carácter permanente, el plazo para interponer el recurso de protección debe contarse desde que se requiera el infractor para que cese en su acción u omisión ilegal o arbitraria" (p. 116).

87 Véase Sentencia de la Corte de Apelaciones de San Miguel, de 11 de diciembre de 1989, en *Revista de Derecho y Jurisprudencia*, 86 (1989), II, 5, p. 254, y no basta simple información.

posterioridad, es obvio que, si ha transcurrido luego el plazo de quince días, se tornará inadmisible el recurso[88].

Es absolutamente diferente el caso de las "omisiones permanentes", que se mantienen en el tiempo y que, en forma perenne, están ocasionando "privación, perturbación y amenaza" a los derechos de los recurrentes y, por tanto, al mantenerse esta omisión antijurídica, no se ha restablecido "el imperio del derecho" y no se ha asegurado la "debida protección al afectado". Estos últimos supuestos son centrales en este arbitrio constitucional y frente a ellos la mera afirmación de un plazo, que no es posible medir, pierde importancia.

En fin, en estos casos de omisiones antijurídicas, si de plazo se quisiere hablar, tendríamos que pensar que este se está renovando día a día, mientras la autoridad emita el pronunciamiento o la actuación que el ordenamiento jurídico le exige.

Es este el criterio de los "ilícitos continuados" que tiene un antiguo y permanente acogimiento en la jurisprudencia, desde *Vergara Tolosa* (1981), hasta *Canalistas del Laja* (1991), y otros más que es innecesario citar ahora. Sí es importante señalar un criterio de nuestros tribunales relativo a estos ilícitos continuados o permanentes, los que, según un fallo de la Corte de Apelaciones de Santiago, hacen surgir "el derecho para hacer cesar la acción u omisión ilegal o arbitraria, (el que) se mantiene mientras aquella subsista"[89]. Así, cuando la acción u omisión se está repitiendo constantemente, existiría, paralelamente, el "derecho permanente" a recurrir de protección. El tema del plazo, de acuerdo a esta jurisprudencia ejemplar, pasa a segundo plano.

Esta última jurisprudencia es interesante, pues significa reconocer que, por motivos formales, de mera admisibilidad, los tribunales no se pueden excusar de restablecer el imperio del derecho, imperativo constitucional y finalidad de la administración de justicia, sobre todo en algunos casos de evidencia razonable de unos efectos permanentes de actos u omisiones ilegales o arbitrarios comenzados en tiempo pretérito.

88 Véase una clasificación, en cuanto a actos omitidos, con o sin plazo, en: Soto Kloss, *El recurso*, citado, p. 263.

89 Véase *Informe Constitucional* N° 27 (26 de febrero de 1991), p. 3, comentario del autor.

III. HACIA UNA JUSTICIA ADMINISTRATIVA MIXTA O PLURIFORME[90]

La actual tendencia legislativa de creación de tribunales administrativos especiales es un saludable cambio de un antiguo y ya caduco paradigma nacional.

En los últimos años se observa un cambio de paradigma en la justicia administrativa chilena, pues el legislador, separándose de prestigiosos sistemas de derecho comprado, comienza a gestar un modelo propio.

Hoy no existe uno o varios tribunales especiales con competencia general para conocer todos los conflictos de naturaleza administrativa, paralelos a los otros tribunales especiales (civiles, penales y otros). La creación de una justicia administrativa especializada ya no está siquiera en los planes legislativos.

Y esto es lo que lamenta la Corte Suprema, que ha propuesto la creación de estos tribunales administrativos. Pero ha llegado tarde...

La tendencia legislativa actual es distinta: es posible observar un saludable fenómeno pluriforme, que puede describirse a grandes trazos así:

1° La mantención del recurso de protección, que en realidad es un sustituto incompleto de justicia administrativa.

2° La creación de múltiples acciones especiales (bajo la denominación de "recursos") ante las Cortes de Apelaciones.

3° La novísima tendencia de crear tribunales con competencia administrativa, pero respecto de materias muy concretas, relativas a sectores económicos o materias específicas; podríamos llamarlos tribunales administrativos especializadísimos.

Es una tendencia evidente y que pareciera que terminará por sepultar el antiguo deseo de tener una sola jurisdicción administrativa especializada, pues este fenómeno pluriforme indica una búsqueda de la súper especialización, con modelos muy diversos cada uno de ellos.

90 Publicado en: *El Mercurio Legal*, 31 de agosto de 2011.

La Corte Suprema en varias ocasiones ha manifestado una opinión contraria. En los hechos, ha tenido oportunidad de emitir informes negativos ante proyectos de ley de creación de órganos jurisdiccionales especiales. Su Presidente ha tenido una antigua y conocida postura al respecto. Por ejemplo, en el Informe relativo a la creación del Panel de Expertos, en materia eléctrica, emitió un voto disidente, no obstante que en aquella oportunidad la Corte Suprema emitió una opinión favorable. A principios de año reiteró su opinión negativa en un seminario en la Facultad de Derecho de la Pontificia Universidad Católica, relativo a la creación de los tribunales ambientales.

Pero, la creación de tribunales especiales, dentro o fuera del Poder judicial, es una necesidad y poco a poco comienza a concretarse y ha ido tomando cada vez mayor fuerza en materias complejas y estratégicas para el desarrollo del país: medio ambiente, recursos naturales y energía, entre otras temáticas. El caso exitoso del Panel de Expertos eléctricos, que ha pacificado prácticamente a una industria, y ha evitado actitudes procesales meramente especulativas (en que los abogados usan y abusan con las demoras judiciales), es muy decidor.

Y es que la especialidad y complejidad de las problemáticas que involucran estas áreas requieren conocimientos también especiales, de los cuales carecemos jueces y abogados en general; de ahí la integración pluridisciplinaria de estos nuevos tribunales. Además, se requieren procedimientos especiales, ya que muchas veces los actualmente existentes en nuestro ordenamiento jurídico no se ajustan a las circunstancias particulares. Que los tribunales ordinarios de justicia han visto sobrepasada su capacidad material, personal y técnica ante estas situaciones es una realidad que ha comenzado a delatarse de variadas formas y desde hace bastante tiempo.

Se necesita en estas materias especializadísimas una nueva forma de hacer justicia, para lo cual –por ahora– no está preparado nuestro actual sistema procesal.

IV. JURISPRUDENCIA ADMINISTRATIVA ESPECIAL: ... ¡*ESPERANDO A GODOT*![91]

> Vayámonos. / No podemos./ ¿Por qué?/ Esperamos a Godot. (...)
>
> No estamos atados, ¿verdad?/ No entiendo nada./ Pregunto si estamos atados./ ¿Atados?/ ¿Cómo atados?/ De pies y manos./ Pero, ¿a quién? ¿Por quién?/ A tu buen hombre./ ¿A Godot? ¿Atados a Godot? ¡Qué idea! ¡De ningún modo! Todavía no./ ¿Se llama Godot? / Creo que sí. (...)
>
> [*Coda*]
>
> ¿Adónde iremos?/ No muy lejos/ ¡No, no, vayámonos lejos de aquí!/ No podemos./ ¿Por qué?/ Mañana debemos volver./ ¿Para qué?/ Para esperar a Godot./ Es cierto. ¿No ha venido?/ No./ Y ahora ya es demasiado tarde.
>
> Samuel Beckett, *En attendant Godot* [*Esperando a Godot*] (París, Les Éditions de Minuit, 1952).

Parece que ya muy pocos esperan a una jurisdicción administrativa única, como en la que pensaban los más antiguos maestros de derecho administrativo chileno.

Chile es el único país de América Latina que no sigue el modelo francés de justicia administrativa (nunca ha creado un tribunal administrativo similar al *Conseil d'État*) y, es único, en términos más generales, al carecer de una jurisdicción administrativa especial. Por el contrario, en los últimos años, la tendencia ha estado lejos del modelo francés y de cualquier otro, y se ha orientado hacia un modelo mixto de justicia administrativa pluriforme e hiperespecializada. No existe, ni seguramente nunca va a existir, un solo orden jurisdiccional administrativo o un solo modelo de tribunal administrativo.

Este nuevo modelo jurisdiccional administrativo, en cierto sentido, ha venido a complementar el modelo regulatorio económico implementado en Chile

---

91 Publicado como: "El nuevo paradigma de jurisdicción administrativa pluriforme e hiperespecializada: Crónica de una espera, como la de Godot", en: *Anuario de Derecho Público UDP* (Santiago, 2014). Reproduzco solo parcialmente dicho texto.

a partir de la Constitución de 1980, el cual redefinió los roles tradicionalmente asignados a la Administración y a los particulares en las actividades económicas relevantes, principalmente en materia de servicios públicos y de recursos naturales (aguas y minas).

Hoy no existe uno o varios Tribunales especiales con competencia general para conocer todos los conflictos de naturaleza administrativa, paralelos a los otros tribunales especiales (civiles, penales y otros). La creación de una justicia administrativa especializada ya no está siquiera en los planes legislativos.

La tendencia legislativa actual es distinta: es posible observar un saludable fenómeno mixto, que puede describirse a grandes trazos así:

1° Una desarrollada justicia de la responsabilidad patrimonial de la Administración, sujeta al proceso ordinario (con un largo juicio: primera instancia, apelación y eventual casación).

2° Una mixta y pluriforme justicia del contencioso anulatorio (el recurso por *excés de pouvoir* chileno) que se manifiesta, al menos, de tres modos:

- i) a través del recurso de protección, creado en la década de los años ochenta, que en realidad es un sustituto incompleto de justicia administrativa;
- ii) a través de múltiples acciones especiales (bajo la denominación de "recursos"), ante las Cortes de Apelaciones, creadas, sobre todo, a partir de la década de los años noventa, y
- iii) en la novísima tendencia, de la década de los años dos mil, de crear tribunales con competencia administrativa pero respecto de materias muy concretas, relativas a sectores económicos o materias específicas; podríamos llamarlos tribunales administrativos especializadísimos.

Es una tendencia evidente y que pareciera que terminará por sepultar el antiguo deseo de tener una sola jurisdicción administrativa especializada, pues este fenómeno pluriforme indica una búsqueda de la súper especialización, con modelos muy distintos cada uno de ellos.

Y esto es lo que lamenta la Corte Suprema, que ha propuesto la creación de tribunales administrativos únicos, con competencia que abarque toda la materia administrativa. La Corte Suprema en varias ocasiones ha manifestado una opinión contraria a la creación de acciones y tribunales especializadísimos. En los hechos, ha tenido oportunidad de emitir informes negativos ante proyectos de ley de creación de órganos jurisdiccionales especiales. Pero ha llegado tarde...; *parece que ya no llegó Godot.*

En verdad, la creación de tribunales especiales, dentro o fuera del Poder Judicial, es una necesidad y poco a poco comienza a concretarse y ha ido tomando cada vez mayor fuerza en materias complejas y estratégicas para el desarrollo del país: medio ambiente, recursos naturales y energía, entre otras temáticas. El caso exitoso del Panel de Expertos eléctricos, que ha pacificado prácticamente a una industria y ha evitado actitudes procesales meramente especulativas (en que los abogados usan y abusan con las demoras judiciales), es muy decidor.

Y es que la especialidad y complejidad de las problemáticas que involucran estas áreas requieren conocimientos también especiales, de los cuales carecemos jueces y abogados en general; de ahí la integración pluridisciplinaria de estos nuevos tribunales. Además, se requieren procedimientos especiales ya que muchas veces los actualmente existentes en nuestro ordenamiento jurídico no se ajustan a las circunstancias particulares. Que los tribunales ordinarios de justicia han visto sobrepasada su capacidad material, personal y técnica ante estas situaciones es una realidad que ha comenzado a delatarse de variadas formas y desde hace bastante tiempo.

Se necesita en estas materias especializadísimas una nueva forma de hacer justicia, para lo cual –por ahora– no está preparado nuestro actual sistema procesal.

El presente ensayo[92] tiene por finalidad revisar la evolución y estado actual del contencioso-administrativo chileno, y en especial, la tendencia, cada vez más extendida, de crear tribunales y procedimientos jurisdiccionales hiperespecializados en materias o sectores económica y socialmente relevantes. Reviso, brevemente, estos casos y, a partir de ahí, muestro cómo esta justicia administrativa *especializadísima* ha venido a completar el más general, pero fraccionado, sistema de acciones y recursos administrativos ya existente, a cargo de los tribunales ordinarios de justicia.

En fin, este modelo propiamente chileno (*Chile, en esto, como en otras cosas: ¡es especial!; no sigue tendencias: ¡las crea!*) pareciera que es una alternativa viable para lograr pronunciamientos con razonabilidad que escapen de las acusaciones de deferencia o activismo judicial; de ahí que finaliza la presente exposición con una breve reflexión acerca de cuál es el rol que, en dicho marco, les corresponde a los jueces en el reparto de poderes en nuestra democracia.

92 Dada la naturaleza ensayística de este trabajo (en armonía con la publicación que lo acoge), he reducido al mínimo el aparato bibliográfico; de ahí que he debido prescindir de algunas citas de autores y obras relevantes.

1. LA JUSTICIA ADMINISTRATIVA HIPERESPECIALIZADA. CONSTATACIÓN DE UNA TENDENCIA: CINCO CASOS DESTACADOS

La novísima tendencia de crear tribunales con competencia administrativa, pero respecto de materias muy concretas, relativas a sectores económicos o materias específicas, podríamos también llamarlos "*tribunales administrativos especializadísimos*".

Reviso brevemente algunos de los ejemplos más importantes de este contencioso-administrativo "hiperespecial" o "especializadísimo":

i) *En materia de contratación pública.* El Tribunal de la Contratación Pública, creado mediante la Ley N° 19.886 de 2003, de Bases sobre Contratos Administrativos de Suministro y Prestación de Servicios, el cual cuenta con competencia para conocer de la acción de impugnación, ejercida mediante una demanda, contra actos u omisiones, ilegales o arbitrarios, ocurridos en los procedimientos administrativos de contratación con organismos públicos. La parte vencida podrá apelar en segunda instancia ante la Corte de Apelaciones de Santiago.

ii) *En materia eléctrica.* En este ámbito se encuentra el denominado "Panel de Expertos", creado mediante Ley N° 19.940 de 2004, órgano que ejerce jurisdicción al resolver controversias que se suscitan entre las empresas eléctricas y la Administración. En este sentido, funcionalmente, ejerce una jurisdicción contenciosa administrativa, como un verdadero tribunal especial, ante el cual los interesados que entiendan lesionados sus derechos podrán hacer sus reclamos. Además, resuelve controversias entre empresas eléctricas, constituyéndose en un verdadero tribunal arbitral.

iii) *En materia de transparencia.* En este ámbito se encuentra el Consejo para la Transparencia, órgano encargado de velar por la observancia del principio de publicidad consagrado en el artículo 8 de la Carta Fundamental[93], así como garantizar el derecho de acceso a la información pública recogido en la Ley N° 20.285 de 2008, sobre acceso a la información pública. Se trata de una corporación autónoma de derecho público, con personalidad jurídica y patrimonio propio, que tiene la facultad de conocer las

93 Dicha norma señala que "son públicos los actos y resoluciones de los órganos del Estado, así como sus fundamentos y los procedimientos que utilicen. Sin embargo, solo una ley de *quorum* calificado podrá establecer la reserva o secreto de aquellos o de estos cuando la publicidad afectare el debido cumplimiento de las funciones de dichos órganos, los derechos de las personas, la seguridad de la Nación o el interés nacional".

reclamaciones ("amparos") que realicen los particulares ante denegaciones injustificadas de acceso a la información pública por parte de autoridades administrativas. Constituye una verdadera jurisdicción.

iv) *En materia tributaria.* Los tribunales tributarios y aduaneros creados mediante la Ley N° 20.322 de 2009, que fortalece y perfecciona la jurisdicción tributaria y aduanera competente, que tienen a su cargo tanto un procedimiento general de reclamaciones tributarias como numerosos procedimientos de reclamaciones especiales y cuyas resoluciones son recurribles también ante la Corte de Apelaciones respectiva.

v) *En materia ambiental.* Mediante la Ley N° 20.600 de 2012, se dispuso la creación de los tribunales ambientales, como órganos jurisdiccionales especializados, sujetos a la superintendencia directiva, correccional y económica de la Corte Suprema, cuya función es resolver las controversias medioambientales en los casos indicados en dicha ley.

La reforma ambiental es, en verdad, la consolidación del nuevo modelo regulatorio administrativo chileno: trae consigo no solo nuevas definiciones de fondo del sector regulado, sino también un tribunal hiperespecializado, para asegurar así *una buena justicia.*

La Ley N° 20.417 de 2010, vino a modificar en gran parte la institucionalidad ambiental, dando origen al Ministerio del Medio Ambiente en reemplazo de la Comisión Nacional del Medio Ambiente (CONAMA); al Servicio de Evaluación Ambiental, encargado de administrar el Sistema de Evaluación de Impacto Ambiental (reemplazando en este rol a las Comisiones Regionales del Medio Ambiente, COREMAS); y a la Superintendencia de Medio Ambiente, como un nuevo servicio, independiente, encargado de la fiscalización y sanción en el sector.

Con la entrada en vigencia de la nueva ley, las competencias en materia ambiental quedaron repartidas de la siguiente manera: *i) la ordenación,* a cargo del Ministerio del Medio Ambiente; *ii) la gestión,* a cargo del Servicio de Evaluación Ambiental; *iii) la fiscalización,* a cargo de la Superintendencia del Medio Ambiente.

La regulación propuesta, en efecto, pudo haber llegado hasta aquí, si es que no se hubiesen abierto los ojos a una realidad que ya se estaba dando en otros sectores: la necesidad de contar con una justicia hiperespecializada. Por ello, mediante la Ley N° 20.600 de 2012, se dispuso la creación de los tribunales ambientales, como órganos jurisdiccionales especializados. Estos se enmarcan dentro del cambio de paradigma en la justicia administrativa chilena, desarrollado en los últimos años.

2. CLARA TENDENCIA LEGISLATIVA ACTUAL: TRIBUNALES HIPERESPECIALIZADOS

Todos estos tribunales especiales son el reflejo del cambio de paradigma en la justicia administrativa chilena desarrollado en los últimos años, el cual se puede apreciar claramente en la *Figura 2-1*.

Figura 2-1. Evolución de la tendencia hacia una jurisdicción hiperespecializada

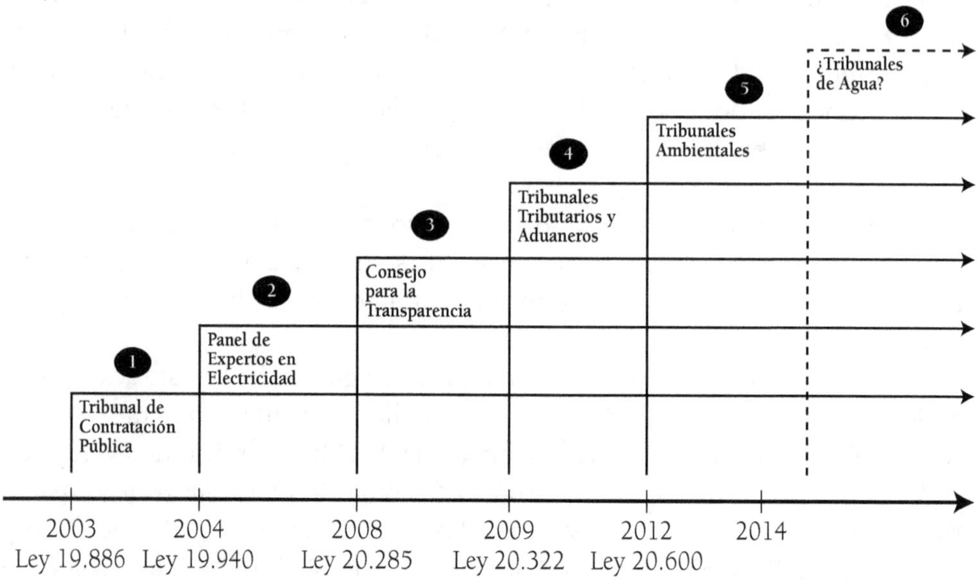

Fuente: elaboración propia.

Esta evolución pone en clara evidencia la actual tendencia hacia una jurisdicción hiperespecializada. El legislador, en la conformación de los modelos de solución de controversias, especialmente en las actividades económicas relevantes, caracterizadas por su especificidad técnica y económica (como son los servicios públicos y los recursos naturales), habría optado por la creación de tribunales hiperespecializados en lugar de la tan ansiada justicia administrativa especializada dentro de la judicatura ordinaria.

No sabemos si el Tribunal Ambiental será el último tribunal especializado que se cree en Chile, aunque hay proyectos para crear órganos similares en materia en telecomunicaciones, así como en materia de aguas (propuesta planteada al

Gobierno por el Banco Mundial[94], y que está siendo arduamente discutida a nivel académico[95]). Lo que sí parece evidente es que las grandes reformas regulatorias realizadas en Chile en materia de servicios públicos y recursos naturales han incorporado como elemento esencial la resolución especializada de conflictos, a fin de dotar de una verdadera eficacia a los cambios regulatorios implementados y los objetivos perseguidos por estos. Sobre este particular, analizaremos a continuación, de manera más detallada, el caso de la reforma en materia medio ambiental.

3. EL ROL DE LA NUEVA JUSTICIA ADMINISTRATIVA "ESPECIALIZADÍSIMA" EN EL ACTUAL MODELO REGULATORIO

3.1. El actual modelo regulatorio económico chileno

En el contexto actual somos testigos de un conjunto de regulaciones de sectores "especiales", en las que se ha ido produciendo una renovación del rol asignado tradicionalmente a la Administración del Estado y a los particulares, conformándose un nuevo escenario regulatorio: hoy son los particulares los que llevan adelante la prestación de los servicios públicos (como es el caso de los servicios sanitarios, de energía y telecomunicaciones), enfrentándose la Administración del Estado a un reposicionamiento de su rol, pues ya no recae sobre esta la responsabilidad de prestar directamente tales servicios, sino únicamente de ejercer un conjunto de nuevas potestades, esencialmente supervisoras, fiscalizadoras y sancionadoras, a fin de verificar que los particulares desarrollen las actividades de servicios públicos cumpliendo con el marco normativo vigente, y con los estándares de universalidad, generalidad, seguridad y calidad dispuestos en la legislación.

---

94 Dirección General de Aguas: Diagnóstico de la gestión de los recursos hídricos, Informe del Banco Mundial (31 de marzo de 2011). Disponible en: http://documentos.dga.cl/ADM5263.pdf. Las conclusiones de este relevante informe han pasado desapercibidas, en especial aquellas relativas al catastro de derechos de aguas y a la búsqueda de una instancia especializada de resolución de conflictos.

95 Por todos, Vergara Blanco, Alejandro, "Aguas y energía: propuestas para su autogobierno y resolución especializada de conflictos", en *Propuestas para Chile. Concurso Políticas Públicas 2013* (Santiago, Centro de Políticas Públicas UC, 2013), pp. 241-270; y Vergara Blanco, Alejandro, *Crisis institucional del agua. Descripción del modelo, crítica a la burocracia y necesidad de tribunales especiales* (Santiago, Legal Publishing-Thompson Reuter, 2014), 508 pp. En estos trabajos, y con los fundamentos que ahí señalamos, proponemos la creación de tribunales de aguas.

Este nuevo escenario se ha ido configurando como consecuencia de una revolución regulatoria iniciada hace más de treinta años en Chile y caracterizada principalmente por un conjunto de liberalizaciones operadas con mucha intensidad, tanto sobre los servicios públicos indicados, como sobre dos recursos naturales muy relevantes para la economía del país: las aguas y las minas. Se generan así nuevas reglas a través de las que se brindan importantes incentivos para que los particulares obtengan los títulos necesarios para la explotación de dichos recursos, con una muy baja discrecionalidad de la Administración del Estado para denegar su otorgamiento y casi ninguna posibilidad para caducarlos, así como una importante intangibilidad de los títulos obtenidos.

Sumado a ello, en el caso de los bienes públicos no estatales, se ha producido la completa desaparición de la hipótesis jurídica del Estado como propietario de relevantes bienes y recursos; restringiéndose a su rol ordenador/administrador de tales bienes que, siempre o casi siempre, son gestionados por los particulares o la sociedad organizada.

En este marco, se han ido consolidando ciertas exigencias que conforman lo que podríamos denominar las "buenas regulaciones": estas deben diseñarse de tal modo que se descentralice la toma de decisiones y se otorgue certeza a los particulares y, por otro lado, que la Administración del Estado lleve adecuadamente la labor de fiscalización, supervigilancia y sanción, pero sin superponerse o invadir la labor de los particulares, afectando las atribuciones y los derechos que la nueva configuración regulatoria les reconoce.

Hasta aquí se podría decir que esta revolución regulatoria se habría basado, casi en exclusividad, en este reposicionamiento de los roles de la Administración del Estado y de los privados. Sin embargo, en algunos casos, como la energía y las aguas, el reposicionamiento no solo ha puesto al individuo o a las empresas frente a la Administración del Estado, sino también ha puesto a la comunidad organizada colectivamente, a través de sistemas de autogobierno, frente a la Administración (como es el caso de la administración de las aguas en Chile, en que la distribución, que es una forma de administrar, la realizan organismos "no estatales": las juntas de vigilancia, conformadas por los particulares usuarios de las mismas). Ello, no solo ha complejizado mucho más las interacciones en los sectores regulados, sino también los conflictos que puedan surgir en estos.

Es por ello que, la más reciente reforma regulatoria impulsada en Chile, la regulación del medio ambiente ha venido a consolidar un nuevo modelo, arduamente criticado y que se pensaba olvidado: la resolución especializada de conflictos, y su necesaria incorporación como elemento fundamental para el éxito de cualquier regulación.

3.2. El modelo de justicia administrativa "especializadísima" como elemento esencial del modelo regulatorio actual

La complejidad creciente de la regulación de los servicios públicos y recursos naturales en los últimos años ha dado lugar a un foco de conflicto entre la Administración y los particulares y empresas, sobre todo después de la privatización y la liberalización de los servicios públicos, durante la década de los años setenta y ochenta del siglo pasado.

Por ello, la justicia administrativa "especializadísima", conformada por tribunales hiperespecializados, ha venido a completar el nuevo modelo regulatorio chileno, en el cual encuentra plenamente su justificación. Con su creación, ciertas lagunas e incoherencias de la competencia genérica de los tribunales ordinarios han sido superadas y se ha logrado enfrentar adecuadamente la especialidad, la rapidez, la tecnicidad y la complejidad que presenta y requiere la resolución de conflictos en estas áreas específicas.

La realidad nos muestra que un mal sistema de resolución de conflictos puede echar a perder una muy buena regulación. Por ello, no solo es importante contar con tal sistema, sino definir cuáles deben ser sus características, en especial para el caso de los servicios públicos y los recursos naturales, áreas caracterizadas por la interdisciplinariedad, así como por un alto componente técnico y social, no exclusivamente jurídico.

Si revisamos con más detalle los diferentes casos destacados de justicia administrativa hiperespecializada, encontraremos algunos elementos comunes *(Figura 2-2)*.

Figura 2-2. Principales características comunes de la jurisdicción hiperespecializada chilena[96]

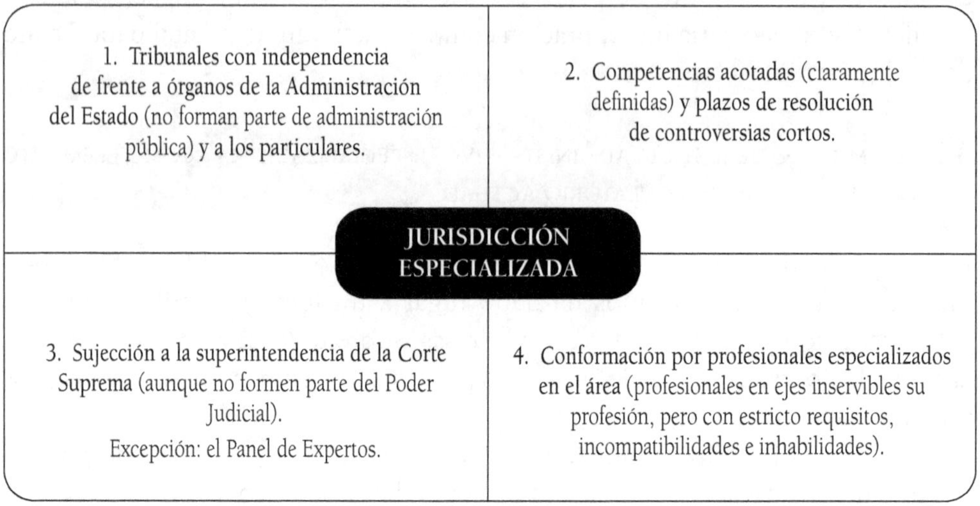

Fuente: elaboración propia.

De esta forma, la experiencia ocurrida en Chile nos da al menos una clave: un buen sistema de resolución de conflictos debe ser un sistema hiperespecializado, es decir, que cuente con tribunales altamente capacitados en la materia en conflicto; que sean heterogéneos en cuanto a su funcionamiento, a fin de abarcar todas las complejidades de dichas materias; cuyos integrantes sean profesionales con experiencia comprobada en las mismas; y que puedan garantizar su independencia y autonomía, tanto de la Administración del Estado como de los particulares, en la toma de decisiones.

La reciente experiencia en materia de medio ambiente en Chile es aleccionadora de esta realidad. El nuevo modelo regulatorio en dicho sector no consideraba en sus inicios la incorporación de justicia especializada, representada hoy en los tribunales ambientales, y únicamente se basaba en la redefinición del rol de la Administración de Estado.

96 Nota del autor: reedito este cuadro en su versión original, pero con una advertencia de fondo: se señala en recuadro 3 que el Panel de Expertos queda exento de la Superintendencia de la Corte Suprema, opinión que reviso en publicaciones posteriores, atendido el claro tenor del artículo 82 inciso 1° CPR ("de todos los tribunales de la Nación") y la efectiva condición de tribunal del Panel de Expertos, lo que no advertí en un inicio].

Pero, atendiendo a la necesidad de dotar de eficiencia y eficacia a la regulación implementada, así como a garantizar los derechos de los regulados y de los ciudadanos en general, y tomando como referencia la tendencia a la hiperespecialización de los tribunales, se decidió incorporar, en el último momento, un nuevo tribunal hiperespecializado: los tribunales ambientales. Lo que podía, por tanto, parecer una tendencia terminada por los grandes cuestionamientos en su contra, habría quedado reafirmada a consecuencia de la reforma medio ambiental.

4. JURISPRUDENCIA HIPERESPECIALIZADA

Esta racionalidad parece ser más fácilmente alcanzable cuando los jueces cuentan con un conocimiento específico y detallado de los principios y reglas que regulan cada una de las actividades económicas relevantes.

En efecto, podemos apreciar que todos los tribunales especiales que se han ido implementando desde hace algunos años hasta la fecha, cuyos casos más emblemáticos son los tribunales especiales en electricidad y medio ambiente, se han creado precisamente con la finalidad de revisar decisiones técnicas o especializadas de la Administración del Estado que generan conflictos con los particulares.

Y por lo tanto, si se siguiera la línea argumentativa mayoritaria en contra de la labor judicial de revisión de las actuaciones de la Administración del Estado, podríamos concluir que solo sería aceptable la revisión de aquellas actuaciones cuando tal revisión sea realizada por un tribunal "especializado" creado con la finalidad exclusiva de pronunciarse sobre materias técnicas, y dotado de características, conocimientos y herramientas específicas para ello; mientras que, cuando se trate de un tribunal ordinario, no especializado, tal revisión no podría ser aceptada.

Entonces, la acusación de *activismo* jurisdiccional tendría mayor resonancia en el caso de los tribunales ordinarios de justicia y no así de los tribunales hiperespecializados, pues ello sería contrario a la labor expresamente encargada a este tipo de tribunales.

La discusión sobre el *activismo* de los órganos jurisdiccionales está estrechamente relacionada con el éxito de las regulaciones. Da la impresión de que, para que una actividad pueda funcionar resguardando el interés individual (mercado), el interés general (Estado) y al interés comunitario (autogobierno), no solo tiene que mirar esos tres aspectos, sino también, contar con un buen sistema de resolución de conflictos.

Y para ser catalogado como tal, hoy en día, al menos en Chile, este sistema de resolución de conflictos debiera ser *hiperespecializado*, pues solo así puede estar exento de la acusación de activismo: precisamente por su especialización, cuenta con las características estructurales, criterios técnicos mínimos y herramientas necesarios para enfrentar de manera más adecuada las decisiones de la Administración y resolver de manera objetiva, independiente e informada, con razonabilidad.

Así, frente a las acusaciones de activismo o deferencia, la respuesta está en la razonabilidad: dotar a la jurisdicción de herramientas necesarias para enfrentarse a los conflictos altamente técnicos y especializados con criterios objetivos y con un adecuado conocimiento de las reglas y la lógica imperantes en las actividades reguladas. Ante la ausencia de un contencioso-administrativo especializado de general aplicación, es la hiperespecialización la que nos permitirá salvar la discusión entre *activismo* y *deferencia*, y alcanzar esta razonabilidad.

CONCLUSIONES

1° En el caso chileno parecen aplicarse plenamente dos ideas: primero, el valor de la especialización y aún de la hiperespecialización, según lo cual el derecho administrativo hay que *construirlo y reconstruirlo* desde el derecho especial, y, segundo, el canon metodológico, según el cual *la naturaleza de la materia hace al método* (no al revés) –salvo un estructuralismo ciego–, de acuerdo a lo cual la naturaleza especial y aún especialísimas de las materias administrativas de la vida moderna ha derivado en un procedimiento hiperespecializado.

Así, hoy no existen uno o varios tribunales especiales con competencia general para conocer todos los conflictos de naturaleza administrativa, paralelos a los demás tribunales especiales (civiles, penales y otros). La creación de una justicia administrativa especializada parece ya no estar siquiera en los planes del legislador chileno, siendo posible observar un interesante fenómeno pluriforme, como se verá a continuación.

2° Este modelo de tribunales hiperespecializados es una tendencia ya consolidada, y que parece haber terminado por sepultar el antiguo deseo de tener una sola jurisdicción administrativa especializada, pues este fenómeno pluriforme indica una búsqueda de la súper especialización, con modelos muy distintos cada uno de ellos. A pesar de que la Corte Suprema chilena, en varias ocasiones, ha manifestado una opinión contraria respecto a la creación de tribunales súper especializados y heterogéneos en cuanto a su funcionamiento, la creación de tribunales especiales, dentro o fuera del Poder Judicial, es una necesidad que poco a poco ha comenzado a concretarse y tomar cada vez mayor fuerza en materias complejas y estratégicas para el desarrollo del país: medio ambiente, contratación pública, derecho tributario y aduanero, recursos naturales y energía, entre otras temáticas.

3° Que los tribunales ordinarios de justicia han visto sobrepasada su capacidad material, personal y técnica ante estas situaciones, es una realidad que ha comenzado a delatarse de variadas formas y desde hace bastante tiempo. Dicha situación se agrava con las recientes críticas en torno a la posición que están adoptando los jueces al enfrentarse a las controversias entre la Administración y los particulares, especialmente respecto de las actividades económicas de más importancia en la actualidad: la prestación de servicios públicos y la gestión de los recursos naturales (aguas y minas); en algunos casos se les acusa de una no siempre bien justificada deferencia hacia la administración (reverencia, más bien) o de un minimalismo del rol judicial, mientras que en otros, de un excesivo activismo judicial.

4° Se hace evidente la necesidad, en estas materias especializadísimas, de contar con una *nueva forma de hacer justicia*, que sea efectiva frente a la especialidad, la velocidad, la tecnicidad y la complejidad que presenta y requiere la resolución de conflictos en estas áreas, y para lo cual –por ahora– no está preparado nuestro actual sistema procesal.

5° La justicia administrativa *hiper*especializada debe ser valorada como una respuesta legislativa adecuada a la tradicional ausencia de una jurisdicción administrativa especializada en Chile, y a las críticas de deferencia o activismo judicial. La creación de tribunales hiperespecializados –como en el caso de energía, medio ambiente, compras públicas, entre otros–, ha permitido que ciertas lagunas e incoherencias de la competencia genérica de los tribunales ordinarios sean superadas y ha hecho progresar la especialidad, la rapidez, la tecnicidad y la complejidad que presenta y requiere la resolución de conflictos en estas áreas específicas, dotando de racionalidad a las soluciones de dichos conflictos.

6° Los lamentos de la doctrina *ius* administrativista (esto es, de los profesores del ramo) han sido recurrentes: cada vez que la oportunidad lo permite, una porción de tales profesores (ya no todos) claman públicamente por la instauración de tal judicatura especializada. Pero hoy, como he demostrado, es como si hubiésemos estado, todos estos años, *esperando a Godot* (como en la conocida obra de Samuel Beckett): y es que pareciera que nunca llegarán esos tribunales de la manera en que se los ha esperado, como un solo orden jurisdiccional, con competencia amplia para conocer todo conflicto administrativo. Y quizás ya no hay que lamentarse más por esta espera; es que el legislador chileno eligió otro modelo: un modelo mixto, pluriforme, hisperespecializado, siguiendo el estilo y modo de la actividad administrativa.

7° En fin, la tendencia del contencioso administrativo chileno es coherente con la regla metódica más básica: *es el método el que debe ajustarse a la materia, y no la materia (en una especie de apriorismo) al método.* Y, en nuestro país, actualmente, este modelo de proceso administrativo se ha venido acomodando silenciosamente a la realidad de la materia administrativa; al estilo y modo de la actividad administrativa: a la mixtura de la escena administrativa, al fraccionamiento de la Administración; en fin, a la pluriformidad y complejidad de los temas administrativos.

Es el objeto (la materia administrativa) la que ha creado el modelo de proceso administrativo; en ningún caso viceversa, no es el método (el proceso) lo que crea el objeto.

V. EL DERECHO ADMINISTRATIVO EN MEDIO DE LOS TRIBUNALES DEL MEDIO AMBIENTE[97]

Los tribunales del medio ambiente constituyen un contencioso administrativo hiperespecializado y ameritan un encuentro interdisciplinario tripartito: derecho del medio ambiente, derecho procesal y derecho administrativo. La Corte Suprema, con inusitada honestidad, ha venido a justificar la *auctoritas* de estos nuevos tribunales para los casos "en extremo complejos".

En algunos medios académicos del derecho procesal se ha comenzado a incorporar al diálogo ácidas críticas a la redacción, aparentemente descuidada, de algunas de las disposiciones de la Ley N° 20.600, que creó los tribunales del medio ambiente. No deseo discutir esto, pues la premura con que actuó el legislador pudo haberlo hecho incurrir en algunos dislates relacionados con instituciones, teorías y técnicas propias del derecho procesal; esta es, por lo demás, una materia que pocos pueden analizar mejor que los procesalistas.

En los medios del derecho del medio ambiente, me imagino que un Tribunal especial solo puede originar conformidad, pues la especialización, desde hace siglos, ha sido un buen standard cultural y social.

Lo que me interesa destacar es la necesidad de (y las razones para) que los especialistas en derecho administrativo incorporen a sus análisis la materia y actividad de los tribunales del medio ambiente, pues una primera y superficial mirada pareciera mostrar que todo lo relacionado con dichos tribunales solo es materia de la especialidad del derecho de medio ambiente o, dado que se trata de una sede jurisdiccional, se podría pensar, a lo más, que es materia, también, del derecho procesal. Pero, si escrutamos bien la realidad, nos apercibiremos que no solo la Doctrina de esas dos disciplinas debe comparecer al análisis de cualquier cuestión relativa a los tribunales del medio ambiente. ¡También ha de comparecer la doctrina del derecho administrativo!

97 Publicado en: *El Mercurio Legal*, 2 de julio de 2014.

Las razones:

En primer lugar, estos tribunales del medio ambiente, básicamente, revisan actuaciones administrativas a raíz de conflictos con los administrados que las resisten. Son, entonces, un ejemplo de tribunal contencioso administrativo.

Es un tribunal, si bien híper especializado en la materia del medio ambiente, no cabe olvidar que el derecho de medio ambiente es un desgajamiento del derecho administrativo económico o especial, lo cual no obsta a que hoy tal disciplina pueda llegar a reclamar su autonomía y especialidad, pero esa posición epistemológica depende del desarrollo doctrinario (no solo de la existencia de una o varias leyes o de un tribunal especialísimo) y enseñanza permanente que ofrezcan sus cultores.

En los aspectos medulares del medio ambiente, esa disciplina deberá seguir desarrollándose, teniendo como campo propio la jurisprudencia de estos tribunales. Pero no cabe olvidar que la doctrina del derecho administrativo general siempre seguirá teniendo algo que decir sobre la legislación del área y sobre las decisiones y procesos ante los tribunales del Medio Ambiente, en concreto, aportando toda la teoría general de la organización, de actos y procedimientos, sanciones, y otras más que no pueden escapar de ningún análisis perspicaz. Como prueba, basta leer el lenguaje de notorio linaje *ius* administrativista del artículo 17 de la Ley N° 20.600, que fija nada menos que la competencia de tales tribunales, siempre referida a "actos administrativos", en sus más diversas denominaciones.

Entonces, el derecho administrativo, en cuanto tal, y no desde el derecho procesal ni desde el derecho del medio ambiente (aún más: respetando los naturales límites de la actuación de esas dos disciplinas), puede y debe incorporarse al diálogo y análisis de la jurisprudencia de los tribunales del Medio Ambiente. La intervención del derecho administrativo debe ser considerada como un aporte interdisciplinario y es muy útil que se produzca.

Lo anterior no es un axioma, ni un apriorismo interesado de un administrativista (como es mi caso), sino que es una constatación que todos podemos realizar en la propia ley que los creó: el TMA, sustancialmente, es un tribunal de lo contencioso administrativo en razón a las acciones que se pueden interponer ante él.

En efecto, los administrados y justiciables pueden interponer ante estos tribunales acciones de una de estas dos clases:

i) acciones anulatorias de un acto administrativo (actos relacionados, por cierto, con la materia ambiental, ya sea que establezcan normas de calidad o emisión; ya sean de los emitidos por la Superintendencia del Medio Ambiente o de otros órganos administrativos; ya sean actos sancionatorios, a vía ejemplar, como lo disponen el artículo 17 de la Ley N° 20.600 u otras normas vinculadas), o

ii) acciones de responsabilidad, resarcitorias, en este caso, por daños ambientales.

De ahí el parentesco indudable de los tribunales del Medio Ambiente, en primera línea de consanguinidad, con cualquier modelo de justicia contenciosa administrativa.

En segundo lugar, este tribunal es una sede en que el derecho administrativo se siente en su terreno, pues es el más reciente ejemplo de la firme tendencia del legislador chileno a la superespecialización de la jurisdicción administrativa, no lo olvidemos, a ese saludable fraccionamiento de la justicia administrativa de lo que se ha derivado el franco archivo de cualquier idea de resucitar el arcaico modelo de la jurisdicción administrativa única, la que a estas alturas resulta evidente que nunca desarrollaremos.

Yo mismo he apoyado decididamente esta refrescante tendencia y no quisiera repetir aquí los argumentos. Pero me interesa destacar que el modelo de jurisdicción administrativa hiperespecializada no solo es correcto desde la perspectiva de la real fragmentación del derecho administrativo actual y que marca una tendencia legislativa que cabe apoyar, sino que, de modo inusitado, hasta la propia jurisprudencia de la Corte Suprema ahora ha venido (no sé si con mayor o menor conciencia) a apoyar decididamente este modelo de jurisdicción administrativa.

En efecto, pereciera que Doctrina, Legislador y Jurisprudencia están tendiendo a ponerse de acuerdo en lo saludable que es la especialización para los "casos complejos".

Así, la Corte Suprema (en sentencia de 29 de abril, Rol N° 2.892-2014), al conocer de un recurso de protección, no solo ha venido a confirmar la competencia contenciosa administrativa de los tribunales del Medio Ambiente, sino que ha reconocido hidalgamente que en los "casos complejos" es mejor que los conozca esta instancia jurisdiccional especializadísima.

En dicha sentencia, a diferencia de lo que acontecía antes de la entrada en vigencia de los tribunales del Medio Ambiente (en que las cortes capturaban para sí, con toda naturalidad, la competencia para conocer los casos relacionados con el medio ambiente), ahora, de manera inusitada (inusitada, atendida la posición gremial del Poder Judicial de rechazo a estos tribunales especializados), la Corte Suprema rechaza la acción deducida.

Vale la pena revisar dos fundamentos principales, que son bien decidores:

i) Dice la Corte Suprema: "Como es posible inferir (...) corresponde a una cuestión en extremo compleja que, por regla general, va a exceder el ámbito propio de esta acción constitucional". (Considerando sexto de la sentencia en comento).

ii) Agrega: "Que si bien la jurisprudencia de esta Corte ha validado un intenso control de las resoluciones de calificación ambiental, (...) no es posible obviar que ello pudo justificarse hasta antes de que nuestro ordenamiento jurídico a través de la Ley N° 20.600 de 2012, creara los tribunales ambientales" (considerando séptimo de la sentencia en comento).

La Corte Suprema, al señalar que se abstenía de conocer esa causa por ser "en extremo compleja", es obvio constatarlo, está reconociendo de modo implícito la conveniencia de la creación de estos tribunales especiales, pues solo con "extremas dificultades" ella misma podría fallar temas "tan complejos". Reconoce, así, la *auctoritas* de estos nuevos tribunales para casos tan especializados.

Hubiese sido también coherente con la realidad legislativa que la Corte Suprema hubiese dicho simplemente que declinaba la competencia dada la creación por la Ley N° 20.600 de un tribunal "especial", como es el caso del tribunal del medio ambiente competente, pues es este último el que, de ahora en adelante, entonces debiese capturar toda "protección" de garantías fundamentales relacionadas con el medio ambiente, no de manera ordinaria y general, sino que toda, sin excepciones. En otras palabras, el recurso de protección en materia del medio ambiente, ¿no habrá perdido fuerza o vigencia real? (sin perjuicio de la jerarquía constitucional de la norma que lo establece).

Lo anterior es perfectamente razonable tomando en consideración, a su vez, el amplio margen que le entregó la ley a los tribunales del Medio Ambiente para establecer medidas cautelares dirigidas a resguardar un interés jurídicamente tutelado e impedir los efectos negativos de los actos o conductas sometidos a su conocimiento (artículo 24 Ley N° 20.600).

Todo ello, sin perjuicio de que la Corte Suprema podrá conocer de las causas falladas por estos tribunales, a raíz de los recursos establecidos en la Ley N° 20.600.

VI. TRIBUNALES ADMINISTRATIVOS HIPERESPECIALIZADOS: ¿REMEDIO CONTRA EL ACTIVISMO Y LA DEFERENCIA?[98]

En una sociedad compleja, la racionalidad jurisdiccional parece mayor cuando los jueces administrativos cuentan con experiencia y conocimientos especializados; incluso, hiperespecializados.

En una columna anterior me referí brevemente a este tema del saludable fraccionamiento de la justicia administrativa. Ahora deseo aportar nuevos elementos de reflexión, dada la actual y usual acusación contra los jueces: o de deferencia (reverencia ante la autoridad administrativa) o de activismo (un ir más allá de las reglas o fuentes tradicionales del derecho).

1. LA ACTUAL TENDENCIA LEGISLATIVA: HIPERESPECIALIZACIÓN

Chile es el único país de América Latina que no sigue el modelo francés de justicia administrativa (nunca ha creado un tribunal administrativo, similar al Consejo de Estado) y, es un país único, en términos más generales, al carecer de una jurisdicción administrativa especial. Por el contrario, en los últimos años la tendencia ha estado lejos del modelo francés y de cualquier otro, y se ha orientado hacia un modelo mixto de justicia administrativa pluriforme e hiperespecializada. No existe, ni seguramente nunca va a existir, un solo orden jurisdiccional administrativo ni un solo modelo de tribunal administrativo.

Hoy no existen uno o varios tribunales especiales con competencia general para conocer todos los conflictos de naturaleza administrativa, paralelos a los otros tribunales especiales (civiles, penales y otros). La creación de una justicia administrativa única (paralela a la justicia civil y penal) ya no está siquiera en los planes legislativos.

98 Publicado en *El Mercurio Legal*, 6 de noviembre de 2014.

La tendencia legislativa actual, que avanza a paso firme desde la década de los años dos mil, es crear tribunales con competencia administrativa pero respecto de materias muy concretas, relativas a sectores económicos o materias específicas; podríamos llamarlos tribunales administrativos especializadísimos.

Es una tendencia evidente y que pareciera que terminará por sepultar el antiguo deseo de tener una sola jurisdicción administrativa especializada, con competencia general para toda contienda administrativa, pues este fenómeno pluriforme indica una búsqueda de la superespecialización, con modelos muy distintos cada uno de ellos.

Este modelo propiamente chileno (Chile, en esto, como en otras cosas: ¡es especial!; no sigue tendencias: ¡las crea!) pareciera que es una alternativa viable para lograr pronunciamientos con razonabilidad, que escapen de las acusaciones de deferencia o activismo judicial. Además, cabe reflexionar cuál es el rol que, en dicho marco, corresponde a los jueces en el reparto de poderes en nuestra democracia.

2. TRIBUNALES ADMINISTRATIVOS HIPERESPECIALIZADOS: BÚSQUEDA DE MAYOR RAZONABILIDAD

La consecuencia de no contar con más tribunales especializados es que casos administrativos, que no son capturados dentro de las competencias que les han sido atribuidas a los nuevos tribunales hiperespecializados, quedan entregados a los tribunales ordinarios de justicia. Y los polos de opinión que en dicho ámbito se presentan son complejos e, incluso, contradictorios; y suelen generar una gran discusión sobre el rol de los tribunales, que puede tener consecuencias muy peligrosas y dañinas para el actual modelo de justicia hiperespecializada.

En efecto, el debate actual se centra en torno a cuál debe ser la actuación de los tribunales frente a las reclamaciones o recursos judiciales presentados contra diversas resoluciones de la Administración del Estado, relacionadas precisamente con regulaciones especiales y con un vasto conjunto de decisiones "técnicas" o especializadas que adopta la Administración del Estado. La actuación de la jurisdicción ordinaria, en estas materias, está siendo arduamente criticada, dado que:

a) El marco normativo que regula la resolución de conflictos no ha evolucionado en paralelo con las actuales necesidades económicas, sociales y ambientales, quedando rezagado.
b) Los tribunales ordinarios de justicia no cuentan siempre con los conocimientos técnicos y especializados necesarios para resolver los más acuciantes

conflictos en este nuevo escenario regulatorio, en especial aquellos de alta complejidad y especialización técnica (como el caso de los servicios públicos y recursos naturales).

3. HIPERESPECIALIZACIÓN: ¿REMEDIO CONTRA EL ACTIVISMO Y DEFERENCIA?

Se aprecian dos graves acusaciones a la actuación de los jueces ordinarios:

i) El activismo judicial, es decir, cuando los jueces fallan basados en sus opiniones o sentimientos personales –colindando, en los casos más extremos, con la arbitrariedad–.

ii) La deferencia hacia la Administración, donde los tribunales no ejercen en plenitud su potestad de revisar los actos de la Administración.

Sobre el particular, se dice que las decisiones "técnicas" de la Administración no pueden ni deben ser revisadas por los tribunales de justicia. Se lo califica de activismo y se propugna, por el contrario, que en estos asuntos debe ser la Administración (Poder Ejecutivo) quien ha de tener la última palabra. En efecto:

i) En algunos casos, los propios tribunales ordinarios opinan que esas son materias sobre las cuales debiera decidir la Administración del Estado sin que los tribunales puedan emitir un pronunciamiento sobre el particular. En este sentido se ha manifestado en algunas oportunidades la Corte Suprema; no obstante, las cortes siguen pronunciándose sobre esas causas y muchas veces, dejan sin efecto las resoluciones de la Administración.

ii) En segundo lugar, la propia Administración del Estado, desde el Presidente de la República hasta los Ministros, han manifestado que las decisiones "técnicas" no pueden ni deben ser revisadas por los tribunales de justicia.

iii) En tercer lugar, esta opinión ha sido reiterada también en el ámbito académico, por algunos juristas; a nivel de la opinión pública; y, de la línea editorial de algunos de los periódicos más importantes del país.

Sin embargo, mal podría calificarse como activismo el solo hecho de considerar ilegal o arbitraria una resolución de la Administración, porque a ello precisamente están llamados los tribunales; tal es su competencia. No podemos desconocer que, de acuerdo con nuestra configuración jurídica, los jueces siguen teniendo la última palabra en los conflictos que se susciten en nuestra sociedad, no solo entre los particulares sino, muy especialmente, respecto de los conflictos que surjan entre estos y la Administración del Estado. Es que los jueces tienen por canon constitucional el control total de la actividad administrativa, incluidos los tecnicismos, y no es posible postular la claudicación de ese control mediante la exportación del estándar de la "deferencia" (reverencia, más bien), o de un minimalismo del rol judicial.

Así, por ejemplo, ante las lagunas jurídicas, no podemos esperar de los jueces sino "activismo".

4. ROL DEMOCRÁTICO DE LA JURISPRUDENCIA

Lo peligroso de estas opiniones es que están planteando la idea de que los tribunales no pueden revisar las decisiones técnicas de la Administración, lo que podría dejar en evidente desprotección a quienes se enfrentan a dichas decisiones, tanto a los individuos como los grupos intermedios organizados colectivamente, pues tal "activismo" resulta ser una necesidad social y democrática, en especial frente a situaciones no reguladas, de tal manera de equilibrar las garantías ciudadanas de frente a los otros poderes.

Por tanto, la pregunta es ¿cómo debemos entender tal activismo? Se trata de una actuación jurisdiccional consciente de las reglas y los principios jurídicos –ese pulso de la conciencia jurídica popular o social, que late en medio de las lagunas del derecho– que rigen una actividad determinada y que son los que deben recoger los jueces en sus sentencias, con racionalidad. Y este es el quid del asunto y el desafío de la judicatura actual: no son los valores personales de cada juez los que se deben depositar en cada sentencia, de manera arbitraria, sino dichas reglas y principios jurídicos.

5. JURISPRUDENCIA HIPERESPECIALIZADA: ¿MAYOR RAZONABILIDAD?

Esta racionalidad parece ser más fácilmente alcanzable cuando los jueces cuentan con un conocimiento específico y detallado de los principios y reglas que regulan cada una de las actividades económicas relevantes.

En efecto, podemos apreciar que todos los tribunales especiales que se han ido implementando desde hace algunos años hasta la fecha, cuyos casos más emblemáticos son los tribunales especiales en electricidad y medio ambiente, se han creado precisamente con la finalidad de revisar decisiones técnicas o especializadas de la Administración del Estado que generan conflictos con los particulares.

Y, por lo tanto, si se siguiera la línea argumentativa mayoritaria en contra de la labor judicial de revisión de las actuaciones de la Administración del Estado, podríamos concluir que solo sería aceptable la revisión de aquellas actuaciones, cuando tal revisión sea realizada por un tribunal "especializado" creado con la finalidad exclusiva de pronunciarse sobre materias técnicas, y dotado de características, conocimientos y herramientas específicas para ello; mientras que, cuando se trate de un tribunal ordinario, no especializado, tal revisión no podría ser aceptada.

Entonces, la acusación de activismo jurisdiccional tendría mayor resonancia en el caso de los tribunales ordinarios de justicia y no así en el de los tribunales hiperespecializados, pues ello sería contrario a la labor expresamente encargada a este tipo de tribunales.

La discusión sobre el activismo de los órganos jurisdiccionales está estrechamente relacionada con el éxito de las regulaciones. Da la impresión de que para que una actividad pueda funcionar resguardando el interés individual (mercado), el interés general (Estado) y al interés comunitario (autogobierno), no solo tienen que mirar esos tres aspectos, sino también, contar con un buen sistema de resolución de conflictos.

Y para ser catalogado como tal, hoy en día, al menos en Chile, este sistema de resolución de conflictos debiera ser hiperespecializado, pues solo así puede estar exento de la acusación de activismo, pues, precisamente por su especialización, cuenta con las características estructurales, criterios técnicos mínimos y herramientas, necesarios para enfrentar de manera más adecuada las decisiones de la Administración y resolver de manera objetiva, independiente e informada, con razonabilidad.

Así, frente a las acusaciones de activismo o deferencia, la respuesta está en la razonabilidad: dotar a la jurisdicción de herramientas necesarias para enfrentarse a los conflictos altamente técnicos y especializados con criterios objetivos y con un adecuado conocimiento de las reglas y lógica imperante en las actividades reguladas. Ante la ausencia de un contencioso-administrativo especializado de general aplicación, es la hiperespecialización la que nos permitirá salvar la discusión entre activismo y deferencia, y alcanzar esta razonabilidad.

VII. ARBITRARIEDAD DE LA ADMINISTRACIÓN Y CONTROL A TRAVÉS DE PRINCIPIOS JURÍDICOS[99]

La Corte Suprema, con soltura argumentativa y decisión de jurisprudente, en un caso difícil y utilizando la técnica de los principios jurídicos, pondera arbitrariedad e irracionalidad en la actuación de un órgano administrativo que había quedado tradicionalmente marginado de un efectivo control judicial.

No cabía dejar más tiempo sin comentar *Sociedad Contractual Minera Copiapó con Soquimich [y Dirección General de Aguas]* (Corte Suprema, rol 29.714-2014)[100], pues se trata de una sentencia en apariencia de sencilla redacción, pero de gran sofisticación en cuanto utiliza tres relevantes temáticas muy usuales en el derecho administrativo más estandarizado. La Corte Suprema realiza un efectivo control de la discrecionalidad de la Administración, devenida arbitrariedad en este caso (que es donde se pone en riesgo cada día el Estado de derecho), utilizando con perspicacia dos técnicas propias de la aplicación de las fuentes del derecho: supletoriedad normativa en el caso de las leyes existentes y principios jurídicos, para ir más allá de la ley.

El caso se suscitó a raíz de los siguientes hechos:

i) Una antigua solicitud de derechos de aprovechamiento de aguas, del año 2000, la que el órgano administrativo denegó en 2001, por "falta de recursos hídricos disponibles". El solicitante interpuso un recurso de reconsideración ante el mismo órgano, el que quedó sin resolver durante doce años; no obstante, inesperadamente, en 2012, aduciendo "nuevos criterios técnicos" emanados de estudios realizados el año inmediatamente anterior, dispone "continuar la tramitación del expediente administrativo".

---

99 Publicado como: "Control judicial de la arbitrariedad de la Administración a través de principios jurídicos", en: *El Mercurio Legal*, 6 de noviembre de 2015.

100 *Sociedad Contractual Minera Copiapó con Soquimich [y Dirección General de Aguas]* (2014): Corte Suprema, 20 de mayo de 2014 (rol 29.714-2014). Tercera Sala: ministros Pierry, Egnem, Sandoval (redactora) y Aránguiz; abogado integrante: Lagos.

ii) Ante esta situación, un tercero interesado (de aquellos que según el artículo 21 N° 2 de la Ley 19.880, de 2003, de Bases de los Procedimientos Administrativos [LBPA], "sin haber iniciado el procedimiento, tengan derechos que puedan resultar afectados por la decisión que en el mismo se adopte") solicitó "que se le tuviera por parte en el procedimiento administrativo", oponiéndose a la constitución de los derechos de aprovechamiento, pues afectaban sus intereses. El órgano administrativo rechazó la solicitud del tercero de considerarse parte interesada, argumentando que el Código de Aguas contiene una supuesta "regla especial" en cuanto a la comparecencia de terceros y que el artículo 21 LBPA es inaplicable (la teoría del Departamento Legal de ese Servicio fue que toda presentación de un tercero es extemporánea, si no se hace dentro de los treinta días siguientes a la solicitud [en este caso, habría que haberla presentado en el año 2000]).

iii) En contra de esta decisión, el tercero interesado presentó primero un recurso de reconsideración ante el mismo Servicio, el que fue rechazado. Luego presentó un recurso de reclamación ante la Corte de Apelaciones de Santiago (la que, con bastante ceguera, lo rechazó) y solo la Corte Suprema (con singular prisma) lo acogió, desarticulando una clara arbitrariedad y anulando toda esta actuación viciada.

La pretensión de la Dirección General de Aguas era insostenible: pretendía seguir adelante con el procedimiento en solitario con el solicitante original, barriendo hacia afuera de tal procedimiento a cualquier interesado que se le pusiera en el camino mediante una maniobra burda de impedirle lo más básico del Estado de derecho, en su faz procedimental: que los particulares interesados puedan aducir alegaciones y aportar documentos o elementos de juicio en cualquier procedimiento que pueda afectar sus intereses (artículo 10 LBPA, entre otros textos legales), situación similar a la bilateralidad de la audiencia en materia procesal judicial.

Frente a tales pretensiones, el método de análisis de la sentencia es ejemplar: 1°) descarta el argumento de la inaplicabilidad de la LBPA en materia de aguas, desechando la excepción de extemporaneidad, aunque un particular haga valer sus derechos aún después del plazo de oposición de treinta días, contados desde la solicitud original, lo que, en términos claros significa una verdadera derogación tácita de la preclusión pretendida por la Administración (considerandos 8°, 9° y 10°). 2°) Una vez descartada la dificultad procedimental, la Corte se introduce en el núcleo vicioso de la decisión; la pondera mediante el uso de principios.

La Corte Suprema, en rigor, emite un fallo principialista en base a principios de diversa índole:

i) ya sea transcribiendo los propuestos por la doctrina en materia de aguas: seguridad jurídica, certeza de derechos, protección de derechos de terceros, unidad de la corriente (considerando 6°);
ii) ya sea incorporando en su decisión algunos principios positivados en la legislación, incluso con ese apelativo (usualmente, lo hace el legislador, pero es confuso, como he argumentado en alguna ocasión anterior; pues el legislador crea reglas y no principios): así los de juridicidad, responsabilidad, eficiencia, eficiencia, eficacia, impulsión de oficio, probidad, transparencia, en una larga cita y enumeración (considerando12°);
iii) ya sea incorporando dos "nuevos" principios de congruencia y racionalidad, que la misma sentencia formula y señala con total pertinencia, señalando la necesidad de que la Administración actúe respetando los, "[dado] que las facultades que la ley le otorga a la Administración no pueden ejercerse de manera arbitraria ni discriminatoria" (considerando 11°). Ambos, incongruencia y racionalidad, son valores que la sentencia extrae de la vida social que, en el caso de la Administración, se traduce en una exigencia de validez de su actuación. En otras palabras, la Corte señala que la Administración no solo tiene que cumplir la ley, sino que también debe observar estos principios que, si bien no emanan de la ley, son fuente de derecho; y tanto es así, que se transforman en la base de la anulación que hará del acto administrativo.

De ahí que la Corte Suprema, con soltura argumentativa, en un caso difícil y utilizando la técnica de los principios jurídicos, ha ponderado arbitrariedad e irracionalidad en la actuación de un órgano administrativo que había quedado tradicionalmente marginado de un efectivo control judicial, dada la deferencia judicial que suele observarse en relación con sus criterios y pronunciamientos.

Para anular toda esa actuación administrativa, la Corte Suprema llegó a la convicción de que el órgano administrativo había actuado de manera incongruente (alterando la exigencia de una actuación coherente entre las ideas expuestas y las acciones) e irracional (esto es, obrar de acuerdo a impulsos y no conforme a la razón), lo cual es no solo una grave descalificación a la actuación de un órgano de la Administración, sino que implica incorporar un valor social (ser congruente; ser racional) como exigencia a la actuación de los órganos que la integran.

Eso significa actuar como un verdadero tribunal del contencioso administrativo, pues lo más propio de la justicia administrativa es revisar el ejercicio de la discrecionalidad, para verificar si hubo o no arbitrariedad o antijuridicidad. En este caso, la Corte descubrió vicios más profundos aún: incongruencia e irracionalidad, los que transformó en principios jurídicos (pues no están previamente formulados de ese modo por el legislador). Así nacen los principios jurídicos: se gestan en cada caso en que, como este, los jueces van más allá de la ley y capturan el derecho desde la vivencia de valores que saltan ante nuestros ojos, como es la necesidad de que seamos congruentes y racionales. todo lo cual es muy denso jurídicamente, pues resalta una vez más que dos son las fuentes democráticas del derecho: leyes y principios. la democracia, entonces, no solo se palpa en las elecciones periódicas, en la conformación de los Parlamentos ni en la votación de las leyes. También la democracia se constata positivamente en las sentencias de los jueces, cuando ofrecen una mirada plena del derecho: a través de un derecho democrático (compuesto tanto por leyes como por principios) y controlan de ese modo la arbitrariedad de la Administración.

VIII. ACTIVISMO LITIGIOSO DE DIPUTADOS Y SENADORES: INHABILIDAD Y FALTA DE LEGITIMACIÓN ACTIVA[101]

El activismo litigioso de diputados y senadores, o sus alegaciones administrativas y solicitudes de dictámenes ante Contraloría, en causas ajenas a sus intereses y derechos, es corrosivo para la democracia y jurídicamente ilegítimo, pues carecen de legitimación activa para ello.

Es habitual en la práctica que diputados y senadores *litiguen* ante los tribunales y, además, que *gestionen* ante la Administración activa y contralora, sin tener el interés o la legitimación activa que se exige por la ley para ello[102]. A esta ilegítima conducta de diputados y senadores le llamo "activismo litigioso".

Cabe observar con atención y responsabilidad democrática este fenómeno de la praxis, pues muchos litigios y gestiones ante tribunales y órganos de la Administración activa o contralora tienen como contraparte habitual a diputados y senadores. Además, a través de diversas peticiones de dictámenes o de información a los órganos administrativos, dejan en una penumbra sus reales motivaciones e inciden en una recarga innecesaria de tales servicios.

No obstante, los diputados y senadores carecen de toda legitimación jurídicamente válida para litigar, accionar o interesarse en causas ajenas de modo individual, pues ello no forma parte de sus actividades legítimas como miembros al interior de alguna de las ramas del Congreso Nacional.

---

101 Publicado en *El Mercurio Legal* el 19 de julio de 2017.

102 Véase reportaje: "Querellas parlamentarias en causas que involucran a políticos generan intenso debate entre abogados", en: *El Mercurio*, 19 de diciembre de 2016, p. C10. Se muestran diversos casos de intervención de diputados y senadores en causas ajenas a sus intereses, y opiniones.

1. ILEGITIMIDAD DEMOCRÁTICA Y JURÍDICA DEL ACTIVISMO LITIGIOSO DE DIPUTADOS Y SENADORES

Desde el punto de vista político, este activismo litigioso de diputados y senadores no debiese tolerarse. Es corrosivo para la democracia, pues constituye un abuso de posición ante órganos de otros poderes del Estado. Desde el punto de vista jurídico, no es tolerado por la Constitución ni por las leyes procesales y administrativas que el mismo Congreso Nacional aprueba. Además, los diputados y senadores, como tales, carecen de legitimación activa, ya que solo los interesados o titulares de los derechos que han sido lesionados pueden legítimamente reclamar, interesarse o formular alegaciones.

Cabe instar por un estado de situación en que tanto los pleitos como la actividad administrativa se realicen sin estas inmisiones; lo deseable en una democracia sana es que no se produzcan estas desajustadas intervenciones de diputados y senadores, de tal manera de que participen únicamente los verdaderos interesados. Si diputados y senadores, además de su relevante tarea de formación de leyes, desean instar por alguna fiscalización administrativa o interesarse en alguna materia de interés público que esté siendo conocida por órganos de la Administración, deben promoverla en el seno de la rama del Congreso Nacional de la que son miembros y sujetarse a las reglas que para ello establece la Constitución. No procede que ellos, individual y directamente, se apersonen en tribunales y órganos administrativos, pues para ello hay que tener legitimación activa, de la cual carecen.

El activismo litigioso es antijurídico; en especial, por lo siguiente:

1° solo los interesados o titulares de derechos, o aquellos que autoriza una ley, pueden legítimamente reclamar, interesarse o formular alegaciones ante tribunales, órganos administrativos y Contraloría; y

2° diputados y senadores no están habilitados por ley alguna para litigar o gestionar por terceras personas o por intereses difusos, o se atribuyen una representación de intereses ajenos, lo que constituye, a la vez, un desvío y un abuso:

- i) se genera un desvío de sus ocupaciones legítimas, dado que cabe proteger el estricto cumplimiento de su cargo y tarea de concurrir a la formación de las leyes y demás atribuciones, pero actuando en la Sala de cada una de las ramas del Congreso Nacional a que pertenecen, y,
- ii) se configura un abuso de posición, al invadir las oficinas de partes y a veces hasta los despachos de otros poderes del Estado; ello es una presión indebida e intromisión en la judicatura y en la Administración, activa y contralora.

2. EL ACTIVISMO LITIGIOSO DE DIPUTADOS Y SENADORES ES UN ABUSO DE POSICIÓN

Los diputados y senadores no son autoridades; son miembros que tienen un cargo en alguna rama del Congreso Nacional. Las atribuciones son entregadas a tales ramas del Poder Legislativo, y es en su interior que diputados o senadores pueden ejercer su calidad de tales.

Las atribuciones son, a nivel institucional, de cada una de las ramas del Congreso Nacional. Tales ramas actúan de manera colegiada y sus funciones dicen relación, principalmente, con la tramitación y aprobación de leyes, fiscalización de los actos del Gobierno y nombramiento de autoridades. De ahí que:

i) Si bien los parlamentarios ejercen un "cargo" (artículo 58 de la Constitución), lo hacen al interior de la estructura colegiada (orgánica y funcional) del Congreso Nacional; ellos son meros representantes de sus votantes dentro de esa estructura institucional. No pueden ejercer funciones por sí mismos al exterior de su círculo legítimo de actuación, que no sean conformes a la estructura colegiada. Cada diputado o senador, como tal, ni es una autoridad ni tiene potestades individuales. Su función, esencialmente, la cumple en la Sala, asistiendo y votando.

ii) Es la Cámara de Diputados, como rama del Congreso Nacional (y nunca individualmente un diputado o algunos de ellos), y con el *quorum* que corresponda, la que puede fiscalizar los actos de gobierno, adoptando acuerdos o sugiriendo observaciones; solicitar antecedentes, citar a un ministro o crear Comisiones. Ese es el "círculo legítimo" de actuación de cada diputado.

iii) En el caso del Senado, el activismo litigioso de los senadores y diputados puede resultar democráticamente muy desajustado con el principio de la separación de poderes, dado que la Constitución le ha entregado a esa rama del Congreso la función de: "conocer de las contiendas de competencia que se susciten entre las autoridades políticas o administrativas y los tribunales superiores de justicia" (artículo 53 N° 3). En efecto, podría presentarse el probable caso de que tales actuaciones judiciales o administrativas hubiesen sido promovidas por algún diputado o senador y llegasen a ser objeto de una contienda de competencia que debiese resolver el Senado, en donde el senador "litigante" se encontraría con sus congéneres en la resolución del conflicto de competencia.

iv) En el caso de diputados y senadores que, además, sean abogados, pueden incurrir en una causal de cesación del cargo o al menos en un quebranto de un principio de actuación y falta ética. Sería una forma *larvada* (oculta) de operar como abogados de causas judiciales, quebrantando así la expresa prohibición o inhabilidad constitucional: "Cesará en su cargo el diputado o senador que actúe como abogado o mandatario en cualquier clase de juicio..." [dice el artículo 60 inciso 4°, a propósito de causas laborales, principio que bien cabe aplicar a todo tipo de pleitos]). En concordancia con ello, el Código de Ética Profesional del Colegio de Abogados de Chile dispone, en su artículo 66, que existe conflicto de intereses e incompatibilidad en que un parlamentario ejerza la profesión de abogado, negándole la posibilidad ética de asumir el patrocinio o la representación de intereses ante los tribunales de justicia.

v) Este activismo litigioso se realiza supuestamente en defensa de algún interés *general*, pero usualmente ese interés puede y debe ser defendido por sus reales titulares, y de acuerdo a las reglas procesales y administrativas que se establecen para ello. En tales casos, ya sea ante los tribunales, la Administración o Contraloría, lo que se produce es, en los términos del artículo 60 inciso 3° de la Constitución, una "influencia ante las autoridades administrativas o judiciales" por quien no es verdaderamente interesado, todo lo cual la Constitución desea evitar en otros casos similares. De ahí que califico esa conducta, además, de *abuso de posición*.

El activismo litigioso, aun cuando está presente en la praxis, no forma parte del plan de la Constitución ni de las leyes. Es una conducta errónea y antijurídica de diputados y senadores; es una mala costumbre que cabe erradicar.

3. ALGUNOS EJEMPLOS CONCRETOS DE ACTIVISMO LITIGIOSO DE DIPUTADOS Y SENADORES

El activismo litigioso se ejercita en diversas sedes jurisdiccionales y administrativas. Solo muestro dos tipos, en que pude encontrar fácilmente evidencias empíricas, contenidas (escritas) en los mismos pronunciamientos de los órganos administrativos y judiciales. Pero esta conducta es bastante más generalizada y, a la vez, *pública y notoria*.

a) Activismo litigante ante la Contraloría, solicitando la emisión de dictámenes

La Contraloría General de la República (CGR) es un órgano autónomo y forma parte de la Administración del Estado, tarea que está afincada en el Poder Ejecutivo y no debiese ser objeto del activismo litigioso o de solicitudes individuales por parte de diputados y senadores. Para ello están las atribuciones de cada rama del Congreso Nacional. Sin embargo, es habitual que diputados y senadores le soliciten a la CGR dictámenes sobre materias que ellos deciden discrecionalmente, *ad libitum*, sin conexión alguna con su labor esencial de legislar[103].

La legitimación activa, que es una exigencia a todo aquel que solicita a la CGR la emisión de dictámenes, está regulada en el artículo 5° inciso 3° de su Ley Orgánica. Esta norma solo autoriza una solicitud de dictamen y, subsecuentemente a la CGR a emitir el pronunciamiento o dictamen, en tres hipótesis taxativas: a solicitud de parte interesada; de un jefe de Servicio; o de una autoridad. Diputados y senadores carecen de esas tres calidades: i) ellos no son, en los casos que he podido ver, ni parte interesada ni titular de derechos, en los términos del artículo 21 LBPA; ii) nunca podrán ser a la vez ni jefes de Servicio, ni tampoco podrán ser a la vez "autoridades", pues carecen de esta condición, propia de los agentes del Poder Ejecutivo; y, iii) ellos ejercen un cargo *dentro* de una rama del Congreso Nacional, y no son "autoridad", pues ninguna ley les ha dado atribución potestativa individual alguna.

b) Activismo litigante de diputados y senadores a través de recursos de protección

La Constitución consagra el recurso [acción] de protección ante toda "privación, perturbación o amenaza en el legítimo ejercicio de los derechos y garantías constitucionales", agregando que "[el afectado] podrá ocurrir por sí o por cualquiera

103 Ejemplos de dictámenes emitidos por CGR durante el año 2016, a solicitud de diputados y senadores:
i) N° 30.004: "Se ha recibido en la Contraloría Regional de Tarapacá la presentación del diputado don Renzo Trisotti Martínez (...)".
ii) N° 47.088: "Se ha dirigido a esta Contraloría Regional de Los Lagos el Secretario General de la Cámara de Diputados, señor Miguel Landeros Perkic, a petición del diputado, don Felipe de Mussy Hiriart (...)".
iii) N° 52.268: "Se ha dirigido a esta Contraloría General don Halbert Abello Heinz, funcionario del Ejército y, en presentación separada, el diputado señor Patricio Vallespín López (...)".
iv) N° 61.612: "Se ha dirigido a esta Contraloría General el diputado Fuad Chaín Valenzuela, solicitando un pronunciamiento (...)".
v) N° 80.751: "Se han dirigido a esta Contraloría General el senador señor Alejandro Guillier Álvarez y los abogados (...)".
vi) N° 85.693: "Mediante carta oficio N° 01/10, de 4 de octubre de 2016, el diputado Alejandro Santana Tirachini ha solicitado a esta Contraloría General (...)".
vii) N° 88.189: "Se ha dirigido a esta Entidad de Control el diputado don Sergio Espejo Yaksic denunciando (...)".

a su nombre". Se supone el afectado o lesionado (en los términos del artículo 38 de la Constitución). El artículo 2° del Auto Acordado de la Corte Suprema regula la materia de modo escueto: "El recurso se interpondrá por el afectado o por cualquiera persona en su nombre, capaz de parecer en juicio". En todo lo demás debiesen regir las reglas generales de comparecencia y, en su caso, por ejemplo, la fianza de rato u otros mecanismos para asegurarse que el verdaderamente afectado es el que comparece o que ratifica las acciones interpuestas en su nombre.

Hay muchos casos de recursos de protección que se inician por activismo litigioso de diputados o senadores. Muestro cuatro ejemplos, en que las Cortes nada dicen ni exigen de la legitimación activa a diputados y senadores que le dan inicio:

1° Causa *Tuma con Gatica* (2016)[104]. Acción constitucional interpuesta por senador Eugenio Tuma Zedan, resuelta por Corte de Apelaciones de Temuco. El recurso fue interpuesto ya que el Ejército no habría cumplido con la destinación de ciertos inmuebles que le había transferido el Fisco. Solicita que se deje sin efecto la adjudicación. La Corte de Apelaciones rechazó el recurso ya que: (i) acción cautelar no es instancia de declaración de derechos, sino proteger derechos no discutidos; (ii) no se ha emplazado al adjudicatario de los inmuebles.

2° Causa *Morales con Superintendencia del Medioambiente* (2016)[105]. Acción constitucional interpuesta por senador Alejandro Navarro Brain, resuelta por Corte Suprema. El recurso fue interpuesto en contra de decisión de la Superintendencia del Medioambiente que autorizó reanudación de faenas de una central termoeléctrica. La Corte Suprema rechazó el recurso debido a que, habiéndose determinado previamente el derecho en otra causa judicial, no podía prosperar la acción constitucional.

3° Causa *Valenzuela y otros con Inversiones Aconcagua Ltda.* (2014)[106]. Acción constitucional interpuesta por diputado Pablo Lorenzini Basso, resuelto por Corte de Apelaciones de Talca. El recurso fue interpuesto en contra de

---

104 Tuma con Gatica (2016), Corte de Apelaciones de Temuco, 3 de agosto de 2016 (Rol N° 2.168-2016). Primera Sala. Ministros: Troncoso; Padilla (redactor) y Llanos [Protección].

105 Morales con Superintendencia del Medioambiente (2016), CS, 1 de agosto de 2016 (Rol N° 3.7122-2015). Tercera Sala. Ministros: Egnem (redactora); Aránguiz; Valderrama; Pfeiffer; Abogado integrante: Rodríguez [Apelación de protección].

106 Valenzuela y otros con Inversiones Aconcagua Ltda. (2014), Corte de Apelaciones de Talca, 23 de abril de 2014 (Rol N° 2.302-2013). Primera Sala. Ministros: Meins; Morales; Fiscal Judicial: Lorca. [Protección].

un particular por la realización de faenas mineras, puesto que perjudicaría la garantía de vivir en medioambiente libre de contaminación. La Corte rechazó el recurso ya que la materia en discusión era objeto de calificación ambiental.

4° Causa *Van Rysselberghe y otros con Empresa de Residuos Hidronor Copiulemu S.A.* (2014)[107]. Acción constitucional interpuesta por los diputados Enrique Van Rysselberghe Herrera, Sergio Bobadilla Muñoz, y Jaqueline Van Rysselberghe Herrera, resuelto por Corte de Apelaciones de Concepción. El recurso fue interpuesto por los residuos producidos por una empresa de tratamiento de residuos, que afectarían el derecho a la salud y a vivir en medioambiente libre de contaminación. La Corte rechazó el recurso ya que la ley establece formas específicas de reparación ambiental, las que se deben tramitar en procedimiento especial.

4. ¿QUÉ CONCLUSIONES PUEDEN OBTENERSE?

La intervención individual de diputados y senadores en procesos y procedimientos que deben conocer y resolver organismos de otros poderes del Estado (en estos casos que muestro, la CGR y los tribunales) no parecieran autorizarlas ni tolerarlas la Constitución o las leyes. Se trata de un activismo litigioso que vulnera normas y principios de legitimación activa, tanto para solicitar dictámenes como para iniciar acciones judiciales.

El cumplimiento de las reglas de legitimación activa debiese ser exigido, con igualdad ante la ley, a todos los ciudadanos del país, sean particulares o miembros de las ramas del Congreso Nacional.

La Tercera Sala de la Corte Suprema se ha mostrado cada vez más exigente de frente a los administrados y particulares en cuanto a la legitimación activa, en una línea jurisprudencial bien persistente, desde *Eyzaguirre con Fisco* (2007) a *Federación Aérea de Chile con Fisco y otros* (2016). ¿No cabe adoptar una actitud igualmente exigente ante el usual activismo litigioso de diputados y senadores?

Pero, al parecer, no hay ni autoridad administrativa que se atreva a rechazar esas presentaciones o solicitudes de dictámenes, ni tampoco tribunales que se atrevan a declarar inadmisibles por falta de legitimación activa las peticiones o

107 Van Rysselberghe y otros con Empresa de Residuos Hidronor Copiulemu S.A. (2014), Corte de Apelaciones de Concepción, 25 de abril de 2014 (Rol N° 1.920-2013). Cuarta Sala. Ministros: Sanhueza; Panés; Rivas [Protección].

acciones, respectivamente, de diputados o senadores. Bastaría con aplicar a las presentaciones de tales entusiastas litigantes lo que señalan la Constitución y las leyes en materia de competencias y legitimación activa; esta materia de la legitimación activa está muy bien desarrollada en la señalada línea jurisprudencial de la Corte Suprema y, en su caso, podrá verse lo lejanas que resultarán estar casi siempre tales presentaciones de diputados y senadores del estricto "círculo de interés" exigido por esa jurisprudencia a administrados y particulares. ¿Discriminación jurisprudencial? ¿Deferencia jurisprudencial?

Ante este activismo litigioso es necesaria una mayor prestancia jurisprudencial, y evitar o encarar así el abuso de posición que suelen demostrar algunos diputados y senadores.

§ 3

CONTRALORÍA GENERAL DE LA REPÚBLICA

I. EL ROL DE CONTRALORÍA GENERAL DE LA REPÚBLICA. DESDE EL CONTROL DE LEGALIDAD A LOS NUEVOS ESTÁNDARES DE BUENA ADMINISTRACIÓN[108]

INTRODUCCIÓN

Observar la historia de la Contraloría General de la República (en adelante, CGR), a efectos jurídicos, es útil en la medida que se desee hacer un balance del órgano contralor (como ocurre ahora, en 2012, por ejemplo, que cumple 85 años) o una prospectiva: ¡*quo vadis*, CGR!

La CGR es el fruto de una larga evolución que se inicia en el año 1541 con el primer cabildo de la ciudad de Santiago, con cuatro oficiales encargados de velar por el correcto uso de las Cajas Reales. En 1567 esta función y otras se radican en la Real Audiencia, que ejercía la administración financiera de la Capitanía General, velaba por el comportamiento de los agentes reales y garantizaba el ejercicio regular de sus atribuciones públicas. Con la Independencia, las funciones contables, fiscalizadoras, consultivas y normativas se radican en la llamada Contaduría Mayor y el Tribunal de Cuentas. En 1839 este último concentraría todas las funciones concernientes a la fiscalización de los actos de la Administración del Estado que comprometen la Hacienda Pública, además de representar al Presidente de la República la inconstitucionalidad o ilegalidad de determinadas medidas, a través del trámite de toma de razón.

En 1925 la llamada "Misión Kemmerer", contratada por el Gobierno de Chile, propone la creación de la CGR. La propuesta fue sometida a una Comisión Revisora, entonces presidida por el Superintendente de Bancos. Luego de algunas indicaciones, nace finalmente la CGR, por el Decreto con Fuerza de Ley N° 400 bis de fecha 26 de marzo de 1927. En 1943 se otorga rango constitucional a este

108 Publicado como: "El rol de Contraloría General de la República: desde el control de legalidad a los nuevos estándares de buena administración", en: *La Contraloría General de la República. 85 años de vida institucional* (Santiago, 2012), pp. 103-110.

órgano contralor y en 1953 se dicta su ley orgánica[109], que en 1964 se sistematiza en un texto refundido y coordinado[110].

La CGR, entonces, más que nada, es el fruto de su época y su futuro como órgano de control, dependerá de su adecuación a las nuevas necesidades de la Administración a la que, controlándola, paradojalmente, sirve. Ofrecemos una sencilla revisión de las funciones típicas de la CGR y la enunciación de una prospectiva: la esperanza de que la CGR, yendo más allá del rol de la simple legalidad formal, avance a paso seguro a la búsqueda de nuevos estándares de buena Administración; *más allá de la simple legalidad: hacia la juridicidad más densa y completa de los estándares jurídicos.*

1. DESDE LAS FUNCIONES TRADICIONALES DE LA CONTRALORÍA...

a) Control jurídico de los actos de la Administración. La Ley N° 10.336, de 1964 (LOCGR), establece en el artículo 1°: "La Contraloría General de la República, independiente de todos los Ministerios, autoridades y oficinas del Estado, tendrá por objeto fiscalizar el debido ingreso e inversión de los fondos del Fisco, de las municipalidades, de la beneficencia pública y de los otros servicios que determinen las leyes; verificar el examen y juzgamiento de las cuentas que deben rendir las personas o entidades que tengan a su cargo fondos o bienes de esas instituciones y de los demás servicios o entidades sometidos por ley a su fiscalización, y de la inspección de las oficinas correspondientes; llevar la contabilidad general de la Nación; pronunciarse sobre la constitucionalidad y legalidad de los decretos supremos y de las resoluciones de los jefes de servicio, que deban tramitarse por la Contraloría General; vigilar el cumplimiento de las disposiciones del Estatuto Administrativo y desempeñar, finalmente, todas las otras funciones que le encomiende esta ley y los demás preceptos vigentes o que se dicten en el futuro".

En virtud de esta norma, en la documentación oficial de este organismo, se señala: "La Contraloría General de la República es un organismo superior de control de la Administración y que, sobre la base del principio de juridicidad, está destinado a garantizar el cumplimiento del ordenamiento jurídico, la preservación

109 Ley N° 10.336, Orgánica Constitucional de la Contraloría General de la República.

110 Decreto N° 2.421, que fija el texto "coordinado, sistematizado y refundido de la Ley de Organización y Atribuciones de la Contraloría General de la República", 1964.

y fortalecimiento de la probidad administrativa y fidelidad y transparencia de la información financiera"[111].

El control es la función y razón de ser de la CGR, la cual, si bien no es el único órgano administrativo encargado de ejercer esta función, sí es el más preponderante, con la característica de estar acotada a la Administración Pública. Dado el crecimiento en las potestades de esta, día a día se impone a este órgano contralor el desafío de ejercer un control efectivo y no meramente nominal, es decir, un control que incluya tanto los aspectos formales como materiales del acto administrativo, que excluyen –según señala el artículo 21b LOCGR– los aspectos de mérito o de conveniencia de las decisiones administrativas.

Junto con esta valiosa función, también encontramos otras funciones de control. Es así como le compete resguardar la probidad, la corrección y moralidad que los servicios y funcionarios públicos deben emplear normalmente en el desempeño de sus funciones, objetivo para el cual prima como criterio rector dar primacía al interés público por sobre el interés privado.

Esencial resulta destacar que la Contraloría General de la República es el único organismo del Estado-Administración que puede interpretar las disposiciones de derecho público que rigen la conducta de los agentes de gobierno y afectan a los particulares, así como también el único que puede fiscalizar su cumplimiento con fuerza obligatoria. En la práctica, este monopolio contralor para interpretar disposiciones de esta naturaleza ha sido impuesto y ratificado a lo largo del tiempo por la actuación de la Contraloría frente a los Servicios Públicos, a través de la llamada "jurisprudencia administrativa", caracterizada precisamente por ser vinculante y obligatoria para estos Servicios.

Para todo lo anterior, el respectivo órgano cuenta con funciones específicas y determinadas, como son la toma de razón, la emisión de dictámenes, y la ejecución de auditorías.

b) Toma de razón: el control previo de legalidad de los actos de la Administración. La toma de razón es uno de los actos que realiza la CGR dentro de la potestad de controlador de la legalidad que le reconoce la LOCGR. Este trámite consiste en contrastar o realizar un examen de legalidad del acto administrativo verificando que el acto administrativo esté acorde al ordenamiento jurídico. Es la toma de razón, como ha señalado Eduardo Soto Kloss (1977), "un trámite de control de la

111 Contraloría General de la República, Doctrina Institucional (Documento aprobado por resolución exenta N° 1.556, de 25 de octubre de 2000).

juridicidad de la declaración orgánica unilateral de un ente dotado de potestades administrativas, declaración que formalizada en decretos o resoluciones según disponga la ley, no es sino un proyecto de acto administrativo".

El trámite consiste en darle curso al acto administrativo una vez que se ha verificado que el mismo está acorde con el ordenamiento jurídico, sin que la CGR esté obligada a exponer las razones por las que considera que tal acto está conforme al ordenamiento jurídico. En el caso de que se aprecien vicios en el acto administrativo, se procede a devolver el decreto o resolución a través de un dictamen que señala las causas que motivan la interrupción del procedimiento administrativo y, por tanto, la suspensión de la tramitación final del acto.

Se dice, por alguna jurisprudencia, que la toma de razón es un requisito esencial del acto administrativo para el cual se exige, de modo que el acto que no lo cumple carece de eficacia jurídica. Dicho acto no produciría efectos en la vida jurídica, aún cuando se haya notificado o publicado, requisitos que establece la LBPA para tales efectos.

Es un trámite que, a nuestro juicio, no forma parte o no contribuye –por lo menos, directamente– en la formación de la voluntad de la Administración contenida en el acto administrativo. Aun así, es considerado un requisito esencial de este último, y no como lo que realmente es: un requisito de legalidad del acto administrativo, que no puede provocar por sí mismo la falta de validez y eficacia del acto, pues su falta o ausencia en la tramitación de un acto que lo requiera solo produce un vicio de ilegalidad del acto, lo que no genera directamente la falta de eficacia o validez del acto jurídico.

1°) Desafíos y logros en materia de toma de razón. A pesar de ser la toma de razón la regla general, según se desprende del artículo 98 de la Constitución Política de la República de Chile, están exentos de este trámite los actos administrativos que se señalan en la vigente Resolución 1.600, de 2008, del organismo contralor. La justificación de que ciertos actos estén exentos de la toma de razón, tiene que ver con la necesidad de agilizar la función administrativa, y que solo estén sometidos a este trámite los actos de relevada importancia y que comprometan considerablemente los recursos públicos; todo ello, con el propósito de favorecer la oportunidad y eficacia de los actos de la Administración.

El trámite de toma de razón no puede convertirse en un mero examen de legalidad orgánica o formal, sino en un examen de juridicidad más completo, que implique el examen del objeto, el fin, motivo y toda esa materialidad que cubre el fenómeno de la buena Administración, entendiendo que ese control no puede abarcar el mérito u oportunidad de la decisión.

Como proposición, se sugiere revisar un uso o costumbre del órgano contralor, de tal manera que él mismo cumpla con el principio y regla de la motivación. En este sentido, es adecuado que no solo sea motivado su acto de rechazo de la toma de razón, sino que en aquellos casos en que efectivamente se toma razón, aunque sea brevemente y con fórmulas que se repitan, pero que sean materialmente coherentes con su decisión, se indiquen los motivos por los cuales el Contralor ha tomado razón. Si la motivación es un principio general que hoy día se ha transformado en un estándar para el ciudadano, la CGR debiese ser la primera en dar un paso adelante en esta línea.

El trámite de toma de razón es un control por esencia *a priori*; que paraliza momentáneamente la acción administrativa, la aplaza. Dado el volumen de la actividad administrativa, los actos afectos a toma de razón deben ser acotados a las materias fundamentales. Y las demás materias deben ser controladas *ex post*, pero de manera efectiva y selectiva. Es importante, entonces, la actual decisión de modificar la resolución de la CGR que regula las materias exentas del trámite de toma de razón. Ojalá se incorporen a esa nueva resolución no solo una taxativa y fría enumeración, sino algunas reglas generales que sirvan para su interpretación.

2°) *Presentaciones de terceros e interesados en medio del trámite de toma de razón.* Hay que mencionar que existe una distorsión que se ha producido en el último tiempo en medio del trámite de toma de razón en sede contralora, a raíz de las presentaciones de terceros e interesados. Si bien por transparencia debe darse a conocer a todo interesado el texto completo de las presentaciones (y no aducir la necesidad de terminar el proceso de toma de razón para liberar la opacidad), y como, por lo demás, no puede impedirse que tales interesados realicen presentaciones, acaso es conveniente tener presente las siguientes consideraciones:

i) *El antiguo uso o costumbre del órgano contralor de pedir informe al servicio respectivo (una especie de "traslado", en términos procesales) incorpora demoras innecesarias en el proceso.* En medio del trámite de toma de razón, toda presentación de tercero, si bien debe tenerse presente para la resolución final del órgano contralor, no debiese ser objeto de solicitud de informe. Por cierto, tales presentaciones deben ser conocidas por el órgano administrativo que requirió la toma de razón, y cabe una espera prudente antes de resolver, en caso de que tal órgano estime necesario hacer alguna presentación.

   Dada la transparencia que debe presidir el accionar del órgano contralor, este debiera dar a conocer *on line* tal presentación (y el órgano administrativo diligente debiese estar pendiente de posibles presentaciones de terceros, día a día) o enviarla al órgano administrativo que ha remitido su proyecto de acto administrativo a trámite de toma de razón. Lo anterior, en defensa de las reglas y principios de eficiencia y celeridad administrativa.

ii) *En algunas ocasiones las presentaciones de terceros, en medio del trámite de toma de razón, lo han convertido, formalmente, en una sede de decisión contenciosa administrativa.* No obstante ello, el órgano contralor carece de competencia jurisdiccional.
La sensación que debe dar el accionar de la Contraloría es de la autonomía más amplia posible, y no solo respecto de los órganos administrativos, sino también respecto de las intervenciones de interesados que, si bien deben ser oídas, no pueden transformarse en un elemento dilatorio de la acción administrativa mediante el subterfugio de originar procedimientos similares a los "incidentes de previo y especial pronunciamiento" de los procesos judiciales.

En resumen, la Contraloría General de la República, con la más amplia participación de la comunidad interesada y especializada, podría revisar el trámite de toma de razón. Siempre es saludable revisar los procesos vigentes, y si lo que se desea es potenciar la eficacia de su procedimiento y que sea un control de juridicidad verdaderamente acotado, ello es adecuado.

c) Emisión de dictámenes: conociendo y uniformando el lenguaje del derecho administrativo. A través de los dictámenes que emite la CGR se ha logrado no solo conocer el lenguaje del derecho administrativo (esto, por sí mismo, es un importante aporte a la cultura jurídica de un país), sino uniformar la interpretación y aplicación de las normas de índole administrativa, de donde emana un notable aporte de este organismo a la cultura jurídico-administrativa.

La Ley Orgánica Constitucional de Contraloría General de la República, en su artículo 6°, párrafo 3° excluye la posibilidad de que este órgano intervenga, emitiendo un pronunciamiento en caso de que el objeto de lo pedido sea una cuestión litigiosa, pues es competencia de la jurisdicción declarar la certeza del derecho o el derecho mismo. Igualmente, no cabe un pronunciamiento de la CGR en el caso que penda un contencioso o recurso específico para el reclamo.

Además, por medio de la Circular 24.841, de fecha 10 de abril de 1974, se fijaron los criterios para la admisión de los asuntos sometidos a revisión por la CGR. Señala aquella: "La Contraloría solo conocerá y se pronunciará sobre las presentaciones deducidas por funcionarios públicos o particulares que se refieren a asuntos en que se haya producido una resolución denegatoria o se haya omitido o dilatado dicha resolución, por parte de la autoridad administrativa, habiéndola requerido el interesado".

d) Auditorías: revisando la actuación de la Administración. Este órgano realiza habitualmente auditorías a los órganos que fiscaliza, esto es, revisiones completas de toda su actuación. Si bien la ley no lo dice expresamente ni usa esta expresión, ello se justifica por la vía de la interpretación de la expresión "examen de cuentas", empleado por la CPR y la ley; y también por la vía interpretativa, principalmente de expresiones usadas en la LOCBGAE (Ley Orgánica Constitucional de Bases de Administración del Estado).

Es, sin duda, un logro en la materia: el control que, por medio de esta función, se hace de la inversión fiscal, tema muy sensible para la sociedad. Además, es un tema relevante en la imagen social que se tiene de la Administración.

Desde la perspectiva del derecho, es posible decir que la sensación de fiscalización pudiera tener efectos en el ámbito del reconocimiento y fortalecimiento de los derechos de los ciudadanos de frente a la gestión pública; que se traduzca en una nueva mirada del rol de las Administraciones Públicas, a las que se les podrá exigir como derechos un actuar más transparente, probo, eficiente y oportuno. También, la fiscalización produce un efecto disuasivo innegable en los burócratas amigos del desorden y de las faltas de probidad.

2. UN ÓRGANO AUTÓNOMO (FRENTE A LA ADMINISTRACIÓN), PERO SUJETO AL CONTROL JURISDICCIONAL

Al respecto, cabe precisar que la CGR es, en esencia, competente para la fiscalización del debido ingreso e inversión de los fondos públicos y para realizar el control preventivo de juridicidad de los decretos supremos, resoluciones y otros actos y, *a posteriori*, de la actuación de la Administración, mediante fiscalizaciones de sus procedimientos. Asimismo, debe vigilar el cumplimiento del Estatuto Administrativo. Para todo ello, la CGR está dotada de una prestancia institucional necesaria: su autonomía. Sin ella se impediría su principal función y razón de ser, y sería un dependiente del Presidente de la República, lo cual no es el caso.

Es esta autonomía, la que ha cumplido un rol esencial en el accionar de Contraloría; si ella no existiese, ninguno de los logros actuales del órgano sería posible.

La relación profunda que se da entre las reglas y principios de probidad y transparencia, que informan la actividad administrativa, y el rol llevado a cabo por el órgano contralor, es que tales reglas y principios están reconocidos constitucional y legalmente y, en esa medida, deben informar toda la actividad administrativa, en especial las actividades que por ley le compete fiscalizar a la CGR.

En fin, probidad y transparencia forman también parte del núcleo o esencia de la juridicidad de la actividad administrativa de la propia CGR. El mismo órgano contralor debe ser el primero en mostrar y demostrar de una manera proba, abierta y transparente su actuación.

En el mismo sentido, no puede el órgano contralor, a su vez, quedar sin control jurídico.

Hay una regla y principio fundamental que cabe agregar: los tribunales ejercen, de manera irrenunciable, el control de toda la actuación administrativa y, dentro de esta, la de la actividad administrativa autónoma, como es la de la CGR. Los actos de la CGR no escapan a la regla general y están, por lo tanto, sujetos al control ejercido por los órganos jurisdiccionales.

Por otra parte, los tribunales de justicia no pueden excusarse de revisar o controlar los actos administrativos de los que haya tomado razón la CGR. Ello, pues, porque la CGR es un órgano que, si bien es autónomo del resto de la Administración del Estado, está sujeto al principio de control judicial. Por lo demás, en este principio se sustenta y se apoya la seguridad jurídica y protección de los particulares de frente a todas las actuaciones administrativas, en sentido amplio.

La toma de razón le imprime al acto administrativo una presunción de legalidad, en cuanto a su ejecutoriedad, pero no implica inmunidad jurisdiccional o que el acto o dictamen asociado esté exento de interpretaciones discutibles de la legalidad. Como estas decisiones pueden incidir en los derechos subjetivos públicos de los ciudadanos, siempre pueden ser recurridos por el destinatario del acto ante los tribunales.

Todo lo anterior implica que, si los tribunales de justicia conocen de la legalidad o juridicidad de los dictámenes que emita la CGR, está cumpliéndose el principio de sujeción de todos los actos de los órganos de la Administración al control judicial.

3. LA CONTRALORÍA EN LA BÚSQUEDA Y CONCRECIÓN DE NUEVOS ESTÁNDARES JURÍDICOS

¿Es la CGR un órgano que solo revisa la llamada juridicidad formal, de las reglas, o su actuación mira más allá, en la búsqueda del cumplimiento de los estándares de justicia, equidad, seguridad, certeza u otros, que busca el ordenamiento jurídico en su conjunto?

La actividad del órgano contralor se manifiesta en una gran variedad de actuaciones: fiscalizaciones; revisiones *ex ante* y *ex post* de los actos administrativos; emisión de dictámenes, en medio de esas actividades, entre otros.

¿Cuál es la mirada de la CGR en la elaboración de su *doctrina* jurídica? ¿Solo las reglas? Si bien hay un profundo cambio jurisprudencial en la doctrina del órgano contralor en los últimos años (que no se alcanza a revisar aquí), cabe recordar la relevancia de hacerlo con conciencia del método: ¿la CGR solo aplica o replica las reglas formales? O, innovando, y ofreciendo sustitutos a la ausencia de tales reglas, ¿crea principios? ¿Actúa en la búsqueda de la concreción, de manera más amplia, de nuevos estándares? Esto es, al controlar la juridicidad de la actuación administrativa, ¿puede ir, o regularmente, va *más allá* de las reglas, y se infiltra en principios y estándares?

No intento dar una respuesta, sino poner el tema en la discusión, pues cualquier observador de la actuación de la CGR no puede sino constatar que la *inspiración* y *finalidad* de tal actuación, usualmente van *más allá* de las reglas: *la CGR, en su tarea de la preservación de la juridicidad de la actuación de la Administración, suele inspirarse y buscar la concreción de principios y estándares que no fluyen directa y textualmente de las reglas existentes; pero sí fluyen del orden jurídico todo.*

Para ello, ofrezco unas precisiones teóricas previas y un ejemplo.

a) Reglas, principios y estándares jurídicos. Aun cuando son temas de Teoría del Derecho, con amplia literatura y, en cierta medida, básicos en el lenguaje de los juristas, aclaro el uso de los significantes "regla", "estándar" y "principios":

i) entiendo aquí por *regla,* toda norma jurídicamente obligatoria, fruto de la actividad y potestad del Estado/Regulador;

ii) entiendo aquí por *estándar,* aquellas directrices que proponen un objetivo que ha de ser alcanzado; se trata generalmente algún rasgo económico, político o social de la comunidad; y,

iii) entiendo por *principio o principio general del derecho,* aquel producto de la labor de los jueces y juristas, superador de los vacíos o lagunas legales, y que es una exigencia de la justicia, la equidad o laguna otra dimensión de la moralidad.

Cabe precisar, entonces, que cuando hablamos, por ejemplo, de transparencia, de buena administración, hemos preferido calificarlos de *estándar*, acogiéndonos a una terminología que identifica a los objetivos o directrices apreciados por la sociedad, que eleva su calidad de vida, su participación democrática, y que, a la vez, son antesala de relevantes derechos públicos subjetivos.

b) Estándar de la buena administración: el desafío futuro. El desafío global, no solo de la actuación de la CGR, sino del ordenamiento administrativo en su totalidad, es la buena administración. Es, entonces, un gran tema es el de la relación entre el control de la legalidad y los estándares de calidad de la actividad administrativa que espera la ciudadanía.

Los aspectos que debieran ser potenciados hacia el futuro dicen relación con las formas de controlar y hacer cumplir los estándares de buena administración, los que un sistema jurídico de avanzada debe garantizar e incorporar como objetivos a cumplir, de modo claro y concreto.

En defensa de los derechos subjetivos públicos, no basta (no debiera bastar) que los particulares solo puedan pedir la anulación de determinados actos administrativos y la responsabilidad derivada, en caso de acciones u omisiones dañosas. Entonces, la meta futura es diseñar, por vía jurisprudencial o doctrinaria, como un auténtico derecho público subjetivo, el derecho a la buena administración, amparado sobre la base de ciertos estándares en la ejecución de la actividad administrativa. Estos estándares debieren permitir a los particulares exigir que la Administración actúe eficaz o eficientemente, o que actúe como espera la ciudadanía que lo haga.

Se hace más que evidente que ya no solo es un estándar nacional, sino una exigencia para estar en un mundo globalizado, el cumplir con un Buen Gobierno, o Buena Administración y, al mismo tiempo, con un estándar que debiese más que arraigarse en la conducta administrativa, debiendo ser transversal a toda la Administración.

De lo anterior, se desprende uno de los logros más notables de la CGR, que es el velar porque estos estándares se manifiesten en la actuación de la Administración, y dar muestra en su actuar del cumplimiento de los mismos. Es así como hoy en día la Contraloría es un órgano importantísimo y, en sí mismo, implica ya un gran logro, pues da cuenta de la evolución hacia una mejor administración, elevando, transparentando y fortaleciendo las instituciones y los derechos de los ciudadanos.

II. EFICACIA DEL CONTROL DE LEGALIDAD DE ACTOS ADMINISTRATIVOS EXENTOS[112]

Ante la impugnación de un particular, la Contraloría no puede excusarse de realizar un control de legalidad eficaz de los actos administrativos exentos; su abstención *a limine* es una larvada denegación de su función constitucional.

El dictamen N° 76.868, de 28 de septiembre de 2015, de la Contraloría General de la República (CGR), relativo al control de legalidad de los actos administrativos exentos, junto con romper su tradicional cultura jurisprudencial no anárquica, origina ambigüedad e incertidumbre. Observo en este dictamen, al mismo tiempo, un quebranto a las directrices de inexcusabilidad e impugnabilidad y una larvada abdicación de ese respetable órgano contralor a su función de control de legalidad.

Hasta ahora, aparecía como vigente la doctrina contenida en el dictamen N° 13.923/2004, el cual señala que la CGR no puede excusarse de conocer el reclamo de un administrado y debe ejercer el control de legalidad de los actos administrativos exentos; y que los procedimientos impugnatorios en sede administrativa no pueden considerarse acciones jurisdiccionales. Es expresivo al sentar esta doctrina: "[de otro modo] este Órgano de Control –dice– carecería de oportunidad para ejercer su función fiscalizadora, dado que una vez que se expida la decisión atinente a la reposición, que está exenta de la toma de razón (...), [en su caso], la decisión correspondiente debe adoptarla el Poder Jurisdiccional (...)". Enseguida, cita el artículo 54 inciso 3°de la ley 19.880, para agregar que "cabe entender que la fiscalización en cuestión podrá efectuarse en tanto no se hayan interpuesto recursos jurisdiccionales sobre la materia por el particular afectado, dado que en ese contexto no hay conflicto de competencia entre los Tribunales de Justicia y esta Institución".

Ello es concordante con la Constitución y la Ley, pues la CGR no puede hacer denegación de su función de control de legalidad de los actos de la Administración

112 Publicado en *El Mercurio Legal*, 9 de diciembre de 2015.

(artículos 98 y 99 de la Constitución y 1° de la Ley N° 10.336). Ello es, por una parte, un deber, sin perjuicio de la oportunidad, selectividad o circunstancias de ese control; si es realizado durante su tramitación, *a priori* o *a posteriori*; ya sea de oficio o a petición de un administrado. Por otra parte, para su efectividad, la CGR no está autorizada a rechazar *a limine* una solicitud de impugnación de un administrado ni a excusarse de emitir una resolución sobre el fondo de ese asunto.

Este es el modo a través del cual el derecho administrativo chileno asegura el imperio de la juridicidad al interior de la Administración: creando la función de control de legalidad de la CGR y las directrices de impugnabilidad e inexcusabilidad; en su virtud, una vez interpuesto ante la CGR el reclamo de un administrado, sobre la eventual ilegalidad de algún acto o procedimiento sometido a su función de control de legalidad, esta no puede excusarse de atender esa impugnación. Es un modo sensato de intentar resolver primero las eventuales ilegalidades al interior de la Administración (de la cual forma parte la propia CGR).

Pero esto ha sido borrado de un plumazo en el dictamen 76.868/2015. Las circunstancias de hecho que rodean este caso son las siguientes: en cualquiera de las fases de un procedimiento administrativo (iniciación, instrucción o finalización) se pueden cometer ilegalidades o surgir la necesidad de impedir la concreción de una ilegalidad. En este último caso se configura la fase de revisión administrativa y los administrados suelen interponer "recursos" de reposición, jerárquico, de revisión, aclaración, reconsideración, ante el mismo órgano o superior jerárquico; o ante la CGR, recurso este último que en la praxis se ha denominado "de ilegalidad". Sin esta impugnación ante CGR, ni el procedimiento ni el primer acto terminal exento, eventualmente teñidos de ilegalidad, llegarían ni a ser conocidos ni eventualmente controlados, pues una vez dictado el acto, ya terminal o que resuelva negativamente la reposición o reconsideración, al ser exentos, al administrado no le quedará otra vía que las acciones ante los Tribunales.

Mientras el procedimiento y sus actos sigan en vía administrativa la CGR es competente para ejercer su función de control de legalidad de la actividad administrativa (pues solo una vez interpuesta una acción judicial deberá abstenerse, dada la prohibición legal contenida en los artículos 6° inciso 3° de la Ley N° 10.336, de organización y atribuciones de la CGR y 54 inciso 3° LBPA).

¿Qué dijo el dictamen N° 76.868/2015? Algo insólito:

1°) Señala que la CGR "debe abstenerse de emitir pronunciamientos cuando se encuentren pendientes de resolución los recursos de reconsideración [ante el mismo órgano] deducidos por los interesados", y agrega que "ello es sin perjuicio de las facultades fiscalizadoras que le compete [a la CGR] respecto de la legalidad de las decisiones que adopte la autoridad administrativa, las que, sin embargo, corresponde que sean ejercidas una vez agotada la antedicha instancia". Y precisa que, una vez terminada la vía administrativa, el interesado podrá "recurrir a este organismo de Control" (sic).

2°) Agrega que "la sola circunstancia de una acción judicial contemplada como alternativa de impugnación de ciertos actos en el marco de un procedimiento que se sigue ante la Administración, como acontece en la especie [se trataba de una solicitud de traslado del ejercicio de un derecho de aprovechamiento de aguas], no confiere carácter litigioso a los asuntos en que dicha acción puede incidir, de modo que no obsta a la posibilidad de acudir a esta Instancia de Fiscalización para los efectos del caso" (sic).

Estos escuetos fundamentos son incoherentes con los hechos, con la jurisprudencia anterior y con el derecho vigente.

De partida, yerra al calificar de litigio lo que no es tal, pero enseguida anuncia algo ilegal: que, aunque haya litigio, dice, la CGR podría conocer del asunto. Este doble error es increíble: primero, la ley solo obliga a la CGR a abstenerse en caso de interposición de una acción judicial y no ante una reconsideración en sede administrativa; y, segundo, una vez dictado el acto exento, si el interesado interpone acción judicial, ya no será posible que la CGR ejerza control de legalidad alguno. El dictamen de modo confuso dice que una "acción judicial" no tiene carácter "litigioso". Esto es, exactamente lo contrario de la realidad, pues toda "acción judicial" es, al mismo tiempo, "litigiosa". Además, una vez presentada esa acción judicial, si la CGR se abocara a conocer ese asunto litigioso, sería un evidente quebranto a la prohibición legal de conocer asuntos litigiosos.

Para resolver adecuadamente este caso, lo que no cabía olvidar era la básica distinción entre actos sujetos a toma de razón y actos exentos, pues buena parte de la confusión de este dictamen proviene del hecho de aplicar erróneamente al procedimiento de un acto exento toda una línea jurisprudencial según la cual la CGR debe abstenerse de controlar preventivamente un procedimiento cuyo acto terminal revisará con posterioridad durante la toma de razón (contenida en los dictámenes N°s 60.243/2008; 57.460/2009; 11.988/2011; y 48.924/2012), la que, como fluye de su lectura, solo es sensata para tales actos sujetos a toma de razón. Su aplicación a los actos exentos (como ocurrió en este caso que comento) es trágica para un administrado que acude a la CGR en búsqueda de juridicidad, a solicitar control de legalidad, y que se encuentra con una abstención.

En efecto:

i) para el caso de los actos sujetos a toma de razón, cuyo acto terminal será siempre objeto de control de legalidad por la CGR, es razonable limitar el control durante el procedimiento previo a la toma de razón, en aplicación de dicho criterio jurisprudencial; y

ii) para el caso de los actos exentos, si ante la impugnación de un administrado la CGR se abstiene, cercena de raíz toda posibilidad de control efectivo en vía administrativa. Es un error entonces –como lo hace este dictamen– aplicar para el caso de los actos exentos tal criterio de abstención.

En suma, este dictamen 76.868/2015, en que la CGR se niega *a limine* a conocer los aspectos de fondo del asunto cuyo control le era solicitado por un administrado, significa un quebranto de las directrices de inexcusabilidad e impugnabilidad (artículos 14 y 15 de la Ley N° 19.880, a la cual está sujeta la CGR, según su artículo 2°), detrás de lo cual se oculta una abstención de su función constitucional de control de legalidad y una desviación de su propio designio de buscar la eficacia en el control (escrito por la propia CGR en el considerando 4° de su resolución N° 1.600, de 2008).

III. ACCIONES DE MERA CERTEZA Y ATRIBUCIONES DE CONTRALORÍA[113]

Los tribunales solo deben admitir y resolver causas dirigidas a adjudicar derechos en procesos tipificados, y no están llamados a hacer ni declaraciones de mera certeza ni interpretaciones generales, sustituyendo al legislador o a la Contraloría en su función dictaminadora.

La Contraloría General de la República (CGR) ha promovido dos contiendas de competencia en contra de dos tribunales. Una, ante el Senado contra la Cuarta Sala de la Corte; otra, ante el Tribunal Constitucional (TC) contra el 29° Juzgado Civil de Santiago. Ambas por haberse abocado dichos tribunales a conocer acciones "declarativas de mera certeza" por entender que se invade y sustituye su función dictaminadora.

EL TC acaba de anunciar su decisión de acoger una de las contiendas a favor de la CGR. Es una decisión acertada, pues de otro modo si los tribunales hubiesen seguido conociendo este asunto y fallado, se produciría un desorden institucional, rompiéndose el reparto de competencias que consagra la Constitución.

El asunto que conoció el TC fue iniciado en 2012 por 1.300 funcionarios de la Dirección General de Aeronáutica Civil (DGAC) en contra del Fisco y asumió la defensa el Consejo de Defensa del Estado (CDE). El asunto que pende ante el Senado fue iniciado en 2016 por 869 funcionarios de la DGAC, contra el Fisco, la DGAC y la Caja de Previsión de la Defensa Nacional. En ambos se solicita al tribunal que declare que a tales funcionarios les corresponde que se les aplique el sistema previsional de las Fuerzas Armadas y Carabineros, y que se debe revertir la aplicación que la DGAC da a las normas previsionales (en cumplimiento a lo dictaminado en numerosas ocasiones por la CGR). Ambos libelos se interponen "para poner término a una situación de incertidumbre jurídica" producida "con motivo de un vacío legal".

113 Publicado en *El Mercurio*, p. A2, el 6 de diciembre de 2016.

Si bien son previsibles los argumentos que esgrimirá el TC, cabe preguntarse si debió ser admitida a tramitación por los tribunales una acción de esta naturaleza (de "mera certeza"). ¿Está dentro de las "causas" que la Constitución encarga a los Tribunales que conozcan (artículo 76), sujetas a un "proceso previo" (artículo 19 N°3)? Esto es esencial, pues lo que solicita este colectivo de funcionarios no es que el tribunal les adjudique un derecho (que es lo propio de todo juicio o causa), sino que buscan una declaración interpretativa con efectos regulatorios generales para todos ellos.

Esta acción de mera certeza es un invento de la praxis, no está consagrada en ley alguna, no tiene proceso previo tipificado y no origina propiamente una causa jurisdiccional. Una acción de esta naturaleza no parece dar lugar a un verdadero contencioso administrativo, pues se le pide al tribunal que actúe como un verdadero legislador y dictaminador de la Administración.

Y esto no significa plantear que la CGR debiese quedar al margen del control jurisdiccional de los tribunales, que es un canon del Estado de derecho. Lo que se dice es que tal control debe producirse solo ante verdaderas causas de naturaleza jurisdiccional, ante un acto administrativo específico, por un dictamen específico, dentro de los plazos que se establezca, y en un proceso previamente tipificado.

Entonces, si no tiene competencia un tribunal para este tipo de declaraciones generales de "mera certeza", cabe preguntarse si, al realizar este tipo de declaraciones, se inmiscuye en las atribuciones que la Constitución y las leyes entregan a otros órganos, pues legislar es competencia del Congreso Nacional y dictaminar con efectos vinculantes para los órganos de la Administración es competencia de la CGR. Y un tribunal no puede aducir ni confundir la inexcusabilidad (que está consagrada para el caso de una verdadera causa jurisdiccional y para otros fines) para admitir y fallar peticiones que lo lleven a invadir competencias de otros órganos.

Curiosamente, en ambas causas, la defensa fiscal fue ciega y no promovió una incidencia de incompetencia absoluta del tribunal; más bien, aceptó litigar. Quizás eso indujo a la CGR a defender con mayor eficacia su autonomía con un feliz resultado para nuestra democracia.

En fin, cabe esperar idéntica resolución del Senado, pues de otro modo se producirá un desorden. Una vía alternativa es que la Corte Suprema, a través de su Pleno, no se mantenga silente al respecto y, en su función de superintendencia, evite la mantención de esta disputa, promoviendo que la Cuarta Sala estudie una declaración de incompetencia de oficio.

IV. CONTIENDA DE COMPETENCIA ENTRE LA CONTRALORÍA Y LA CUARTA SALA DE LA CORTE SUPREMA[114]

INTRODUCCIÓN

En esta contienda de competencia la Contraloría General de la República (CGR), solicita que el Senado declare que la Cuarta Sala de la Corte Suprema (CS) no es competente para conocer la causa *Rodríguez con Fisco*, originada en una "acción de mera certeza".

En esta contienda, en esta oportunidad, no se le pide al Senado que elija cuál órgano debe resolver sobre el sistema de pensiones que le corresponde a los funcionarios de la Dirección General de Aeronáutica Civil (DGAC); esto es, si se trata de la Contraloría General de la República (CGR) o de los tribunales de justicia; sino que lo que pide la CGR al Senado es que declare que un Tribunal no puede decidir esa materia mediante una acción de "mera certeza", pues con ello desnaturaliza su función jurisdiccional e invade tanto la competencia legislativa como la potestad interpretativa de la CGR para dictaminar sobre la materia al interior de la Administración; equivocando, así, la oportunidad y el proceso legítimo atinente.

Analizo las aristas que considero fundamentales para resolver el conflicto planteado por tales funcionarios: por una parte, los mecanismos legítimos y democráticos mediante los cuales se puedan desafiar las leyes vigentes o promover este tipo de pretensiones económicas y conflictos; y, por otra parte, el medio o las acciones adecuadas que permiten a los tribunales ejercer legítimamente la jurisdicción.

114 Texto de la exposición ante la Comisión de Constitución del Senado (6 de marzo de 2017), titulado: *Acción de mera certeza, ejercicio de la jurisdicción y separación de poderes. Órgano, proceso y oportunidad legítima de todo contencioso administrativo. Informe sobre Contienda de competencia entre la Contraloría y la Cuarta Sala de la Corte Suprema*, 12 pp.

La contienda de competencia se vincula con aspectos funcionales o de reparto de funciones, entre los órganos que ejercen la función pública, por lo que es ineludible referirse al régimen de separación de poderes como base de la institucionalidad democrática.

En seguida, con el objetivo de dilucidar el asunto sobre la contienda de competencia en este caso aporto con los siguientes breves análisis:

i) respecto a la legitimidad institucional de las llamadas acciones de "mera certeza", y de la habilidad de los Tribunales para tramitarlas; y
ii) reviso las acciones que pueden dar lugar, legítimamente, a un procedimiento contencioso administrativo, que tenga efectos vinculantes para la Administración. Para ello me sirvo de algunas simples preguntas, con las que intento contestar en esta oportunidad: ¿quién (órgano), cómo (proceso) y cuándo (oportunidad) puede resolver lo solicitado por los funcionarios de la DGAC?

Termino el documento con algunas conclusiones y comentarios sobre el procedimiento que se ha seguido por la Comisión de Constitución en esta contienda de competencia.

1. EL RÉGIMEN DE SEPARACIÓN Y DETERMINACIÓN DE PODERES O FUNCIONES DE LOS ÓRGANOS DEL ESTADO COMO BASE DE LA INSTITUCIONALIDAD DEMOCRÁTICA

La contienda que analizo tiene por objeto determinar si un Tribunal [en este caso, la Cuarta Sala de la Corte Suprema] es competente para resolver lo planteado por los funcionarios de la DGAC, dada la *naturaleza* de la acción que se ha interpuesto, y la subsiguiente naturaleza, la que se transmite al proceso en que se ha tramitado dicha acción.

Con el objeto de dar una respuesta, debo analizar previamente la regulación de las funciones o potestades de los dos órganos en conflicto, esto es, la CGR y los tribunales (pues, para estos efectos, la Cuarta Sala de la CS es el tribunal superior que es parte de esta contienda). Cabe partir de la base institucional del sistema de separación de funciones o poderes.

1.1. El sistema de separación de poderes en un régimen democrático. Mecanismo de ejercicio de funciones públicas por parte de los órganos del Estado

El sistema de *separación* de poderes y funciones entre los distintos órganos del Estado conforma una base esencial del sistema democrático; así, distingue la Constitución los tres poderes clásicos, del que emanan tres funciones bien características: legislar, gobernar y administrar, y juzgar.

a) Los órganos que conforman el Poder Ejecutivo, comprendido por distintos organismos públicos con potestades, dicen relación con el Gobierno y la Administración de la República. Existen órganos de la Administración activa (DGAC, por ejemplo) y órganos de la Administración controladora (la CGR, paradigmáticamente). Los actos de todos los órganos administrativos tienen una *naturaleza* precisamente administrativa, esto es, son relativos a acciones que persiguen el servicio público, la ordenación y el fomento públicos. Se distinguen de los actos legislativos y jurisdiccionales.

b) El Poder Legislativo está integrado por la Cámara de Diputados y el Senado, y es el encargado de dictar las leyes que han de regir en todo el territorio nacional. Sus actos tienen naturaleza *normativa*; salvo raras excepciones, establecidas expresamente en la ley o en la Constitución (como es el caso de la función de arbitrar una contienda de competencia, en virtud del artículo 53 N° 3 de la Constitución, cuya naturaleza es jurisdiccional, pero tal excepción está establecida *expresamente* en la Constitución).

c) El Poder Judicial está integrado por los tribunales de justicia, encargados de resolver todo tipo de conflictos ("causas", dice la Constitución) de distinta naturaleza, como civiles o criminales o administrativas, de conformidad a lo dispuesto en el artículo 76 de la Constitución y el artículo 1° del Código Orgánico de Tribunales. Los actos y procesos que sustancian los tribunales (salvo excepción expresa de la Constitución y las leyes) solo han de tener naturaleza jurisdiccional. Esto quiere decir que los tribunales no pueden conocer sino "causas", en el sentido de la Constitución, o sea, conflictos, con el objeto de resolverlos y, mediante el proceso legal, o la forma, contemplada por la Constitución y las leyes (un proceso tipificado) y cuyos resultados afecten directa y únicamente a las partes legitimadas dentro del proceso.

En todo caso, el ejercicio de las funciones por todos los poderes debe respetar la naturaleza de su función o competencia y la forma o proceso legal. Solo así se produce como efecto el respeto a la triple repartición de funciones y poderes en nuestro Estado de derecho. De ahí que el artículo 7° de la Constitución, al consagrar el principio o base de juridicidad, señala que todos los órganos del Estado deben actuar "dentro de su competencia, previa investidura regular y en la forma que prescriba la ley".

Pudo reiterar que, si bien orgánicamente la división de funciones se encuentra establecida en base a tal estructura de separación de poderes, funcionalmente la Constitución acepta, en varios casos, la posibilidad de que órganos que forman parte de cierto poder del Estado ejerzan funciones distintas, las que en otras condiciones podrían corresponder a otro de los poderes: por ejemplo, que el Senado resuelva conflictos (como en este caso), que la Corte Suprema dicte auto acordados o que al Presidente de la República se le pueda delegar la dictación de normas, como los decretos con fuerza de ley. Pero para ello se requiere texto constitucional o ley expresos.

1.2. El ejercicio legítimo de la jurisdicción por los tribunales

Los tribunales de justicia ejercen su potestad jurisdiccional resolviendo conflictos que puedan plantearse entre particulares, o entre estos y algún órgano de la Administración del Estado, por algún acto en que esté ejerciendo su potestad pública, originándose, en este último caso, un *contencioso administrativo*.

Es importante precisar que en todo contencioso administrativo se trata de casos o conflictos (juicios) suscitados entre un órgano administrativo con un particular, cuyo *objetivo* debe ser el control de un tribunal sobre la actuación formal (dictación de un acto administrativo), omisión, o daños; de ahí que el *objeto* de un contencioso administrativo, en nuestro sistema (¡cuidado con insertar sin previos tamices las realidades de otros sistemas que ofrece el derecho comparado!) puede solo recaer en las siguientes materias, acciones y procesos:

a) *revisar la juridicidad de la actuación* del órgano, esto es, la dictación de un acto administrativo, en cuyo caso se interpone una acción de nulidad ante los tribunales en contra del órgano administrativo, sea que este forme parte de la Administración centralizada o descentralizada o autónoma;

b) *de la misma forma, es posible denunciar omisiones* ilegales en que se pueda configurar el ejercicio de potestades de cierto órgano; o bien,

c) *perseguir la responsabilidad de algún órgano de la Administración,* en caso de que se configure la hipótesis de falta de servicio, de lo que se genere un perjuicio al particular, para el pago de la debida indemnización. En este caso, una vez promovido y tramitado el juicio contra el órgano administrativo respectivo y condenado este por sentencia ejecutoriada, será posible a los particulares realizar la acción de cobro ante el Fisco.

En fin, cabe consignar que, como toda sentencia de cualquier tribunal, la resolución que dirima un conflicto de naturaleza contencioso administrativo tendrá *efectos relativos* entre el particular y los órganos respectivos; es decir, solo respecto de las partes que hayan comparecido o hayan sido legalmente emplazadas en ese juicio.

1.3. La CGR, como ente administrativo autónomo, dotado de potestades interpretativas vinculantes para los órganos de la Administración activa

A la CGR le corresponde, básicamente, el control de la legalidad de los actos de la Administración y ejercer la fiscalización del gasto y gestión de los recursos públicos. El estatuto normativo de la CGR se encuentra principalmente en la Constitución y en la Ley N° 10.336, que es su ley orgánica. El control de legalidad de los actos de la Administración, entre otros mecanismos, lo puede ejercer la CGR, ya sea:

i) mediante la toma de razón de ciertos actos; o,
ii) mediante la emisión de dictámenes, en que el ente contralor interpreta la ley y se pronuncia sobre el marco de juridicidad que deben respetar los órganos de la Administración activa.

Cabe consignar el efecto vinculante que le asigna la ley a tales dictámenes de la CGR respecto de los órganos de la Administración, según lo establecen los artículos 9° y 19 de la Ley N° 10.336; en otras palabras, ante la emisión de un dictamen.

Dentro de esta potestad interpretativa, dictaminadora o dirigida a "informar" sobre materias administrativas, se encuentran algunas que, de acuerdo a la ley, son de carácter "exclusivas" del órgano, lo cual quiere decir que al interior de la Administración del Estado esta es una materia que le corresponden privativamente al ente contralor, y sus informes o dictámenes son vinculantes para tales órganos. Ello es sin perjuicio de la eventual ulterior revisión de tales dictámenes por parte de los tribunales de justicia, ante alguna acción de un particular o varios afectados, y a través de un proceso legal.

Entre tales materias, en lo que interesa en esta contienda de competencia, cabe mencionar las establecidas en el artículo 6° inciso 1° de la Ley N° 10.336, orgánica constitucional de la Contraloría General de la República, de 1952, según la cual, "corresponderá exclusivamente al Contralor informar sobre (...) jubilaciones (...)" [sc., de los funcionarios públicos].

2. ANTECEDENTES DE HECHO

Cabe destacar en este caso, y para los efectos del análisis que realizo, los siguientes antecedentes de hecho relevantes:

2.1. Funcionarios de la DGAC interponen una "acción de mera certeza"

El juicio *Rodríguez con Fisco* se origina en una acción promovida por aproximadamente 1.300 funcionarios de la DGAC, la que califican en su demanda como "acción declarativa de mera certeza"; ellos señalan que se "deduce una acción declarativa de mera certeza con el objeto de poner término a la situación de incertidumbre jurídica que se ha producido con motivo de un vacío legal, relacionado con el sistema previsional que le debe corresponder a los funcionarios que actualmente desempeñan sus labores en la Dirección General de Aeronáutica Civil".

De esta manera, con la acción que se interpuso por parte de estos funcionarios se pretende, según se consigna en el propio libelo de la demanda, que el tribunal resuelva acerca de un asunto que tenga el efecto de llenar un vacío legal, solicitando al tribunal que declare que a tales funcionarios de la DGAC les corresponde la aplicación del sistema de previsión de las Fuerzas Armadas y Carabineros y que se debe revertir la aplicación que la DGAC da a las normas previsionales.

2.2. Acción se interpone contra el Fisco y los órganos administrativos competentes no fueron emplazados ni son partes en el proceso

La acción se interpone solo *contra el Fisco* (y no, por ejemplo, contra algún acto administrativo específico u omisión de la DGAC o la Caja de Previsión de la Defensa Nacional, o en contra de algún dictamen de la CGR). No se interpone contra acto administrativo u omisión específicas algunos de la DGAC, Capredena o CGR. Y ninguno de estos tres órganos de la Administración es parte del proceso.

De esta manera, con este dato a *priori* ya se puede observar que en ningún caso estamos en presencia de un contencioso administrativo *regular*, que es el modelo institucional mediante el cual los tribunales se encuentran legitimados para ejercer el control sobre actos administrativos específicos, u omisiones, de los órganos administrativos.

2.3. Contienda de competencia promovida por el Contralor General de la República

Ante la situación impulsada por los funcionarios de la DGAC en tribunales, y después de varios intentos de obtener la nulidad de todo lo obrado, directamente ante los tribunales, la CGR promovió una contienda de competencia ante el Senado, con el objeto de que este declare, en virtud de la facultad que le entrega el artículo 53 N° 3 CPR, la incompetencia de los tribunales de justicia para conocer y fallar la acción de mera certeza mencionada, debido a que en este escenario los tribunales de justicia podrían interpretar de manera general y abstracta la normativa previsional aplicable a los funcionarios de la DGAC.

2.4. Dos hechos que cabe destacar especialmente

Existen dos de estos hechos que cabe destacar especialmente en esta contienda:

i) los funcionarios de la DGAC no solicitan nulidad de algún acto o no denuncian omisión ilegítima de un órgano administrativo, sino que concurren *directamente* ante los Tribunales interponiendo una "acción de mera certeza", sin esperar la dictación de actos administrativos específicos; o alguna omisión respecto de alguna solicitud suya; ni han demandado responsabilidad;

ii) los funcionarios de la DGAC han demandado al Fisco (que no es un órgano administrativo que emita actos administrativos, sino la faz patrimonial de la Administración toda) y no han demandado a ningún órgano administrativo que ejerza potestades en la materia del sistema previsional de los funcionarios de la DGAC, como sería el caso de la DGAC, de Capredena, o de CGR. Además, estos órganos tampoco son parte del proceso.

3. ¿QUIÉN PUEDE (ÓRGANO), CÓMO (PROCESO) Y CUÁNDO (OPORTUNIDAD) RESOLVER ALGO COMO LO SOLICITADO POR LOS FUNCIONARIOS DE LA DGAC?

Ante un conflicto o pretensión relativa al sistema de pensiones de los funcionarios de la DGAC, existen mecanismos de control jurisdiccional sobre los actos u omisiones de la Administración, los cuales constituyen las vías legítimas a través de las cuales los jueces pueden resolver, con efecto relativo a cada caso, lo planteado por los particulares. En este escenario corresponde simplemente preguntarse entonces el quién, cuándo y cómo resolver lo solicitado por los funcionarios de la DGAC de manera legítima.

3.1. ¿Quién se encuentra legitimado para resolver lo planteado por los funcionarios en sede judicial?

Lo que se plantea con esta pregunta es la determinación del órgano con competencias para resolver acerca del control sobre los actos de la Administración en lo que respecta a lo planteado por los funcionarios de la DGAC. En este sentido, en virtud de las bases democráticas contempladas en el régimen de separación de poderes, y el sistema de frenos y contrapesos, corresponde a los tribunales de justicia ejercer el control sobre los actos de los órganos de la Administración. Entonces, es indudable que los tribunales tienen competencias para ello. Pero en tal control:

a) se debe respetar la "forma" o proceso legal establecido para ello (el "cómo" ejercer la jurisdicción); lo que implica conocer una contienda solo ante una verídica "causa", ante un juicio verdadero, ante las partes que corresponda, válidamente emplazadas; y,
b) se debe respetar la oportunidad que el ordenamiento prevé para tales efectos (el "cuándo" ejercer la jurisdicción); lo que implica esperar a que la "causa" respectiva esté configurada, esto es, que exista un acto u omisión concretos de un órgano de la Administración que hayan sido cuestionados en los plazos que establezca la ley para todo proceso legal.

El olvido de estas premisas para ejercer la jurisdicción puede llevar a quebrantar el ejercicio de potestades legítimas que otros órganos del Estado deben previamente ejercer al respecto. Es lo que ha sucedido, según se verá, en el caso *Rodríguez con Fisco*.

Todo ello se encuentra consagrado en las bases de la institucionalidad, específicamente en los artículos 7° CPR, 19 N°3 y 76 de la Constitución.

3.2. El proceso legal. ¿Cómo se debe llevar a cabo el ejercicio de las facultades jurisdiccionales para tales efectos?

Lo que se plantea con esta pregunta es la manera en que los tribunales pueden conocer de los casos en que existe conflicto entre la Administración y sus funcionarios; y, por otra parte, el proceso que es aplicable para tales efectos, el que culminará con la resolución judicial que resuelva el contencioso administrativo. En cuanto al primer punto, solo luego de un pronunciamiento específico u omisión del propio órgano o de la CGR, los funcionarios de la DGAC podrían instar al control de los actos de la Administración, mediante la interposición de las acciones judiciales contempladas en el ordenamiento, a saber: el recurso de protección o la demanda de nulidad administrativa, también denominada nulidad de derecho público. De esta manera se generaría un verdadero contencioso administrativo. Una vez que el tribunal competente resuelva el conflicto, la sentencia tendrá los efectos relativos únicamente para el caso concreto: ese es el efecto "caso a caso" que el ordenamiento otorga a todas las sentencias judiciales, dado su efecto relativo. En cuanto al segundo punto, el procedimiento que se debe aplicar es el que la normativa vigente contempla para cada tipo de acción tipificada, en base a los cánones establecidos para el debido proceso contemplados en el artículo 19 N° 3 CPR.

3.3. ¿Cuándo se debe resolver este conflicto en tribunales?

Lo que se plantea con esta pregunta es respecto del momento o la oportunidad en que los tribunales de justicia pueden pronunciarse sobre un asunto como el planteado por los funcionarios de la DGAC, resolviendo un verdadero contencioso administrativo. En este sentido, para que los tribunales ejerzan este control, previamente debe haberse cumplido el conducto regular que el ordenamiento establece. De esta forma solo es posible que se recurra a los órganos jurisdiccionales habiendo pronunciado el propio órgano de la Administración o la CGR, un acto, a instancia de los funcionarios, o incurrido en una omisión. Así se respeta el modelo que el ordenamiento jurídico dispone para que se lleva a cabo el contencioso administrativo.

De no respetarse la instancia en que los tribunales pueden conocer sobre estos asuntos, existiría un verdadero desorden y quiebre institucional, al vulnerar el ejercicio de las facultades que la ley establece para el ejercicio previo de sus potestades por parte de la DGAC y de la CGR. De otro modo, significaría aceptar un sistema que operara *per saltum*, esto es, anticipándose a cualquier acto presumiblemente negativo de la Administración, mediante acciones no solo anticipatorias, sino que con el efecto de inhabilitar todo pronunciamiento futuro de la Administración sobre la materia respecto de tales funcionarios, y sin que, previamente, esa Administración haya emitido acto alguno, o incurrido en omisión alguna.

4. LA DENOMINADA "ACCIÓN DE MERA CERTEZA"

La acción "de mera certeza" no es la vía legítima para que los tribunales ejerzan jurisdicción contencioso administrativa ni, en este caso, resuelvan la demanda interpuesta por los funcionarios de la DGAC. La acción denominada "de mera certeza" interpuesta en la causa *Rodríguez con Fisco*, no tiene acogimiento ni regulación constitucional ni legal en nuestro sistema, como para permitir la actividad jurisdiccional; en otras palabras, no es un "debido proceso" ni una "forma" a través de la cual los tribunales puedan conocer de una causa contenciosa administrativa.

Los tribunales, en causas de esta materia (jubilaciones de funcionarios públicos), solo pueden y deben conocer causas del contencioso administrativo que tengan por objeto la anulación, la omisión o la responsabilidad de un órgano administrativo, ante actos u omisiones específicas. Así, los jueces deberán conocer tales casos en procesos tipificados por la ley y emplazando directamente a los órganos administrativos específicos. En caso de que unos demandantes pretendan ante un tribunal el ejercicio de la jurisdicción fuera de esos moldes jurídicos procesales, incurren, en su presentación, en el vicio de ineptitud del libelo. En el caso de un tribunal que acoja ese tipo de acciones a tramitación y nos las declare *a limine* inadmisible, este se sitúa en una posición antijurídica pues comienza a conocer de una materia o función que escapa a su competencia.

De ahí que ante la acción de mera certeza que han comenzado a conocer los tribunales en el caso *Rodríguez con Fisco*, estos se han puesto en una situación de exceso de poder, de exceso de jurisdicción, pues han ido más allá del marco que los autoriza la Constitución. Ello salta a la vista en un caso en que no se les solicita resolver una "causa" litigiosa a raíz de un acto u omisión específico de un órgano administrativo singular, sino que se les solicita rellenar un vacío legal, lo cual es claramente un quebranto a las reglas básicas de la jurisdicción: materia, oportunidad y partes legítimas, como presupuestos de todo juicio válido.

Sin perjuicio del quebranto institucional que significa el que los tribunales hayan aceptado conocer directamente el requerimiento de los funcionarios de DGAC, el hecho de que este se haya efectuado mediante esa acción de mera certeza es, en sí mismo, cuestionable. Esta acción de mera certeza es un invento de la *praxis*, no está consagrada en ley alguna, no tiene proceso previo tipificado y no origina propiamente una causa jurisdiccional (sin perjuicio de que en el derecho comparado ello sea válido, no ha sido acogido en el derecho nacional vigente). Una acción de esta naturaleza no parece dar lugar a un verdadero contencioso administrativo (pues a través de ella *no se cuestiona la actuación u omisión de un órgano de la Administración*), pues se le pide al tribunal, en el caso *Rodríguez con Fisco* que actúe como un verdadero legislador y dictaminador de la Administración, sin que existan un juicio o causa previa que fallar, ni partes legítimas en el proceso que hayan sido emplazadas.

Y esto no significa plantear que la CGR o los órganos administrativos respectivos debiesen quedar al margen del control jurisdiccional de los tribunales, que es un canon del Estado de derecho: lo que se dice es que tal control debe producirse solo ante verdaderas causas de naturaleza jurisdiccional, ante un acto administrativo específico, por un dictamen específico, dentro de los plazos que se establezca y en un proceso previamente tipificado.

Entonces, si no tiene competencia un tribunal para este tipo de declaraciones generales, cabe preguntarse si un tribunal, al realizar este tipo de declaraciones, se inmiscuye en las atribuciones que la Constitución y las leyes entregan a otros órganos, pues legislar es competencia del Congreso Nacional y dictaminar con efectos vinculantes para los órganos de la Administración es competencia de la CGR. Y un tribunal no puede aducir ni confundir la inexcusabilidad (que está consagrada para el caso de una verdadera causa jurisdiccional y para otros fines) para admitir y fallar peticiones que lo lleven a invadir competencias de otros órganos.

Por lo tanto, la ilegitimidad de resolver las incertidumbres interpretativas que aducen los demandantes mediante este tipo de acción fluye, en resumen, de lo siguiente:

1° Resulta inadecuada la interposición de una acción no contemplada (no tipificada como "forma" o proceso legal) en el ordenamiento jurídico, existiendo vías específicas consagradas en ese mismo ordenamiento para que los tribunales ejerzan el control sobre actos singulares de la Administración. Esto es, no se respeta el principio fundamental de que se aplique en este caso un proceso previo establecido en la ley, al ser esta acción un verdadero invento que la ley no consigna.

2° Las resoluciones judiciales siempre tienen efectos relativos para las partes de la causa respetiva. No obstante que, siendo parte en esta causa solo el Fisco y que es discutible que por los efectos relativos de la sentencia ella le sea oponible a la DGAC, a Capredena o a CGR en el futuro, la pura dictación de una sentencia definitiva en esta causa puede sembrar, ella misma, una suerte de corrosión en el sistema vigente o anarquía de actuaciones por parte de los órganos del Estado, al no respetar los tribunales la materia, la oportunidad y el proceso diseñados por la institucionalidad ante causas de esta naturaleza.

Así, debe tenerse en consideración el efecto inhibitorio que en la competencia de la CGR puede producir la sola existencia de este juicio, pues en los casos en que un asunto se encuentra siendo conocido en sede jurisdiccional, según lo establecido en el artículo 6° inciso 3° de la Ley N° 10.336, la CGR no podría intervenir ni informar.

3° De esta manera, al solicitar los funcionarios de la DGAC la intervención directa de los tribunales en el asunto de su régimen previsional, se produciría un efecto inhibitorio inmediato respecto del ejercicio de competencias de la CGR, o al menos una duda institucional al respecto. De ahí lo atinente y oportuno de la intervención de la CGR al promover esta contienda de competencia, en que su intento es que no sea resuelta esta materia en un proceso de esta naturaleza (mera certeza), esto es, en un proceso legal de naturaleza contenciosa administrativa, interpuesto en la oportunidad (esto es, una vez dictado un acto administrativo o ante una omisión) y emplazando a los órganos administrativos con competencia en la materia. De esta acción de mera certeza resulta que se rompe el modelo de contencioso administrativo establecido en nuestro ordenamiento para el control de los actos de la Administración, y los tribunales nunca debieron haberla admitido siquiera a tramitación.

5. CONCLUSIONES Y COMENTARIOS

a) Tres conclusiones sobre la acción de "mera certeza", el ejercicio legítimo de la jurisdicción y el quebranto de la separación de poderes

En lo que respecta a la posibilidad de que la Cuarta Sala de la CS conozca y resuelva, dictando sentencia, sobre la denominada "acción de mera certeza" interpuesta por funcionarios de la DGAC:

1° Si un tribunal (la Cuarta Sala de la CS) dicta sentencia en el asunto de fondo del caso *Rodríguez con Fisco*, dada la *evidente* naturaleza no jurisdiccional de declarar de un modo abstracto y general cuál sea el sistema de jubilación de unos funcionarios públicos (y sin respetar el proceso legal ni emplazar a los órganos con competencia en la materia), se producirá el quebranto de la separación de poderes: en los hechos, los jueces gobernarán la *polis*, pues legislarán por anticipación e inhabilitarán, también por anticipación, a la CGR para dictaminar al interior de la Administración. Esto se produce, pues, en este caso, los tribunales que lo han conocido han sido ciegos sobre su inhabilidad en razón de la naturaleza de lo solicitado, y tampoco han observado la correcta oportunidad y el proceso legal que debiesen considerarse en este tipo de causas contencioso administrativas.

2° La "acción de mera certeza" ejercida en el caso *Rodríguez con Fisco* no corresponde ni a una acción jurisdiccional ni a un procedimiento judicial válido para la revisión de los actos administrativos u omisiones en nuestro sistema jurídico vigente. La Constitución permite a los tribunales anular actos, declarar omisiones o responsabilidades con efectos relativos de la Administración; de ello no cabe duda. Pero la Constitución no permite a los tribunales inmiscuirse en labores legislativas o de interpretación al interior de la Administración, como las que en este caso se están arrogando; pues no puede la CS, *per saltum* y de manera anticipatoria, realizar declaraciones abstractas y genéricas que solo corresponderían, en su caso y en su oportunidad, a la CGR o al Parlamento.

3° La Cuarta Sala de la CS no tiene competencia para tramitar un procedimiento ilegítimo (la acción de mera certeza incoada en el caso *Rodríguez con Fisco*), pues, en caso de dictar sentencia sobre el fondo, podría dejar sin efecto la aplicación de una ley e impedir a *posteriori* la actuación de la Contraloría General de la República en la materia respecto de tales funcionarios, sin que esta o el órgano respectivo (en especial, la DGAC) hayan emitido acto alguno previo o hayan sido emplazados en esta causa.

b) Dos comentarios sobre el procedimiento y las partes

Ambos comentarios son relativos a la "forma" en que se ejercen las potestades públicas y se refieren a problemas de la legitimación pasiva, tanto en el proceso del caso Rodríguez con Fisco, como en el proceso o ritualidad seguida en esta contienda de competencia ante el Senado.

1° *En cuanto al procedimiento judicial en que se ha tramitado la acción de mera certeza.*

El demandado por los funcionarios de la DGAC ha sido el Fisco y no algún órgano de la Administración, que es al cual se debe demandar. Dado el efecto relativo de las sentencias, habrá que tener presente esto al revisar, en este caso, el efecto que los funcionarios de la DGAC pretenden que tenga la eventual sentencia de la Cuarta Sala de la CS que resuelva la acción denominada de "mera certeza", pues en dicha causa solo son procesalmente "parte" los solicitantes y el Fisco; y en esta materia el Fisco no podría emitir ni ha emitido acto alguno relativo al sistema de pensiones; ni ha podido ser acusado de omisión alguna; pues eso es algo que recae en la competencia administrativa de órganos administrativos que no han sido parte en esta causa.

2° *En cuanto al procedimiento llevado ante el Senado sobre contienda de competencia.* Esta no es una contienda entre "poderes del Estado", sino que es una contienda entre distintos órganos del Estado, en este caso, la CGR y un tribunal superior específico: la Cuarta Sala de la CS. Entonces, al ser promovido por la CGR (legitimado activo) pareciera que la legitimación pasiva no corresponde a la Corte Suprema, ya sea representada por su Presidente o por quien designe su pleno, sino que a la Cuarta Sala del máximo tribunal, al ser este el tribunal que se encuentra conociendo la "acción de mera certeza" incoada por los funcionarios de la DGAC. Y, dado que dicha Cuarta Sala de la CS no ha informado a este Senado, pareciera que existe un aspecto de "forma" que cabría observar o analizar.

Es todo el resumen que aporto como complemento a mi exposición ante la Comisión de Constitución del Senado el día 6 de marzo de 2017.

§ 4

GÉNESIS, MÉTODO Y DESAFÍOS DE LA DISCIPLINA

I. REVOLUCIÓN FRANCESA Y GÉNESIS DEL DERECHO ADMINISTRATIVO CONTEMPORÁNEO[115]

A propósito de la traducción francesa de Frank Moderne (París, Económica Collection Droit Public Positif, 1993) y de la nueva edición española (Civitas, 1994), de *Revolución francesa y administración contemporánea* (publicado por primera vez, como artículo de revista, el año 1959), quisiera ofrecer una breve reseña, simplemente descriptiva, de este texto, escrito hace ya más de un cuarto de siglo, que a estas alturas en España ya es un verdadero clásico de la historia de la dogmática jurídica europea y que vale la pena dar a conocer más ampliamente.

Su autor, Eduardo García de Enterría, ampliamente conocido por los iuspublicistas iberoamericanos, profesor de la Universidad Complutense de Madrid, doctor *honoris causa* de varias universidades europeas, antiguo miembro de la Corte Europea de Derechos del Hombre, es uno de los grandes juristas contemporáneos, cuyo aporte abarca amplios ámbitos del derecho público. Desde sus primeros escritos el autor manifestó su interés por la historia de las ideas jurídicas, como sus *Dos estudios sobre in usucapión en derecho administrativo*, Madrid, 1955. Luego sus estudios referidos a la Revolución Francesa, que ahora reseño. Enseguida, está su conocido texto *La Administración española* (1ª ed., 1961) y, últimamente, su excelente *La lengua de los derechos. La formación del derecho público europeo iras la Revolución Francesa* (1ª edición, Alianza, 1994), que es una obra de madurez del autor.

Expone el autor en este texto ideas centrales sobre los conceptos de Estado y de Administración, surgidos a partir de la Revolución Francesa. En cuanto a la Administración, en especial, intenta explicar el origen de su tendencia centralizadora y de la concepción subjetiva surgida de aquel fenómeno histórico.

El autor divide su texto en dos partes. La primera lleva el mismo título del libro, que quisiera destacar especialmente. La segunda, dedicada a la formación

115 Recensión a: *Revolución Francesa y administración contemporánea*, de Eduardo García de Enterría (Madrid, Civitas, 1994, 4ª ed.). Publicada en: *Revista de estudios histórico-jurídicos*, XVIII, 1996, pp. 608-611.

del régimen municipal francés contemporáneo, la constituyen tres trabajos agregados con posterioridad.

El análisis de la Revolución Francesa lo inicia exponiendo los que, a su juicio, constituyen los elementos a través de los cuales se produjo *la reacción frente al Estado absoluto*. No revisa el autor las fuentes históricas que llevaron a la reacción contra el Estado absoluto y que ha recibido la expresión definitiva "Revolución Francesa": analiza los elementos que van a constituir el fondo ideológico de la nueva concepción política y jurídica que la Revolución inaugura. Para él, los elementos se pueden alinear alrededor de los siguientes principios: a) *La formulación del principio de legalidad*, idea que se articula políticamente en virtud del dogma rousseauniano de la Voluntad General. Así, se reducen las Funciones políticas a leyes generales y actos particulares de aplicación de las mismas: señala el autor: "La gran concepción del principio de legalidad en el derecho público, que exige una ley previa que preceda, autorice y dé razón a cada uno de los actos singulares, tiene aquí su exacto punto de partida" (p. 25); b) *Las leyes como leyes de libertad. El principio de concurrencia como óptimo social*. La idea la resume el autor en la siguiente cita de Montesquieu (*L'Esprit des lois*, cap. V, libro XI de la parte 1ª): "El fin de la Constitución que tan cuidadosamente se estructura es "*non la gloire de l'État, mais la liberté du citoyen*" (p. 26). Agrega el autor: "Todo el fin del Estado se concentra en el derecho y en un derecho cuyo objeto se reduce a asegurar la coexistencia de las libertades de los súbditos" (p. 27); y, c) *La estructura del Estado: Leyes, Tribunales y Orden Público*. Dice: "La estructura y contenido del Estado que postulan estas concepciones básicas es elemental y se resume en este esquema simple: leyes, Tribunales y orden público. El Estado debe limitarse a dictar leyes generales con ese contenido característico de garantía y límite externo de la libertad. Por razón de este objetivo, la aplicación de estas leyes se realiza a través del propio actuar libre de los ciudadanos y basta montar un sistema de tribunales que, en caso de litigio entre dos libertades encontradas, decidan la aplicación controvertida. Finalmente, en sostenimiento de la efectividad de la ley y de las sentencias, el Estado organiza un orden coactivo, un aparato judicial limitado a esa labor de respaldo de la ley, y que cierra la construcción del conjunto. El Estado ofrece, pues, un marco puramente formal dentro del cual la sociedad vive su propio dinamismo espontáneo, por la propia concurrencia indefinida de las libertades de sus miembros" (p. 28-29).

Este concepto del Estado que expresa la concepción política de la Revolución francesa, el autor no solo lo obtiene por deducción desde los principios que lo sostienen, sino también mediante un análisis directo de las fuentes significativas del mismo. Entonces, a estos efectos, *estudia el principio de la división de los poderes* que, a su juicio, es, antes que una técnica estructural de ordenación de órganos, una idea exacta del contenido del Estado desde el punto de vista sustancial: "Como es obvio, aunque lo suelan olvidar los constitucionalistas que gustan de las construcciones meramente mecanicistas, la cuestión *¿qué es lo que se divide?* precede necesariamente al resultado de la división y condiciona rigurosamente su sentido" (p. 29). Estudia, así, las dos formulaciones indiscutibles de la división de poderes: Locke y Montesquieu.

Luego de presentar estos elementos centrales, expone con singular entusiasmo y maestría, la efectiva *inadecuación de la administración absolutista a ese esquema del Estado, y luego del derecho administrativo al "critérium" central del derecho*. Según el autor, la idea de Estado no aloja en su estructura, ni propiamente le da cabida, a una Administración como la que el Estado absoluto había erigido en su postrera fase y como la que hoy estamos habituados a conocer.

A su juicio, el derecho administrativo, por su calidad de "transpersonal", no cabe subsumirlo entre el derecho cuya ejecución es confiada al denominado Poder Ejecutivo. "La ley cuya definición y sostenimiento agota la función del Estado es, estrictamente la ley civil o interprivada, única propuesta en el plano significativo y definitorio del condicionamiento recíproco de las libertades. Es esta ley la que, una vez promulgada, solo requiere a su servicio este aparato estatal mínimo: tribunales y orden público" (p. 36). Y termina diciendo: "La idea de la Administración, como su accesoria, la del derecho administrativo, quedan así al margen de la concepción política que va a actuar la revolución".

Ahora, en ¿en qué consiste para el autor *la disidencia revolucionaria*? Paradójicamente, para él la misma Revolución Francesa, movida por ese ideario y dispuesta a su realización histórica, va a ser la que alumbre la poderosa Administración contemporánea y, consecuentemente a ella, el derecho administrativo. Es para el autor una "curiosa singularidad histórica", lo que habría operado en primer lugar, mediante la interpretación que los revolucionarios dieron a la división de poderes, alterando su formulación y estableciendo una verdadera autonomía del Ejecutivo, estableciendo como misión suya no solo asegurar la ejecución de las leyes, y no solo a una ley concreta, "sino al bloque entero de la legalidad", permitiendo ya el reglamento independiente (p. 51). Ello trae consigo la potenciación administrativa y el fortalecimiento del Ejecutivo, cuyo gran motor fue la idea misma de la revolución, que postulaba sobre todo una estructura social. "Esta gigantesca tarea no podía ser cumplida con meras declaraciones generales y ni siquiera por la simple promulgación de nuevas leyes. Era preciso configurar un extenso poder capaz de asumir esta misión cuya amplitud desbordaba toda la tradición del Estado y este poder debía ser, sobre todo, un poder gubernamental y activo, constante, general, notas todas que volcaban el peso necesariamente del lado de una Administración" (pp. 51-52).

Basándose en Tocqueville, el autor entiende que las causas determinantes de este fenómeno (la concentración del poder) serían las siguientes: a) La antigua estructura social sobre la base de las clases privilegiadas y de los poderes intermedios desaparece como consecuencia de la igualdad, pero no para implicar la desaparición de todo poder, sino para reunir todos estos antiguos poderes dispersos en el seno único de una Administración centralizada" (p. 55); b) "La sustitución de la estructura de los poderes secundarios por la estructura de la Administración centralizada venía impuesta precisamente así por la propia dialéctica de la idea de la igualdad social, que fue la que vino a imponer la Revolución", agregando que el principio de la igualdad, como constitutivo social, implica rigurosamente una concentración del poder, una centralización de todas las desigualdades en la instancia superior del Estado" (p. 58); y, en fin, c) A su juicio, hay una acción recíproca entre Administración e igualdad; si esta impone el surgimiento de aquella (ver b), por su parte, la administración centralizada y poderosa determina a su vez una extensión y perfección de la igualdad. "Todo poder central ama la igualdad y la favorece", dice Tocqueville. Y esta, que es justamente la tesis central de su libro *L' Ancien Régimen*", es aplicada con precisión por el autor. Así, al consagrarse la igualdad como fórmula social única, la centralización administrativa continúa y se exacerba, fenómeno he que podemos constatar aún hoy.

Analiza luego el autor cómo Napoleón cumplió rigurosamente este proceso de centralización administrativa. Dice García de Enterría: "La centralización fue consumada por él definitivamente, prestándole la estructura de hierro de los prefectos y de los subprefectos, corrigiendo el vasto desorden que habían sido los intentos de organización territorial de los revolucionarios y estableciendo la nueva figura del régimen local, que dura en lo esencial hasta nuestros días. Instituyó también la piedra clave de la autonomía jurídica de la administración que hacía posible el funcionamiento del (ya estudiado) sistema de la separación de poderes, con su gran creación del Consejo de Estado. El sistema ministerial moderno, que había comenzado a depurarse sobre la tradición del Antiguo Régimen en la primera fase revolucionaria, sale de sus manos también en su configuración definitiva que todos los países sin excepción han de copiar más tarde" (pp. 64-65).

Este fenómeno, que cierra con la gigantesca creación napoleónica, supone –según el autor– una transmutación esencial de la naturaleza del llamado Poder Ejecutivo. "Bajo la etiqueta formal del Poder Ejecutivo va a actuar otra realidad en esencia diversa, la realidad que llamamos Administración y a la que no cuadra de ninguna manera la caracterización reservada a ese poder en la teoría de la división de poderes" (p. 74).

Así, a su juicio, el supuesto Poder Ejecutivo se ha sustantivado en un sujeto real y verdadero. Es realmente un sujeto que actúa, persiguiendo, como todo sujeto, multitud de fines, no limitados, por supuesto, al simple respaldo coactivo de las leyes y de las sentencias". Esto indudablemente es anómalo para la caracterización liberal pura, según la cual, los poderes del Estado ejercitan abstractas funciones formales que revierten inmediatamente al núcleo social, sin necesidad de una personificación intermedia.

Esta constatación es cabal para comprender el papel actual de la Administración: pues, como dice el autor, la disidencia aparecida en la Revolución y consagrada tras la formalización napoleónica es justamente que la abstracta función de sostener la Ley, tal como Locke y Montesquieu la concebían, se ha transmutado en Administración, persona singular, sujeto no ya de una abstracta función, sino de actividades múltiples en cuanto sujeto, actividades generales y particulares, de hecho y de derecho, formales y materiales, actividades que en su multiplicidad interfieren las propias actividades de los particulares, con las cuales son ordinariamente intercambiables.

Así, concluye el autor que "el primer dato para la construcción del derecho administrativo es justamente este, el del carácter subjetivo de la Administración, el de su presencia ante el derecho como un sujeto jurídico real y verdadero" (p. 74).

Tales son las conclusiones a que arriba el autor, las que por cierto pueden ser objetadas por quienes interpretan los efectos que la Revolución francesa produjo en el derecho de un modo diferente, y creen ver aún en el Antiguo Régimen una administración dotada de principios jurídicos libertarios y controles efectivos, lo que, por cierto, choca con los datos históricos. A pesar de todos los demás efectos centralizadores de la Revolución francesa, los principios que de ella surgen para la administración y el derecho no tienen parangón, como lo demuestra el propio autor en su reciente libro *La lengua de los derechos* (cit.), texto que debieran inspirar un mayor interés por el estudio de la historia del derecho administrativo, en especial de sus dogmas, de sus ideas centrales; sobre lo cual existen algunos trabajos. Al respecto, véase, por ejemplo, de Alejandro Guzmán Brito, "La Revolución francesa y la legislación civil y constitucional", *Revista Chilena de Humanidades*, 1989, pp. 35-50, y "El constitucionalismo revolucionario francés y las cartas fundamentales chilenas del siglo XIX", en: *La Revolución Francesa y Chile* (Ricardo Krebs, ed. Santiago, 1990), p. 225-245, que no intentan formar un cuadro completo de su trascendencia e importancia para el derecho público chileno del siglo XIX y aun del siglo XX. Los principios de derecho público surgidos de la revolución francesa, a pesar de todo el arrastre romano, castellano e indiano, influyeron de una manera decisiva en los textos constitucionales y legales que regularon la Administración chilena en el siglo XIX, muchos de los cuales aún perviven en la Constitución de 1980 y en texto legales del área pública. De ahí la importancia de poner de relieve esta obra y lo necesario que es fortalecer esta línea de indagación.

II. PÚBLICO Y PRIVADO ANTE LA DOGMÁTICA Y LA TEORÍA DEL DERECHO[116]

Alejandro Guzmán Brito es un jurista relevante en el panorama jurídico chileno contemporáneo. Ha dedicado la mayor parte de su vasta obra al derecho romano, seguramente su ciencia de base y de mayor desarrollo[117]. Además, ha dedicado su obra científica, en no poca medida, a temas relativos a la historia de la fijación y codificación del "derecho legal"[118]; a la historia del pensamiento jurídico o de las ideas jurídicas[119]; en menor medida, a temas relativos a la metodología de la Ciencia del Derecho, o Teoría del Derecho[120].

a. Ahora nos ofrece una novedad en su desarrollo científico[121]: esta obra, que motiva nuestro comentario, en que el autor, con ambición sistematizadora, se introduce en el análisis dogmático, esto es, del derecho vigente, público y privado, contenido en la Constitución Política, acompañando sus análisis, en algunos capítulos, con gran fundamento histórico-jurídico.

Al respecto, me propongo realizar una recensión crítica de algunos aspectos de este nuevo libro de Alejandro Guzmán, desde la doble perspectiva que estimo propia del análisis científico del derecho vigente: por una parte, desde la Teoría del Derecho (o "Metodología de la Ciencia del Derecho") y, por otro, desde la "dogmática" o desde la especialidad jurídica que cultivo, el derecho público

116 Publicado como: "Público y privado ante la dogmática y la teoría del derecho. En especial, las disciplinas de bienes públicos, minas y aguas" [recensión a *El derecho privado constitucional de Chile,* de Alejandro Guzmán Brito (Valparaíso, Edeval, 2001), 302 pp.], en: *Revista de Derecho Público* (Santiago, Universidad de Chile), vol. 66, 2004, pp. 495-524.

117 Véase Guzmán Brito (1996).

118 Véase Guzmán Brito (1977, 1982 y 2002ª).

119 Véase Guzmán Brito (1981, 2000a, 2002b y 2003).

120 Véase su trabajo de juventud Guzmán Brito (1971), y, últimamente, su trabajo en Guzmán Brito (2000b).

121 Si bien antes ha publicado trabajos dogmáticos en revistas, son relativos a temas de derecho privado más específicos.

(más estrechamente, del derecho administrativo, y del derecho administrativo económico, de donde surgen o se desgajan: el derecho de los bienes públicos, el derecho minero y el derecho de aguas).

Dada la anterior limitación de mis especialidades, será esta una recensión necesariamente parcial, en que, salvo los aspectos teóricos, fijo mi atención solo en aquellos aspectos en que el autor se refiere a las disciplinas señaladas, o a sus temas más conexos.

Desde ya aclaro, como quedará -en evidencia, que esta perspectiva teórica que asumo no es la de la "Teoría General del Derecho" que nuestro autor ofreció en un escrito de 1971, pleno de idealismo y romanticismo: *Del derecho romano a la Teoría General del Derecho*[122], siguiendo ese sucedáneo del positivismo, con algunas adecuaciones que él postulaba; todo eso que nuestro autor acogía es distinto de la moderna Teoría del Derecho, que es una meta-teoría de todas y cada una de las disciplinas especializadas que, de manera atomizada, ha desarrollado culturalmente la Ciencia dogmática del derecho, disciplinas que operan de modo práctico ante la realidad del derecho legal o vigente[123].

b. El libro de Alejandro Guzmán penetra de lleno en el binomio "público-privado", *summa divisio* que hoy no opera respecto de las leyes, o del "orden interno" (en terminología teórica, estrictamente), sino del fenómeno jurídico dogmático. Esta rancia clasificación ha sido muy persistente en la historia del pensamiento jurídico y hoy no solo es materia de análisis jurídico, sino que es tratada desde variadas perspectivas. En efecto, hoy el estudio de la realidad jurídica no solo aporta a otras ciencias, sino que además se ha beneficiado de modernos análisis desde perspectivas filosóficas, sociológicas e históricas[124]. De ello surge la necesidad de considerar los aportes sobre la idea de lo público y privado, como flujo y reflujo, no solo desde la perspectiva puramente jurídica, sino también desde las ciencias señaladas.

En efecto, nuestro autor ha aceptado el desafío de la realidad presente que enfrenta al jurista a la necesidad de analizar la actual posición de esta persistente clasificación histórica en el sistema jurídico (ya podré definir a qué "sistema"

122 Guzmán Brito (1971).

123 Un panorama muy amplio y de gran difusión, véase en: Larenz (1994 [1979]), especialmente, p. 180.

124 Sobre lo cual solo señalo, como ejemplo, el camino de investigación iniciado por: Habermas (1962). Y una amplísima bibliografía histórica, principalmente. En materia jurídica, sigue esa línea: Clavero (1991).

jurídico me refiero, esto es, o solo al "legal" o, mejor, al "abstracto-conceptual", elaborado por los juristas). En el derecho chileno hay variados aportes relativos al problema público/privado ante el derecho vigente, cobrando especial relevancia los análisis posteriores a la Constitución Política de 1980 (CP), en donde es muy persistente la diferencia entre lo público y un fenómeno conexo, pero distinguible necesariamente: lo estatal. Al respecto, conectado con los temas de este libro, yo mismo he analizado esta perspectiva, últimamente, en varios trabajos[125], los que cito solo para evitar en este sitio la repetición de argumentos contenidos ahí.

Pero la preocupación de Alejandro Guzmán por la materia específica de su libro no es nueva, sino que se remonta, en la línea matriz que sigue en la parte general (la partición público/privado), a un trabajo de algunos años atrás, de 1976 (anterior, por tanto, a la CPR de 1980), que constituyó un discurso académico de recepción a los *ius publicistas* en su tradicional reunión anual[126], el que ahora transcribe en parte y modifica en algunos aspectos al inicio de su libro.

No obstante la restricción de temas a que reduciré mi comentario, ofrezco una noticia general del contenido del libro, destacando especialmente los aspectos que serán analizados críticamente en esta recensión (I); enseguida, me referiré a su concepto de derecho privado y público, a la clasificación del "derecho" que propone el autor en la Introducción de su libro, en que incorporo alguna perspectiva de teoría jurídica (II); en cuanto a temas dogmáticos especiales, me refiero críticamente a algunos aspectos terminológicos (III); y a sus análisis de las categorías y disciplinas de los bienes públicos; de las minas y de las aguas (IV); Dado lo anterior, no poder ofrecer una evaluación global del libro, sino solo en los aspectos señalados.

1. NOTICIA GENERAL DEL LIBRO

Formalmente, el libro está dividido en una breve Introducción y tres partes principales, todas de desigual extensión. La introducción ofrece conceptos de derecho privado y público. La primera parte está destinada a analizar el fenómeno de la "constitucionalización del derecho privado"; la segunda, está destinada a analizar

125 Véase Vergara Blanco (2000a, 2001 y 2003).

126 Publicado como: (1976): "Notas sobre el derecho público", en: Revista de Derecho Público, N° 19-20, pp. 385-393; y Guzmán Brito (1976): "Discurso del Decano" en: Actas de las VII Jornadas de Derecho público, Valparaíso, pp. 15-24.

la regulación constitucional de los derechos; y la tercera parte, la más amplia, ofrece el desarrollo del "derecho privado en la Constitución".

A. La Introducción, a pesar de su título ("Un concepto de derecho privado") ofrece una clasificación tanto del derecho público como del privado, texto que más bien es una nueva formulación de las ideas del citado escrito del autor, de 1976, titulado en esa ocasión "*[n]otas de derecho público*" (y ahora muda su título a "Concepto de derecho privado"). En este comentario solo nos referiremos a su última formulación y no indagaremos los posibles cambios en el pensamiento del autor.

Inicia su obra el autor explicando su objetivo: un primer intento por estudiar con "constancia, generalidad y organicidad" el fenómeno de la constitucionalización del derecho, que sirva de "impulso a nuevos estudios que perfilen con más precisión" el tema (p. 11).

a. El autor despacha en breves líneas (con las solas citas, el conocido pasaje de Ulpiano, de un pasaje de Cicerón y de alguna bibliografía) la exposición de la dicotomía "derecho privado/derecho público", en el primer párrafo del libro, y aclara que se limita a "resumir (sus) propios conceptos" (p. 16). En tal tema, inevitablemente, parte precisando el adjetivo "público", vinculándolo al *populus,* hoy, la comunidad; que lo contrapone a *privatus,* vinculado al *privus,* al *particular.* Enseguida, no olvida señalar que el "Estado", surgido en el S. XVI, "va ciertamente incluido en lo público", pues tal organización estaría destinada, a su juicio, "de manera primigenia" a regir al *populus* y no a los particulares *uti singuli.*

Agrega, sin explicar, la siguiente idea: "Lo estatal no se confunde con lo público ni lo agota; menos aún lo excede" (p. 17). Continúa su análisis el autor, entonces, de manera directa y, sin estimar necesaria la confirmación de fuentes vigentes (en especial, de la Constitución Política), analizando la dicotomía público/privado, incluyendo todo lo estatal "en lo público" (p. 17).

b. Así, el autor reconoce ante el derecho dos esferas: "La pública, cuyo sujeto es (...) el *populus;* y la privada, cuyo sujeto es el *privus,* el particular" (p. 17). Ya veremos qué es lo que entiende el autor por *"sujeto",* como base de esta clasificación.

Hasta antes de este párrafo (§1.2, p. 17) construye el autor la dicotomía público/ privado en consideración a la "concerniencia" (a "lo" que "atañe a"); para, enseguida (§ 1.3, p. 17), introducir una novedad: considera como "sujetos" tanto al *populus como al privus, el* particular. Según nuestro autor, cada uno de tales *"sujetos",* al conformar sus respectivas esferas, pública o privada, "exige la regulación proveniente de un cierto derecho"; llegando a señalar, como característica de cada esfera (lo que la diferencia): *la especifica capacidad de cada sujeto para dar a su respectiva esfera, de modo autónomo y suficiente, la regulación que le corresponde" (p. 17).*

Conecta el autor lo anterior con la dicotomía romana *lex publicae/lex privata.*

c. Aunque él adelanta que lo anterior es "una primera acción" (p. 18), a partir de tal presupuesto (lex privatae/ lex publica) intenta definir los conceptos de derecho público y privado. Así, distingue las "leyes" según su "autor (si el autor es el Estado, son públicas; si son los particulares, son "leyes" privadas); su materia (si es "organización de la sociedad o del poder, son leyes públicas; si atañe a cosas o asuntos privados, son "leyes" privadas); su fuente (sí es la ley, que es un acto del Estado, es derecho público; sí es un negocio particular [desapareciendo la "ley"], es derecho privado); por la publicidad (como todos pueden enterarse del contenido de las leyes, estas son derecho público; como "el *populus* no tiene por qué enterarse de los [negocios particulares]", y no se tiene conocimiento de ellos, estos originan el derecho privado).

d. Se dedica enseguida el autor a definir el derecho privado (§ 1.4), como el derecho a la "libre adquisición y conservación de las cosas y del libre cambio recíproco de estas y de servicios entre individuos" (p. 19).

e. Luego avanza su tesis (§1.5) de la intervención legislativa, señalando que "el objeto normal" de la intervención legal es la esfera "pública" y solo "a veces" el ámbito público interviene: en la esfera panicular. Esto es, a través de "mandatos y prohibiciones", o "regulaciones obligatorias" contenidas en la "ley pública", las que, aunque afecten a la esfera privada "también constituyen un derecho público", la que consistiría en la "segunda acepción" del mismo, privando a los particulares de su "libertad para actuar como quieran". En esto consistiría para el autor la "progresiva intervención del poder público en lo privado", como fenómeno histórico progresivo, citando al efecto el caso del derecho del trabajo (pp. 19-20).

Lo anterior lo lleva a plantear la existencia de un doble concepto de derecho público: uno, el propio de la esfera pública, que nuestro autor denomina "estatal", y otro, que llama "no estatal" por regular con mandatos o prohibiciones la esfera privada, "que normalmente no lo (sic) competería regular", que es tal no por su objeto sino por su origen.

f. Clasifica el autor al "derecho interno", distinguiendo: el derecho público, que puede ser estatal o no estatal; y, el derecho privado, señalando que "ambos derechos se contienen ordinariamente en leyes" (p. 21, § 1.6).

Luego desarrolla:

1° El derecho público estatal está representado por la Constitución Política en su parte llamada usualmente orgánica, el derecho administrativo en toda su extensión y especialidades (aduanero, sanitario, económico orgánico), el derecho militar, el derecho penal, el derecho orgánico de tribunales, el derecho tributario y el derecho procesal penal y civil;

2° El derecho público no estatal, se configura "casi plenamente" por el derecho de las personas y de la familia, el del trabajo, de la seguridad social, y muy "parcialmente" por el derecho civil, el derecho comercial, el derecho de aguas y el derecho de minas; y.

3° El derecho privado, se perfila "casi plenamente" en el derecho civil, el derecho comercial, el derecho de aguas *y* el derecho de minas, y "parcialmente" por el derecho de las personas y de la familia, del trabajo y de la seguridad social.[127]

Luego señala que el derecho internacional privado es solo un "ordenamiento de las fuentes del derecho" y que este es un "presupuesto de todo el sistema, que no integra ninguna de sus partes" (p. 22).

Reconoce el autor, en todo caso, que la ilustración anterior es "muy gruesa", porque se refiere a "masas o ramas del derecho". A su juicio, en varias ramas "se entremezclan normas de diversa naturaleza", por lo que, a su juicio, estas distinciones "no constituyen ramas del derecho, sino categorías o *possitiones* (...), según las cuales se debe juzgar cada norma singular y concreta, pertenezca tradicionalmente a la rama que sea" (p. 22).

g. Se refiere, en fin, el autor a la noción de "normas irrenunciables" (§1.7), que sería el distintivo del "derecho público no estatal" en su terminología, lo que lo contrapone a las "normas" de derecho privado, que son supletorias y "pueden ser renunciadas y cambiadas por ellos" (p. 22). Agrega que la renunciabilidad/supletoriedad solo tienen sentido respecto del "derecho público no estatal", o sea, aquel cuyo tema está constituido por el derecho privado, pero que es del mismo "autor" que el derecho público (el "Estado", a secas, se señala en el texto: p. 18, §1.3).

A analizar críticamente este breve texto introductorio relativo a la dicotomía público/privado, de 9 páginas, que el autor estimó "suficiente" (p. 23), dedico, más adelante, el primer apartado de este comentario.

---

127 Nótese la doble militancia del derecho de aguas y del minero: mitad "público no estatal" y mitad "privado", en la clasificación y terminología de nuestro autor.

B. La primera parte del libro está dedicada a la "constitucionalización del derecho privado".

a. El autor describe el fenómeno, haciéndolo consistir en la "presencia de normas sobre derechos privados en el cuerpo mismo de la Constitución" (p. 28); "derecho privado puesto en la constitución" (p. 29), constatando que se produce también en relación a "otras ramas del derecho" (*ídem*). En cuanto a los derechos que "declara" la Constitución y a su naturaleza real o personal, señala que esta distinción "desciende de una forma general del pensamiento, que estriba en describir la experiencia desde el punto de vista del sujeto o del objeto" (p. 32), por lo que, a su juicio, los derechos constitucionales "o son reales o son personales" (*ibídem*); y que en el caso de los derechos humanos, estos serían personales, pues consisten en facultades de exigir "no hacer y, a veces hacer, algo a otro"; y correlativamente, imponen obligaciones de "no hacer y a veces de hacer".

b. Analiza enseguida la supremacía constitucional, mencionando las técnicas normativas de la derogación y "subrogación", la inconstitucionalidad, que, a su juicio, implica invalidez[128] (p. 37).

Interesantes páginas se dedican a la constitucionalización, como garantía de los derechos de frente al poder "público" (pp. 38 y ss.), en la que bordea correctamente el fenómeno de la creación primigenia del orden interno, refiriéndose a la Nación, en quien residen esencialmente la soberanía y los ejercitantes de la soberanía, "vale decir, al pueblo en plebiscito y en elecciones periódicas" (p. 42).

c. Luego, el autor señala cómo este fenómeno de la "constitucionalización" puede ser un impulso a la "reforma" del derecho privado (pp. 60 y ss.).

Al tratar la función de la "constitucionalización", se refiere de un modo breve y singular a los "principios generales de derecho", que contrapone nuestro autor a la idea de fundamento o "bases", que estarían en las normas[129]; agregando que aquellos no pueden "jamás" ser "expresados" en las normas (p. 67), sino que –según el autor– las inspiran (p. 66).

---

128 La expresión "invalidez" no es utilizada por el autor en la perspectiva filosófico-jurídica, sobre la validez del derecho positivo de frente a las reglas morales, por ejemplo; parece referirse el autor a la eficacia, más bien.

129 Ofrece el autor, además, un ejemplo de derecho minero, según el cual, la idea de que "las minas pertenecen al Estado" y de que "los particulares solo (sic) pueden tener derechos reales limitados de concesión sobre ellas" no es un principio general de derecho minero, sino un "fundamento" de ese derecho (p. 68).

En conexión con lo anterior, postula el autor en pp. 70-71, una "Constitución jurídica que contuviera los fundamentos de todas las ramas del derecho que no fueran el constitucional y el administrativo" (p. 70, *in* fine). Esta sería "una carta suprema de derecho, diferente de la carta suprema de la política" (p. 71).

d. Se refiere el autor a algunos de los que llama "peligros" de la constitucionalización, entre los que menciona, por ejemplo, que los preceptos no pueden ser demasiado desmallados ni deben "descender a los detalles" (p. 71)[130].

Destaca, además, "el incorrecto en entendimiento que la judicatura ha solido hacer del concepto de 'bien incorporal'" (p. 74).

e. Aborda, enseguida, el tema de los destinatarios pasivos y activos, y las fuentes del llamado "derecho privado constitucional" (pp. 79ss), que se ven influidas por el desarrollo inicial de la Introducción.

C. La segunda parte del trabajo trata brevemente de los derechos y de las declaraciones que los han consagrado, con antecedentes histórico-normativos y de doctrina (pp. 129-164). Es un desarrollo de gran calidad, que no analizo en estas páginas.

D. La tercera parte contiene la médula del aporte del libro de nuestro autor en que trata: la libertad (pp. 167-186), la igualdad (pp. 187-222), las libertades que llama "innominadas" (pp. 223-262), las libertades que llama "innominadas" (pp. 263-268), los fundamentos constitucionales de la propiedad (pp. 269-281) y los fundamentos constitucionales del derecho de familia (pp. 283-285). Dentro de las páginas anteriores expone nuestro autor sus conceptos personales sobre la que llama libertad "nominada" a "adquirir el dominio de cosas", conectada con los bienes públicos; y lo relativo a las minas y las aguas, ofreciendo una visión muy particular que analizo críticamente más adelante.

El libro cierra con un listado bibliográfico de libros y artículos.

---

130 Permítaseme un divertimento: ya que nuestro autor utiliza esta expresión coloquial de "descender a los detalles", véase el poema, más bien el epigrama, del profesor de derecho minero e ilustre poeta Armando Uribe: "*La sabiduría es difícil, /difícil la ignorancia/ ¿Descender al detalle? /Ascender al detalle*" [en: Uribe, Armando (1970): *No hay lugar* (Santiago, Editorial Universitaria), p. 47].

2. PÚBLICO Y PRIVADO DE LAS LEYES Y DISCIPLINAS. ASPECTOS DE TEORÍA DEL DERECHO

2.1. Su concepto del derecho privado y público

El autor incluye, sin distinciones, todo lo estatal en el ámbito de lo público (p. 17). Esto no es posible compartirlo y, en realidad, como análisis dogmático, podrá producir una simplificación que cabe matizar, pues:

a) Lo público, del pueblo, no cabe ser confundido con lo estatal, a secas; pues existen misiones del poder político [los fenómenos que llamamos Estado/Administración; Estado/regulador (legislador); Estado/jurisdicción) que se vinculan con el *populus,* como tal, y con los *privus, uti singuli.*
Es necesario no perder la perspectiva pretendidamente dogmática del estudio de nuestro autor y de este mismo comentario: que nos conecta ineludiblemente con el real y efectivo derecho interno de un país. En un análisis dogmático como este no es posible traer a colación la personalidad jurídica del Estado que, como ente político, podemos visualizar ante las Relaciones Internacionales. Una vez despejado esto, cabe señalar que el fenómeno de lo público/privado ante el derecho interno es de una complejidad tal que admite análisis mucho más detallados. El "Estado", por un lado, que ante el derecho interno no puede ser jurídicamente comprendido con una mera alusión "a lo estatal". El "Estado", a secas, no es una persona jurídica ante el derecho interno (si es posible estudiar esa perspectiva en las Relaciones Internacionales). En el derecho interno lo que existen son organizaciones políticas, que ejercen poderes específicos a los que la CPR se refiere como "órganos del Estado": poder de administrar (el Estado/Administración): poder de legislar o regular (el Estado/Legislador); poder de juzgar (el Estado/Jurisdicción). Esto es algo efectivamente "público", dada su pertenencia al interés común, del pueblo.

b) En cuanto a lo patrimonial, cabe recordar que no todo lo estatal es "público", necesariamente. Hay aspectos estatales, con régimen jurídico privado. En efecto, variados aspectos de lo estatal pueden ser regulados (por las normas) y analizados (por el jurista) a través del estatuto privado (todo lo fiscal, en especial, en materia de bienes raíces): es el caso de la propiedad fiscal, por ejemplo, en que la persona jurídica/Fisco, actúa según el mismo régimen de base de las propiedades de un particular y se rige en su relación real con los bienes raíces por el derecho privado. Sin embargo, esto no le hace perder su calidad de actuación estatal; sería una actuación no potestativa, sino patrimonial, de derecho privado.

El sustento patrimonial del ejercicio práctico de estos poderes, no obstante, origina una persona jurídica: el fuco (el Estado/Fisco) y tal persona, jurídica, a pesar de su conexión con todos los órganos potestativos, actúa en tal esfera (la patrimonial) bajo el mismo régimen de base de un particular. Su vínculo con el dinero y los bienes es idéntico al de un particular, lo cual no debe confundirse con la "finalidad" de su utilización; o de las "capacidades" para disponer de ellos; o de la "responsabilidad" de sus agentes, por tratarse de dinero o patrimonios de una persona jurídica (el Fisco) manejados por otras personas [los funcionarios fiscales, llamados funcionarios "públicos", pero más bien administrativos], aspectos estos últimos que pueden tener régimen público.

El fenómeno ante los bienes (en que no cabe confundir los bienes fiscales [de estatuto privado: el Estado/Fisco puede ser propietario) con los bienes públicos [de estatuto público: en que el Estado/Legislador o el Estado/Administración actúen potestativamente, sin poder llegar a ser "propietarios"]) es idéntico y nos encontramos con lo estatal, ramo en el área pública como en la privada.

En suma, el análisis del esquema dual anterior resulta así insuficiente, según lo dicho, si no se distingue claramente: lo "fiscal", que solo dice relación con los aspectos patrimoniales y es regulado en base a normas y principios de derecho privado, de lo Estatal/potestativo, que es regulado por el derecho público. Esto es, ante la realidad jurídica vigente, lo estatal se nos aparece, con distintas regulaciones, en ambos sectores del Derecho.

2.2. Regulaciones llamadas "públicas" y regulaciones llamadas "privadas"

Como se dijo, el autor, para aplicar hoy la dicotomía público/privado, la conecta con la dicotomía romana *lex publicae/lex privata* (p. 17). Al respecto, cabe destacar que este es un concepto pre-estatal, el que existe al menos desde el siglo XVI, y hoy en nuestro orden interno, con la Constitución Política de 1980, requiere mayores matizaciones que las vislumbradas en este libro. A menos que se desee expresar (lo que no lo aclara el autor) que tanto la *lex privata* como la *lex publica* se tratarían de distintas fuentes del derecho, en un sentido amplio y no una pareja de conceptos jurídicos, enfrentados, de un mismo género, como se suelen nacer las clasificaciones jurídicas.

Sin esa aclaración, para el lector estos párrafos parecieran sufrir un viraje lógico, que lleva a derroteros inesperados: una cosa es referirse a lo público o privado, como análisis de la realidad jurídica, o como clasificación de bloques de disciplinas; pero otra cosa es plantear que, ante un derecho interno (pues es esta una obra de dogmática jurídica: que presupone la aceptación de un ordenamiento jurídico –leyes– como parte del fenómeno jurídico) existirían leyes de origen público y leyes de origen privado. En efecto, nuestro autor propone un supuesto origen diverso de la "regulación", esto es, de las normas jurídicas obligatorias de convivencia. En verdad, a menos que no se esté refiriendo al fenómeno normativo, resulta poco convincente su intento de hacer una separación entre la regulación de naturaleza pública y la privada, a partir de que sus autores serían distintos, como si el "sujeto" denominado *populus* configurara autónomamente su esfera regulatoria: lo público; y, paralelamente, el "sujeto" denominado particular, *privus,* por su parte, construyera autónomamente su esfera regulatoria. Pues, según el autor, el *populus* dicta la *lex* pública; y, los particulares la *lex* privata. O, en sus palabras: el pueblo es el "autor/sujeto" (legislador) del derecho público; y los privados (particulares, más bien) es el "autor/sujeto" (¿legislador?) del derecho privado.

Pero la verdad es que no existe ante el derecho interno una supuesta autorregulación por "sujetos" públicos o privados, de la cual pueda originarse la clasificación público/privada. En nuestra vigente realidad regulatoria, por un dato primigenio, que no escapa al propio autor (p. 42), es el *populus* reunido en plebiscito el que dicta la Constitución Política, y tal cuerpo normativo (de origen o de "autor" público, en la lógica del autor) contiene regulaciones que: podemos calificar de públicas y privadas.

Lo que el autor podría llegar a llamar hoy *lex privata,* no es, en realidad, una fuente de derecho/legal, sino aquellos actos o acuerdos que los particulares realizan en virtud de su autonomía y espontaneidad. A estos actos o acuerdos de particulares no cabe llamarles "leyes privadas" o darles el mismo rango que el orden interno. Estos actos privados forman parte de la legítima praxis con la que los particulares llevan adelante sus relaciones (como sería lo contenido en sus convenciones, mientras no lo impida algún mandato regulatorio). Si bien forman parte indudablemente del fenómeno jurídico, es parte del ejercicio real y material del principio de la autonomía, pero en ningún caso, en el lenguaje de la Teoría del Derecho y de la Dogmática, a esos actos privados puede ponérselos al mismo nivel que las leyes, como parte del orden normativo interno.

El problema lógico de esta clasificación que ofrece el autor es que nos ofrece como conceptos dicotómicos a dos realidades del fenómeno jurídico que cabe distinguir, pero no emparejar, como dos especies de un mismo género: por un lado, el orden interno (lo que él llama "lex publica") y, por otro lado, los actos materiales de los particulares, en uso de su autonomía, para acordar o decidir lo que dicho orden interno les permite, sin quebrantarlo (lo que llama "lex privata").

En otras palabras, esta clasificación que ofrece Guzmán a partir de supuestos "autores" distinguibles de la regulación normativa, pública y privada (que fenomenológicamente no se produce, en realidad, según lo dicho), no es la vía de construir la dicotomía público/privado del orden interno, ni de las disciplinas que le otorgan tal naturaleza a las reglas, pues el *populus* (a través de sus normas políticas: plebiscito o Congreso) dicta toda la regulación, ya sea la que la ciencia jurídica, en sus análisis y sistematización de las normas, denominen o clasifiquen como atinentes a las esferas pública o privada. Lo que las personas privadas, incluidas las personas jurídicas, acuerdan o dictan, dentro de su esfera de acción autónoma, no son normas de orden interno, sino precisamente lo que la dogmática civilística denomina "actos" o "contratos". ¿Para qué alterar las denominaciones dogmáticas e intentar llenarlos del mismo modo que los actos regulatorios normativos? Ese uso terminológico solo confunde.

En suma, esta rancia clasificación, a estos efectos, no debiera ser sino un dato histórico-jurídico de Roma, no aplicable hoy, pues, además de lo señalado, se confunde en estos dos aspectos distinguibles: la ley, *lex,* por un lado, y las disciplinas jurídicas, *ius,* por otro, a lo que me refiero enseguida.

2.3. La *lex privata* es hoy la autonomía o espontaneidad permitida

La comprobación de esta crítica surge, enseguida, al aplicar el autor esta clasificación *lex privata/lex publica* para definir el "derecho público" como "aquel generado por los órganos públicos", y al "derecho privado" como "el que formulan los particulares". Es así, pues cabe reiterar que este último fenómeno (la supuesta "formulación" de derecho/legal por los particulares) no podría ser considerado una fuente del orden interno, sino que constituye la praxis autónoma que podría ser estudiada por la sociología jurídica, como parte del fenómeno no normativo del derecho: no parece adecuado considerar que son los propios particulares los que se autoimponen una regulación, sin que sea posible olvidar que el derecho/legal es la regulación de "conductas que la sociedad impone a sus integrantes", definición básica y general. Todo lo anterior salvo, lo que no es claro, que nuestro autor simplemente haya ocupado una terminología ambigua.

Como quedó dicho, lo que el autor intenta describir como *la lex privata,* en la fenomenología jurídica no es sino precisamente el desarrollo de la autonomía o espontánea actividad particular; en que los particulares actúan o contratan, decidiendo sus actuaciones individuales o conjuntas (decisiones a las que nuestro autor desea llamar "lex"), pues el derecho/legal llega hasta la formulación misma del concepto de autonomía, dentro de la cual no hay "conductas impuestas", y, fuera de la señalada autonomía, comienza el fenómeno jurídico regulatorio.

Entonces, esta clasificación no es aplicable ente el orden interno, en que: solo cabe considerar fuentes de derecho/legal a las normas aprobadas por el Congreso o el Constituyente (los aspectos que el autor llama "lex publica"), pues lo que él llama "lex privada", sería una alusión a lo que dogmáticamente cabe sindicar como actos o contratos que los particulares realizan en uso de la autonomía.

2.4. Definición de lo público y de lo privado

No es posible compartir los conceptos de derecho público y de derecho privado que ofrece el autor. Las leyes, según Guzmán Brito, en el caso en que el "autor" es el "Estado", son públicas; y, en el caso en que el "autor" son los particulares, son "leyes" privadas. Es entonces una clasificación de las leyes en privadas y públicas, según el "autor" que les dé origen, como si los privados (en su función de contratantes) pudiesen crear normas de una naturaleza regulatoria paralela a aquellas que crea el pueblo en plebiscito (solo que unas serían "privadas" y otras "públicas").

Para rebatir tal tesis, debemos recordar, primariamente, que la principal *"ley" del* orden interno o del derecho/legal (al que obviamente se está refiriendo el autor en su texto dogmático: referido a un orden interno; pues este no es un libro de política jurídica, esto es, un intento por alterar el actual orden interno, sino de analizarlo) es la Constitución Política, la que es un acto del *populus* en plebiscito, y regula todo tipo de relaciones sociales, regulaciones estas que: (como se señala en un análisis ulterior) las disciplinas científicas podrán calificar como públicas o privadas. El "autor" de estas regulaciones no es el Estado, a secas, como contrapuesto a particulares (ya hemos visto antes, que en el orden interno no cabe postular la existencia de esta supuesta "persona jurídica" Estado, sino varios entes potestativos). En todo caso, si se quisiese buscar el origen de las regulaciones legales, podría llamársele "autor" de la legislación a la organización estatal especial que tiene tal misión, en especial: el Estado/legislador (que no puede simplificarse pensando solo en el "Congreso", pues algún "departamento de la Administración", en la gruesa terminología del autor, podría, no solo ser iniciador de una ley. sino dictarla él mismo a través de un Decreto con Fuerza de Ley (DFL), dictado por el Presidente de la República ("Poder Ejecutivo") o, aún más, un cuerpo con fuerza de ley efectiva puede ser dictado por el propio "Poder Judicial": los auto acordados).

Entonces, el sistema jurídico normativo es más complejo de lo que prefigura el autor y queda requerido de clasificaciones inevitables.

De lo anterior surge que los *privus* nunca son autores de un derecho legal, esto es, de regulaciones; y solo lo son: el *populus*, en vía plebiscitaria (Constitución Política), o el Estado/legislador (el "Congreso" casi siempre: leyes; el Presidente de la República: DFL; la Corte Suprema: auto acordados). Todos estos ejemplos constituyen el origen de las "*regulaciones*" de nuestro sistema jurídico. Un contrato o un testamento no son leyes, no constituyen fuentes del derecho/legal, ni se pueden considerar "regulaciones" en ninguna acepción por laxa que sea, sino que son simplemente actos privados, unilaterales o bilaterales, según la clasificación, fruto del principio de la autonomía de la voluntad. En tanto, un jurista actual no puede tomar en serio la mera metáfora del artículo 1545 del Código Civil, en cuanto se refiere a que el contrato es una "ley" para los contratantes.

Se conecta con lo anterior lo siguiente: suelen considerarse como sendas características de tal clasificación público/privado los dos siguientes brocardos jurídicos, según los cuales: "en derecho público solo es posible hacer aquello expresamente permitido" y "en derecho privado es posible hacer todo, salvo lo expresamente prohibido", los cuales en realidad no es posible encontrarlos formulados en ninguna fuente, en esos términos. En verdad, son tales arcaísmos unas fórmulas doctrinarias a través de las cuales debemos entender que se intentó tradicionalmente, con un lenguaje que produce confusiones, describir lo que hoy describimos, con mayor precisión, a través de los dos siguientes fenómenos/principios generales de derecho, respectivamente: de la juridicidad (o legalidad), para el derecho público; y, de la autonomía ["privada"], para el derecho privado, aunque en ambos casos, o en ambas esferas, pública y privada, existen regulaciones, ya sea "prohibiendo", ya sea "permitiendo", respectivamente.

2.5. La clasificación publico/privado es relativa al contenido de las disciplinas jurídicas; no a una supuesta dualidad de "autores"

El problema es que el autor lleva demasiado lejos esta rancia clasificación de *la lex privata/lex publica,* pues a la distancia de más de dos mil años de su primera formulación hay demasiados matices que realizar, de manera que desear aplicarla a la actual realidad normativa o de fuentes del orden interno tiene sus riesgos y produce incoherencias.

En efecto, además del fenómeno estatal que cruza lo público y privado de esa vieja clasificación, según lo dicho, es necesario considerar el objetivo de tal clasificación: ¿se desea clasificar a las leyes, dándoles "naturaleza jurídica" pública o privada?, o ¿se desea clasificar las disciplinas jurídicas, las ramas del derecho, que de tal clasificación anterior surgen?

Son solo las disciplinas del derecho las que, en primer término, son claramente clasificables en privado/público, conformando los dos brazos del derecho, como ciencia; por una simple convención académica. Pero eso hoy es solo posible considerarlo una clasificación que no tiene su origen en una distinción de unos supuestos "autores" "privados" o "públicos" de las regulaciones, como sostiene Guzmán (en p. 18) al definir "derecho público" y "derecho privado" (todo lo cual surge, pues no deja claro si se refiere al derecho/disciplina como clasificación científica o al derecho/legal, como simple norma). Tal clasificación disciplinaria debe atender a la naturaleza de las materias, pero no a unos supuestos "autores" diferentes de las normas, ya que en nuestro sistema jurídico hay un "autor" establecido de la primera fuente jurídica (las normas): el Constituyente y el Congreso, cuya obra es la que conforma el derecho legal. No darle estatuto de derecho/legal a las convenciones privadas no implica pensar que en tales normas podemos dar por finalizado el fenómeno jurídico; pues esta tesis, de quedarse en las meras normas para explicarse la naturaleza del fenómeno jurídico, es reduccionista (solo la norma importa) y positivista, desde el punto de vista de la Filosofía del Derecho, lo que no comparto.

Entonces, una forma más coherente de hacer comprensible el fenómeno de lo privado/ público, es, antes que nada, reducirlo a la clasificación que analizan los científicos del derecho a dos grandes agrupaciones de disciplinas jurídicas, según su contenido, cuyas sendas características, podrían ser, la juridicidad, en el derecho público; y la autonomía en el derecho privado. Pero ello es algo que cabe desarrollar más ampliamente, y aquí solo se enuncia, para demostrar que se trata de categorías dogmáticas y no de categorías de Teoría del Derecho, las que explican los actos y contratos privados.

Por lo tanto, todas las ramas o disciplinas del derecho, esto es, las ciencias especializadas del derecho, es posible clasificarlas en tales dos esferas: el derecho público y el derecho privado. Ahora, el derecho/legal, esto es, la legislación o las regulaciones, efectivamente solo puede ser clasificado o sistematizado "desde" tales disciplinas. Esto es, el científico del derecho, observando la normativa y la realidad de la vida social, puede llegar a diseñar, separar, designar, diseccionar, como quiera llamársele, las concentraciones regulatorias o de normas (de cualquier jerarquía: constitucional o legal) y verificará y asignará la naturaleza de tales normas (*lex*), considerándolas a partir de tal análisis como "fuente" de la disciplina respectiva. Y esta no es una posición personal nuestra, sino que es algo que forma toda una teorización de la disciplina de la Teoría del Derecho: es el llamado sistema externo[131]. Además, como he dicho, en el análisis normativo, del derecho/legal, no se acaba el fenómeno jurídico (salvo para una mentalidad positivista), sino que es aquí donde parte el trabajo del jurista, realizando agregados valorativos, por la vía de las técnicas y teorías propias del llamado "sistema jurídico externo", en especial por la vía de los principios generales del derecho, cuya elaboración es la tarea propia de todo jurista.

Entonces, aun cuando, en general, la doctrina siga manejando la clasificación público/privado, ella no dice relación con un supuesto origen binario de autores distinguibles (como lo propugna nuestro autor: p. 18), sino que dice relación con el contenido sustantivo de las normas, todas ellas originadas del modo políticamente aceptado (plebiscito o Congreso), respecto de las cuales se produce el trabajo de disección del jurista: naturaleza jurídica, principios, instituciones, etc., y todo el aparataje técnico propio de la Ciencia del Derecho. Además, lo que realmente importa en cuanto a naturaleza jurídica, es la esencia de cada disciplina jurídica y cada disciplina tiene su propio núcleo, sus principios y características esenciales, a partir de lo cual surge su autonomía disciplinaria. Así, existe el derecho penal (de las penas), laboral (de la relación subordinada), de aguas (del aprovechamiento de las aguas), etc. Todo lo anterior es sin perjuicio de los parentescos o grandes familias, como lo es la gran clasificación en público/privado. Esta es la manera de comprender y analizar el fenómeno del derecho; en especial, las conexiones entre las normas (*lex*) y la Ciencia del Derecho (*ius*), y la manera en que esta constituye las ramas de su división. Esta es la epistemología de las disciplinas jurídicas.

Pero es distinto el nivel normativo, pues el legislador (o el constituyente) regula la vida social de acuerdo a imperativos políticos, sin ánimo clasificador. Es inimaginable un legislador con conciencia clasificatoria en público/privado. Simplemente se dictan normas. Y es una operación posterior, del jurista, clasificarlas según su materia, y de ahí su naturaleza pública o privada; y, enseguida, su pertenencia a alguna rama del derecho. Por lo tanto, la ciencia jurídica clasificará cada norma del derecho legal, una vez surgido, en públicas o privadas, según su materia (y no según un "autor" privado o público, como propugna Guzmán).

Incluso, un mismo cuerpo normativo (y, por lo tanto, de un mismo "autor", en la lógica de Guzmán) puede llegar a incluir normas de distinta naturaleza, ya públicas o privadas (lo cual quiebra la coherencia del planteamiento de Guzmán). Lo que importa a la Ciencia del Derecho, para efectos clasificatorios,

131 Véase Larenz (1994 [1979]), parte II, capítulo IV, *in totum*.

es la sustancia del contenido; el continente (la norma específica; el derecho/legal, desprendiéndolo de esa supuesta biparidad de "autores") importa a efectos de valida o jerarquía normativa[132]. Ninguna disciplina jurídica forma parte de los brazos público o privado del derecho, según si el "autor" de las normas son los privados o el público, de acuerdo al planteamiento de nuestro autor. El origen del derecho/legal es uno solo y la naturaleza del derecho legal puede ser binaria, pero como una constatación posterior, obra del jurista, y no del "autor" de tal normativa.

Puedo dar un ejemplo de conformación de una disciplina jurídica, por tanto, autónoma: el derecho eléctrico. En el sector eléctrico chileno, desde la perspectiva jurídica existen al menos tres aspectos esenciales que conforman su contenido: ellos son, entonces, los que constituyen lo que llamo "núcleo dogmático"[133] de la disciplina, pues en tal núcleo debe ser posible descubrir los institutos jurídicos centrales de cada disciplina autónoma. Estos, en el caso del derecho eléctrico, a mi juicio, son tres: (i) la *publicatio* eléctrica parcial y su condición de actividad de servicio público o de interés general; (ii) la concesión eléctrica o habilitaciones administrativas, y sus derivados (privilegios de ocupación del suelo); y (iii) los especiales derechos y obligaciones de explotación que se crean (en especial, los del subsector "distribución" por su condición de actividad de servicio público, y los de "generación" y "transporte", como actividades de interés público; coordinación, como necesidad de operación de los sistemas eléctricos). De estos tres aspectos centrales, diseccionados de su regulación (*lex*), surgen las instituciones nucleares de la disciplina y los principios generales del derecho (*ius*), que permiten una respuesta de ciencia jurídica, con todos sus agregados valóricos, y no de mero legalismo, a los problemas sociales[134].

132 Véase Vergara (1995), prólogo a un libro anterior de Guzmán Brito de 1995.

133 La técnica metodológica de lo que yo llamo "núcleo dogmático de una disciplina" ha sido un subproducto (que se transformó en pieza esencial) de las dificultades para construir una sistematización de las disciplinas jurídicas especializadas, como el caso de los derechos de aguas y de minas. Respecto del derecho de aguas, véase una aplicación técnica en Vergara Blanco (1999ª), p. 145 y sigs., en especial nota 51 de p. 176, sobre el tema metodológico. Respecto del derecho minero, véase una aplicación de la técnica de los núcleos dogmáticos en: Vergara Blanco (2000b). Lo que aquí transcribo respecto del derecho eléctrico forma parte del esfuerzo contenido en Vergara Blanco (2004).

134 Vid., sobre el concepto de "sistema" jurídico: Larenz (1994 [1979]), p. 437 y sigs.; y en especial el precioso e influyente trabajo de Canaris (1998 [1983]).

2.6. El derecho privado

Las tesis del autor respecto del derecho privado, y su conexión con lo público (pp. 19-20), dejan la sensación de que solo en el derecho privado existiese lo "libre" (como valor jurídicamente protegido). Señala nuestro autor: "El derecho privado está regido por el principio de libertad" (p. 19) y, cuando existen regulaciones obligatorias por el poder público, y que afectan a la esfera privada, se constituye el derecho público (*idem*), como si en esta parcela del derecho desapareciera tal "libertad".

Más bien, a mi juicio lo que caracteriza a algunas disciplinas que se clasifican en el derecho privado es la "autonomía y espontaneidad" en la adquisición de bienes y prestación de servicios. El enunciado "principio de libertad" como exclusivo de lo privado (p. 19) es ambiguo, pues se confunde con la garantía de la libertad y deja la impresión de que en el ámbito del derecho público no hubiese libertad.

Señala el autor que "merced a una discutible tradición" (p. 19) pertenecen al derecho privado el derecho de las personas y de la familia, "en su aspecto no patrimonial" (*idem*). No profundiza el autor en esta afirmación. Al respecto, solo diré que es un tema conectado con la denominada disciplina del "derecho civil", denominación que es un arrastre histórico, la que ya no cubre todo el derecho privado, como tampoco todo lo que suele incluirse en el derecho civil sería parte del derecho privado (como son los ejemplos que da el autor).

Señala el autor que, si lo no imperativo o prohibitivo del Código Civil o de Comercio desapareciesen, se acudiría a la doctrina, pues los otros aspectos normativos están para, *"la comodidad de los litigantes"* (p. 20 n. 7 y p. 21). Esto es una interesante conclusión histórica quizás, pero inadmisible en nuestro sistema de derecho/legal, en el que todas las normas son eficaces en sí mismas y pueden llegar a operar incluso supletoriamente a la voluntad de las partes cuando estas no hacen uso espontáneo de su autonomía. La ausencia de derecho/legal para regir las relaciones de los privados, como lo vislumbra el autor, como hipótesis teórica, cabe referirla a las lagunas legales, y que tales lagunas (o "ausencia" de normas, para nuestro autor) opera la estructura subsiguiente del fenómeno jurídico: el juez o el jurista, ante los hechos jurídicos, de todos modos encontrará una solución, a través de algún principio jurídico recogido en el sistema, que podría ser aplicado (la igualdad, la autonomía, la garantía patrimonial, etc.). Entonces, ante el fenómeno de las lagunas legales, algún principio cabrá aplicar en la solución del problema.

En otras palabras, una laguna legal (fuera del ámbito de la autonomía de la voluntad) no es origen de unas supuestas "regulaciones privadas". Además, no cabe confundir lo anterior con la técnica normativa de las leyes supletorias, las que presuponen igualmente un orden interno o de origen usual: plebiscito o Congreso, según lo ya dicho.

Aquí nuevamente nuestro autor no aclara si se está refiriendo o no al derecho/legal; pues, si se refiere a este último, no cabe pensar que se legisla "para comodidad de los litigantes", como si los cuales, en el sector del derecho privado, pudiesen decidir, según su "comodidad", si aplicar o no el derecho/legal a sus asuntos; cual regalo del legislador, sujeto a la facultad de los "litigantes".

2.7. Intervención legislativa y el derecho público

Expone el autor, además, y en conexión con lo anterior, una curiosa tesis respecto de la intervención legislativa, según la cual "el objeto normal" de tal intervención legal es la esfera "pública", y solo "a veces" los poderes públicos intervienen en la esfera particular (pp. 19-20). Esta noción de nuestro autor (de que, en buenas cuentas, la intervención legislativa solo es normal en la esfera pública, *y* no así en la esfera privada –p. 19–, pues en esta última esfera la regulación "seria propia de los particulares") es irreal o al menos necesitada de una "fantasía" inicial, que, parafraseando e interpretando libremente el texto de nuestro autor, formulo así: "Al comienzo de todo, hubo una época de mayores regulaciones privadas, pero un cambio histórico en el estado de las cosas implicó la disminución de la autorregulación de los privados y la irrupción interventora de la 'lex publica' en lo privado". En rigor, la intervención legislativa no distingue entre ámbitos públicos o privados, como se ha señalado, sino que se produce ante necesidades regulatorias que, solo una vez vigentes, los juristas clasifican según su naturaleza pública o privada.

Quizás desde una perspectiva puramente histórica o sociológica, un análisis como este es concordante. Pero una noción útil para la aplicación de un orden interno, como la que busca el autor al comienzo de su libro (pues declara que su trabajo intenta ser un aporte a la dogmática), que será la base de los planteamientos dogmáticos posteriores (esto es, a partir del derecho vigente, de sus fuentes vigentes), no concuerda con lo que hoy debemos entender por ley o derecho público o privado, como ha quedado señalado.

2.8. El "derecho interno", y lo público y privado

La clasificación del orden interno (y "derecho interno", como él lo llama) que realiza Guzmán (p. 21), dado que es únicamente legalista, origina, desde el punto de vista teórico, un problema: esta división se realiza con una perspectiva que no es posible compartir. Según lo ya dicho, las clasificaciones que realiza la ciencia jurídica en público/privado y, enseguida, en otras que retoma la legislación, como el derecho civil (cuya contraposición hoy no es lo público), o en las ramas especiales: tributario, forestal, procesal, administrativo, financiero, medio ambiente, etc., están dirigidas a construir disciplinas de estudio, configurando principios jurídicos a partir de los cuales ofrecer modelos de solución. Para ello, la Ciencia del Derecho "sistematiza" leyes vigentes en un momento determinado, y efectúa el agregado de valores propio de su oficio. A tales leyes la Ciencia del Derecho les otorga una naturaleza jurídica, sea donde sea que estén recopiladas, o la denominación que el legislador (o el constituyente) les haya dado, y, enseguida, las sistematiza en una disciplina determinada.

Así, por ejemplo, si la Ciencia del Derecho describe la disciplina del medio ambiente, sus normas estarán seguramente dispersas en la Constitución Política, en la Ley N° 19.300, especial, y en múltiples otros cuerpos legales: el Código Sanitario, etcétera.

Además, lo que hace que una disciplina sea del derecho público o privado es la clasificación doctrinaria. Las normas en sí mismas siempre tienen una naturaleza, pero esta naturaleza surge no de su pertenencia a un cuerpo legal con una denominación más o menos afortunada, sino de la clasificación que realiza el jurista, según sea que forme parte del núcleo de una disciplina, de su contenido esencial.

Por lo tanto, de acuerdo a lo anterior, no es posible compartir el intento de Guzmán de clasificar el derecho/legal en público y privado, según su "autor", privado a público ("por su origen y por su objeto", dice él, pero en realidad su postulado es únicamente por su origen) (§ 1.6). Como he reiterado antes, el origen del "derecho interno" legislado está hoy únicamente afincado o en el pueblo (ciudadanía) constituyente o en los órganos estatales con potestad legislativa y no existe hoy otro origen para la ley imperativa. Esa distinción entre ley pública y privada que desea el autor, en cuanto a las reales y actuales fuentes del derecho es hoy sencillamente un anacronismo. Y a esa ley no cabe designarla "por su origen", pública o privada, dado que el monopolio de origen (el constituyente o el legislador) es hoy un paradigma ineludible. Decir en estos tiempos de plena vigencia de monopolio legislativo que existiría un "derecho privado" no necesitado de regulación ["a la esfera privada normalmente: no lo (sic) competería regular ("al Estado" p. 20, §6.1], es plantear precisamente una autorregulación. Quizás un estado de situación de alguna época anterior de la humanidad, pero no la vigente; pues no debe olvidarse que el trabajo del autor es sobre dogmática: sobre la base de un derecho vigente y no sobre uno histórico ya derogado o uno futuro deseado.

Todo lo anterior, en todo caso, puede ser el resultado de la ambigüedad terminológica de nuestro autor, pues su texto explícitamente se está refiriendo al derecho legal y los privados no son "autores" de derecho legal. De lo que son "autores" es de actos y contratos, que no cabe conceptualizarlos de "ley" ni de "derecho/legal", ni por lo tanto de fuentes del derecho, sino como tales actos y contratos. De ahí viene esta confusión que causa en el lector esta clasificación ofrecida por Guzmán.

2.9. La paradoja de un derecho privado y público a la vez

Todo este desarrollo inicial de la Introducción del libro de Guzmán dará lugar a una curiosa paradoja, que el mismo autor percibe. En efecto, se pregunta nuestro autor si lo que él llama "derecho privado constitucional", "¿es derecho público o privado?" (p. 77), para llegar a concluir que "el derecho privado constitucional pertenece a la categoría del derecho público no estatal", paradoja que a su juicio queda superada, dado que el adjetivo "privado" alude al "contenido del derecho" y no a la "naturaleza formal de la masa de normas que la integran" (pp. 77 y 78). Esto es, debemos entender que el derecho privado es público y privado a la, vez, dependiendo de un fenómeno que el autor vislumbra, pero no aclara, suficientemente: la diferencia entre *lex* y *ius*. Y aquí está el *quid* de la confusión terminológica del propio título de su libro, pues referirse a un "derecho privado constitucional", sin más, es confuso, pues, por una parte, "privado" es un concepto clasificatorio de un grupo de disciplinas o ramas del derecho; es una clasificación científica, como he señalado. Por otra parte, "constitucional" no puede sino referirse en este caso, a la norma fundamental y sería absurdo que se estuviese refiriendo con ese concepto a la disciplina del derecho político, llamado "constitucional". De tal modo que no podríamos pensar que el derecho privado es parte de la disciplina del derecho llamado "constitucional", por lo que, una vez analizado el contenido del libro, debemos entender que con el título del libro se ha querido analizar "la norma constitucional como fuente de derecho privado". En realidad, dado que no existe un "derecho privado constitucional", como disciplina, alude este libro entonces al "derecho privado" (que es una clasificación de varias disciplinas) en la Constitución, como *lex*, y no podrá aludir a un derecho privado (como agrupación de disciplinas) que sea al mismo tiempo "derecho constitucional" (como disciplina), de lo que surge la ambigüedad de este título.

En efecto, el "derecho privado constitucional" como fórmula jurídica no resulta coherente ni siquiera en la lógica del autor, pues si las materias a que se refiere (las relaciones entre privados) han sido reguladas por el derecho interno (la Constitución, en este caso), según la propia definición que él da (§ 1.6), el "derecho privado constitucional", en realidad, sería "público". ¿Entonces, qué ha querido decir nuestro autor con el título de su libro? Si es que existen relaciones jurídicas privadas reguladas en la Constitución, ello es concordante con el origen unitario del derecho legal (pero es contradictorio con sus propias definiciones, según las cuales la Constitución, al ser de "autor" público no será sino derecho público, por lo tanto, siguiendo su lógica, el llamado por él "derecho privado constitucional", en realidad sería "derecho público constitucional"). Sin una explicación terminológica, que no ofrece nuestro autor, tal denominación sería el paralelo de una búsqueda de regulaciones de derecho público en el Código Civil: ¿a eso le tendríamos que llamar "derecho público civil"? Pero ello resultaría tan confuso como este título que el autor le da a su libro. Si entendemos lo público/privado como clasificación de "disciplina" y lo constitucional/civil como "cuerpos legales", ello tiene lógica. Pero si entendernos, como Guzmán, lo público/privado como clasificación de las fuentes del derecho/legal, según su "autor", ello pierde toda lógica, incluso con el propio pensamiento del autor, que en el título mismo de su libro se referiría, entonces, a lo "privado" como clasificación disciplinaria. En tanto, en el contenido de su libro se referiría a lo "privado" como el conjunto de "leyes" de origen o "autor" privado: los *privus*.

Lo anterior no significa desconocer la calidad ni lo interesante del análisis que se aborda de "la regulación por la norma constitucional de aspectos e instituciones de disciplinas del derecho privado", pero es un libro que su autor ha intitulado de un modo que nos resulta ambiguo, no parece ser esta una terminología acuñada ni normalizada en el derecho comparado ni entre nosotros; y, aunque ello fuese así, no se pueden descartar las confusiones que produce. El tema de fondo es el siguiente, y lo recalco: en realidad, la norma constitucional, en todos sus apartados en que regule temas de derecho privado (por ejemplo, artículo 19, N° 24, incisos 1° a 5° CP: la propiedad), "es" precisamente una norma que desde el punto de vista del análisis dogmático debemos calificar de naturaleza privada, y, al contrario, en cuanto regula temas de derecho público (por ejemplo, artículo 32 CP: potestades presidenciales) "es" una norma de naturaleza pública, desde el mismo punto de vista. De lo anterior cabe concluir que la clasificación de las normas en públicas y privadas, surge de la constatación dogmática ulterior y no de un supuesto distinto "autor", como se señala en esta obra.

3. CRÍTICA TERMINOLÓGICA A ALGUNOS ASPECTOS DE TEORÍA DEL DERECHO Y DOGMÁTICA JURÍDICA

Menciono brevemente algunos aspectos contenidos en la primera parte del libro, sobre los cuales tengo una visión crítica.

1. A juicio del autor, los derechos constitucionales o "son reales o son personales" (p. 32), agregando que "este planteamiento es ineludible", pues descendería de una "forma general del pensamiento", proveniente desde la Edad Media. No es convincente ni da demasiados argumentos, pues no es posible visualizar ni el origen ni la utilidad dogmática ni las consecuencias de la aplicación de esta clasificación a las garantías constitucionales, transportada simplemente desde las relaciones *inter privato* a una cuestión iuspublicística, que origina habitualmente potestades a los órganos del Estado, cuyo "hacer o no hacer" no tiene el contenido de esa clasificación de fenómenos privados.

2. El autor señala que son "órganos del Estado" los siguientes: la Nación, el pueblo y las autoridades (p. 43). A partir de esa afirmación, bastante gruesa, que no está contenida de ese modo en nuestro vigente derecho/legal, surge la necesidad de aclarar algunos aspectos, como los siguientes.

   i) Los conceptos mismos de Nación y soberanía escapan a la dogmática y se afincan más bien en la Ciencia política, quedando como lenguaje jurídico lo que destaco: el "plebiscito", que origina la fuente de derecho vigente suprema, la Constitución, y las elecciones periódicas, que originan representantes que pueden ejercer los poderes públicos, con potestades legislativas, jurisdiccionales, tributarias, etc., constituyendo estos ese fenómeno que, de modo global, se suele llamar Estado.
   ii) No parece coherente, desde la perspectiva dogmática (que es la declarada visión de este libro), lo que solo podemos considerar una curiosidad intelectual, considerar que "órganos del Estado" es una expresión que "incluye a la Nación, al pueblo y a las autoridades establecidas por la Constitución" (p. 43), dado que consecuentemente es necesario separar, como lo hace el propio autor, lo público (del pueblo), de lo estatal (de los órganos potestativos para administrar, juzgar y regular/legislar). No puede olvidarse que la Nación es un concepto con un contenido más bien prejurídico: incluso, sociológico-político, sin perjuicio de que su principal acción soberana, cuales son plebiscitar la Constitución o legitimar a los órganos que regulan la convivencia pública, da origen a ese fenómeno

mayor que denominamos "orden jurídico interno" (de cada Nación/país); esto es, el "derecho nacional" vigente. En estas páginas pareciera no ser completamente analizado lo señalado, sino solo mencionado de pasada. Ellas enseguida se destinan a mencionar sólo, de un modo somero, por ejemplo, el "efecto directo de la Constitución" (p. 50), obviando aludir a páginas de doctrina hoy ineludibles en este tema[135].

Al respecto, sobre un tema terminológico conexo, es notorio también en p. 98, con relación al concepto de Nación, el uso extraño de conceptos centrales de derecho público (a pesar de lo cual nuestro autor intenta realizar, en la Introducción de su libro, una profunda revisión del estatuto completo de este brazo del derecho), pues considera a la Nación como "persona de derecho público". Al citar al "Fisco", señala que es: "el Estado, diríamos hoy". Señala que son también personas de derecho público "los establecimientos que se costean con fondos del erario". Y el botón final: "el Estado mismo (...) goza de personalidad jurídica propia". En suma, son igualmente personas jurídicas para el autor, la Nación, el Fisco, el Estado y las municipalidades, todas las cuales son "entidades". Solo lo expongo sin analizarlo, aclarando que la Nación o el Estado, así, a secas, no ostentan esa calidad jurídica. Sí el Fisco o, mejor, el "Estado/fisco" y las municipalidades, para lo cual nos remitimos a manuales de las disciplinas atinentes.

3. Las páginas dedicadas en este libro a la "constitucionalización" (pp. 60 y ss.), vistas en conjunto con un interesante trabajo anterior de Alejandro Guzmán[136], demuestran el claro "sabor legalista" de su análisis, lo que origina una ambigüedad en esta exposición del pensamiento del autor. Es así, pues sus lectores no pueden reconocer si al analizar el "derecho" se refiere al derecho/legal o al concepto científico de derecho/disciplina especializada (entendiendo por científico aquel que fluye de la dogmática). Esto es, en palabras de Larenz, Canaris y toda la pléyade de teóricos del derecho de las últimas décadas: nuestro autor no nos permite percibir si estamos de frente a un análisis del sistema externo o del

135 Me refiero a los trabajos de Eduardo García de Enterría (por ejemplo, García de Enterría 1981, que es un hito bibliográfico y una referencia obligada no solo por la profunda polémica a que dio origen, sino por las consecuencias de sus planteamientos principales en toda la doctrina dogmática y jurisprudencial, de España, con eco en muchos países, entre ellos, Chile: su cita se repite incesante en constitucionalistas y administrativistas chilenos). Es como tratar de la codificación chilena e hispanoamericana y no referirse a los trabajos de nuestro autor.

136 Me refiero a su Guzmán Brito (1993).

sistema interno del fenómeno jurídico[137]. En efecto, el autor insiste en una idea contenida en la Introducción, en cuanto a que los particulares pueden "crear su propio derecho privado mediante la negocialidad" (p. 65), que he comentado supra, al analizar la Introducción.

4. Existe poca claridad en el desarrollo que se realiza a los principios jurídicos, pues, según el autor, por una parte, ellos "inspiran" a las normas, pero, por otra, afirma que estas no los "expresan". Pero, si ese algo (los principios) inspiraron a las normas, ¿cómo no van a ser expresados por estas, en la misma lógica del autor? ¿Desaparece, entonces, en algún Cielo jurídico tal inspiración? Pues si los principios "inspiran" a las normas, ¿no será esa inspiración descubierta por el juez o el jurista sino a partir de lo que "expresan" tales normas? (pp. 66-68). No queda claro lo anterior. Incluso el autor enfatiza que los principios "jamás" pueden "expresarse" a través de las normas, pero ellas pueden "inspirar", ¿significa que no es posible convertir un principio en una norma (es decir, agotar su significado descriptivo mediante la técnica de la elaboración de preceptos legales)?

5. Parece confundir nuestro autor el trabajo de sistematización de la ciencia jurídica con el de fijación, de dictación de las leyes, al postular en pp. 70-71, una "Constitución jurídica [¡como si la Constitución vigente no lo fuese!] que contuviera los fundamentos de todas las ramas del derecho que no fueran el constitucional y el administrativo" (p. 70 *in fine*); esta sería "una carta suprema de derecho, diferente de la carta suprema de la política" (p. 71). Su propuesta, que ya no es un análisis dogmático, sino una posición de política jurídica, legítima, por lo demás, de una pluralidad de textos constitucionales, no nos parece plausible. En primer lugar, porque el uso de los términos "jurídica/política" no es feliz, porque podría dar a entender que la Carta Política no es parte del fenómeno jurídico. Además, más allá de una nomenclatura, si la cuestión de fondo que se plantea es la posibilidad y conveniencia de que existan dos constituciones (según Guzmán): una para el derecho constitucional y administrativo, y otra para "todas las ramas del derecho que no fueran el constitucional y administrativo" (p. 70), esta no es tarea del legislador o constituyente, pues es tarea del jurista reordenar el panorama disciplinario a partir de los datos que, en cualquier orden, ofrezca el ordenamiento positivo vigente.

137 Véase el reciente análisis de Losano (2002), pp. 1 y sigs., y 261 y sigs., sobre la concepción de Canaris.

Hay aquí una probable confusión entre el trabajo legislativo (que produce cuerpos legales, más o menos, sistemáticos) con la tarea de las ciencias especializadas del derecho (la dogmática), que es la que combina las disciplinas jurídicas o "ramas del derecho", como las llama el autor. Quizás estas ideas provienen de ese romanticismo que producen las codificaciones del siglo XIX, en que se suele confundir las "ramas" del derecho (por ejemplo, el derecho civil) con las "normas jurídicas" (por ejemplo, el Código Civil). No puede olvidarse que no es lo mismo la ciencia, o *ius*, que las normas o *lex*; esto, sin perjuicio de lo admirable que pueda considerarse una obra codificadora o fijadora, pues eso no la convierte ni transforma en *ius*, por sí sola, sino a partir del trabajo interpretativo de la jurisprudencia y de los juristas se forman otras dimensiones del derecho, distintas a las puras leyes.

6. No comento, por ahora, el tema de la "propiedad sobre los bienes incorporales", mencionado solo de paso por el autor (p. 74)[138].

4. "TRAZOS CAPITALES" QUE DEDICA EL AUTOR A TRES DISCIPLINAS ESPECIALIZADAS: BIENES PÚBLICOS, MINAS Y AGUAS

El autor analiza materia relativas al régimen jurídico de *los* bienes públicos (pp. 256-262), de las minas (pp. 273-276) y de las aguas (pp. 276-277).

Al respecto, es notorio que, si la perspectiva del autor hubiese abordado el aspecto metodológico relativo a las disciplinas jurídicas, separando adecuadamente *lex* y *ius,* según lo dicho, sería más evidente su aporte a la comprensión de las normas constitucionales, no solo en aquellos aspectos en que es fuente

138 El tema de la propiedad sobre los bienes incorporales (esto es, los derechos) es mencionado brevemente por nuestro autor. Sobre este fenómeno, que yo he preferido llamar "propietarización de los derechos", surge a partir de la CPR en 1980, en especial de la redacción del artículo 19 N° 24 inciso 1° *in fine*, no abundo, pues me he ocupado de él por primera vez en Vergara Blanco (1989), tema que retomo después en Vergara Blanco (1992ª). Nuestro autor se refirió al tema del "dominio sobre el derecho subjetivo", sin análisis dogmático, exponiendo una perspectiva histórica en Guzmán Brito (1975) (por lo tanto, anterior a la CPR de 1980). Con posterioridad ha enfocado el tema, con perspectiva histórico-jurídica, incluso haciendo aportes desde la dogmática, en Guzmán Brito (1995), oportunidad en que postula que esta vinculación indirecta de la propiedad solo tiene por objeto definir la "titularidad". Véase comentario a este libro en: Corral Talciani (1996). También se ha ocupado del tema Domínguez Águila (1996), quien cita convenientemente toda la bibliografía atinente.

de instituciones y principios de disciplinas de derecho privado, sino también en otras disciplinas alejadas de su especialidad. En todo caso, es muy claro que su aporte es mayor en las disciplinas que son estrictamente de derecho privado y que, en cuanto aborda aspectos de disciplinas de derecho público, como las del derecho de bienes públicos, de minas y de aguas, todas desgajadas del derecho administrativo, su desarrollo se resiente, según se dirá más adelante. Además, al hacerlo asume un modo meramente literalista (el "sabor legalista" que el autor reconoce en un trabajo anterior[139]), muy hijo de la exégesis estricta de las normas, sin considerar la realidad del sector disciplinarlo ni sus instituciones y principios más característicos. En suma, no basta un ingenioso ejercicio exegético de algunas de las normas más a mano, o atinentes, para dar por sentado que se puede ofrecer los "trazos capitales" (véase p. 276) de una disciplina sin asumir la carga científica de observar la doctrina especializada (actitud doctrinal que él mismo critica en su libro, p. 111), que no se cita y que notoriamente no se ha revisado.

4.1. En cuanto a la disciplina de los bienes públicos

Es notorio que el autor no tuvo la intención de abarcar la materia de los bienes públicos ni siquiera dando "trazos capitales", pues su intención y concreción fue analizar la garantía de la libertad para adquirir toda clase de bienes [privados], que él denomina "libertad para adquirir el dominio de las cosas", consagrada en el artículo 19 N° 23 CP. Pero, como de pasada, menciona la "titularidad" de la Nación respecto de algunos bienes (p. 259), cabe percibir que su análisis de tal regulación constitucional es no solo incompleto sino, en buena parte, alejado de una correcta interpretación.

Nuestro autor asume el estudio de esta garantía, entonces, desde la perspectiva de la "adquisición" de las cosas o bienes [privados] que, si bien es correcta, es incompleta, pues no percibe que además de lo anterior se encuentra en esta disposición constitucional la *summa divisio* de los bienes ante el derecho vigente; esto es, la dicotomía público/privado ante los bienes, de lo que resultan dos estatutos bien diferenciados: el de los bienes públicos (regulados por el derecho público) y el de los bienes privados (regulados por el derecho privado)[140].

Su mirada siempre es desde la perspectiva de la adquisición, sin percibir tal clasificación, que es una verdadera matriz del derecho de bienes, en que es

139 Véase Guzmán Brito (1993), p. 41.

140 Para evitar repeticiones, véase Vergara Blanco (2001).

necesario utilizar tal fórmula ("adquisición") solo para la parcela de los bienes privados, pues en eso consiste en buena parte la regulación constitucional de la garantía: en que la regulación legal no puede limitar tal "adquisición", salvo que tales bienes sean "comunes a todos los hombres" o "deban pertenecer a la Nación toda". Esto es, sean declarados "bienes públicos" o "bienes nacionales de uso público", en la terminología usual en orden interno, desde el siglo XIX (artículo 589 CC). Por lo tanto, si una masa categoría completa de bienes es declarada pública (las aguas, por ejemplo, como es el Código de Aguas), no es que únicamente la Nación puede adquirirlos día: nuestro autor, en p. 259), sino que precisamente esos bienes quedan en un estatuto de "no adquisición" (por las vías usuales del derecho privado); salvo la posibilidad de que los particulares puedan aprovecharlos, por la vía de las concesiones (por ejemplo, sobre sectores de una plaza o veredas, para un quiosco o para aprovechar limitadamente algunas aguas de río), pero no puede considerarse ni al vínculo de la Nación ni al de los particulares concesionarios una forma de "adquirir" la cosa, dado que se trata de vínculos distintos, definidos por el derecho público (que no es del caso detallar aquí). En otras palabras, la terminología "libertad de adquirir" es relativa a los bienes privados, no a los públicos directamente.

No obstante, si esta libertad contenida en el artículo 19 N° 23 CPR se entiende también como una libertad para adquirir los derechos (esto es, el "dominio de las cosas incorporales", como lo entiende el autor, en p. 259, siguiendo al Código Civil), puede llegar a plantearse que tal "libertad para adquirir" también está garantizada para las hipótesis en que los particulares deseen llegar a ser titulares de derechos concesionales; esto es, ser concesionarios. No obstante, esto es discutible, pues esta disposición constitucional solo regula bienes con sustancia corporal. En efecto, las categorías de bienes comunes y nacionales o públicos que menciona nunca abarcan "derechos" (bienes incorporales) sino solo bienes corporales: recursos naturales o espacios públicos. Por lo tanto, no parece que el artículo 19 N° 23 CPR establezca, al menos expresa y directamente (salvo analogía), una garantía para llegar a ser titular, pues la garantía es regulada respecto de aquellos derechos que significan una titularidad sobre bienes corporales. Solo aplicando la analogía podría llegar a postularse que esta garantía también se aplica a la titularidad sobre los derechos desvinculados de bienes corporales[141].

---

141 En Vergara Blanco (1999b), p. 157, yo había llegado a una conclusión similar que Guzmán, postulando la aplicación de esta garantía al "derecho a llegar a ser titular de una concesión eléctrica", utilizando la denominación anciana: *ius ad rem*: derecho a la cosa, tesis que cabe rectificar; a esta nueva conclusión he podido llegar con un análisis más profundo del artículo

Además, no es posible compartir lo que dice Alejandro Guzmán en p. 260, al señalar que la libertad para adquirir (y para enajenar) rige también para los bienes nacionales, dado que, según él, el "Estado", a secas, y las municipalidades tendrían la posibilidad de "enajenar" tales bienes públicos, imaginando "procedimientos administrativos de rigor", llegando a postular que alguien incluso pueda "adquirirlos". Así, si hay alguna característica esencial, nuclear, de los bienes públicos, esta es su inalienabilidad (pues están fuera del comercio, en terminología civilística), por lo que no hay ninguna hipótesis posible de enajenación de bienes públicos, salvo en el caso de la desafectación previa de una categoría, completa de bienes o de algún bien en particular, acto por el cual tales bienes, precisamente, dejan de ser públicos y pasan a ser privados. Quizás el autor ha querido referirse a los bienes fiscales, los que sí son enajenables, precisamente por pertenecer al ámbito de los bienes privados, pero cuyo titular no es un particular, sino una persona jurídica de derecho público: el Fisco (véase Decreto Ley N° 1.939, de 1977).

Nuestro autor comprende solo parcialmente la virtualidad de esta disposición constitucional, pues únicamente la mira desde esa perspectiva civilística de la "adquisición" de titularidad, y no la observa desde la posibilidad legislativa de establecer nuevas categorías completas de bienes públicos, impidiendo así, por cierto, la adquisición *in integrum*, por los particulares. Según el autor, la regla constitucional, al referirse a que solo respecto de "algunos bienes" se puede limitar la adquisición, cree que está dirigida a impedir que las limitaciones que establezca una ley se refieran a bienes "indeterminados", como contrapuestos a determinados; o a "generalidades de bienes", o a "todos los bienes", "etcétera" (p. 261). La verdad es que la cláusula constitucional, al referirse a que la limitación solo puede establecer a "algunos bienes", consagra la regla general de la libertad de adquisición, así como la regla excepcional respecto de algunas categorías o masas de bienes, que hace posible la declaración de publificación; esto es, declararlos públicos y no privados, impidiendo así su posibilidad de ser "adquiridos"[142].

En fin, este artículo 19 N° 23 CPR, que viene a consagrar la vigente *summa divisio* de los bienes públicos y privados (y, dentro de los privados, los fiscales,

---

19 N° 3 CPR, como el que ofrezco en Vergara Blanco (2001). La hipótesis de obtención de derechos concesionales tiene otro ámbito de acción dentro del derecho administrativo: el principio de juridicidad, y solo la analogía nos permitiría una aplicación del artículo 19 N° 23 CP.

142 Véase el desarrollo de esta argumentación en Vergara Blanco (2001), de donde, además, surge que ya no existe la posibilidad de que el Estado/Fisco sea titular de masas o categorías o clases completas de bienes, quedando solo como parte de la historia jurídica las ya arcaicas "reservas estatales".

esto es, los de titularidad del Estado/fisco, bajo el mismo estatuto de los particulares), tiene una virtualidad no vislumbrada por Guzmán: rompe la clasificación del artículo 589 CC, el que debe entenderse hoy derogado tácitamente en cuanto contradice al artículo 19 N° 23 CP. En efecto, tal artículo 589 establecía una *summa divisio* entre bienes nacionales/privados; y, enseguida, a los bienes nacionales los clasificaba entre bienes nacionales de uso público o bienes públicos y fiscales, incluyendo a estos últimos en el género de los "nacionales", como si estuviese fuera del régimen de los demás bienes privados. Esa clasificación está caduca, es un arcaísmo que solo un romántico del respetable Código Civil podría invocar hoy; pero sin discernir que la CPR de 1980 la arrumbó en el baúl del derecho histórico. Nuestro autor, por cierto, no invoca esta clasificación ya arcaica, aunque, en pp. 274 y 277, da por válida la categoría "más general" de los bienes nacionales, hoy claramente extemporánea.

4.2. En cuanto a la disciplina del derecho minero

Parte su análisis de un modo solo literalista –peligroso método en general y, en especial, en esta materia–, dando por cierto y coherente el solo texto constitucional (como si en la mera normativa consistiese todo el fenómeno jurídico) en cuanto declara que las minas son "dominio del Estado" (artículo 19 N° 24 CP). A partir de ello, dando por cierto y coherente que se trataría de un "dominio", como el privado, nuestro autor integra a las minas en la categoría de "bienes Estado" (del artículo 589 inciso 3° CC: esto es, los bienes fiscales), subclase de la categoría "bienes nacionales" (artículo 589 inciso 1° CC). Estas consideraciones, a nuestro juicio, no guardan coherencia con lo señalado en el artículo 19 N° 23 CPR, recién analizado.

Esta declaración de las minas como del "dominio" Estado por la *CPR* es una situación excepcional al artículo 19 N° 23, como lo anuncia el inciso 1° *in fine* de esa disposición, pero establece una hipótesis que en los hechos es idéntica a los bienes públicos[143]; lo cual implica, entonces, que respecto de las minas en realidad no hay un verdadero "dominio" estatal ni de nadie, a pesar de ese texto constitucional, sino que lo que se ha querido decir, mediante el uso abusivo y equívoco de esta palabra "dominio", es que existe una potestad regulatoria y, enseguida, administrativa respecto de la extracción de los minerales. Desde la perspectiva metodológica, este es un épico caso en que el dato meramente

143 Véase Vergara Blanco (2001).

normativo, analizado dogmáticamente, no muestra un primer resultado coherente, sino que este se logra a través de la aplicación de un análisis complejo de los hechos jurídicos, así como de la interpretación del sistema jurídico en su conjunto. La necesaria búsqueda de unidad y coherencia no puede tener éxito por el solo salto de la vista a una partícula aislada del derecho legal: como sería la mirada aislada a ese solo texto que dice "dominio", donde con mayor iluminación podremos descubrir que eso de dominio no tiene nada, salvo lo que se observa en el abusivo empleo de esa denominación.

De ahí que la conclusión a que llega nuestro autor de que "sobre las minas no hay, pues, libertad de adquisición para otro que no sea el Estado" (p. 274) no es sino la utilización del vocabulario del derecho privado a un fenómeno público, de lo que se deriva, enseguida, una incoherencia en nuestro esquema dogmático, pues respecto de las minas o de la riqueza mineral, no existe una "adquisición" por parte del Estado, sino que una *publicatio*. Esto es, una declaración en virtud de la cual las minas son sustraídas precisamente de toda posibilidad de adquisición como tales, quedando sujetas a un estatuto de aprovechamiento por los particulares (o por el Estado/Fisco, que debe actuar como un particular para estos efectos) por la vía de los derechos que estos pueden obtener en virtud de los actos concesionales. Nuevamente, la perspectiva civilística con que se desea observar una realidad publicística origina incoherencias; es que no es posible explicarse la fenomenología jurídica de lo público a través del instrumental técnico o teórico del derecho privado. Tampoco podemos pensar en la existencia de un *jus universalis,* con categorías que crucen todo el derecho sin las matizaciones que corresponda. Es como si un administrativista quisiera explicarse la realidad de la contratación entre privados con el instrumental técnico o teórico del derecho público. Eso es alterar la naturaleza de las cosas, mediante una perspectiva de observación equivocada.

Y tal equívoco es tan real en el pensamiento de nuestro autor que llega a postular que, si bien "la explotación y gestión económica de las minas pudo haber sido tema exclusivo de un derecho real estatal", la CPR optó por permitir que algunas minas "fuesen objeto en parte de un derecho privado". Así, remata el tema con la idea siguiente: que a la "conjunción" de aspectos que él cree visualizar en la materia minera (la distinción entre sustancias concesibles e inconcebibles, la negocialidad privada de los derechos mineros, entre otras), "lo denominamos 'derecho de minería', [y] que por el predominio que en él tiene el privado, lo consideramos sin más como tal" (p. 274). Esto es, el derecho de minería, íntegramente, como disciplina, para Guzmán Brito, es ¡derecho privado! Estas afirmaciones son equivocadas, pues el aprovechamiento de los minerales, en cuanto está regulado en especial y es objeto de una disciplina especializada y autónoma, el derecho de minería forma parte de la agrupación de disciplinas del derecho público, como he podido demostrar con anterioridad, lo cual no ha convencido ciertamente a nuestro antor, aunque no analiza nuestras ideas ni las de otros autores al respecto[144].

En verdad, el objeto ("núcleo dogmático", en nuestra terminología) del derecho de minería está constituido por instituciones plenamente publicísticas: la *publicatio* de la riqueza minera, el sistema concesional de naturaleza administrativa y el régimen jurídico a que está sometido el ejercicio investigativo o extractivo de los derechos mineros. El mero hecho de que el Código de Minería *(lex)* regule las materias que no forman parte del núcleo disciplinario del derecho minero, los contratos y las servidumbres (materias obviamente privadas) ha llevado a que nuestro autor opere de un modo reduccionista, realizando una suerte de transposición, que no resulta convincente. Es como si se viniese a decir, por ejemplo, que la institución de la propiedad forma parte del contenido del derecho público por el hecho de existir una disposición constitucional o por ser objeto de una garantía constitucional; lo que sería claramente rechazado por el mismo autor, aunque siguiese su lógica.

Quizás la confusión de nuestro autor proviene de un hecho de "sabor legalista": que la letra del Código de Minería incluye temas de derecho civil, como la regulación de los contratos y las servidumbres mineras (materias que, como he dicho, no forman parte del núcleo dogmático de la disciplina del derecho minero). Pero debemos recordar que "la letra mata y el espíritu vivifica" y no debemos confundir la *lex* con el *ius:* aunque la *lex* minera incorpore a su articulado aspectos de derecho privado en su regulación de la minería (la regulación de los contratos mineros, en el Código de Minería, por ejemplo), ello no puede hacer olvidar al jurista que la construcción de las disciplinas jurídicas se realiza sin perjuicio del orden o sistematización de las leyes, sino con relación a las materias.

Una apostilla: el autor en p. 275 afirma que los derechos mineros "se constituyen" mediante una resolución judicial (lo que es correcto), pero agrega que, además, se constituyen "por prescripción" (lo que es incorrecto). En verdad, la prescripción opera solo como modo traslativo (y no constitutivo) "de adquisición", en terminología civil, a partir de un título que se ha poseído, pero que es previamente existente, esto es, ya constituido por el único modo de constitución de títulos mineros: la concesión minera, otorgada por resolución judicial.

---

144 *Vid.*, por todas, Vergara Blanco (1992b) y, ahora, Vergara Blanco (2000b).

4.3. EN CUANTO A LA DISCIPLINA DEL DERECHO DE AGUAS

Igualmente, la perspectiva del autor lo lleva a señalar que el inciso 7° (sic) [11] del artículo 19 N° 24 que la Constitución dedica a las aguas es "superfluo" (p. 276). En realidad, nuevamente nuestro autor, basado en la mera literalidad de algunas normas, mediante interpretaciones discutibles, realiza una serie de afirmaciones que no nos resultan convincentes.

En efecto, la clasificación que incorpora la CPR respecto de los derechos de aguas, en realidad no es nada de superflua, pues tiene el mérito de incorporar las dos categorías de derechos o titularidades de aguas que, a través de un largo arrastre histórico, propio de esta disciplina, han llegado a abarcar toda la realidad del aprovechamiento de las aguas: por una parte, los derechos "constituidos", esto es, originados en concesiones o mercedes, y, por otra, los derechos "reconocidos", originarios en usos o costumbres ancestrales, informales o regularizables de las aguas, sin lo cual la seguridad de sus titulares habría quedado muy disminuida. Nada de superflua, además, pues esta clasificación no está consagrada con esta claridad en ninguna otra fuente de derecho interno, por lo que su ausencia en este texto constitucional podría haber significado una dispersión normativa, y una dificultad muy grande para la construcción dogmática y jurisprudencial de instituciones y principios de la disciplina[145].

4.4. COMENTARIO ADICIONAL

En fin, una posible explicación a algunas ideas del autor, en cuanto a que disciplinas como los bienes públicos, las aguas y las minas, puedan llegar a considerarse formando parte del derecho privado, puede ser la siguiente: si bien cabe reconocer la usual y constante utilización de categorías dogmáticas del derecho privado (específicamente, civil) para la construcción científica (incluso, para la regulación) del derecho administrativo (y de las disciplinas mencionadas: bienes públicos, minas y aguas)[146], ello no puede, a los ojos del jurista, alterar su estatuto epistemológico: el derecho de los bienes públicos, el derecho de minas y el derecho de aguas deben seguir siendo consideradas disciplinas de derecho público (y, más precisamente, desgajadas derecho administrativo), a pesar del

145 Véase Vergara Blanco (1998).

146 Véase en España, el célebre libro de Martìn-Retortillo Bàquer (1960). En Francia: Dubois de Carratier (2001) y, en especial, la excelente tesis doctoral de Plessix (2003).

uso de técnicas civilísticas por la legislación (como la "propiedad" de las minas, que en realidad no es tal; como los derechos "reales", que en realidad no son tales, y así), por un dato primario, básico: su contenido esencial, nuclear, según lo señalado, no se basa en la autonomía de la voluntad propio de las disciplinas privadas, sino en la intervención de potestades públicas, regidas por el principio de la juridicidad.

5. VALORACIÓN FINAL DEL LIBRO

I. Como se dijo, señala el autor que el suyo es un primer intento por estudiar con "constancia, generalidad y organicidad" el fenómeno de la constitucionalización del derecho (p. 11). Al respecto, cabe señalar de inmediato:

1° La *generalidad* del estudio implica la intervención de todos los especialistas en sus respectivas áreas, por lo que en este caso ha de entenderse (dada la usual perspectiva privatista de todo romanista, de lo cual se deriva una marcada especialidad del autor), que su esfuerzo está dedicado, o al menos desplegado, "desde" el derecho "privado", con el instrumental científico de ese sector del derecho. Si el autor lo logra en cuanto a ese sector, es algo sobre lo que no me corresponde pronunciarme, dada mi posibilidad de referirme solo a las disciplinas del derecho público, y aún más estrictamente a las del derecho administrativo. En todo caso, podré percibir si abarca sectores del derecho a los que podría ser cuestionable considerar "privados" (en la dicotomía privado/ público) [sin eliminar *a priori* una posible dicotomía: privado/público/estatal, que el autor postula, pero sin desarrollar el punto].
Por lo tanto, si de generalidad ha de hablarse, difícilmente cabe esperarla en esta obra, dedicada solo a su vertiente privada, no obstante que el autor intenta realizar aportes a la "parte general": a la teoría general del fenómeno jurídico.

2° En cuanto a la *organicidad*, entendida como sistemática, este es un esfuerzo notable, pero –ya hemos visto– aplicable solo al sector derecho privado.

3° La *constancia* dependerá de los resultados doctrinarios futuros, tanto del autor mismo como de la doctrina jurídica chilena. Podremos concluir, entonces, que este libro es un "primer intento" para toda la doctrina, incluido el autor, para perfilar "con más precisión" este fenómeno.

2. Endilga nuestro autor algunas invectivas a otros autores por él criticados. Por ejemplo, su lamento, al traer el tema de los bienes incorporales: "[m]ayor desperfilamiento de la dogmática y confusión de ideas es difícil concebir" (p. 76). O su reclamo a que algunos "autores se hayan desentendido de la carga científica de tener que demostrar sus lecturas, porque en sus mentes el tenor literal de la disposición sería manifiesto sin mayor discusión" (p. 111). O que una afirmación que realiza la doctrina (relativa a la distinción entre derechos y tratados), "es una ilusión, (...) directamente un error" (p. 112). En fin, su queja de que en alguna oportunidad "autores tan acreditados no hayan tratado el punto (...), revela que ellos, mas también el estamento de juristas al que pertenecen y al cual se dirigían, no entendieron..." (p. 114).

No obstante, Alejandro Guzmán, si bien incurre en estas expresiones, al lado de ellas manifiesta su desacuerdo, usualmente fundando sus opiniones con los argumentos que correspondan y eso es algo que tales autores solo podrán agradecer. No obstante, en algunas ocasiones nuestro autor considera demasiado rápidamente como "suficiente" un desarrollo (por ejemplo, p. 23) en que notoriamente se echa de menos la erudición a la que él mismo nos tiene acostumbrados (en sus análisis históricos o romanísticos). En tanto, en otros sitios es contradictorio y abandona el tema iniciado sin más, utilizando términos retóricos que por sí mismos no prueban nada: señala en p. 93 que "la noción de derechos sin sujeto (...) de hecho (...) es [un absurdo]". Luego, en p. 94 señala que "la idea de 'derechos' sin sujeto nada tiene de absurdo, aunque no sea este el lugar para entrar en el tema...". En fin, en alguna ocasión él mismo no asume la carga científica de argumentar; dice [e]sto no necesita ser discutido, pues resulta evidente" (p. 77), pero resulta que puede ser muy discutible, como lo realizo en este comentario, a propósito de lo que nuestro autor considera "evidente".

3. Por cierto, que también, a raíz de las críticas que he señalado, creo que este libro, a pesar de su gran contenido, no disipa todas las dudas que creo surgen de su lectura. Es evidente, además, que el impacto que pudo haber ocasionado en la cultura jurídica chilera ha quedado aplazado en varios de los temas abordados (en especial, en los que crítico en esta recensión) pues la falta de un mejor tratamiento, de una mínima consideración de la doctrina de los demás autores, seguramente ha impedido (o ha desincentivado) su comentario por una gama mayor de autores, dado que el tema tiene tan amplias ramificaciones que me ha dejado perplejo la actitud tan silenciosa de la doctrina chilena ante este admirable esfuerzo sistematizador de Alejandro Guzmán. En todo caso, si hay algo de lo que el autor de este comentario no podrá recibir quejas del autor del libro es en

cuanto al interés que ha despertado su trabajo y de la seguridad de que estas observaciones tienen el ánimo constructivo y de colaboración para la obra, en todo caso admirable, que nuestro autor ha realizado y que seguramente continuará y profundizará en estos temas.

Bibliografía citada

Canaris, Claus-Wilhelm (1998[1983]): *Systmdenken und Systembegriff in der Jurisprudens: entwickelt am Beispiel des deutschen Privatrechts* (Berlín), traducción al castellano: *El sistema en la Jurisprudencia* [Ciencia del Derecho] (Madrid, Fundación Cultural del Notariado, 1998), 186 pp.

Clavero, Bartolome (1991): *Razón de Estado, razón de individuo, razón de historia* (Madrid).

Corral Talciani, Hernán (1996): "Propiedad y cosas incorporales. Comentarios a propósito de una reciente obra del profesor Alejandro Guzmán Brito", en: *Revista Chilena de Derecho*, vol. 23, pp. 13-18.

Domínguez Águila, Ramón (1996): "Aspectos de la constitucionalización del derecho civil chileno", en *Revista de Derecho y Jurisprudencia*, 93, 3, I, pp. 107-137.

Dubois de Carratier, Laurent (2001): "L'influence de la culture privatiste sur la doctrine administrative au XIXe siècle", en: *Droit Ècrit. Revue de la Facultè de droit de Tolouse*, N° 1, pp. 3-26.

García de Enterría, Eduardo (1981): *La constitución como norma y el Tribunal Constitucional*, 1ª ed. (Madrid, Civitas).

Guzmán Brito, Alejandro (1971): "*Del derecho romano a la Teoría General del derecho*", en: *Revista de ciencias jurídicas* N°2, pp. 85-106.

—(1975): "Para la historia del derecho subjetivo", en: *Revista Chilena de Derecho*, vol. 2, p. 57-58.

—(1976): "Notas sobre el derecho público", en: *Revista de Derecho Público*, N° *19-20*, pp. 385-393.

—(1977): *La fijación del derecho* (Valparaíso)

—(1981): *Ratio scripta* (Frankfurt am Main)

—(1982): *Andrés Bello Codificador: historia de la fijación y codificación del derecho civil en Chile* (Santiago, Editorial Universitaria).

—(1993): "Codificación, descodificación y recodificación del derecho civil chileno", en: *Revista de Derecho y Jurisprudencia*, 90, I, pp. 39-61.

—(1995): *Las cosas incorporales en la doctrina y en el derecho positivo* (Santiago, Editorial Jurídica de Chile).

—(1996): *Derecho privado romano* (Santiago, Editorial Jurídica de Chile) 2 tomos.

—(2000a): *Historia de la interpretación de las normas en el derecho romano* (Santiago).

—(2000b): "Aporías, paradojas, antinomias y dilemas en el derecho", en: *Revista de Ciencias Sociales*, N° 45, pp. 501-548.

—(2002a): *La codificación civil en Iberoamérica. Siglos XIX y XX* (Santiago, Editorial Jurídica de Chile).

—(2002b): *"Los orígenes de la noción de sujeto de derecho", en Revista de Estudios Histórico-Jurídicos,* N° 24, pp. 151-247.

—(2003): *"Historia de la denominación del derecho-facultad com subjetivo", en Revista de Estudios Histórico-Jurídicos,* N° 25, pp. 407-443.

Habermas, Jurgen (1962): *Struckturwandel der Öffentlichtkeit.* En español: *Historia y critica de la opinión pública* (Madrid, 1982). En francés: *L'espace public Archéologie de la publicitè comme dimension constitutive de la societé bourgeoise* (París, Payot, 1978).

Larenz, Karl (1994[1979]): *Methodenlehre der Rechtswissenschaft* (4. Auflage, Vierte), traducción al castellano: *Metodología de la Ciencia del Derecho* (Madrid, Ariel).

Losano, Mario G. (2002): *Sistema e struttura nel diritto, II: Novecento* (Milan, Giuffrè).

Martìn-Retortillo Bàquer, Sebastian (1960): *El derecho civil en la génesis del derecho administrativo y de sus instituciones,* 1ª ed. (Instituto García de Oviedo, Universidad de Sevilla), 2ª ed. (Madrid, Civitas, 1996), 249 pp.

Plessix, Benoit (2003): *L`utilisation du droit civil dans l`èlaboration du droit administratif* (Parìs, Editions Panthèon-Assas/L.G.D.J Diffuseur), 878 pp.

Vergara Blanco, Alejandro (1989): "Los derechos reales administrativos: un tipo de derecho público subjetivo necesitado de reconocimiento en Chile (con especial referencia a los derechos mineros)", trabajo presentado a las XX Jornadas de Derecho Público, Valparaíso, 26 y 27 de octubre de 1989, publicado en sus *Actas* _(Valparaíso, Edeval, 1990), 2, pp. 491-497.

—(1992a): "La propietarización de los derechos", en: *Revista de Derecho* (Valparaíso) 14, pp. 281-291.

—(1992b): *Principios y sistema del derecho minero. Estudio histórico- dogmático* (Santiago, Editorial Jurídica de Chile).

—(1995): "Prólogo", a: Guzmán Brito, Alejandro (1995): *Las cosas incorporales en la doctrina y en el derecho positivo* (Santiago, Editorial Jurídica de Chile).

—(1998): *Derecho de Aguas* (Santiago, Editorial Jurídica de Chile, t. II.

—(1999a): "Reconocimiento *ipso iure* y ejercicio del especialísimo derecho de aprovechamiento de aguas halladas en labores mineras", en: *Revista de Derecho,* Actas IV Jornadas de Derecho de Minería (Coquimbo, Universidad Católica del Norte).

— (1999b): "Régimen jurídico de la energía eléctrica. Aspectos generales y problemas actuales", en: *Revista de Derecho Administrativo Económico,* N° 1.

—(2000a): "Las aguas como bien público (no estatal) y lo privado en el derecho chileno: evolución legislativa y su proyecto de reforma" en: *El derecho de aguas en*

Iberoamérica y España: Cambio y modernización en el inicio del Tercer Milenio (Madrid, Civitas) tomo II, pp. 179-213. Republicado en: *Revista de Derecho Administrativo Económico* (2002).

—(2000b): "La *publicatio* minera: estructura básica del derecho minero", en: *Actas III Jornadas de Derecho de Minería* (Antofagasta), pp. 21 y ss.

—(2001): "La *summa divisio* de los bienes y recursos naturales ante la Constitución de 1980", en *20 años de la Constitución chilena 1981-2001* (Santiago, Ediar-Conosur), pp. 369-390. Republicado en: *Ius Publicum*, N° 12 (2004).

—(2003): Recensión al libro *La posesión del espacio* de Álvaro D`Ors, en: *Revista Chilena de Derecho*, vol. 30, pp. 415-418.

—(2004): *Derecho Eléctrico* (Santiago, Editorial Jurídica de Chile).

III. RECONSTRUCCIÓN DE LOS LÍMITES ACTUALES DEL DERECHO ADMINISTRATIVO CHILENO Y DE SU NÚCLEO DOGMÁTICO[147]

El autor propone la utilización del concepto y técnica de epistemología disciplinaria para aludir a la necesidad de un "núcleo dogmático" para cada disciplina y, en este caso especial, para el derecho administrativo, dado que permite ofrecer los "límites actuales" de la disciplina". El autor desarrolla y aplica la técnica de los "núcleos dogmáticos" en el ámbito del derecho administrativo, y, a partir de ello, propone las estructuras e instituciones jurídicas que soportan el actual derecho administrativo chileno.

INTRODUCCIÓN

La técnica del núcleo dogmático cumple una doble función: (i) desde la perspectiva de la epistemología de las disciplinas jurídicas, es el origen y explicación del estatuto científico autónomo de una disciplina, y (ii) desde la perspectiva de la Teoría del Derecho, como parte instrumental abstracto-conceptual, puede prestar servicios a la dogmática, permitiendo diseccionar de la masa normativa aquellas partículas de una naturaleza singular y concreta que conforman una misma disciplina, con el objetivo de darle sentido y coherencia a su interpretación y aplicación.

---

147 El texto que se ofrece corresponde a la ponencia leída por el autor en el trascurso de las III Jornadas de Derecho Administrativo, Antofagasta, 2006. Publicado en: "Reconstrucción de los límites actuales del derecho administrativo chileno y de su núcleo dogmático. Una primera formulación", en: *Estudios sobre la Ley Orgánica Constitucional de Bases Generales del Procedimiento Administrativo, Actas de las Terceras Jornadas de Derecho Administrativo* (Universidad de Antofagasta, 2006), pp. 81-93. Dada su naturaleza, y por ser una primera formulación dirigida a la discusión académica, no se desarrolla un aparato crítico completo. Además, en publicaciones posteriores el autor continúa precisando el concepto teórico de "núcleo dogmático" que aquí formula, pues en esta ponencia el autor solo ha querido adelantar a los especialistas las bases metodológicas sobre las cuales intenta formular los contornos más precisos de la disciplina.

Esta técnica metodológica ha sido un subproducto (que se transformó en pieza esencial) de las dificultades que, como jurista, he tenido para construir una sistematización de las disciplinas jurídicas especializadas a las que he dedicado mis estudios.

Esta técnica permite identificar y ordenar toda la información de una disciplina jurídica. En derecho administrativo una primera observación nos permite comprobar la existencia de algunas instituciones propias, que enmarcan algunos principios propios; esto es, todo un sistema que se armoniza a través de esas instituciones informadas por principios jurídicos perfectamente definibles y que le otorgan el carácter de sistema jurídico autónomo (como disciplina, al derecho administrativo).

El desarrollo que aquí proponemos no tiene solo relevancia metodológica, es decir, no solo es útil como forma de explicar el contenido del derecho administrativo como disciplina jurídica, sino que su importancia se extiende a la aplicación práctica del derecho administrativo, en cuanto le permitirá al jurista (y de ahí al juez, al abogado, al estudiante) determinar la naturaleza jurídica de las normas, comprender su coherencia interna y determinar su aplicación. Especial importancia reviste esta técnica del núcleo dogmático para la integración del derecho administrativo con otras ramas del derecho, cuando en el primero existiere una laguna legal. Lo mismo es para la aplicación de la técnica de la supletoriedad normativa; en fin, para la interpretación de las normas e instituciones jurídicas del derecho administrativo que suelen estar invadidas por la visión o mirada del derecho civil.

Entonces, es necesario el desarrollo y análisis de cada una de las instituciones y principios jurídicos que conforman el núcleo dogmático de la disciplina, lo cual implica (en una primera formulación, que ofrezco en esta reunión de especialistas, para recibir las críticas y aportes de mis colegas):

i) El desarrollo de la "*Administración*", como hecho jurídico orgánico y funcionalmente. Los principios de organización, de ejercicio de la función pública y de sujeción al control jurídico.

ii) Las "*potestades*" y la acción administrativa. Principio del apego al "tipo" legal en el ejercicio de las potestades administrativas [Teoría de las potestades administrativas]. Principio de la forma y finalidad del ejercicio de las potestades administrativas (servicialidad, subsidiariedad, transparencia, probidad).

iii) Los "*administrados*" en el ámbito de los derechos administrativos subjetivos, como ciudadano/persona/regulado/beneficiario, etc. Principio del respeto a los derechos de las personas en el ámbito del DA.

A partir de los elementos anteriores es posible elaborar un esquema de sistematización y estructuración dogmática de la disciplina jurídica, que es el derecho administrativo. También, a partir de un análisis somero de la normativa vigente y de la realidad del derecho administrativo, a través de los hechos y los principios jurídicos que la orientan en el actual contexto del derecho administrativo chileno. Es intentar un planteamiento que sistematice y explique, desde la perspectiva del derecho vigente, las instituciones y principios relativos a la funcionalidad de la administración pública: esto es, un planteamiento dogmático (de Ciencia del Derecho).

En fin, a mi juicio un libro dedicado a la parte general de la disciplina debe exponer los exactos límites y contornos del derecho administrativo chileno actual, a partir de las instituciones y principios jurídicos que conforman su núcleo dogmático. Se debiera abordar con una especial mirada de las instituciones propias del ámbito nacional, a partir de su desarrollo en la doctrina, las normas y la jurisprudencia. Es propósito usual de todo especialista ofrecer una exposición general de su disciplina; por lo que, como paso previo a efectuar mi aporte de esa naturaleza, debo intentar trazar los límites actuales que, a mi juicio, actualmente tiene la disciplina. Este es el objetivo de esta exposición: señalar la técnica teórica que utilizaré para trazar tales límites y, enseguida, ofrecer una primera formulación, en síntesis, de esos límites.

Lo usual, en la doctrina, al tratar de explicar qué es el derecho administrativo y cómo se ha construido, es recurrir a las formas por las que se han organizado el Poder Ejecutivo o las estructuras de la Administración, para terminar de exponer que el derecho administrativo es el conjunto de normas y principios que rigen a la Administración pública. Y lo cierto es que el derecho administrativo es un fenómeno jurídico más amplio, que debemos con una investigación teórica (de las técnicas de epistemología disciplinaria) y práctica (de la realidad jurídica: hechos y normas) de poner a la luz.

Es un fenómeno jurídico que es particular en cada etapa histórica jurídica, aun cuando su origen se deba a los principios nacidos de la doctrina de la Revolución francesa y al posterior modelo de derecho administrativo francés. La deducción de todas las instituciones del derecho administrativo del derecho francés o español no es una práctica muy depurada, pues una de las notas características del derecho administrativo es, precisamente, su adecuación a las tradiciones nacionales. Muy pocos autores del ámbito administrativista chileno se han dedicado a analizar y describir la formación de las instituciones jurídicas administrativas más relevantes, así como su desarrollo en la legislación y la jurisprudencia, de una manera que nos permita exponer con claridad qué es el derecho administrativo chileno y cuáles son sus contornos como disciplina jurídica en la actualidad.

El derecho administrativo chileno ha sido construido sobre la base de aciertos y desaciertos de la mano del legislador (amplia creación normativa). La jurisprudencia ha sido poco creativa en la elaboración de principios jurídicos y ha estado apegada, por generalidad, a la literalidad de la ley. No obstante, en la labor de interpretación y control de los actos de la Administración, la Contraloría General de la República y los tribunales de justicia han ejercido un papel importante, aunque no ha sido suficientemente creador como para hablar de una "doctrina jurisprudencial relevante" a la manera del caso francés.

Así que la creación más importante ha sido obra de la doctrina, la que no ha sido suficiente para explotar todo el campo del derecho administrativo. Es solo cuestión de sistematizar la bibliografía (obras generales) al respecto.

1. AUTORES Y OBRAS GENERALES MÁS IMPORTANTES DE LA DOCTRINA NACIONAL. SU APORTE AL DERECHO ADMINISTRATIVO CHILENO

En una formulación muy general, y pudiendo por ahora omitir, como es comprensible en el inicio de una investigación, algunas obras, podemos señalar textos que se han constituido como hitos del derecho administrativo general.

La primera obra que podemos señalar, como obra general del derecho administrativo, es atribuida a Santiago Prado en 1859, la cual se titula *Principios elementales sobre el derecho administrativo*. Sin embargo, de la época, las más reconocidas son las de Valentín Letelier con las publicaciones: *La Ciencia Política en Chile* (1865), *Génesis del Estado* del mismo año y *Apuntaciones de derecho administrativo* (1907). En estas obras, para muchos autores está la génesis del derecho administrativo chileno. Son obras dirigidas a explicar la organización administrativa en la concreción de la separación de poderes públicos.

Juan Antonio Iribarren, en su libro *Lecciones de derecho administrativo* (1936), nos dice que el derecho administrativo es "el conjunto de principios y preceptos que informan y rigen la actividad del Estado que tiene por objeto proveer a la conservación del organismo político y del cuerpo social" (p. 116). "De esta concepción fluye que nuestro derecho está constituido por principios doctrinarios y por preceptos jurídicos: elementos teóricos y normas legales" (p. 116). Materias que conforman el derecho administrativo (Iribarren, p. 120): a) La organización y funcionamiento de los servicios públicos (fin público), b) las relaciones de la Administración con los ciudadanos y los habitantes del país extranjero, c) la función pública, d) acto administrativo, e) el contencioso administrativo,

f) la organización de la llamada "justicia administrativa", g) las relaciones de los organismos administrativos entre sí.

Existen en el siglo XIX otros aportes relevantes, pero que no tienen el planteamiento general que ahora buscamos, sino que son obras que desarrollan temas especiales.

Una bastante interesante es la de Guillermo Varas C. (1940). En ella el autor expone los antecedentes jurisprudenciales que le hacen concluir que ya podía hablarse en Chile de un "país con un derecho administrativo consagrado por las resoluciones judiciales y administrativas de notoria importancia" (p. 5). "En nuestro estudio nos alejaremos un tanto de aquella tendencia tradicional, para acercarnos, en cuanto nos sea posible, al método moderno que busca, especialmente en la jurisprudencia, las soluciones jurídicas de los problemas que hoy con tanta frecuencia se presentan, debido en gran parte a la creciente intervención del Estado" (p. 6). Expone a la manera de los manuales y obras de la época, en especial las francesas.

Otro en citar es el profesor Manuel Jara Cristi con su libro *Derecho administrativo* (1943, p. 8) en el que define al derecho administrativo en Chile como el derecho que "tiene por objeto la Administración pública, es decir, la organización de policía y de servicios públicos mediante la cual el Estado satisface, de manera continua las necesidades comunes y provee los intereses generales. En otros términos, el objeto del derecho administrativo es observar al Estado en su actividad y descubrir las reglas jurídicas que rigen esa actividad y sirven para realizar las funciones de la Administración".

Agustín Vigorena con su obra *Derecho administrativo* (1947, p. 7), para el cual el derecho administrativo es "aquella parte del derecho positivo de un pueblo formado por los principios destinados a orientar una buena convivencia social, y por los preceptos, ya sean leyes u otras normas obligatorias, que presiden la organización y la actividad del Estado a fin de hacer posible esa buena convivencia"; "(...) hay una serie de principios que forman como la espina dorsal del derecho administrativo y existen además normas jurídicas que rigen la actividad del Estado de conformidad con estos principios".

Para ambos autores, el derecho administrativo concreta los valores y principios fundamentales del derecho constitucional. Agustín Vigorena: "El derecho administrativo debe desenvolver las disposiciones fundamentales del derecho constitucional..." (p. 8). Y Jara Cristi: "Puede decirse que el derecho constitucional fija los principios, entre tanto que el administrativo fija las normas de aplicación de esos principios" (p. 8). Fue una tendencia, no solo a nivel doctrinal sino académico, por lo que la enseñanza del derecho administrativo en sus orígenes tuvo un marcado carácter constitucionalista.

"Este derecho tiene por objeto reglar las organizaciones y funcionamiento de los servicios públicos, las relaciones de la Administración con sus funcionarios y con los ciudadanos y habitantes del país, los medios jurídicos y materiales necesarios para el ejercicio de la función administrativa, y los procedimientos necesarios para castigar a los funcionarios o a las particulares que violen las reglas de la administración, o las acciones que estos mismos puedan entablar para defenderse de las arbitrariedades de los funcionarios" Jara Cristi (pp. 8-9).

De 1960 es la obra titulada *Derecho Administrativo* de Patricio Aylwin Azócar, la cual trata en lo esencial del derecho administrativo interno o de la función pública, así como la organización administrativa y los principios que la orientan.

La obra de Enrique Silva Cimma ha sido bastante importante, en especial su estudio sobre los servicios públicos y la importancia que revisten (1961, 1ra. edición) *Teoría general de los servicios públicos,* así como, *El derecho administrativo chileno y comparado. Introducción y fuentes* (1968, 2a edición). Para el autor, "la evolución de esta rama del derecho público, por lo tanto, como conjunto de normas que establecen la relación entre el Estado y los particulares, para quienes ven en este aspecto su característica fundamental, o como regulación u ordenación de los servicios públicos, para aquellos, como Jèze, que creen que en esto radica su esencia, está sin lugar a dudas íntimamente ligada a la transformación del Estado de policía en Estado de derecho, o sea, a la evolución del derecho político" (p. 21). "Pero el ámbito del derecho administrativo deberemos situarlo preferentemente, si bien no absolutamente, dentro de la órbita de la potestad ejecutiva que se entrega a la Administración" (p. 24). "En cuanto a Chile, se ha acentuado de tal manera el Estado de derecho que es posible hablar de un derecho administrativo chileno con su propia doctrina, cimentada en la majestad de la ley administrativa ampliamente respetada y reglamentada" (p. 26).

En la obra de Hugo Caldera Delgado, *Manual de Derecho Administrativo* (1979), el derecho administrativo gira alrededor del acto administrativo, por ser el punto o "zona de contacto en que convergen las prerrogativas de poder público y los derechos e intereses legítimos de los particulares, reconocidos y asegurados por el ordenamiento jurídico...)" (p. 7). "Al continuar en la perspectiva señalada y habida consideración del papel eminentemente tutelar o administrados, hemos tratado, deliberadamente, de volcar nuestra atención hacia la trilogía integrada por: a) la prerrogativa exorbitante del derecho común, b) por el contralor jurídico de la misma, y c) por la responsabilidad derivada del ejercicio de las potestades del poder público" (p. 7)".

Otro de los autores es, Manuel Daniel Argandoña (1982), con su libro *La organización administrativa en Chile.* Para el cual el derecho administrativo es el derecho de la función administrativa. "El derecho administrativo es el derecho de la función administrativa que, siendo una de las manifestaciones del poder del Estado, es una actividad ordenada a un fin público, cual es el de satisfacer y realizar concretamente las necesidades y prestaciones requeridas por la comunidad". Es, entonces, "la noción de acto administrativo una noción básica alrededor de la cual se ordenan los conceptos que constituyen el sistema". No obstante, "el sistema de derecho administrativo comprende así las prerrogativas de poder que a la Administración corresponden para que cumpla las fines que la ley señala, pero también las garantías de los administradores frente a tales prerrogativas, que fundamentalmente se traducen en la posibilidad de reclamar por la ilegalidad de los actos administrativos" (p. 8).

Asimismo, el autor se pregunta si en este sistema del derecho administrativo hay algún espacio para la consideración de la organización administrativa, cuestionamiento que lleva al análisis principal de esta obra: "(...) la concepción de acto administrativo estará ligada a la del órgano que es competente para realizarlo" (p. 9). Por lo tanto, un estudio relevante de este no puede estar ajeno a las formas por las que se organiza las funciones administrativas.

La obra de Eduardo Soto Kloss *"Derecho Administrativo, bases fundamentales"* (1999) gira alrededor de los principios jurídicos que informan el derecho administrativo "los principios básicos, fundamentales o esenciales que son el cimiento y estructura de todo el ordenamiento público (...)" (p. 129). A partir de ellos desarrolla el derecho administrativo y su concreción normativa.

Todos estos autores han tenido la intención más o menos clara de desarrollar, en torno a una institución del derecho administrativo, toda una disciplina. Ciertamente estos enfoques han sido interesantes y relevantes en su época, pero no permiten explicar completa y sistematizadamente todo el derecho administrativo actual, que necesita de un método no solo depurado sino actualizado que nos permita reconocer la variedad de la realidad que acompaña al derecho administrativo, en especial el vigente.

El estudio que aquí proponemos va encaminado a mostrar cómo se ha construido y cuál es el derecho administrativo chileno actual. Abordamos ese objetivo sobre la base de una mirada especial de las instituciones jurídicas que lo han sostenido, como el principio de juridicidad y su control, el recurso de protección, los derechos subjetivos de los administrados, las acciones de nulidad y responsabilidad, y otras.

Es, en definitiva, exponer cuáles son las estructuras que lo conforman tanto material como formalmente, objetivo que no solo tiene un alcance metodológico sino también epistemológico, pues nos va a permitir desarrollar los contornos y contenidos del derecho administrativo como disciplina y como ciencia jurídica.

2. EL "NÚCLEO DOGMÁTICO" DEL DERECHO ADMINISTRATIVO. IDEA Y FUNCIÓN DE LOS "NÚCLEOS DOGMÁTICOS". UNA PRIMERA FORMULACIÓN

Es necesario, por lo tanto, intentar un planteamiento sobre el núcleo de la disciplina del derecho administrativo; esto es, aquella masa básica de regulación normativa de donde el jurista extrae, disecciona, separa y demuestra las instituciones y principios que le dan autonomía y que posibilitan su explicación general (de la teoría general de la disciplina), y que proveen soluciones y modelos de solución especial para los problemas concretos y singulares (los casos).

Un insustituible servicio al análisis dogmático, que es lo propio del jurista, ofrece la idea de "sistema" si, al conectarla con un orden normativo vigente, le agregamos la idea de "núcleo dogmático"; idea/técnica esta que se ha transformado en una herramienta insustituible para construir teóricamente cada disciplina especial y postular su autonomía. Sucede así, por ejemplo, en los casos del Derecho de minería, del Derecho de aguas y del Derecho eléctrico, de frente al Derecho administrativo general. Pero la dificultad es la misma cada vez que se intenta asumir la especialidad y autonomía del derecho administrativo de frente al derecho civil (llamado "común"). Y ello resulta agravado en Chile dado el sistema de control jurisdiccional vigente, en que no existe un juez administrativo especializado y la mayor tendencia de los jueces generalistas es a resolver las cuestiones fronterizas con criterios civilistas. El ejemplo paradigmático es el de la responsabilidad patrimonial de la Administración (tema en que muchos autores siguen refiriéndose a responsabilidad "extracontractual" del Estado), en que tal doctrina civilista, usando la técnica de la supletoriedad y la ausencia de normas especiales en la escasa regulación administrativa, postula la aplicación lisa y llana de las normas y principios del derecho civil en la materia. Es así, pues la función dogmática consiste en ofrecer de un modo coherente y pleno de sentido las relaciones existentes entre cada cuestión concreta y singular y el sistema completo; y para ello cabe tener perfecta noción de la naturaleza jurídica de cada norma singular, y su pertenencia o no a una disciplina.

Postulamos el concepto y técnica de un "*núcleo dogmático*" para cada disciplina con una doble función: (i) desde la perspectiva de la epistemología de las disciplinas jurídicas, es el origen y explicación del estatuto científico autónomo de una disciplina; y (ii) desde la perspectiva de la Teoría del Derecho, como parte del instrumental abstracto-conceptual, puede prestar servicios a la dogmática, permitiendo diseccionar de la masa normativa aquellas partículas de una naturaleza singular y concreta que conforma una misma disciplina, con el objetivo de darle sentido y coherencia a su interpretación y aplicación. Esta técnica metodológica ha sido un subproducto (que se transformó en pieza esencial) de las dificultades para construir una sistematización de las disciplinas jurídicas especializadas.

1. *Instituciones del derecho administrativo.* En derecho administrativo una primera observación nos permite comprobar la existencia de algunas instituciones propias, que enmarcan algunos principios propios; esto es, todo un sistema que se armoniza a través de esas instituciones y principios. Es la realidad de la administración pública y su regulación jurídica histórica y vigente la que ha moldeado unas instituciones informadas por principios jurídicos perfectamente definibles, y que le otorgan el carácter de sistema jurídico autónomo (como disciplina) al derecho administrativo.

Es necesario intentar un planteamiento que sistematice y explique, desde la perspectiva del derecho vigente, las instituciones y principios relativos a la funcionalidad de la administración pública: esto es, un planteamiento dogmático (de Ciencia del Derecho).

Para sistematizar la legislación vigente, que es la tarea propia de la dogmática, es necesario observar la realidad, esto es, la actividad administrativa, y describir con conceptos jurídicos las "situaciones" o "posiciones" jurídicas que se producen a propósito de la misma: el papel del Estado (en alguna de sus fases: como regulador o legislador; como Administración; o como *fiscus*); de los particulares.

2. *El núcleo dogmático de la disciplina.* Dicho núcleo surge de las características generales de la administración pública que se ha ido moldeando históricamente a través de instituciones como, por ejemplo, la Contraloría General de la República. De tales características diseccionamos en clave jurídica las diferentes categorías dogmáticas (instituciones y principios) que conforman el núcleo de la disciplina.

Surge de un análisis somero de la normativa vigente y de la realidad del derecho administrativo como materia regulada (lo que luego siempre debe ser confirmado con un análisis más profundo) en el constante "ir y venir de la mirada" del jurista: desde la realidad al texto normativo y viceversa.

3. *Instituciones que forman el núcleo dogmático.* A partir de tres categorías dogmáticas o instituciones como: a) la Administración y su control jurídico; b) la acción administrativa y su configuración típica de potestades, y c) el "administrado" y sus derechos públicos subjetivos; y los sendos principios, que a cada una de estas bases están adosados, de: a) control judicial de la actuación administrativa;

b) de juridicidad, *surge* en esencia, la disciplina que denominamos "Derecho Administrativo"; y, b) de respeto de los derechos públicos subjetivos; estas tres bases de hechos jurídicos, normas, instituciones y principios forman el *sistema del derecho administrativo*. Ellas conforman el ser de esta disciplina: en torno a estas bases dogmáticas centrales, contenidas en la realidad social y desarrollada en la legislación vigente, los juristas podemos articular el sistema de instituciones y principios del derecho administrativo.

4. *Epistemología jurídica: delimitar una disciplina jurídica*. El derecho administrativo es difícil de delimitar como una disciplina autónoma para el práctico porque no hay un cuerpo legal (o código) sobre la materia, sino que existen normas dispersas, por lo que existen muchos vacíos.

Para hacer una delimitación hay que distinguir primero los elementos esenciales de ella, sus núcleos dogmáticos, sin los cuales la disciplina deja de ser tal.

En este sentido, debemos preguntarnos si existe dentro de la problemática social alguna que responda a la Administración, a su relación con las personas y a la regulación de su acción. Si esto es así, se podrá considerar configurada la disciplina del derecho administrativo.

5. *Cómo se elaboran los núcleos dogmáticos*. A partir de dos observaciones:

a) *De la realidad*. Se refiere al hecho jurídico. La realidad es muy amplia, por lo que el jurista va elaborando disciplinas para ir abarcando y estudiando cada trozo de realidad. La realidad que nos importa es la nuestra, la actual, en este caso es la "existencia de la Administración del Estado", de una acción administrativa típica y de unos sujetos jurídicos que en su relación con aquélla cabe calificar de "administrados".

b) *De las normas jurídicas* que se refieran a esta realidad. Estas normas no tienen siempre que estar codificadas (aunque esto significa una ayuda para el jurista), sino que deben ser analizadas según las herramientas sistémicas de ordenación y unidad que hemos visto anteriormente. Es por esto que el jurista, al observar una realidad y un grupo de normas, determina cuáles son las materias más importantes y determina, por lo tanto, cuáles son los núcleos dogmáticos.

6. *Para qué sirven los núcleos dogmáticos*. Sirven:

i) para conformar cada disciplina jurídica, pues cada una de ellas está conformada, en esencia, por su propio "núcleo dogmático"; consiguientemente,

ii) para determinar la naturaleza jurídica de las normas; y, en fin,

iii) para comprender la coherencia interna de las normas y poder determinar su aplicación.

7. *Idea y función del sistema en el derecho administrativo.* La idea sistemática en el derecho, al aplicarla a una disciplina específica, como el derecho administrativo, le proporciona unidad, coherencia y es un invaluable auxiliar para la interpretación y aplicación del derecho vigente.

En especial, cabe referirse en esta investigación a la idea de "sistema" en el derecho. El concepto de sistema es viejo y conocido en la Ciencia del Derecho, y está vinculado a la necesidad de búsqueda de orden y unidad, ideas a partir de las cuales es posible ofrecer un análisis coherente y de sentido del orden jurídico, de las normas jurídicas vigentes. Es este un tema ineludible de la metodología jurídica, el que en este sitio solo enunciamos en sus caracteres más generales en la medida estrictamente necesaria para comprender las funciones que cumple la idea sistemática en el mundo del derecho, y para justificar su aplicación en este texto. Se trata de utilizar un sistema abstracto-conceptual con la finalidad de reducir la masa de la materia jurídica a unos pocos conceptos que dan unidad y coherencia a amplios sectores de una disciplina jurídica.

En la literatura jurídica moderna, Savigny postuló en siglo XIX la idea de sistema, señalando que "todas las instituciones jurídicas están ligadas en un sistema y que solo pueden ser comprendidas por completo dentro del vasto contexto de este sistema". Sin perjuicio de la idea de plenitud (conexa a la idea de lagunas), son el orden y la unidad las notas más características de la construcción de un sistema jurídico, desde la perspectiva científica. La idea de orden implica la necesidad de ofrecer una coherencia interna racionalmente captable, fundada en la realidad; y la idea de unidad modifica algo la anterior nota de orden, pues no puede romperse la unidad en una serie de unidades individuales y desconectadas, sino que ha de reconducirse a unos pocos y determinantes principios básicos. A partir de este orden y unidad es posible construir un sistema "científico" de una disciplina determinada, como: diseccionando sus instituciones.

Hay un problema conceptual que aclarar, pues la palabra "sistema" es polisémica. Así: (i) el sistema científico del derecho es distinto al sistema de los objetos del conocimiento jurídico, esto es, las leyes, las que en un orden interno conforman el llamado ordenamiento jurídico o "sistema normativo": el llamado "sistema interno" (orden normativo vigente en un país determinado) suele contraponerse al "sistema externo" (el abstracto-conceptual); (ii) además, al estudiar los distintos órdenes jurídicos comparados, o culturas jurídicas, se utiliza el vocablo "sistema" para referirse a sus orígenes geográficos o influencias (por ejemplo, sistema romanista, sistema angloamericano, etc.); (iii) en fin, cabe distinguirlo de la Teoría de Sistemas, cuyo campo de aplicación son las ciencias experimentales o exactas, e intenta observar sus interrelaciones; su campo de aplicación al derecho está abierto al examen de la realidad, pero es distinto al sistema conceptual, que aquí revisamos.

Por lo tanto, en el desarrollo de la parte general de una disciplina jurídica, y al construir su teoría general usando como método la visión sistemática, se cumple la función más característica de la Ciencia del Derecho: ofrecer modelos de solución de problemas para la práctica jurídica. En efecto: la idea sistemática le permite al jurista cumplir dos funciones primordiales: (i) una función de búsqueda de coherencia, ordenando los materiales jurídicos, diseccionándolos y ofreciendo lo que podemos llamar los "núcleos dogmáticos", los que cumplen una función auxiliar inestimable para la interpretación y aplicación del derecho, otorgando herramientas para colmar las lagunas legales y dar plenitud a una disciplina, y (ii) una función de unidad, que reduce el riesgo de rompimiento o desconexión de una disciplina; es la justificación de su autonomía. Estas funciones las desarrollaremos en relación a la disciplina del derecho administrativo.

8. *Derecho administrativo y derecho privado.* Por ejemplo, en las disciplinas de derecho privado se desarrollan principios propios, características propias e instituciones propias. Ejemplos de principios: autonomía de la voluntad, igualdad de partes en la contratación, etc. Ejemplos de instituciones: contratos, responsabilidad derivada de los daños, prescripción (modo de adquirir y de extinguir), propiedad o dominio, personalidad jurídica, representación o mandato, nulidad; el derecho de familia; en el área comercial existen las sociedades, los actos de comercio, la quiebra, etc. El derecho privado tiene una tradición de dos mil años, pero el derecho administrativo nació recién tras la Revolución Francesa, o sea, hace poco más de doscientos años.

En el derecho administrativo la relación no es de igual a igual, sino que se trata de la persona frente a los organismos del Estado. Aunque las personas y los órganos del Estado sean sujetos de derecho y puedan enfrentarse ante un tribunal, la relación o enfrentamiento en los hechos es desigual.

[Los órganos del Estado tienen personalidad jurídica, no así el "Estado", que corresponde a un concepto sociológico. El "Estado", a secas, no tiene operatividad en el mundo jurídico, aunque la Constitución haga menciones a él. Como categoría, tiene relevancia en el derecho internacional. Solo la administración tiene personalidad jurídica; el Poder Judicial y el Legislativo carecen de ella.]

Hasta la mitad del siglo XX la Administración gozaba de muchos privilegios. Argüía que actuaba en función del bien público y eso llevaba a que los particulares debieran ceder mansamente sus derechos y libertades ante ella.

Ejemplo de la incompatibilidad de conceptos civilistas frente al derecho administrativo: para hacer una carretera (adquisición de bienes) es necesario recurrir a la expropiación y no a la autonomía de la voluntad para verificar si los particulares quieren o no vender. La relación que tiene la administración con los bienes se le llama "propiedad pública", o sea, otorga un apellido al concepto civilista de "propiedad o dominio". Pero la administración no tiene un vínculo propietario con los bienes.

Con estas rarezas se han construido las instituciones en derecho público. Esa propiedad pública no tiene el carácter excluyente de la propiedad privada, porque en general son bienes de uso público (también existen los bienes fiscales). Es decir, finalmente han de hacerse distinciones para un mismo concepto, aunque se use el mismo. También se ha trasladado la idea de "contrato administrativo", aunque no exista la igualdad de partes.

Hay ocasiones en el Estado realiza actividades en el mundo privado y lo hace por medio de una persona jurídica: el Fisco.

El "principio de la buena fe", propio del Derecho Civil, se une al "principio de la confianza legítima" del derecho administrativo.

Al revisarse la legislación y los tratados de derecho administrativo, habrá que reconocer el traslado de conceptos desde el derecho civil al administrativo.

Anexo. El núcleo dogmático del derecho administrativo. Una propuesta inicial

Un primer planteamiento, que se desarrollará en todas sus consecuencias en esta investigación, justificando inclusiones y exclusiones, y ofreciendo una terminología adecuada, podría ser el siguiente:

Instituciones y principios [que conforman el núcleo dogmático] del derecho administrativo:

A/ La "*Administración*". Orgánica y funcionalmente: Teoría de la Administración

Hechos jurídicos:

1. *Es una estructura orgánica:* Jefe de la Administración; ministerios; jefes de servicios, etc. [Hay también una "administración" independiente y descentralizada, en manos de particulares]
2. *Tiene un personal.*
3. *Control jurídico interno* [CGR] *y externo* [Tribunales de Justicia]

Normas: de organización y función pública.

Sistematización y principios:

1. Principios de organización [Derecho administrativo de la organización]
2. Principios de ejercicio de función pública [Derecho administrativo de la función pública]
3. Principio de sujeción al control jurídico [Derecho de la contraloría interna de la Administración] [Derecho del contencioso administrativo]

B/ "Potestades" y Acción Administrativa: Teoría de la acción administrativa típica

Distinción: Acto de gobierno/Acto administrativo

Hechos jurídicos: intensa actividad administrativa de bien público e intervención en actividades de los "administrados".

1. *Mecanismos/técnicas:* - Procedimientos administrativos - Actos Administrativos: amplia tipología. En especial: - Concesiones/Autorizaciones- Contratos: de obra pública; de compras y servicios.
2. *Contenido de la acción administrativa*- "Regulación" y ordenación - Prestación de servicios públicos [no concesionados ni concesionables]- Fomento- Sanciones administrativas- Expropiación- Empresario: Excepción.

Sistematización y principios:

1. Principio del apego al "tipo" legal en el ejercicio de las potestades administrativas [Teoría de las potestades administrativas]
2. Principios de la forma y finalidad del ejercicio de las potestades administrativas (Servicialidad; subsidiariedad; transparencia; probidad)

C/ Los "administrados".): Teoría de los derechos públicos [administrativos] subjetivos
Hecho jurídico: su subsistencia y bienestar ("bien público") como fin de la existencia y actividad administrativa toda/su dignidad y libertad (particulares/ciudadanos/personas/regulados/beneficiarios, etc.)
Respeto a los derechos de las personas. Fundamento: dignidad y garantía patrimonial.
Normas: Consagran derechos públicos subjetivos.
Sistematización y principios:
1. Principio de responsabilidad de la Administración [Derecho administrativo de la responsabilidad]
2. Principios de igualdad ante la justicia para la anulación de actos de la administración. [Derecho procesal administrativo de las acciones y recursos]

CONCLUSIONES

1° El derecho administrativo chileno no se agota en el régimen jurídico de la actividad de la Administración, ni en las formas o estructuras de organización administrativa. Es un fenómeno tanto dogmático como jurídico mucho más amplio, que se nutre de las instituciones propias del derecho administrativo como de realidades de hecho y normativas que son propias del ámbito de lo público.

2° Es necesario un planteamiento que sistematice y explique, desde la perspectiva del derecho vigente, las instituciones y principios relativos a la funcionalidad de la administración pública: esto es, un planteamiento dogmático.

3° Este planteamiento dogmático o de Ciencia del Derecho pareciera que solo es posible lograrlo a partir de la técnica de lo "núcleos dogmáticos". Técnica que le permite al jurista extraer, diseccionar, separar y mostrar las instituciones de una determinada disciplina jurídica, a partir de la regulación normativa, la realidad con trascendencia jurídica, el sistema externo y la jurisprudencia.

4° Las instituciones que forman el núcleo dogmático del derecho administrativo son:

i) La "Administración", como hecho jurídico orgánico y funcionalmente (los principios de organización, principios de ejercicio de la función pública y el Principio de sujeción al control jurídico).

ii) Las "Potestades" y acción administrativa (Principio del apego al "tipo" legal en el ejercicio de las potestades administrativas [Teoría de las potestades administrativas]. Principios de la forma y finalidad del ejercicio de las potestades administrativas: servicialidad; subsidiariedad; transparencia; probidad).

iii) Los "Administrados" en el ámbito de los derechos administrativos subjetivos (DPS), como ciudadano/personas/regulados/beneficiarios, etc. (principio delñ respeto a los derechos de las personas en el ámbito del DA).

5° Todas estas instituciones están asociadas a realidades jurídicas y principios jurídicos que son propios del ámbito de lo público y de las relaciones jurídicas administrativas.

IV. DERECHO ADMINISTRATIVO Y MÉTODO JURÍDICO. EL ROL DE LA DOCTRINA[148]

PRIMERA PARTE: ENSEÑANZA Y CONTENIDO DEL DERECHO ADMINISTRATIVO

Este encuentro está referido al Método jurídico, con las singularidades que resultan al ser aplicado a la disciplina del Derecho Administrativo. En esta primera parte me referiré al contenido de la disciplina.

No podemos olvidar, desde el inicio, la esencialidad del método. El tema del método es importante.

Todos nosotros, estamos acá reunidos porque estamos entusiasmados en llevar adelante una tarea a la cual hemos ingresado por vocación, pero ya luego por interés de captar, enseñar algo que nosotros hemos aprendido: el derecho administrativo.

Entonces, siempre habrá una enseñanza del derecho administrativo. Pero hemos de agregar algo más a este entusiasmo y a la experiencia que tengamos en la disciplina; debemos incorporar el método, es decir, alguna forma de hacer las cosas bien. Eso es el método. Es algo que nos ayuda en el camino: primero, en el sendero sinuoso de aprender lo que hemos querido enseñar y, luego, en la ruta de saber enseñar lo que hemos aprendido.

¿Qué es aquello que enseñamos? ¿Qué método usamos para aquello que enseñamos? ¿Cómo estamos enseñando? En este primer bloque, entonces, vamos a poder observar lo que se enseña, o se debe enseñar, o cómo enseñaron el derecho administrativo nuestros maestros.

Me referiré, entonces, al rol del derecho administrativo como disciplina académica y como fuente del derecho.

148 Transcripción de la presentación inaugural de las "Jornadas sobre Método y Enseñanza del Derecho Administrativo", Lima, 30 de agosto de 2014. Publicada en: *Revista de Derecho Administrativo* N° 103 (Buenos Aires, Abeledo Perrot, 2016), pp. 77-91; y en: *Themis Revista de Derecho* N° 69 (Lima, 2016), pp. 13-25.

[El derecho administrativo como disciplina] En primer lugar, ¿qué es el derecho administrativo? Hay muchas posibilidades para acercarse a él. En primer lugar, la posibilidad natural de todos nosotros, si nos referirnos al derecho, es querer enseñar la ley, solo la ley, lo que dice la ley en general sobre aquello que en principio llamamos Administración. Sin embargo, las leyes tienen datos parciales y no se aplican ellas solas.

Como nosotros nos vamos a referir al derecho administrativo, desde ya voy a marcar una distancia, pues este se puede concebir no solo como aquel que está en las leyes, no solo como aquel que está en la jurisprudencia, sino como aquel que está en los libros que escriben los profesores. A estos textos se les puede llamar "manual" de derecho administrativo o incluso, muchas veces, simplemente "apuntes" que alumnos aventajados y cuidadosos toman de las clases de sus profesores y se transforman en un texto del derecho administrativo. Muchas veces por la modestia de su origen, según cómo van surgiendo esos textos, nos olvidamos que ellos son, precisamente, una fuente más del derecho y al desconocer ese rol de estos modestos libros, nos olvidamos de esas primeras clases que tenemos en el primer año de la carrera, cuando nuestros profesores de Teoría del Derecho o de Introducción al Derecho nos enseñaban las fuentes del derecho.

[Las fuentes del derecho; entre ellas, la Doctrina] i) Pues desde que aprendemos por primera vez el tema de las fuentes del derecho ha quedado en nosotros una clasificación básica de ellas. Nuestros profesores nos decían: en primer lugar, está la ley. Nadie negaría que en nuestras sociedades la fuente más importante, desde el punto de vista de la regulación de la conducta de los hombres, es la ley. Siendo la ley algo muy relevante sobre todo en nuestro esquema de acuerdo social, es una regla creada por el Parlamento en una sociedad que ha sido construida bajo la separación de varios poderes, cada uno con su rol. Entre ellos, el que inicia esta regulación es el poder legislativo, que dicta la Ley. Luego, el poder jurisdiccional, en su caso, la aplica y el Poder Ejecutivo, cuyo papel en medio de nuestra disciplina es evidente, tiene la tarea de la ejecución de las leyes, en pos del bien común.

ii) La segunda fuente del derecho que nuestros profesores nos mencionaban es la jurisprudencia. No se enseña con tanta sistematicidad la jurisprudencia en nuestro país, pero todos tenemos conciencia que es una fuente del derecho.

iii) Enseguida, nuestros profesores seguían agregando algunas otras fuentes. Por ejemplo, en tercer lugar, se solía agregar la costumbre, como una fuente relevante. En muchas disciplinas es irrelevante la costumbre, pero en otras se estudia con cuidado, pues es muy importante, como en el caso del derecho de aguas.

iv) En cuarto lugar, según recuerdo, se agregaba como fuente a la Doctrina. Estoy recordando esto precisamente en este momento en que se supone –y lo digo con total humildad– como él último de la fila, que los que estamos aquí y los que profesamos esta ciencia, la Ciencia de Derecho, y que escribimos libros no podemos perder la conciencia, la íntima conciencia de que, dedicándonos a escribir dichos libros, con mayor o menor cuidado, tales libros son y deben ser esa fuente del derecho que llamamos Doctrina.

Y esta Doctrina es, tengámoslo claro, un fenómeno cultural que se da en medio de nuestras sociedades. Cabe tener esa conciencia sin falsas humildades, sin soberbias excesivas, pues ese sentimiento, esa sensación, esa raíz psicológica, es algo muy importante. Son como las seguridades personales, son como las identidades personales. Saber identificarse en lo que se es y en lo que no se es. Es que los profesores de derecho que, además de enseñar sus disciplinas, se dedican a llevar todas esas experiencias, todos sus conocimientos, a una serie de textos que se denominan de distinto modo, ya sea "Instituciones de derecho Administrativo", "Manual de Derecho Administrativo", "Tratado de derecho Administrativo", sea cual sea el modo en que los queramos llamar. El conjunto de todos esos textos, digo, *son* y constituyen ese fenómeno cultural y Fuente del Derecho que conocemos como Doctrina.

Entonces estamos haciendo un salto enorme desde aquel primer día en que estudiamos Derecho y nuestros profesores nos hablaron de la Doctrina. Pues, enseguida, aquellos que hemos sido llamados a cumplir un rol, primero, profesoral de llevar al papel en un texto sistemático una serie de desarrollos que deben cumplir un fin, primero, académico y que, enseguida, hemos sido llamados a cumplir un rol social como juristas, conformando con nuestros textos aquello que llamamos "doctrina", es algo muy relevante sobre lo cual tener conciencia. Es algo relevante porque yo creo que los sistemas sociales y, sobre todo, los sistemas educativos adquieren una madurez cuando los hombres y mujeres que llegan a esas posiciones profesorales y de juristas toman real conciencia de cuál es su rol y asumen esa responsabilidad indelegable. Y ser jurista es, precisamente, ser doctrina y eso se produce en el momento que ese conjunto de libros se transforma en una fuente más del derecho.

No cabe extremar su rol ni buscar alguna supremacía, ni intentar que la doctrina llegue a ocupar un rol preponderante que no le corresponde; pero cabe, al menos, constatar que, por modesto que sea, la doctrina cumple un rol como fuente del derecho. Aunque todos sabemos y constatamos la distancia a la que puede estar la doctrina de esa fuente tan vigorosa que es la ley, dado el imperio de esta –de lo que carece la doctrina– o a la distancia que puede estar la doctrina de aquella fuente que es la jurisprudencia, por la especie de "atemorización" social que cada sentencia produce, dado el efecto de cosa juzgada, que puede condenar o salvar de la condena a las personas. Un libro es un mero libro y en principio eso es la doctrina; o bien está un artículo de revista. Pero, a pesar de esa modestia, cumple roles importantes en medio de nuestras sociedades.

[Conciencia del profesor y jurista de su rol como autor de la Doctrina] Y es esa la idea que yo quería discutir con todos ustedes esta mañana y saber cuál es vuestra percepción del valor que cumple la doctrina en su país. Es que la enseñanza del derecho administrativo se basa en la existencia de una doctrina, pues si lo que se va enseñar es simplemente una servil repetición del desnudo texto de la ley, los profesores estaríamos de sobra. En ese caso, lo único que podemos hacer con nuestros alumnos y con nosotros mismos es pedirles que vayan directamente a la Ley, sin necesidad alguna de intermediación profesoral, la que simplemente demoraría esa lectura. Sería el mismo caso si redujéramos nuestra intermediación a incorporar algunos leves comentarios de las leyes, lo que no tiene mayor utilidad: si la enseñanza de la ley o la enseñanza del derecho, en este caso del derecho administrativo, se refiriera a la sola la ley, nada se habrá agregado por parte del profesor salvo algunas experiencias prácticas del profesor, el que siempre podrá hacer comentarios más o menos ingeniosos, más menos lógicos, en derredor de la ley, lo cual igualmente no se traduciría la enseñanza del derecho, sino en la enseñanza de la pura ley. Y, asimismo, podemos repetir la misma crítica respecto de la enseñanza de la jurisprudencia, en caso de que sea mera exposición de las sentencias.

Dicho esto, doy un paso más y me refiero a la enseñanza del derecho: entonces, ¿cómo puede ser la enseñanza de esta disciplina? Tiene que ser con algún agregado, no voy a incorporar ahora los temas metodológicos. Los profesores que la enseñan tienen que sistematizar la materia. En términos prácticos, igualmente la sistematización de las materias significa hacer un programa, incorporar a un papel una especie de índice, una serie de temas, y pueden ser esos temas expuestos de un modo más o menos sistemático: agrupados en relación a grandes temas, pero regularmente incorporando algunos elementos básicos que aglutinen de manera efectiva los temas más importantes, sin dejar alguno afuera. Ahora podemos decir –y, por ahora, lo dejaré de un modo hipotético– como una primera formulación que hay un núcleo de materias que conforman los pilares de cada disciplina. Son siempre tres pilares en derredor de los cuales se pueden obtener las materias de todas las disciplinas jurídicas. Me refiero a eso que podemos llamar el "núcleo dogmático" de cada disciplina, tema que no desarrollaré ahora, pero que enuncio.

[El método jurídico. Relación jurídica] Hace dos siglos, lo que marcó el nacimiento de la Ciencia del Derecho contemporánea, la luminosa visión de Savigny, mostró que las disciplinas, aquellas que la doctrina ha ido construyendo, siempre nacen de una célula básica: la "relación jurídica". Siempre hay una relación jurídica y esta es intersubjetiva (entre dos sujetos): es que eso es, precisamente, una relación, pues si no hay dos sujetos, simplemente no hay relación. Y la relación, además, se da en medio de alguna temática, en medio de alguna acción social. Por ejemplo:

i) La relación jurídica del derecho penal es esa relación o ese encuentro desgraciado que se produce entre el delincuente y la víctima. Aunque sea algo negativo, pero eso es una relación jurídica y de allí surge todo el derecho penal.
ii) El derecho laboral surge de una relación jurídica entre dos sujetos, uno que tiene la oportunidad de aportar capital o pago de servicios, y otro que tiene la oportunidad o la necesidad de aportar servicios para ser retribuidos.

[La relación jurídica de Derecho Administrativo] Si observamos bien, todas las disciplinas se construyen alrededor de una relación jurídica principal. Y el derecho administrativo se construye en base a una relación jurídica principal, en este caso, entre la Administración y un administrado. Siempre hay dos sujetos, por lo tanto, siempre en el derecho administrativo existirán dos grandes áreas del derecho que habrá que enseñar.

i) Por una parte, la referida a esa organización enorme que llamamos "Administración" y que, en nuestro sistema político, junto al Gobierno, constituye todo un poder del Estado. Con un Presidente a la cabeza, asesorado inmediatamente por Secretarios de Estado o Ministros y, enseguida, con un enjambre enorme de órganos administrativos vinculados, ya sea directa o indirectamente, con mayor o menor autonomía, a toda esa estructura le llamamos Administración, y eso siempre es una gran parte del derecho administrativo.
ii) Y, luego, el "administrado" y toda su dignidad, y todos sus derechos, y todas las libertades, y todas sus posibilidades de reclamo frente a las arbitrariedades o las decisiones de ese sujeto que es la Administración.

iii) Y aquí tenemos que estudiar, en tercer lugar, al lado de aquellos dos sujetos que siempre forman parte de la disciplina, una gran cantidad de aspectos o materias de esa esencia de la disciplina, que es la "actividad administrativa". Y debemos ofrecer desarrollos pormenorizados y perspicaces sobre ello: saber en qué consiste sustantivamente la acción administrativa, o sea, aquellas materias, aquellas conductas, aquellas actividades que vinculan a estos sujetos.

[El núcleo dogmático del derecho administrativo] De allí, quizás lo explique mejor más tarde, que siempre el núcleo dogmático de la disciplina del derecho administrativo ha de contener esos tres aspectos esenciales (Administración, actividad administrativa y administrado) y si no somos capaces de unificar en grandes capítulos esos tres temas se dificulta mucho más la enseñanza. Esta es la primera tarea de la Doctrina del Derecho Administrativo: diseñar su núcleo temático esencial. Por lo tanto, el poder construir núcleos dogmáticos nos simplifica la enseñanza. Quizás no nos da una mirada detallista de todos los aspectos, pero al menos los tenemos a todos reunidos y así podemos lograr algo que es muy importante, sobre lo cual podemos ofrecer una precisión también esencial: señalar los límites del derecho administrativo; esto es, sus contornos. Poder decir con toda seguridad hasta dónde llega el campo de la disciplina.

Entonces, la segunda tarea para quien se dedica al derecho administrativo es poder marcar los límites. Para todos nosotros marcarlos es muy relevante; saber hasta dónde llega el derecho administrativo o el punto desde el cual ya no es derecho administrativo. Si dibujamos un círculo, lo que queda adentro es la disciplina con sus tres pilares, que son su núcleo dogmático; lo que queda hacia fuera ya no es derecho administrativo; es otra disciplina distinta.

Y nosotros esperamos entonces de nuestros profesores, o esperábamos cuando enseñaban, que dijesen: "Les voy a enseñar Derecho Administrativo y les voy a decir entonces hasta dónde llega el Derecho Administrativo". Y me pregunto hoy, entonces, si somos nosotros los que estamos enseñando Derecho Administrativo, ¿me veo preocupado con la intensidad y la perspicacia suficiente de determinar cuáles son los grandes temas de este? Y, enseguida, ¿de determinar sus límites?

En eso aparentemente tenemos que basar nuestra enseñanza. Pues, si observamos aun con más detalle esos tres temas que hemos señalado, podemos incorporar ahora estándares valóricos, caldos de cultivo de los principios jurídicos, sobre lo que volveré al final de esta exposición. Cada uno de estos tres temas centrales del núcleo de la disciplina [(i) Administración, (ii) Acción Administrativa,

(iii) Administrado] tienen el correlato de tres estándares valóricos que le dan sustancia y robustez jurídica a la misma. Correlativamente agregamos, para cada cual:

i) el "control" de la Administración, sin lo cual sería un poder desnudo;
ii) una "tipificación legal de sus potestades"; esto es, actividad administrativa sujeta a la legalidad, evitando actuaciones espontáneas de los burócratas, y
iii) los "derechos públicos subjetivos" de los administrados, como límites de esa actividad administrativa.

[El control de la Administración: un estándar valórico] En efecto, el primer sujeto que se nos presenta en la relación de derecho administrativo es la Administración; pero si esta actuara sin ninguna posibilidad de ser controlada, seguramente nosotros no calificaríamos a nuestra disciplina con estándares jurídicos. Nos referimos a un estándar tal que permitiese a todo administrado en algún instante llevar a juicio a la Administración para ser controlada, en cuanto a su actividad. Por lo tanto, inmediatamente, al estudiar la Administración estudiamos la necesidad de que ella misma pueda ser llevada a juicio, pues ese es el gran milagro del derecho administrativo y lo que lo distingue de cualquier otra disciplina. Normalmente las relaciones jurídicas, que se basan entre sujetos particulares o, al menos, iguales, tras el rompimiento de las conductas permitidas, pueden tener menos dificultad de que sean controlas o juzgadas o condenadas en un tribunal; es el caso de las relaciones en lo civil, penal, laboral, cualquiera que sea del mundo del derecho privado. Pero es todo un milagro que la Administración (ese poder enorme que convive con los particulares en medio de nuestras sociedades) pueda ser llevada a juicio; de allí que la Administración es un sujeto de derecho y en su relación con los administrados siempre rige una serie de valores que nosotros esperamos, como la certeza o la justicia. En la medida en que la Administración pueda ser llevada a juicio, esos valores alumbrarán. Por tanto, al estudiar el derecho administrativo, claramente nosotros vamos a estudiar a la Administración no solo en su organicidad de modo estático, sino con un agregado valórico, con un estándar jurídico: a la Administración, ya no como un poder desnudo, sino sujeta al derecho, sujeta a control.

[Tipificación de potestades; juridicidad. Otro estándar valórico] Enseguida, la acción administrativa (eso que une a estos dos sujetos), que la Administración despliega por doquier y en pos del bien común, no puede ser una actividad absolutamente espontánea y libre de la Administración. Está sujeta a la tipificación de potestades.

Lo más normal es que se creen las potestades de la Administración, en nuestras democracias, a través de una ley; y solo a través de una ley. Es un estándar. Aquí es donde se nota el papel central de la ley como configuradora de las potestades de la Administración. Y es lo que enmarca el encuentro de la Administración y el administrado.

[Derechos públicos subjetivos del administrado. Estándar de protección jurídica] Y el administrado es objeto de estudio desde el punto del derecho administrativo en la configuración de los derechos públicos subjetivos, los que forman parte de su ámbito de protección.

Aquí tenemos ya, más ordenado quizás, los tres aspectos más relevantes del derecho administrativo. Entonces, si se nos pregunta ¿cuál es el sistema del serecho administrativo?, podemos responder: en primer lugar, la estructura orgánica de la Administración; en segundo lugar, la tipificación de las potestades de la administración; y, en tercer lugar, las garantías de los administrados, en esta relación con la Administración.

[La paradoja del reglamento. Eduardo García de Enterría] Todo ello está prediseñado en la Constitución y en la Ley. No obstante, el sistema del derecho administrativo ha de incorporar el Reglamento, el que es una fuente creada por uno de los sujetos de la relación jurídico-administrativa, y esto es una paradoja del derecho administrativo. En todas las restantes disciplinas del derecho privado, la innovación del derecho o de aquellas reglas a las cuales se deben sujetar los sujetos, está establecida previamente por la ley. Es el paradigma democrático bajo el cual convivimos. Pero en el derecho administrativo se da la paradoja de que uno de los sujetos, el que está a la cabeza de la Administración, que es el Presidente de la República, él, por sí mismo, puede en principio imponer reglas en esta relación con el administrado. Es como, si en una relación del derecho civil, uno de los contratantes pudiese imponer cláusulas vinculantes al otro contratante; en tal caso, ¿se altera la relación equitativa, como podríamos pensar? El reglamento nos produce muchos problemas y nosotros en esta disciplina tenemos que incorporarlo casi como una fuente más del derecho. Y diremos, ¿ya no solo la ley es fuente, sino que también el reglamento? O, al menos, tenemos una gran dificultad. Y al hilo de esto permítanme aquí un homenaje a Eduardo García de Enterría, ese maestro de todos nosotros, a quien mencionaré nuevamente en perspectiva metodológica en la segunda exposición. Fue él quien desde los años cincuenta comenzó a incorporar al derecho administrativo, con una insuperable delicadeza, el tema de los Principios Generales del Derecho, junto con los temas

del método. Y debo reconocer que él ha sido un gran inspirador para todas estas palabras y para mi formación misma, pues dadas las dificultades que tenemos en derecho administrativo con estas fuentes, en que una de las partes de la relación tiene la posibilidad de incorporar innovaciones al derecho, fueron enfrentadas con su propuesta de los principios jurídicos. Esto fue realmente una idea luminosa y permitió incorporar tales principios como un método de juzgamiento de los problemas del derecho administrativo, con una fuente que estaba y está *más allá de la ley*; de la mera ley.

[Autonomía del derecho Administrativo y Código Civil] Hay otro problema, muy importante del derecho administrativo, que es la aplicación indiscriminada del Código Civil a problemas de esta disciplina tan ajena de las relaciones entre privados. Esto se ha originado en el predominio enorme que ha tenido el Derecho Civil en la educación jurídica de todos nuestros países. Pues este fue construido en el siglo XIX como el paradigma jurídico bajo el cual pareciera que todas las restantes disciplinas jurídicas se construyeron; bajo la sombra del Código Civil. A mediados del siglo XIX se dictaron códigos civiles y parecía que tenían por designio resolver todos los problemas sociales. Y muchas veces se pensaba que se podía encontrar alguna solución, alguna inspiración en el Código Civil para resolver los problemas de esta relación intersubjetiva de derecho administrativo. La disciplina del derecho administrativo comenzó a forjarse poco a poco con un lenguaje precario o con instituciones que eran desarrolladas de modo muy modesto, y con un desarrollo legislativo muy lagunoso; casi sin normas. De allí que la apelación al Código Civil ha sido considerada desde antiguo como algo muy normal o ha sido considerado usual ya que, ante la ausencia de reglas de derecho administrativo, los jueces espontáneamente, dado que se manejaban muy bien en el Código Civil y como habían recibido una gran formación de derecho civil en las facultades de Derecho, buscaban resolver los problemas de derecho administrativo de acuerdo a tales reglas, y no solo a estas, sino que también a los criterios, principios y prácticas profesorales del derecho civil.

Por lo tanto, si bien el Código Civil pudo haber sido muy relevante para la resolución de los conflictos sociales, al mismo tiempo su aplicación exógena ha impedido, en cierto modo, un desarrollo de disciplinas más jóvenes, como el derecho administrativo. El problema metódico es el siguiente: los vacíos de las leyes de derecho administrativo, para mejor coherencia interna de la disciplina, pareciera que, por canon metodológico, se debieran resolver al interior de esa misma disciplina, en este caso del derecho administrativo, de acuerdo a sus propios principios. No obstante, se ha asentado en nuestro país una práctica insana, pues en varios casos, cada vez que un juez tiene dificultad en encontrar una regla, esto es, cada vez que se siente ante un vacío normativo, tiene la insana costumbre de recurrir casi de inmediato a buscar la solución al Código Civil. Por ejemplo, recurre a este si tiene un problema de bienes.

Pero eso es un pecado antiguo y parece que ha sido así desde el origen de la disciplina del derecho administrativo. Incluso en el mismo leguaje se nota, pues nos referimos a "contrato" administrativo, como trayendo la figura de contrato desde el Derecho Civil. Nos referimos a la "propiedad" estatal o pública, según los casos, como trayendo la figura de la propiedad desde el derecho civil. Nos referimos a la responsabilidad "extracontractual" del Estado, como trayendo la responsabilidad extracontractual desde el derecho civil. Y así ocurre en varios casos más, que ahora omito.

Y esto es algo muy importante, pues es parecido a lo que ocurre a las personas cuando van creciendo y van saliendo de la niñez, de la juventud, hasta madurar: pues en algún momento se podrán emancipar, digo yo. Lo anterior, no obstante el aporte indudable del derecho civil, pues a estas alturas nadie podría desconocer que, históricamente, ha aportado mucho a la disciplina del derecho administrativo. Sin embargo, la continuación de ese "aporte", en el caso de una disciplina madura, que debe caminar por sí misma y que debe adquirir con prestancia una identidad propia, puede significar un impedimento grave a su desarrollo.

Entonces, de lo que se trata es enseñar el derecho administrativo como disciplina madura, despojándola de paternalismos o de huellas históricas ya molestas; y si enseñamos derecho administrativo, enseñamos una disciplina con cierta autonomía. Esa autonomía, ¿cómo se puede lograr? Esa es la labor más importante de los juristas y de la Doctrina del Derecho Administrativo.

Por tanto, lo que quería transmitir –y con esto termino– es lo siguiente: ¿cómo ha de ser la enseñanza del derecho administrativo? Todos sabemos que hemos seguido unos patrones bastante usuales e integrales de esta disciplina. Todos sabemos más o menos las materias que se enseñan. Lo que yo quería resaltar, simplemente, es el método de esa enseñanza y quizás revisar, desde esa perspectiva, asumiendo una cuota de responsabilidad de nuestro rol social, el *cómo* hemos estado enseñando el derecho administrativo.

SEGUNDA PARTE: EL MÉTODO EN EL DERECHO ADMINISTRATIVO

Ya hemos señalado al inicio lo que es el derecho administrativo y la discusión posterior ha sido muy importante porque ha enriquecido nuestras posiciones y nos permite diseñar la parte metodológica.

[La Doctrina Jurídica] Lo que me interesa ahora es transmitirles, con total sencillez, un tema que puede ser un poco teórico, que aborda el derecho administrativo conceptual y que dice relación con lo que somos o debemos ser los profesores de Derecho cuando queremos asumir con cierta responsabilidad el rol social de hacer Doctrina. Esto último tiene su responsabilidad, pues implica cierta dedicación. Por cierto, caben muchas precisiones, de un modo estandarizado, pues tenemos tras nuestro a muchos autores de doctrina, a partir de los cuales adquirimos identidad en nuestras disciplinas o como juristas, observando a los juristas más antiguos. Esto se asemeja a cuando de niños nos queremos parecer a los grandes hombres: miramos siempre a las doctrinas del pasado y de allí que parece muy importante en nuestros países observar nuestra propia historia doctrinal. A veces no lucimos demasiado nuestro pasado doctrinal y vivimos citando toda la doctrina de todos los países europeos, y olvidamos lo propio de nuestros países; por modesto que sea, pero es lo que tenemos.

Pero, por otro lado, hay un aspecto metodológico, el cual marca una distancia al construir una doctrina que sea al menos confiable en cuanto a sus propuestas y que se ponga en un cierto nivel de autoridad (en el sentido de autoridad intelectual, de autoridad social) al lado de las otras fuentes de derecho, como son la ley o la jurisprudencia. Por tanto (dicho en palabras muy sencillas), hacer doctrina significa una gran dedicación y a lo mejor es un gran objetivo mirar cómo estamos llevando adelante el trabajo doctrinal.

[Microcosmos de ciencias] Por motivos de tiempo, quisiera simplemente centrarme en el derecho administrativo, del cual ya hemos señalado su contenido. ¿Qué significa hacer doctrina en derecho? Significa repensar el derecho, y repensar el derecho significa observar dónde estamos. Estamos en medio de la universidad, somos hombres de ciencias, lo nuestro es la Ciencia del Derecho. El fenómeno del derecho es altamente complejo (ya lo veremos), y ya las denominaciones al principio nos ponen trampas. Decimos "Ciencia del Derecho" a secas, y de modo singular y genérico, pero lo que en realidad existe son muchas ciencias del derecho: en realidad lo que hay es un microcosmos de ellas: existen muchas ciencias

particulares: el derecho civil, el derecho laboral, el derecho administrativo, etc. Por tanto, a pesar de que el administrativista se encuentra separado del civilista, ambos son científicos del derecho, pero en disciplinas distintas. Cada disciplina tiene particularidades, pero también tiene aspectos comunes.

El derecho es parte de un sistema más grande de ciencias. Hay muchas ciencias y muchas son las clasificaciones que podemos hacer de ellas. Podemos clasificar todas las ciencias en tres: ciencias humanas, naturales y sociales, y a veces, solamente, se hace una clasificación bipartita. Sin perjuicio de las razones y criterios que utilicemos para clasificar –las universidades, por ejemplo, normalmente clasifican por razones prácticas– lo importante es decir que, así como la universidad es una universidad de ciencias, un diálogo de ciencias, el derecho es una de las ciencias más que se incluyen en ese diálogo.

De lo anterior ya se desprende una de sus primeras finalidades: cada ciencia del derecho debe dialogar con las demás, con sus "vecinas". En nuestro caso, el derecho administrativo tiene, como primera tarea, que dialogar con el derecho civil y los civilistas; o con el derecho laboral y los laboralistas. Pero, a su vez, el diálogo debe ampliarse y cada ciencia del derecho debe dialogar con las demás ciencias incorporadas en una universidad.

No hablo de "ciencia del derecho" a secas, pues no hay un jurista enciclopédico; no hay un jurista que se dedique a todas las disciplinas del derecho y pueda ser llamado un "administrativista-civilista-laboralista", por ejemplo. Un jurista siempre especifica su saber en uno solo y a partir de él se relaciona con las demás ciencias del derecho y con las demás ciencias universitarias. De esto se sigue que, aparte de la actitud abierta al diálogo presentada anteriormente, es muy relevante para el jurista comprender cuáles son las interconexiones entre las ciencias con las que se relaciona, cuáles son las fronteras entre unas y otras.

Si lo nuestro es el derecho administrativo, por cierto queda claro que la bioética, la biología, la geología son disciplinas lejanas y distintas al derecho. No son derecho. Al mismo tiempo, y esto puede ser polémico para algunos, tampoco son derecho ciertas disciplinas que vemos incorporadas a las mallas curriculares de las facultades de Derecho, tales como la Historia del Derecho, Sociología del Derecho, Filosofía del Derecho, Economía del Derecho y otras.

[Intentos de colonización del Derecho] Regularmente (esto es un aspecto importante para todo jurista), hemos visto cómo existe una especie de intento de colonización del derecho por otras disciplinas, no jurídicas. Entre las disciplinas más imperialistas (por decirlo en términos de política) está la Filosofía del Derecho, que intenta imponer su contenido. Entonces el tema es el siguiente: ¿quién define lo

que es el derecho? ¿Un filósofo del derecho, un sociólogo del derecho o un historiador del derecho? En verdad, el derecho lo definen los que hacen el derecho, y los que hacen el derecho son los juristas.

Y entonces esto es una primera idea: ¿quién realiza esa identificación? Quienes nos dedicamos al derecho de aguas, necesitamos de ciencias hidrológicas, biológicas; y quienes nos dedicamos a cualquier rama del derecho, por cierto, necesitamos de otras ciencias vecinas más cercanas, como la filosofía, la historia. Pero si dejamos que ellas construyan o intenten modelar el derecho, en realidad los juristas vamos a dejar de ser científicos y fuente del fenómeno jurídico. Vamos a dejar todo, entonces, a la ley y a la jurisprudencia, y a los filósofos y a los historiadores, y nosotros vamos a ser unos meros portavoces de lo que dice la ley, de lo que dice la jurisprudencia, de lo que dice el resto. De allí que la Ciencia del Derecho de cada disciplina la tenemos que hacer desde dentro, aceptando colaboraciones externas, pero no dominaciones. Esto me parece que tiene importancia.

[El método jurídico] Para llevar adelante el camino científico tenemos que observar cómo han sido los análisis del método jurídico, y para eso lo mejor es observar una especie de genealogía del pensamiento jurídico moderno. Nosotros no podemos dedicarnos a pensar que vamos a hacer un derecho científico simplemente leyendo las leyes o entendiendo la jurisprudencia. Tenemos que observar cómo es que los fenómenos jurídicos se han ido construyendo y ahí hay muchas trampas, porque pareciera que este ejercicio metodológico es propio de la filosofía y se suele pensar espontáneamente que al teorizar el derecho se está haciendo Filosofía del Derecho. Y aquí es donde cabe realizar la primera definición importante: la Filosofía del Derecho no es derecho; es una importante ciencia, pero un filósofo del derecho no tiene esa cercanía que nosotros los juristas tenemos con el resto de las fuentes del derecho (las leyes, la jurisprudencia, por ejemplo); lo que sí cabe reconocer es que los filósofos suelen ser grandes colaboradores para el análisis teórico del derecho. Pero la Teoría del Derecho y su método los construyen y modelan los juristas.

[La batalla del método jurídico] Yo voy hacer rápidamente una muestra de lo cercana que está la disciplina del derecho administrativo con esa batalla del método que se ha desarrollado en estos últimos dos siglos de historia. El derecho contemporáneo, ese que nació de la Revolución Francesa y de la subsecuente tripartición de poderes, es una nueva forma de configurar y concebir el derecho, y ello trajo consigo un nuevo método de trabajo. Para nosotros ya es natural decir que las fuentes del derecho son tales y cuales, porque somos hombres de la contemporaneidad.

Las personas que vivían antes de esta Revolución que originó esta forma social, bajo la cual nosotros vivimos, tenían otro concepto del derecho. La fuente de derecho era lo que decía el rey; nosotros, hoy, tenemos otro esquema de fuentes, lo que genera otro método jurídico.

Es ineludible, para poder construir tanto la disciplina del derecho administrativo como cualquier disciplina, construir su método. Esta observación la lleva a cabo una meta-disciplina denominada Teoría del Derecho, la cual no es Filosofía del Derecho y no es parte de ella. La Teoría del Derecho tampoco es una disciplina dogmática existente al interior del derecho (como el derecho administrativo o el derecho Civil), sino más bien es una meta-disciplina, es un instrumental metodológico. Es como una nutritiva mochila metodológica que nos acompaña en el desarrollo de cada ciencia dogmática. Este es el observatorio desde el que quiero situarme.

[Savigny y otras escuelas] El inicio de la Teoría del Derecho, del pensamiento jurídico contemporáneo sobre el método se encuentra en Alemania en el siglo XIX. El primer nombre que encontramos es el de Friedrich Carl von Savigny, del cual todos hemos escuchado, pero a lo mejor no nos hemos detenido demasiado en aspectos medulares de su pensamiento, quizás pensado que ya no sirve leer algo tan antiguo; pero en Savigny está el origen de nuestras actuales posibilidades de profundizar en el método.

El nuevo "Derecho positivo" (la Ley fijada por una Asamblea Parlamentaria) tuvo inmediatamente un reflejo en otras escuelas. En Francia fue una escuela un poco decepcionante para el método, pues fue exegética y no elaboró un método que pudiese ser realmente superador de la mera norma. Pero, al mismo tiempo, en Inglaterra, se dio comienzo a una de las escuelas teóricas más relevantes de estos siglos, que fue la teoría analítica o formalista, y que derivó en el positivismo.

El aporte más grande de Savigny fue observar que no solo existe la ley como fuente del derecho, sino que también es una fuente el espíritu del pueblo, ese derecho viviente que anida en medio de las prácticas consuetudinarias o de la aplicación del derecho.

En la primera mitad del siglo XX se originan nuevas escuelas, que menciono brevemente. La escuela del realismo jurídico en Francia, desde el punto de vista de la sociología jurídica, incorpora los hechos a todo ese análisis jurídico. Pero en la segunda mitad del siglo XX se desarrollan varias escuelas y, entre las más importantes, está la de Kelsen, que dominó la escena de casi todo el siglo XX. A raíz de ella se modificaron sustancialmente los programas de enseñanza jurídica y la Teoría del Derecho comenzó a quedar estancada ante la ley. De allí también que la jurisprudencia simplemente tiende a una creación discrecional acerca de cómo fallar los casos. Hacia el final de siglo XX Dworkin rompió las tradiciones anteriores (desde Savigny hasta Kelsen) e incorporó los principios jurídicos y la integridad a la manera en que consideramos el método. Todos han escuchado del aporte enorme de los escritos de Dworkin y de su ataque frontal a la línea de flotación del positivismo.

[Dworkin, García de Enterrría y los principios] Pero hoy pareciera que nosotros, dentro del derecho administrativo, podemos contar una historia distinta. Para nuestro presente doctrinal sería muy importante rescatar lo valioso que han entregado las distintas tradiciones recién comentadas. En particular, propongo la unión de ciertos aspectos propuestos por Savigny con otros entregados por Dworkin, pudiendo obtener así un nuevo material a partir del cual podamos repensar el método jurídico. El primero de estos autores se encuentra casi olvidado, pero es menester recordar que en su trabajo se encuentra el nacimiento del método de las ciencias jurídicas. Fíjense que este año 2014 se cumplen doscientos años de unos de los libros más relevantes de la historia del pensamiento del método jurídico: *De la vocación de nuestro tiempo para la legislación y la ciencia del derecho*, publicado en 1814.

Savigny fue el verdadero creador del método jurídico; él fue quien habló por primera vez de la relación jurídica como célula básica del derecho. Hoy en día Ronald Dworkin, famoso por reformular la teoría moderna a través de su libro *Imperio del derecho,* de 1986 –que vino a renovar la historia del método–, desarrolla una teoría general, observando cómo se producen las decisiones judiciales, e incorpora conceptos como "la integridad del Derecho" (antes, en 1967, había realizado la importantísima distinción entre las reglas y los principios, como fases distintas del fenómeno jurídico). Él recuerda que no solo hay leyes, también hay principios, con un rol preponderante. Pero, a la hora de hacer derecho administrativo, eso ya lo había descubierto, a través de un trabajo previo, de 1963, de Eduardo García de Enterría: *Reflexiones sobre la Ley y los principios generales del derecho.*

[Reformulación del método jurídico] La nueva condición social, cultural y política que trajo consigo la reformulación del método jurídico invita no solo a repensar los fenómenos que conforman el derecho, sino además trae preguntas prácticas para nuestras cátedras universitarias: si es deseable construir un derecho científico, entonces, ¿cómo debemos armar nuestros cursos universitarios? En particular, ¿estamos *obligados* a introducirnos en Filosofía del Derecho? Creo que la respuesta es afirmativa, pero con límites. Tenemos el deber de introducirnos en los

desarrollos teóricos del derecho, pues de lo contrario no vamos a comprender las leyes ni el fenómeno jurisprudencial y no vamos a saber lo que es un principio jurídico. Es esencial tener nociones básicas de Filosofía del Derecho para poder tener buenas herramientas con las cuales trabajar, pero el vicio está en confundir al Derecho mismo con la Filosofía del Derecho. Nuevamente repito el principio anterior: bienvenidas las colaboraciones, pero afuera las dominaciones.

Este es el verdadero sincretismo que podemos encontrar en la reflexión sobre el método jurídico: comprender que es una materia propia del derecho, pero que puede relacionarse con otras áreas del saber sin confundirse con ellas. Esta, nuevamente, es una de las tareas del jurista: comprender dónde pueden darse relaciones de colaboración y marcar claramente las fronteras. El resultado de este ejercicio del jurista será la reconstrucción del método jurídico, siempre teniendo en vista que su labor debe ser práctica. Y esto es así porque el derecho es una ciencia dirigida a la práctica; no es especulativa. Y sus teorías se elaboran para su aplicación práctica. Lo que diga un libro de doctrina es algo que debe poder aplicarse inmediatamente en la decisión de un caso por un juez o en un acuerdo prejudicial.

[Las cuatro dimensiones del Derecho] Creo que es importante observar que, desde esta meta-disciplina, que es la Teoría del Derecho, las dimensiones del derecho parecen ser cuatro. Son dimensiones que se encuentran más o menos presentes en muchas propuestas de Teoría del Derecho y el jurista hace bien al distinguirlas.

i) En primer lugar, siempre nos encontraremos con las normas jurídicas. La norma es el primer dato con el cual trabaja el jurista y es un dato que él no puede alterar.
ii) enseguida es posible señalar a los hechos jurídicos, esto es, hechos que acaecen en la realidad y que adquieren relevancia jurídica porque una norma se remite a ellos a modo de hipótesis. En particular, las normas se refieren a conductas de las personas y el sistema jurídico espera regular conductas. Por tanto, hecho y norma están íntimamente vinculados.
iii) A continuación, otro fenómeno relevante es la jurisprudencia, la cual, a través de su trabajo, busca resolver o componer un conflicto de relevancia jurídica por medio de la aplicación de la norma jurídica.
iv) Y, en último lugar, pero no por eso menos importante, se encuentra el fenómeno de la Doctrina.

¿Cuál es la utilidad de la Doctrina? Esta pregunta es relevante porque, si vamos a embarcarnos en la exigente tarea de "hacer doctrina", entonces tenemos que pensar: *¡para qué sirve la Doctrina!* Pareciera, a primera vista, que sirve para tener unos libros de texto que puedan dejar satisfechos a quienes los escriben. ¿Solo son libros voluminosos con presentaciones, dedicatorias y empastados que se ven bien en las estanterías? Sin perjuicio de que los libros son el resultado material del trabajo doctrinal, hay una utilidad evidente en su producción:

1° Los libros son importantes para la enseñanza del derecho; para los alumnos que siempre buscan manuales y libros con los cuales aprender de sus maestros. Los que se interesan por aprender buscan en los libros doctrinales una real fuente de conocimiento, lo cual pone sobre los hombros del jurista una gran responsabilidad.

2° Pero la doctrina también es importante para la aplicación misma del derecho. Los jueces no solo han aprendido de los libros de doctrina en sus años como estudiantes, sino que además siguen recurriendo a ellos para mejorar sus decisiones. Quizás se podría añadir que sirven a los legisladores, los que muchas veces, cuando piensan en modificar la parte regulatoria, observan también lo que la doctrina señala. ¿Por qué es importante eso? Porque la doctrina jurídica es el fruto de una ciencia dirigida a la práctica. La doctrina no es resultado de una ciencia especulativa; la doctrina que desarrollan los autores del derecho no es una mera especulación de cómo podría ser el mundo a partir del pensamiento de cada autor. No es una especulación filosófica sobre cómo mejorar este mundo, no es una filosofía particular del autor.

[Características de la Doctrina] Hacer doctrina en el sentido que estamos proponiendo impone ciertas exigencias sobre los juristas. De partida, debe señalarse que es necesario que la doctrina tenga cierta tolerancia, al tener que aceptar las reglas que se plasman en las normas, pues se basa en la positividad del derecho, y ella no se puede dedicar a decir que el derecho no dice lo que dice, pues no podemos obviar la vinculatoriedad de la ley. Puede haber crítica doctrinaria, pero la doctrina no se puede traducir en una alteración del marco normativo. El autor que reflexiona sobre cómo debiera ser la norma e inicia actividades para cambiar su contenido, deja de actuar como jurista. Esto es así porque el método jurídico prohíbe generar resultados *contra legem*. El jurista diseña las disciplinas y establece sus fronteras, sistematiza las normas dentro de esa disciplina y formula principios jurídicos cuya aplicación sea útil a la hora de decidir controversias e interpretar la ley; pero no le compete, en cuanto jurista, cambiar los datos ni las reglas. No se puede transformar en legislador.

En un sentido más profundo, la incompetencia del jurista para alterar los datos y ceñirse a las normas viene dada por una meta-norma que actúa como clave de bóveda en el sistema jurídico: la prohibición del *non liquet*. Tanto jueces como juristas deben esforzarse por resolver los conflictos que se someten a su conocimiento, incluso quedando obligados a hacerlo aun ante ausencia de norma expresa que lo resuelva. El juez es el que resuelve el asunto de manera vinculante para las partes, pero el jurista debe ser su aliado en la aplicación del derecho. El juez tiene que resolver los casos, aunque no haya ley, porque si el juez no resuelve el caso, prevarica. Por lo tanto, tiene estos dos extremos:

i) si hay norma, el juez la tiene que aplicar;
ii) si el juez no aplica esa norma, existiendo esta, puede ser acusado de prevaricación (existen tipos penales en todos nuestros sistemas jurídicos para el juez que, debiendo aplicar una ley, no la aplica; de eso podemos dar ejemplo en cualquier sistema jurídico que se basa en la heterocomposición de los conflictos).

[Prevaricación y lagunas legales] El jurista, entonces, auxilia al juez entregando herramientas de interpretación para las normas existentes y, a su vez, principios que rellenen las lagunas normativas para que el juez pueda resolver y cumplir su mandato legal.

Permítanme centrarme en este último punto. Cuando no hay norma ni costumbre que regule un asunto, decimos que estamos frente a una laguna legal, y el derecho administrativo es el primer ejemplo de aquellos sistemas legislativos no solo fraccionados, sino que lagunosos, con muy pocas normas. Perú es un ejemplo de derecho administrativo bastante legislado, al contrario del caso del chileno, en el cual casi no hay normas de derecho administrativo; no hay más normas que los dedos que tiene mi mano que sean realmente importantes en derecho administrativo. Pero de esa precariedad normativa no se sigue que el juez esté eximido de resolver las cuestiones sometidas a su competencia.

Por lo tanto, hay dos espadas que penden sobre la cabeza de un juez y de un jurista, y eso marca ese tono de tolerancia con el sistema que tiene que mantener un juez y un jurista. Ambos están sujetos a prevaricación; en el juez la prevaricación es un tipo penal, pues se espera de él que cumpla este rol. El Judicial es todo un Poder del Estado que está construido para que los conflictos se heterocompongan por ese juez, pues de otro modo la sociedad se autodestruiría.

Al lado suyo están los juristas, quienes, cuando escriben sus tratados y enseñan a sus alumnos, tampoco pueden olvidar las leyes, las que deben incorporar en sus análisis; de otro modo "prevarican" igual que un juez. No pueden pecar de ignorancia, no pueden dejar de incorporar la ley, aunque no le guste o esté contra su pensamiento. Pero, por otro lado, el jurista también tiene que ofrecer un modelo de solución cuando no hay ley, y también prevaricaría igual que un juez, de no dar soluciones en los casos de anomia o lagunas.

La resolución de conflictos, ante la ausencia de una norma expresa, también debe ser una tarea de altísima relevancia para el jurista y es él quien está primeramente llamado a entregar modelos de solución. Su exhaustiva mirada de la disciplina lo posiciona en un horizonte de comprensión privilegiado para llevar a cabo esta tarea. Pero científicamente puede ser considerado un prevaricador, si él no ha resuelto todos esos problemas. Esta es una metáfora, por cierto.

Así como el juez no debe dejar de resolver los casos, la doctrina no debe dejar de incorporar sus observaciones, sus análisis, en todos los casos, aun cuando no haya ley. Por lo tanto, ambas, doctrina y jurisprudencia, están constreñidas por la ley, pero al mismo tiempo están liberadas, para poder ir más allá de la ley. Es en este ejercicio, en la producción de modelos de solución para casos sin norma expresa, donde se nota el quiebre con el positivismo más primitivo (según el cual, la pura ley era la única que podía resolver esta clase de conflictos). Por muy fanático que pueda ser el positivista, debe reconocer que las leyes no pueden abarcar todas y cada de las situaciones que acaecen en la realidad.

Por lo tanto, siempre se va a necesitar que la doctrina ofrezca su trabajo: Tratados de Derecho. Un país sin doctrina real es un país que está dejando que las soluciones no se generen con criterio científico (este no significa una libre creación del derecho, sino que esa labor se asume considerando la incorporación de todos los valores que una sociedad tiene respecto de todos los casos). A veces, los valores de una sociedad los captura el legislador en una ley; otras veces, los valores de la sociedad los capturan los jueces cuando resuelven cada caso concreto, pero en otras oportunidades esos valores tienen que ser capturados por los juristas, y ellos deben ser una especie de filtro social de esos valores para incorporarlos y emplearlos en aquellos casos en que hay vacío de la legislación.

[Tareas de la Doctrina] Entonces, ¿cuáles son las técnicas de los juristas para construir el derecho y su doctrina? Primero, sistematizar las leyes, la cual es una labor primaria. En ese punto no debemos confundirnos pues, como advertíamos al inicio, hacer doctrina no es simplemente escribir un libro. Solemos ser despectivos con los libros que lo único que hacen es exponer y sistematizar las leyes para memorizarlas, y no hacen un aporte adicional. Por cierto, será importante conocerlas y después analizar; pero si el conocimiento lo dejáramos tan solo en exponer y sistematizar las leyes no habría ninguna inteligencia agregada. En relación con los hechos jurídicos, sucede lo mismo: hay que descubrir cuáles son las costumbres y no hacer meramente un recuento de datos. Aquí se manifiesta

patentemente que tanto los jueces como los juristas son los verdaderos captadores del derecho viviente, aunque ellos se auxilien en otras ciencias (*v.gr.* leer libros de geología cuando hacen derecho minero, o libros de hidrología cuando hacen derecho de aguas, o libros de sociología cuando hacen derecho criminal, etc.).

[Matizaciones sobre el método jurídico] Sobre el método mismo, es necesario aclarar un punto: el método jurídico es uno solo, el cual es diseñado por los juristas en la meta-disciplina de la Teoría del Derecho. Sin perjuicio de lo anterior, este método puede sufrir leves alteraciones o matizaciones al momento de ser aplicado en las distintas ciencias jurídicas o dogmáticas particulares. En este sentido, es razonable sostener que el método del derecho civil es diferente al método del derecho administrativo.

¿Qué hace que la aplicación del método general resulte en métodos con variaciones o matices en las disciplinas particulares? La respuesta se encuentra en el hecho de que cada disciplina particular goza de independencia de las demás, porque contiene un núcleo dogmático autónomo.

i) El primer elemento de este núcleo es una relación jurídica. Las relaciones jurídicas señalan o distinguen ciertas conductas humanas que acontecen en la realidad. Así como no toda conducta es igual, tampoco toda relación jurídica es idéntica. De esto se sigue que cada núcleo dogmático fundado en una relación jurídica diferente será diferente.

ii) En segundo lugar, un núcleo dogmático contiene la materia o aquella actividad de la realidad que vincula a los sujetos (dos ejemplos: i) el delito vincula a los sujetos; esa relación se construye a través del derecho penal; ii) la relación jurídica subordinada personal de servicios personales unifica a dos sujetos y de esa relación surge el derecho laboral). De ahí que lo juristas y los jueces identifican y distinguen, por ejemplo, *lo* civil, de *lo* penal, espontáneamente, porque saben que es una relación de un tipo u otro, a partir de una labor de identificación. La labor del jurista y del juez en este ámbito es captar la materia de que se trata, por medio de la especificación de la relación jurídica que se somete a su conocimiento.

iii) La creación del jurista por excelencia es capturar los principios jurídicos que van a ir más allá de la ley y que son realmente superadores de la misma. Por lo tanto, los principios no solo los van a formular los jueces como todos queremos y lo andamos buscando; no es necesario recordar que los principios no son una tarea del legislador, pues la tarea de este es legislar. Y, por mucho que a un sinnúmero de leyes se les ponga el rótulo de "principio", si son fruto del trabajo del legislador, entonces son reglas.

> Los verdaderos principios son más bien aquellos que los jueces o juristas crean o tienen una labor de creación, en los casos en que no hay ley y para ofrecer una solución, ellos *"van más allá de la ley"*. Pero ir más allá de la ley es otro tema importante (incorporar el pensamiento propio, vencer la tolerancia del jurista y el juez): es incorporar algún valor que esté en nuestro sistema. Por lo tanto, si se crean disciplinas, todas son autónomas porque albergan sus propios principios, su propia relación jurídica, su propia estructura lógica, sus propios hechos que le dan identidad.

[Núcleos dogmáticos] En fin, ¿para qué sirve el núcleo dogmático? Por cada núcleo dogmático podemos crear una disciplina y así vamos a decir cuál es centro de esa disciplina, su condición para considerarla autónoma. En segundo lugar, atrás del núcleo dogmático se pueden identificar las normas que corresponden a cada disciplina. Entonces, en ese lugar, al sistematizar todas esas normas e interpretarlas, se van a identificar las lagunas y un administrativista que se encuentre con ciertos vicios rápidamente podrá entregar modelos de soluciones, especialmente para rellenar lagunas legales.

El núcleo dogmático explica mejor cada disciplina para beneficio de los jueces y los juristas, y también permite distinguir cuáles disciplinas son especiales. A su vez, le permite producir un esquema de auto control de racionalidad que pueden aplicar los jueces y juristas cada día, pues cada disciplina tendría su propia relación medular, su materia y sus principios.

Por eso es que un administrativista, a medida que pasa el tiempo y va conociendo cada vez más "lo administrativo", sabe cuál es la psicología particular de los burócratas, cómo son ellos en su actuar diario. Conocen algo más de su inclinación a la arbitrariedad. Son como un penalista que cada día que pasa conoce más la escena del crimen, un laboralista que sabe muy bien cómo se desenvuelven las relaciones laborales. Esta enseñanza o autoenseñanza que se da cada día, sirve a los especialistas para poder, con toda naturalidad, ofrecer un principio, una regla nueva que va más allá de la ley. Con esta herramienta de los núcleos dogmáticos es posible ir intentando capturar los principios, de acuerdo a las singularidades y valores de cada país y sistema legislativo y con las ausencias de leyes. Todo ese proceso permite ofrecer ese resultado que esconde cada disciplina.

[Derecho Civil y Derecho Administrativo] Quiero terminar sosteniendo que, en virtud de lo expuesto, el Derecho Civil es una disciplina especial y no una general. Esto es así porque el Derecho Civil tiene un núcleo dogmático propio: una relación jurídica fundamental, una materia y principios aplicables a sus situaciones.

En consecuencia, por muy polémico que pueda sonar, no es válido aplicar los principios civiles a la hora de rellenar lagunas legales en otras disciplinas. Así, lo mismo en el Derecho Laboral, existe una disciplina del Derecho Laboral la que construye la doctrina del Derecho Laboral porque existen leyes laborales. Y al mismo tiempo, jueces y juristas desde el punto vista laboral, cuando hay vacíos formulan principios jurídicos laborales.

[Los principios son "generales" pero especiales para cada disciplina; no son "universales"] La pregunta es por qué le llamamos principios "generales" del derecho. ¿Es un error llamarlos así? Todavía recuerdo lo que decía un profesor cuando estudié el pregrado: mencionaba siempre el principio de la buena fe como un principio general, dado que "cruzaba a todas las disciplinas jurídicas" (y, al decir esto, ponía su brazo horizontal y lo deslizaba, como cortando el espacio, para significar ese "cruce"). Sin emabvrgo, observando bien este fenómeno, nos damos cuenta de que los principios llamados "generales" son singulares de cada disciplina jurídica; no son "universales" para todo el derecho. Y en nuestro sistema nos hemos quedado con esta denominación. Es una denominación que no ha sido feliz porque los principios generales del derecho no son universales de todo el derecho; los principios son singulares de cada disciplina.

Uno de los países que han desarrollado esto, a pesar de la terminología, y que lo ha hecho con total naturalidad, es Francia. Allí los principios generales del derecho están al lado de las leyes como una fuente más de esta disciplina profesional, y los tribunales, sobre todo en el derecho administrativo (es el caso del Consejo de Estado), formulan principios generales del derecho administrativo. Sin embargo, debe quedar claro que los jueces de lo administrativo rellenan así las lagunas de las leyes administrativas con tales principios generales del derecho administrativo. Quizás nadie en ese país pensaría que los principios generales dejan de ser especiales de cada disciplina o que serían universales para todo el orden jurídico interno. Pareciera que en Francia, en la propia disciplina del derecho administrativo, la Doctrina y la praxis han superado esta especie de paradoja que tenemos nosotros de pensar que los principios del derecho al ser apelado como "generales" lleguen a ser considerados como "universales", válidos para todas las disciplinas del derecho. Ellos, en rigor, son especiales para cada disciplina.

Y la superación de esta paradoja es una tarea doble: primero, para los estudios sobre el método (desde la perspectiva teórica), pero también, y al mismo tiempo, hay aquí una tarea para la doctrina del derecho administrativo.

V. INFLUENCIAS Y DIÁLOGO DOCTRINARIO EN LA CONFIGURACIÓN DEL DERECHO ADMINISTRATIVO[149]

El derecho administrativo chileno es un ejemplo de profusa transposición de doctrina extranjera, pero es necesario cuidar el método y el diálogo interno.

El estudio o análisis del diseño, estructura y contornos de toda disciplina jurídica, como es el derecho administrativo, resulta doblemente relevante: primero, por la utilidad que tiene en sí tal división disciplinaria para la mejor comprensión y enseñanza; y segundo, por su evidente utilidad en la aplicación que del Derecho realizan los jueces cada día. A ello me he referido antes en este diario jurídico.

Con el objetivo de diseñar esta disciplina en Chile, y crear o formular teorías e instituciones y principios jurídicos propios, la doctrina nacional siempre ha tendido a recurrir a la doctrina extranjera, especialmente a la europea.

Ello parte de una explicación histórica: las bases de la organización administrativa aún vigentes en Chile fueron gestadas a partir de las normas e instituciones impuestas en la época colonial española. Luego, la influencia europea (en especial, francesa) sobre el continente latinoamericano fue decisiva. La ilustración francesa de fines del siglo XVIII inspiró en Latinoamérica la necesidad de crear una identidad propia, libre del yugo al que la sometían las monarquías europeas del antiguo régimen. Los diferentes movimientos revolucionarios de principios del siglo XIX consiguieron la Independencia en diversos sitios, formándose nuevos Estados y naciones, con nuevos ideales y distintas realidades.

No obstante, siempre ha habido en Chile y en toda Latinoamérica una notoria deferencia respecto de la doctrina jurídica erudita del viejo continente. Esto es notorio, y tradicionalmente los autores chilenos han venido poblando las páginas y notas de sus libros de múltiples citaciones a autores europeos: la admiración natural hacia estos se explica por el notable grado de evolución de la disciplina

---

149 Publicado como "Influencias, derecho comparado y configuración de la doctrina jurídica nacional", en *El Mercurio Legal*, 7 de septiembre de 2015.

en diversos países de Europa, frente al desarrollo más bien precario que existe en Chile y América Latina. Quizás el país latinoamericano en que el derecho administrativo ha tenido una cultura doctrinaria más desarrollada es Argentina.

Así, casi no hay manual chileno de derecho administrativo en el que no aparezca alguna referencia a la doctrina de los más prestigiosos administrativistas o a los *iuspublicistas* europeos: por ejemplo, a Eduardo García de Enterría (véase su homenaje en este periódico) para casi todos los temas de la disciplina; o a Santi Romano para el concepto de ordenamiento jurídico; para la explicación del acto administrativo ha sido frecuente la cita a Guido Zanobini o a Otto Mayer; a Édouard Laferrière se ha aludido para la conformación de las instituciones que configuran lo contencioso-administrativo; a la teorización de las instituciones de Maurice Hauriou; a la teorización del servicio público de Léon Duguit o Gaston Jèze; en fin, en los últimos tiempos, la defensa de la autonomía de la disciplina por medio de los postulados expuestos por Eberhard Schmidt-Assmann.

Estas citas han tenido el objetivo de dar respaldo a los esfuerzos dedicados por la doctrina chilena a diseñar la disciplina. Conjugar la realidad jurídica nacional con el apoyo complementario en estas doctrinas extranjeras ha permitido un diseño más acabado y detallado de la disciplina, permitiendo reformularla y elaborar nuevos principios, teorías y postulados.

Sin embargo, es necesario que en nuestro país se desarrolle un derecho administrativo propio, sin perjuicio de estudiar las reflexiones y posturas foráneas. Sin embargo, no cabe desviarse de una fecunda senda conducente al perfeccionamiento y elaboración de una doctrina de derecho administrativo propiamente chilena.

Para ello, por una parte, es necesario considerar la realidad nacional: observar aquellos elementos del entorno que tengan relevancia jurídica, tales como las formas de gobierno, las estructuras administrativas y el *modus operandi* de estas; sus condiciones socioeconómicas y culturales, entre otros parámetros empíricos que determinan el modelo de Estado. En definitiva, es el *factum*: el cúmulo de hechos jurídicos con relevancia significativa que sirven de punto de partida para amoldar una determinada disciplina jurídica en cada país.

De ahí que los jueces, juristas y abogados chilenos –inclusive, el propio legislador– al intentar aplicar en sus trabajos doctrinas extranjeras es posible que consideren muy a fondo si la determinada institución, definición, teoría o principio es perfectamente trasladable o no a la realidad jurídica que nos envuelve. Esto es una regla de oro en todo análisis de derecho comparado, pues las realidades sociales e institucionales difieren de un país al otro. Cabe ser cuidadosos al trasladar tendencias foráneas a nuestro ordenamiento jurídico, y serlo aplicando un tamiz y cerciorándose del efecto que pueda crearse fruto de una aplicación a ciegas del derecho extranjero. Este fenómeno de transposición, si es exagerado, igualmente, puede llegar a amagar el desarrollo de teorías jurídicas propias.

Por otra parte, cabe observar las diferencias. Pareciera que todos los sistemas jurídicos pueden ser comparados, pero es necesario considerar previamente todo aquello que marca diferencias básicas entre ellos. Para proceder adecuadamente a la aplicación de postulados doctrinarios extranjeros que permitan apoyar una teoría propia, o formular algún principio o crear alguna institución, será necesario extraer las características comunes –o, como mínimo, similares– que presentan los ordenamientos jurídicos, entre los cuales se pretende transponer una doctrina determinada.

En fin, el estudio comparativo ha de ser completo: cabe analizar si se permite realmente aplicar la solución foránea ofrecida desde todas las fuentes del derecho: la ley respectiva, el *factum* o derecho vivido; la jurisprudencia y la doctrina; todo en conjunto. No basta citar o conocer un puro libro de doctrina, pues cabe familiarizarse con las demás fuentes del país con el cual se desea hacer "comparación".

Sin la aplicación de un método que permita cerciorarse del correcto trasplante de la doctrina extranjera hacia el sistema jurídico nacional, no puede asegurarse que la solución adoptada sea la correcta o la adecuada ante cualquier problema jurídico que se plantee.

Si bien la asimilación de doctrinas foráneas ha posibilitado, en parte, la maduración de la doctrina chilena del derecho administrativo, en los últimos tiempos se ha hecho visible la necesidad de avanzar hacia su propia autonomía científica. Para ello, esta disciplina debe construirse sobre al menos dos bases: primero, apegada a sus propias tradiciones doctrinarias y, segundo, reforzando su método propio. Este método solo puede reflejar resultados si un núcleo doctrinario sólido acucia su mirada a las fuentes del derecho administrativo nacional y, estas fuentes, son las de toda democracia: leyes y principios; aquellas, las leyes, fruto del acuerdo parlamentario; estos, los principios, fruto del descubrimiento de jueces y juristas.

Es un buen comienzo el que en los últimos años se haya despertado un fenómeno editorial en la disciplina y ya tengamos una pléyade de autores que disputan lectores y atención estudiantil, jurisprudencial y doctrinaria. Pero cabe observar si tal fenómeno literario cumple dos requisitos de toda doctrina leal y exhaustiva: por una parte, prestar atención a los aportes anteriores de otros autores y, por otra, utilizar un método de trabajo aceptable. Tenemos que evitar la siguiente escena patética que se suele observar: algunos profesores que también son autores, cuando integran tribunales de doctorado o revisan tesis, se solazan exigiendo a los doctorandos exhaustividad bibliográfica y método; cabe exigírselo a ellos mismos en sus escritos.

Así, para seguir avanzando y desarrollar un derecho administrativo culturalmente superior y propiamente chileno, cabe cuidar el diálogo doctrinario. Los distintos autores deben prestarse atención mutua (esto es, leerse entre sí, y citarse), evitar sospechas de sectarismo o de sospechosos "olvidos" de la doctrina que no es concordante con la propia, evitar excesiva autorreferencia (solo la necesaria) e intolerancias doctrinarias. De otro modo, no hay avance cultural, solo vanidades individuales.

VI. DESAFÍOS DEL NEOMODERNO DERECHO ADMINISTRATIVO[150]

El fenómeno del neomoderno derecho administrativo en nuestro país es inusitado: surgido hace poco más de treinta años, después de una grave crisis política, en medio de un período autoritario, ha ido siendo construido paso a paso en los talleres habituales:

i) en el Congreso Nacional y en el Gobierno, como colegislador, mediante escasas pero importantes leyes, con la reticencia habitual de quienes detentan el poder político (no es fácil convencer a quienes ejercen el poder que deben dictar leyes precisamente para limitar y controlar ese poder);
ii) en el Tribunal Constitucional, cuya labor ha ido abarcando cada vez con más acierto y asertos la disciplina;
iii) en los tribunales ordinarios y especiales, por una parte, en medio de antiguos procedimientos y acciones inadecuados, y con un activismo creciente, y, por otra, con una hiper-especialidad;
iv) en la Contraloría General de la República, verdadera fábrica del derecho administrativo en nuestro país, con una posición institucional e historia que no tienen parangón en el concierto comparado; en fin,
v) en la pluma de los juristas, hoy escasos, pero en número creciente, que han ido creando una Doctrina de Derecho Administrativo cada vez más notoria e interesante.

Asimismo, es necesario también nombrar a los abogados o legistas que, en su práctica de aplicación del derecho, sin profundidades dogmáticas, pero con ingenios y habilidades habituales, saben utilizar como insumos todos los "productos" que emanan de los cinco talleres anteriores.

150 Publicado en: *El Mercurio Legal*, 20 de enero de 2014 (Fue publicado anteriormente en: *La Semana Jurídica*, semana del 25 de febrero al 1 de marzo de 2013, p. 7).

¿CUÁLES SON LOS DESAFÍOS DEL DERECHO ADMINISTRATIVO?

El desafío permanente del derecho administrativo es mantener las riendas de la autoridad burocrática, brioso poder que cabe controlar con un derecho especializado y con unos jueces también especializados, además de sagaces y conocedores de las conductas habituales de la autoridad y de los derechos públicos subjetivos que cabe asegurar a los administrados. Solo una vez que una sociedad se asegura del control de los burócratas, cabe entregarles a estos una rienda más suelta para llevar adelante la acción administrativa, así encausada; pero no para que se realice lo que el burócrata desee: solo aquello que la Ley permite.

Junto al desafío permanente del control y de los límites de la actuación administrativa, también hay desafíos de la hora presente en nuestro país. Puedo mencionar algunos, relativos a algunos de esos talleres.

1° *La especialización o superespecialización de la justicia administrativa*
Esta hiperespecialización es una tendencia innegable del neomoderno derecho administrativo (ya existen tribunales en materias de electricidad, medio ambiente, contratación, tributos y aduanas; y se propone con fuerza para aguas…). La creación de estos tribunales especiales ha sido muy exitosa y es de esperar que continúe.

El desafío es definir hasta dónde llegará esa tendencia, pues hay materias que no podrán ser objeto de tribunales ni de acciones especiales.

2° *El contencioso de la responsabilidad patrimonial de la Administración*
Conectado al anterior, hay otro desafío acuciante: la actual reforma del procedimiento civil también involucra una parte relevante del contencioso de derecho administrativo; es el caso del contencioso de la responsabilidad patrimonial de la Administración, por falta de servicio, según el canon legal [en la práctica, claudicante del *nomen iuris* del derecho administrativo; hasta los especialistas suelen llamarla "responsabilidad extra-contractual del Estado"]. Cabe observar, participar y criticar en su momento lo que realiza el Congreso en esta materia, que afectará al derecho administrativo.

3° *Necesario activismo judicial, pero con racionalidad jurídica*
La jurisprudencia ha dado muestras de un activismo inesperado al controlar decisiones de la Administración, en especial cuando contienen elementos de alta especialidad y tecnicismos propios de especialistas no juristas. En una columna anterior me he referido a esta cuestión.

Pero es que los jueces tienen por canon constitucional el control total de la actividad administrativa, incluidos los tecnicismos, y no es posible postular la claudicación de ese control para entregárselo a la Administración, como si en el caso chileno esta pudiese actuar como una agencia autónoma, teniendo la última palabra. La cosa juzgada, sea en materias técnicas o no, la tienen los jueces, pero con racionalidad. Y este es el quid de la judicatura actual, pues esa racionalidad está en los principios generales del derecho, en ese pulso de la conciencia jurídica popular o social, que late en medio de las lagunas del derecho. Tal racionalidad no está ni debe emanar de la hoja de ruta valórica de cada juez; eso sería una traición a la justicia que se espera de él. No son sus valores personales los que debe depositar en cada sentencia; sino el precipitado valórico del ordenamiento todo: los principios. Pero la expresión y técnica "principio" casi no se usa.

4° Crítica jurisprudencial, una deuda de la doctrina de los juristas de derecho administrativo

No debe extrañarnos que los jueces de los tribunales ordinarios cometan errores en materias técnicas y de derecho administrativo: los seguirán cometiendo, y no por eso debemos prescindir de la crítica a sus decisiones.

Para evitar esos errores, la actitud legislativa de los últimos años en nuestro país ha sido la creación de tribunales hiper-especializados en materias en que abogados y jueces son incapaces por sí solos de ofrecer una defensa o una sentencia plena de racionalidad sin una buena formación y larga experiencia (como es el caso de los conflictos de electricidad, de tributos, de contratación administrativa, de medioambiente).

Sin embargo, la realidad ha demostrado de un modo muy nítido la ausencia de un escrutinio que debiese ser muy intenso en una sociedad racional, pero que hoy casi no existe: el denso escrutinio de los juristas independientes a todas y cada una de las sentencias judiciales. De ese grupo de cultivadores de la Ciencia del Derecho, de los intelectuales del derecho, que más allá de su propias y naturales convicciones, pueden y deben captar igual que los jueces el espíritu de la legislación de su tiempo, y convertirse en el filtro entre las esperanzas de justicia de la sociedad y las decisiones judiciales. Puedo agregar algunas líneas a una columna anterior.

Esos críticos de las sentencias no están o no se atreven o son muy pocos, pues sus susurros apenas se oyen. No atemorizan a los jueces, a los cuales no les preocupa la débil critica académica, incluso dicen en estos días, que esa es la única critica que aceptan. ¿Cómo no, si apenas los roza?

¿Es que les tememos demasiado a los jueces? De los jueces nos cuidamos. ¿Dónde está la voz fuerte y decidida de esa necesaria crítica y debate de las sentencias judiciales? Casi no existe. En las Facultades de Derecho, los que se dicen positivistas o iusnaturalistas, con gran incoherencia, enseñan casi solo las leyes y casi nada de jurisprudencia. La literatura jurídica ofrece poco análisis jurisprudencial. ¿Por qué?

Pero debemos tomar esta situación como una gran oportunidad, pues ha dejado traslucir la precariedad de la racionalidad con que a veces se suele ejercer la noble y esencial función jurisdiccional, y es no solo es culpa de aquellos ministros que no han sido mucho más activistas ni más arbitrarios que sus pares en otras oportunidades, ni será la última vez que lo harán.

Es necesario que los jueces mantengan la tranquilidad ante el esperado escrutinio de los juristas, y su mejor defensa será que ofrezcan sentencias plenas de racionalidad.

Esos, creo, son algunos de los desafíos del actual derecho administrativo.

§ 5

AUTORES Y DOCTRINA DE DERECHO ADMINISTRATIVO

I. UN ADMINISTRATIVISTA EN MANOS DE UN ROMANISTA[151]

Con mucho gusto me he sumado al homenaje que la Pontificia Universidad Católica de Chile, la Universidad de Los Andes, la Pontificia Universidad Católica de Valparaíso y la Universidad Santo Tomás han querido rendir a la memoria de su amigo, el profesor Álvaro d'Ors.

La verdad, como se descubrirá al hilo de mis palabras, es que mi elección para integrar la mesa de oradores en esta ocasión no puedo explicarla sino por mi conocida admiración a ese sabio maestro (unida a un profundo agradecimiento a la ayuda y amistad que él me dispensó).

Por cierto, también es explicable mi presencia aquí, dada mi amistad, incentivada por él, con dos de sus discípulos más queridos, que también y con más propiedad comparten este homenaje, como es el caso de Francisco Samper y Alejandro Guzmán. Igualmente, no puedo dejar de mencionar que la presencia de Joaquín García-Huidobro es grata, dado que con Joaquín nos conocimos en Pamplona y compartimos muchas actividades con don Álvaro. Estar junto a ellos en este homenaje me llena de satisfacción.

Pues los nombres de los hoy profesores Bertelsen, junto a Samper y Guzmán, dicho así a secas (usando solo sus apellidos) a la usanza española, estos últimos dos discípulos directos del maestro dejaron una huella en Pamplona. Ellos cimentaron ante el maestro que homenajeamos y en la pléyade de grandes profesores de esa querida Universidad de Navarra, un gran prestigio. Por lo tanto, fue facilitador para los doctorandos chilenos que llegamos allí después de ellos, como fue mi caso, el de Joaquín (García Huidobro) y de tantos otros compañeros.

Yo puedo decir que nos beneficiamos ampliamente de la huella de magníficos estudiantes y universitarios que habían dejado los profesores Samper, Guzmán y Bertelsen en esa Universidad. Fue evidentemente la puerta de entrada para poder unir nuestra admiración hacia don Álvaro con el contacto personal.

---

151 Publicado como "Un administrativista en las manos de un romanista, homenaje a Álvaro D'Ors", en: *Álvaro D'Ors, homenaje a un maestro* (Santiago, Universidad Santo Tomás, 2005), pp. 87-98.

Y desde este punto deseo partir, pues yo no fui discípulo directo de d'Ors (menciono a partir de aquí solo su apellido, pues así sugería que se refiriese uno a él al citarlo como autor, en los escritos; pero se hacía difícil). Lo que haré será transmitir un perfil de su figura, como académico, desde la perspectiva de un doctorando de derecho público, específicamente de derecho administrativo, con una tesis más específica aún, de una disciplina derivada del derecho administrativo: de derecho minero.

1. UNA EXPLICACIÓN DE LA CONEXIÓN DE UN ADMINISTRATIVISTA CON EL MAESTRO D'ORS

Mi paso por la Universidad de Navarra estuvo centrado en obtener mi grado de doctor en la disciplina del derecho administrativo. Así, fui adscrito al departamento correspondiente y como director de tesis asignado tuve a un especialista de esa materia, al profesor Francisco González Navarro, a quién en verdad yo buscaba en esa universidad. Entonces, a pesar de que mi preocupación principal era y es globalmente la disciplina del derecho administrativo, y algunas de sus subespecialidades, como el derecho de minería, pronto descubrí que había allí en esa Universidad un sabio, con tal renombre que cabía intentar conectarse con él del modo que fuera.

Esta idea existía en casi todos los doctorandos. Por cierto, todos con una gran admiración, aunque cada uno debía ver, con alguna prudencia –ya veremos por qué– si se acercaba o no al maestro. Primero, era cautivante su presencia física, los rumores de cómo era él, de sus discípulos chilenos (y ahí surgían inmediatamente los nombres de Guzmán y Samper), de sus cursos llenos de alumnos, de los seminarios de los viernes repletos de profesores y alumnos escuchándolo, de sus libros, en fin, de su inigualable paso hacia su escritorio en medio de los anaqueles de derecho romano en el segundo piso de la Biblioteca de Humanidades.

Como fuese, sin posibilidad de entrar en detalles ahora, hablé con mi maestro y lo convencí de la necesidad de que en mi tesis cabía efectuar una reconstrucción histórica, y eso me llevaba a las aguas del derecho romano, y, por supuesto, me acercaba a la posibilidad de contacto con el sabio d'Ors. Yo argumenté que parecía aceptable que en mi tesis hubiese un primer capítulo de derecho romano y así se conversó entre ellos. Ambos aceptaron y logré mi objetivo: quedé por un tiempo en las manos de d'Ors. Más bien, en las manos y en los papeles de d'Ors.

Él aceptó de muy buena gana que yo comenzara a trabajar en el tema de las minas ante el derecho romano, pero existían algunos inconvenientes, a los que me refiero en seguida.

2. ANTECEDENTES QUE PARECÍAN INFRANQUEABLES PARA TRABAJAR CON D'ORS

a) Primer inconveniente: "El derecho administrativo no es derecho". El maestro tenía ideas muy particulares sobre las disciplinas de derecho público y, en especial, del administrativo, a tal punto que una de sus primeras opiniones, ineludibles ante el tema, me dejaron atónito; el maestro dijo:

–Vergara, en realidad el derecho administrativo, ¡no es derecho propiamente dicho!, es más bien parte de la ciencia de la organización social y eso ha de saberlo Ud. desde un primer instante. Vea lo que digo en mi librito *Una introducción al estudio del derecho*, del cual incluso Guzmán Brito hizo una edición en Valparaíso.

Si bien parecía chocante, operó en mí como un acicate: debía intentar comprender por qué él decía eso. Simplemente, me llevó a leer todo lo escrito por d'Ors que llegara a mis manos en relación al derecho público. Y fue sencillamente fascinante. Entonces, este primer obstáculo fue superado por mi entusiasmo y su aceptación.

b) Segundo inconveniente: el latín y el derecho romano. Mi falta de conocimiento aceptable del latín y de la disciplina del derecho romano, en forma, pues el que fue mi profesor de pregrado en la Universidad de Concepción en realidad era un buen profesor y una gran persona, pero no un investigador de la disciplina. Era de aquellos profesores de derecho romano que llamamos, y aún ellos mismos solían llamarse, "profesores de derecho civil con latinazgos". Pues bien, me puse a leer desesperadamente textos recomendados de derecho romano, partiendo por el DPR del maestro (así llamábamos al *Derecho privado romano* de d'Ors) y a profundizar mi modesto latín. De igual modo, este segundo obstáculo medianamente fue superado por mi entusiasmo y su desesperación.

c) Tercer inconveniente: un desmayo mítico. Un hecho dramático sobre el cual todos nos íbamos enterando podría haber actuado como disuasivo a mi firme voluntad de trabajar con el maestro: otro chileno, un doctorando, que aun permanecía en Navarra, dedicado a otra disciplina de derecho vigente, se le había ocurrido la misma idea mía de hacer un capítulo introductorio de derecho romano y se había puesto bajo las manos del maestro. Todos escurrían el siguiente rumor: que ese doctorando chileno, después de una primera reunión y de un tiempo suficiente de intenso trabajo, le había llevado a d'Ors la primera versión de su capítulo. Pero, se decía que la reacción de este, después de leerlo, seguramente fue tan honesta y rotunda que nuestro compatriota cayó simplemente desmayado en medio de la Biblioteca de Humanidades, ante lo cual don Álvaro desesperado pedía ayuda, diciendo: *"Se desmayó el chileno, se desmayó el chileno..."*. Bueno, este era un mito que corría por los pasillos y habrá que averiguar de quién se trató. Este tercer inconveniente tampoco me amilanó.

d) Cuarto inconveniente: ni un cuarto de discípulo. Yo no iba a ser claramente un discípulo del maestro, ni siquiera un cuarto de discípulo –como una vez me espetó–, pero él aceptó que trabajase en la materia de derecho minero romano, dirigido por él. Hice con mayor o menor fortuna un capítulo sobre derecho minero romano. Debo confesar que no me desmayé ante los comentarios que me hizo el maestro luego de revisar la primera versión, *pero cerca estuve de un desvanecimiento.*

Entonces, es a partir de esta experiencia, desde la que deseo remarcar las cualidades personales y académicas del maestro: desde la de un doctorando que solo por empeño personal fue aceptado cerca del maestro.

3. LA DEDICACIÓN DEL MAESTRO A LOS ESCRITOS DE SUS DISCÍPULOS O DIRIGIDOS

Ese capítulo de derecho minero romano solo pudo ser escrito gracias a la guía de d 'Ors, y aprendí de él no solo un poco de derecho romano (solo por mis carencias era poco, pues tenía ante mí a una de las más eminentes figuras europeas de la disciplina), sino de muchas otras cosas por su actitud académica y humana admirable.

a) Su dedicación al escrito. Cada vez que yo busqué un momento para hablar o necesité de su tiempo para la revisión de mis borradores, así fuese día sábado, nunca obtuve una respuesta siquiera que significase dilación. Guardo como un tesoro académico el primer borrador que él corrigió de mi capítulo. Revisó cada línea. Aún en sus más duros comentarios hacía una entrega y una delicada forma de transmisión de sabiduría; nunca un comentario de descalificación, ni demoledor. Solo honesto. Esa honestidad bastaba, en todo caso, para quedar demolido algunas veces. Me quedó grabado el comentario general que él escribió en mi primer borrador: *"Es notoria su falta de familiaridad con el derecho romano..."*. En la última versión me decía que había logrado solo acercarme un poco...

Después de varias correcciones, cada vez más profundas, me dio el pase y aceptó que ese capítulo integrase mi tesis doctoral, y ello fue motivo de una gran alegría. Pero al costo de dejar muy poco tiempo para el resto de los capítulos, pues he de confesar que el promedio de horas y días de cada página del capítulo de derecho romano fue casi el triple que el del resto de los capítulos. Pero para mí eso fue cautivante, motivador, formativo. No tengo sino palabras de agradecimiento.

La lección fue para mí permanente: aprendí que los profesores debemos corregir como corresponde los papeles que presentan los alumnos y, aún más, las tesis. Eso es duro, por cierto, pero es algo muy importante de la huella que dejó en mí el sabio maestro.

b) Su dedicación personal. Pero el hecho mismo de que este maestro tuviese puesta su vista en el modesto papel de un doctorando chileno, sin más antecedentes que esos, me llenaba de alegría y me dejó otra lección permanente. Yo, un simple chileno, soy motivo de atención de d'Ors, me decía a mí mismo, para tratar de convencerme. Resultaba impresionante. Pero, al mismo tiempo, exigente, pues no resultaba adecuado ir a hablar con d'Ors sin tener preguntas inteligentes. Y él mismo así lo decía: *"Pregunta el que puede, responde el que sabe"*.

4. UN ROMANISTA EN LA FORMACIÓN DE UN ADMINISTRATIVISTA

a) En la defensa de la tesis doctoral. Y así se originó mi contacto académico con d'Ors. Pero él fue leal a este cuarto de discípulo y me acompañó hasta el día mismo de mi defensa de tesis doctoral, evento en el cual él insistió que deseaba estar, aunque era raro, ya que él me había *"dirigido"* en un capítulo de la misma. Pero él quería ver también como defendía yo algunos aspectos de método que fueron quizás tan relevantes como el tema de fondo mismo; por ejemplo, el método de investigación retrospectiva de los institutos jurídicos, pues me hacía partir la exposición desde el presente, esto es, desde el derecho vigente hacia atrás, como río arriba, hasta llegar *"al manantial romano"*, expresión que le gustó mucho que yo escribiese.

Igualmente aprovecho de recordar a otro gran maestro que integró el tribunal de mi tesis, don Ismael Sánchez Bella, quien me dirigió en toda la parte de derecho histórico, con el cual tengo deudas académicas paralelas a las de d'Ors.

Volviendo a d'Ors, aún recuerdo que una vez finalizada la defensa, dado que él no asistiría al almuerzo de estilo, lo fui a dejar en mi auto a su casa, junto a mi mujer, y en el momento de bajar del auto, al despedirme de él en esa ocasión, me entrega un ejemplar de su DPR (ejemplar que constituye uno de los tesoros de mi biblioteca), con una dedicatoria preciosa, muy significativa.

b) Ese capítulo de derecho romano de mi tesis fue afortunado, pues tuve la alegría de verlo publicado después en la *Revista de Estudios Histórico-Jurídicos*, gracias a Alejandro Guzmán.

Debo decir que seguramente el maestro debió haber sentido que con ese trabajo mío no quedaba para nada cerrado el tema; más bien, al contrario, y fue así cómo más tarde entusiasmó seguramente a un discípulo, a Antonio Mateo, para que hiciese un trabajo sobre el derecho minero romano, recientemente publicado en 2001, el cual sí lo debe haber dejado conforme en cuanto a esfuerzo y resultados. A mí siempre me felicitó por el gran esfuerzo desplegado.

Pero así no termina mi conexión intelectual con d'Ors. Es más bien el comienzo.

5. LA MULTITUD DE FACETAS CIENTÍFICAS DEL MAESTRO D'ORS

Mi admiración por el maestro haría extensivo mi interés hacia otras facetas de la obra científica de d'Ors. Y a eso deseo referirme.

a) El caso del dominio eminente. Ese fue otro capítulo de mi tesis doctoral, dado que existió en Chile una doctrina que explicaba el vínculo del Estado con las minas a través de ese concepto. Aunque no era un tema de derecho romano, el maestro nuevamente me dirigió el estudio de la materia introduciéndome en Grocio (siempre me repetía: Grocio fue un gran inventor de conceptos jurídicos), todos los racionalistas, hasta el derecho civil moderno. Dado que él notó que para el debate chileno era importante, me invitó especialmente a su seminario para que fuera ponente del tema, al que se le dedicó una tarde de discusión, a la que asistieron también algunos doctorandos chilenos. Fue un verdadero premio para mí como simple doctorando, exponer ante él y algunos de sus discípulos y doctorandos. Pero una lección por la variedad y amplitud de su mirada del derecho.

b) La propietarización de los derechos. Luego de doctorarme, volví a Pamplona en varias ocasiones, durante el mes de febrero regularmente, y nuevamente me premió para exponer en su seminario otro tema que me preocupaba: lo que yo en definitiva llamé, con su ayuda, debo reconocerlo, la *"propietarización"* de los derechos, fenómeno cuya profundidad él percibió claramente. Nuevamente, demostraba el maestro su amplia comprensión. Me alegro de haber sido una especie de promotor, si bien le correspondió a Alejandro Guzmán hacer los aportes más significativos en este tema, a través de su libro sobre las cosas incorporales. Pero debo señalar que el maestro estuvo primero, incentivándome a mí a seguir con ese tema. Lamentablemente, no he tenido fuerzas ni ingenio para profundizarlo.

c) Su posición sobre el derecho de propiedad y la economía. Mi admiración por el maestro me ha hecho republicar varios de sus trabajos en Chile (seis en total), pero el más arriesgado para nuestro medio tan liberal fue su trabajo "Premisas morales para un nuevo planteamiento de la economía", en la *Revista Chilena de Derecho*, en 1990, en donde afirma: "¡El comunismo es moralmente mejor que el capitalismo!". Luego, otro escrito sobre la historia del derecho de propiedad y las modernas relaciones de trabajo en la empresa capitalista, en la *Revista Temas* de la Universidad Gabriela Mistral.

La verdad es que fue polémico aquel trabajo de 1990 y en los pasillos de la Universidad Católica varios se preguntaron sobre el tema; pero solo escribió, contestándole a don Álvaro, el teólogo Jesús Ginés. Eso le gustó al maestro, quien me envió de su puño y letra la réplica, también publicada en esa *Revista Temas*. Eso muestra la atención que él dispensaba a las ideas ajenas y su ánimo por el debate académico.

d) "Dedíquese mejor al derecho de aguas". La verdad es que cuando le envié de regalo mi libro de derecho de aguas, en 1998, me hizo varios comentarios que denotaban su lectura de pasajes completos, lo que para mí fue y es motivo de orgullo. Pero es que él siempre me había insistido en que me dedicara al derecho de aguas, más que al derecho minero. No solo me lo decía porque sabía de mi tradición familiar, dado que mi padre había sido un especialista en la materia, sino por una razón extra-académica: porque él consideraba que el derecho minero está cercano a una explotación realizada por extranjeros (así había sido en la Península Ibérica, primero, por los bárquidas y luego por los romanos; en América, primero por los conquistadores/colonizadores españoles y ahora por las empresas norteamericanas y de otros países, esto es, casi siempre extranjeras) y agregaba: "Ud. tiene que ser abogado de extranjeros en definitiva. Distinto es el caso de las aguas, dado que la aprovechan los del lugar; y eso es socialmente más valioso". Una idea del maestro...

e) Carl Schmitt. Mi admiración por este jurista alemán nació de mis conversaciones con d'Ors. No deseo profundizar esto, pero todos saben de la admiración de d'Ors por Schmitt y de la nutrida correspondencia que mantuvieron (acaba de ser publicada en alemán). Esto se lo agradezco a él, y muchos en España ya reconocen el papel relevante de d'Ors en el conocimiento tan amplio que sobre el jurista alemán se tiene hoy.

f) Una crítica al maestro. Solo meses antes de su deceso publiqué en nuestra *Revista Chilena de Derecho* una reseña a uno de sus últimos libros: *El espacio y el derecho*. Lamentablemente, no alcanzó a leerla, pero supo de su preparación; aún más, él me animó a hacerla, en un estilo admirable, sabiendo de mi disconformidad con su pensamiento en ese punto[152].

Qué distancia de argumentación entre mi sencilla reseña y su texto admirable, bello incluso, pero eso para mí es una de sus últimas lecciones; dijo: "Escríbala, a ver, a ver qué sacamos de ahí".

g) En fin, permítanme una debilidad, para referirme a una afición curiosa para algunos de mis amigos: *mi juvenil y permanente admiración por Tintín*, creado por el belga Hergé [Georges Remi]; o, más bien, por el fenómeno, por los álbumes y la literatura tintiniana, esa metáfora sociopolítica del siglo XX europeo. Cuando descubrí que d'Ors también compartía esa admiración, me dio ánimos para persistir en ella. Si el maestro se daba ese lujo, cómo me iba yo a avergonzar de este *hobby* mío, que hoy puedo considerar tranquila y públicamente como uno de los temas más serios a que dedico mi vida, por su cercanía con el alma humana.

6. EL LEGADO PERMANENTE DE D'ORS PARA TODO JURISTA: OBSERVAD LA MULTITUD DE LIBROS, TEXTOS Y TEMAS QUE CUBREN SU OBRA

No puedo enumerar, pero muchas de ellas han sido y seguirán siendo importantes para mí.

Al comenzar a preparar este papel, tuve que mirar en varios sitios de mi biblioteca, en donde, diseminados en varios anaqueles, están los apreciados ejemplares de los múltiples libros que sobre múltiples materias escribió d'Ors, y en los cuales

152 Véase esta crítica ahora en este libro, *supra* § IX, 4.

siempre hay algo de interés. Dejando de lado su infinidad de aportes al derecho romano (sobre lo que no podría decir nada, estando al lado de los romanistas Francisco Samper y Alejandro Guzmán), solo menciono algunos textos que les aseguro seguirán siendo muy importantes para nuestra formación:

a) Sus traducciones de *La República* y *Las Leyes* de Cicerón, con sus formidables prólogos.
b) Sus cuatro tomos sobre el Sistema de las Ciencias, que mis alumnos saben que abren cada curso de doctorado que realizo.
c) Su *Nueva introducción al estudio del derecho*, que es un verdadero golpe en la mente del jurista actual.
d) En fin, sus libros de escritos reunidos: desde sus escritos varios sobre el derecho en crisis; sus papeles del oficio universitario; los nuevos papeles; sus ensayos de teoría política; su *Parerga Histórica*; su crítica romanística; escritos todos estos para ser leídos una y otra vez; su preciado por razones de vivencia personal, *La violencia y el orden*, en donde hay una frase que deseo citar. Dice pertenecer a "una estirpe odiada por las izquierdas, pero que no inspira confianza a las derechas, quizás por su carácter puramente intelectual".

Pero es que ahí está el valor de la obra permanente de d'Ors: su carácter puramente intelectual.

El intelecto de un romanista para todos los juristas.

Yo le debo tanto... y sepa el lector que me emociono al cerrar este escrito en su homenaje.

II. CINCUENTENARIO DE UN CLÁSICO DE LA HISTORIA LOS DOGMAS DE DERECHO ADMINISTRATIVO[153]

Eduardo García de Enterría, en 1955, publicó en la colección "Estudios de Administración" del Instituto de Estudios Políticos, Madrid, el volumen *Dos estudios sobre la usucapión en derecho administrativo.* Mediante esta breve reseña, le deseamos rendir un merecido homenaje al insigne autor, pues dicho volumen ya debemos considerarlo un verdadero y propio clásico de la historia de los dogmas del derecho administrativo.

1. CINCUENTA AÑOS DE UN CLÁSICO

El autor construye su teorización con una delicada metodología histórico-dogmática, que fue recibida con un inusitado entusiasmo desde un inicio, curiosamente primero por la dogmática civilista (F. de Castro, L. Díez- Picazo, J. Vallet de Goytisolo); en especial por F. de Castro, para quien, al reseñarla el mismo año de su aparición, *"este libro (es) una prueba concluyente de la excelencia del método histórico (...); sin vacilaciones, puede recomendarse como lo mejor que modernamente se ha escrito sobre este tema"*[154].

Es que las dos perspectivas del valioso aporte de García de Enterría, la teórica y la metodológica, no han perdido actualidad. Lo demuestran sucesivas reediciones (2ª edición: Madrid, Tecnos, 1974, 165 pp.; 3ª edición: Madrid, Civitas, 1998, 170 pp.), y la utilidad manifiesta que sigue prestando a los autores de derecho administrativo en todo trabajo histórico dogmático y, en especial, en las más actuales

153 Publicado como: "Cincuentenario de un clásico de la historia de los dogmas jurídicos", recensión a: *Dos estudios sobre la usucapión en Derecho Administrativo*, de Eduardo García de Enterría (Madrid, Civitas, 1998, 170 pp.) en: *Revista de Derecho Administrativo Económico*, N° 15, 2005, pp. 191-196 [Republicado en: *Revista Aragonesa de Administración Pública*, N° 28, 2006, pp. 625-632].

154 En: *Anuario de Derecho Civil* 1955, p. 254.

teorizaciones sobre la concesión; en especial las referidas a la concesión vinculada al uso de los bienes públicos. En el caso de quien escribe estas líneas, la gratitud con dicho autor surge a raíz de una deuda intelectual innegable: se inicia en las reconstrucciones intentadas, bajo la guía de Francisco González Navarro[155], en nuestra tesis doctoral[156] y en nuestros trabajos posteriores sobre derecho de aguas, derecho de bienes públicos y, en general, derecho administrativo[157]. Incluso, en el más reciente e interesante aporte dogmático a la teoría de los bienes públicos del derecho administrativo español, de Elisa Moreu Carbonell[158], hay notoriamente una continuidad metodológica; si bien teóricamente ella sigue otros derroteros, no menos originales que los del maestro.

Lo que postula nuestro autor, en el prólogo de este bello libro, es "un uso sistemático del método histórico", agregando que "[s]olo el campo totalizador de la historia puede ilustrarnos sobre la efectiva función política y social de las instituciones, y es esta su nervio y su sustancia" (pp. 11-12)[159]. A su juicio, "el fundente que la conciencia histórica de nuestro tiempo ha aplicado con éxito a tantas ricas construcciones debe ser ensayado con urgencia sobre el derecho administrativo" (p. 19).

155 Fue precisamente González Navarro quien me "inició" en la valoración de la obra de García de Enterría. Él, con la generosidad que lo caracteriza y que todos reconocemos, apenas había pisado yo suelo español, a fines de la década del ochenta, en la primera entrevista con él, como mi profesor-guía de tesis doctoral, me espetó:
–Vergara, ¿ha leído Ud. a García de Enterría?
–Sí, algunas de sus cosas, le respondí.
–¿Ha leído Ud. el *Curso* que ha publicado en conjunto con Tomás-Ramón Fernández? Es, verdaderamente, la *summa* del actual derecho administrativo español.
Tuve que reconocer hidalgamente que no lo había leído, sino parcialmente. A lo cual, me "recomendó":
–Lea Ud. despacio ambos tomos y solo una vez que haya terminado podremos nosotros conversar de su tesis doctoral, y de su tema...
Esa fue entonces mi primera lectura, íntegra, del *Curso*. Debo agregar que esta lectura fue recomendada por González Navarro, a pesar de ser, él mismo, autor de su *Derecho Administrativo Español* (tres tomos). Además, como señalo en el texto, luego se agregaría a la "recomendación" casi la obra íntegra de García de Enterría, de lo cual hay prueba notoria en la versión definitiva de mi tesis doctoral.

156 Véase cómo seguimos al maestro en nuestro: Vergara (1992), en especial, pp. 25 y sigs., en la metodología de trabajo, en que sigo sus "Dos estudios...".

157 Nueva muestra de deuda intelectual, en especial del trabajo al que rendimos homenaje, en: Vergara (1998), lo pertinente en Tomo 1, pp. 55-58.

158 Véase su: Moreu (2001), lo pertinente en pp. 162 y sigs. Véase, asimismo, nuestra recensión en *Revista de Derecho Administrativo Económico*, vol. V, N° 1, 2003, pp. 217-223, y en *Revista de Administración Pública* N° 163, 2004, pp. 574-582.

159 Cito según su edición de 1974.

Pero esta utilización del método histórico no es para nuestro autor "la erudición pintoresca y anecdótica con que frecuentemente se nos abruma" (p. 13), sino un método que permitirá al jurista descubrir pervivencias históricas "enquistadas", "residuos", verdaderos "mitos jurídicos" (p. 21).

Con posterioridad, nuestro autor ofreció su serie histórica relativa a la Revolución Francesa y su estrecha vinculación con el nacimiento de la disciplina del derecho administrativo[160]. Pero debió reconocer, en 1981, que la ocupación a la historia de las ideas o dogmas jurídicos "es uno de los placeres intelectuales más refinados y gratificantes", lamentando que, al final, "mi especialización de jurista positivo, y no de historiador del derecho, ha concluido por desplazar aquella inclinación"[161]. No obstante ello, todos hemos celebrado que nuestro autor ha "reincidido" felizmente en sus estudios histórico-dogmáticos, para ofrecer en 1994 una reconstrucción más amplia sobre el derecho público tras la Revolución Francesa[162].

En las líneas que siguen realizo un breve resumen de las principales ideas del volumen, que sobre dos "mitos" jurídicos desarrolla el autor: la institución de la reversión de concesiones; y la (im)prescriptibilidad de los bienes públicos.

2. EL DOGMA DE LA REVERSIÓN DE CONCESIÓN

Estudia, en primer lugar, la posesión inmemorial (de cien años), cuyo "campo de aplicación propio es precisamente –y por paradoja– el de los derechos imprescriptibles" (p. 29). Parte afirmando que en el derecho histórico "ha existido una aplicación constante y sistemática de la posesión inmemorial en su terreno propio, mencionando las cosas imprescriptibles y las regalías" (p. 32). Es el punto de partida de su análisis histórico.

Analiza en el Fuero Juzgo y en las Partidas las regalías y cosas públicas como imprescriptibles. Luego expone cómo la cláusula de la reversión es una reserva frente a la inmemorial. Expone textos históricos en que se acepta la aplicación de la posesión inmemorial o centenaria (entre otros casos: a cosas eclesiásticas, p. 36; señoríos, p. 36; privilegios de franquicia y exención, p. 39; mayorazgos, [p. 41]; *regalías* [p. 39]; y a *cosas públicas* [p. 39]).

160 Véase García de Enterría (1972). Véase nuestra recensión en: *Revista de Estudios Histórico-jurídicos*, XVIII, 1996, pp. 608-611.

161 En García de Enterría (1972 [ed. 1986]), prólogo.

162 Véase García de Enterría (1994).

Señala que "en el antiguo derecho la posesión inmemorial o de cien años legitima con presunción indestructible de privilegio la titularidad definitiva de cualquier particular sobre esta materia pública, ordinariamente atributo de la soberanía: regalías, franquicias, señoríos, cosas públicas, vinculaciones" (p. 44). De frente a esto, "la cláusula de la reversión, establecida precisamente para ser efectiva a los noventa y nueve años, tiene por objeto impedir que las cesiones reales o *privilegia principis* otorgados a los particulares puedan llegar a implicar una pérdida definitiva del patrimonio jurídico del soberano" (p. 44). Concluye así que "la cláusula de reversión es, pues, una reserva defensiva frente al juego de la prescripción inmemorial" (p. 44).

En seguida, ofrece un estudio de la *"lex fundamentalis"* de inalienabilidad de los derechos mayestáticos como fundamento de la reversión (pp. 45 y sigs.). Recuerda que, en la época de los reyes, se intentaba "no perder definitivamente porciones de su soberanía"; pero recuerda que en la época tal soberanía no era, como es hoy, una "posesión general y abstracta de superioridad, capaz de instrumentar a su favor toda clase de contenidos y potestades", sino "un conjunto limitado y tasado de derechos concretos" (derechos preeminentes del Príncipe, "*pouvoirs*", "regalías": p. 46).

Juega, entonces, según nuestro autor, un principio fundamental "que, como tal, se sobrepone incluso al interés y a la propia potestad del Rey" (p. 46): el principio de la inalienabilidad de los derechos mayestáticos. Y estudia detenidamente su consagración en Francia (pp. 47-48); y en el derecho histórico español (pp. 48-54)[163].

Examina igualmente con detención la cláusula de reversión como garantía de la inalienabilidad (pp. 55 y sigs.), afirmando que esta cláusula existió en el

163 Señala que en Francia "desde los grandes juristas del antiguo régimen a los administrativistas contemporáneos, (...) ven en ese dogma antiguo [la inalienabilidad de los derechos mayestáticos] el origen del postulado de la inalienabilidad en el actual dominio público" (p. 47). Señala su aplicación al *dominio de la Corona*. Vincula la instauración de la regla de la inalienabilidad con la institucionalización de la *unidad política* del Reyno (que da lugar a la famosa Ordenanza de *Moulins*, de 1566, que es calificada como "*sacrosanta lex quae reges ipsos obstringit*"). Revisa el desenvolvimiento histórico del "proceso de institucionalización objetiva del Reyno (...), como reacción frente a la disposición patrimonialista por parte del Monarca" (p. 49), a través de diferentes textos. Concluye, en este análisis, que la regla de la inalienabilidad (además de ser armónica con la institucionalización del Reyno, como opuesta a una concepción patrimonialista), tiene un "*fundamento real*" y, según el autor, "en el interés de los súbditos juega una motivación económica" (p. 53), que se mantengan las fuentes de rentas reales para evitar nuevos tributos y no "*echarles muchos pechos e de facelles otros agravamientos*" (según las Partidas).

derecho histórico, "con la que el Rey trata de evitar la pérdida de los derechos propios que ha concedido, y contrarrestarlos con la regla de la inalienabilidad"; como una condición resolutoria o de revocación: prohibición de disponer del derecho civil[164].

Analiza enseguida la cláusula de la reversión en la formación del concepto moderno de concesión[165], la transformación política y desaparición de la inmemorial[166]; en fin, dicha cláusula de reversión en la *crisis de la concesión*: "No

164 En su reconstrucción histórica comprueba cómo esta "cláusula de restitución", está presente en todas las cesiones reales, es tácita y está afectada de dos limitaciones: no perjuicio económico de tercero y riesgo de consolidación definitiva por obra de la posesión inmemorial (pp. 56-57). Analiza latamente la cláusula de la reversión, que impide la inmemorial: en el derecho antiguo (por la vida del Rey), p. 59; en caso de exceder la vida del rey, p. 59; dos vidas, p. 60; 99 años como reserva de soberanía en el derecho internacional, p. 61, y su aplicación a las concesiones administrativas (pp. 65 y sigs.).
Explica cómo el plazo reversional de 99 años pasa del derecho internacional al derecho administrativo, que lo adopta en materia de *concesiones administrativas* (p. 65). Al respecto, dice: "(...) El instituto de la concesión jugó económicamente, (...) como un medio de atracción de capitales extranjeros en volúmenes considerables; la cláusula de reversión como reserva de soberanía pudo tener entonces un matiz político consciente de este aspecto internacional de nuestras grandes concesiones, equiparable, por tanto, en un cierto modo, a las reservas propias del Derecho Internacional" (p. 66). "Hay una excepción única al dogma de la reversión concesional (...), y es el caso de las concesiones demaniales puras; en concreto, aguas (a regantes y pueblos) y minas, en que las concesiones se otorgan a perpetuidad" (p. 66). "Por su base estrictamente real, estas concesiones pudieron concebirse en la antigua dogmática como *census fictus*, salvándose, por ende, en origen el dogma de la inalienabilidad a través del arbitrio de los cánones censuales, aquí concesionales, que, como en el caso de la enfiteusis y a imagen de la misma, significan justamente el reconocimiento del dominio directo, impidiendo toda suerte de prescripción, no obstante su perpetuidad" (p. 67) [en Francia son llamados "*pétits domaines*"].

165 Dice el autor que "en su origen la cláusula de reversión ha jugado como determinante de la transformación de las antiguas cesiones señoriales (...), a la moderna concesión administrativa, en la cual la cesión de funciones públicas no implica ya una franquicia definitiva respecto del poder concedente, sino una mera cesión de la gestión sin pérdida por la Administración de la titularidad última. La reserva de una consolidación final de esta titularidad contribuye a la conformación de la institución concesional como un *precarium*" (p. 69). "De aquí la posibilidad de convertir estas daciones regalísticas, desde meros beneficios personales de los concesionarios en instrumentos al servicio de los fines públicos que la titularidad de la Administración representa" (p. 69). Termina diciendo: "En este sentido, la cláusula reversional es una pieza decisiva para la formación del concepto moderno de concesión" (p. 70).

166 La posesión inmemorial desaparece hoy, pues, a su juicio, "los derechos soberanos ya no son regalías, potestades concretas, determinadas, sino contenido instrumental de una posición general y abstracta de superioridad en que la soberanía consiste, a partir de la forma política, en desarrollo progresivo del Estado moderno. Esta simple observación coloca ya

cumpliendo ya sus fines políticos, la reversión (...), ha jugado sin duda un papel decisivo en la crisis actual de la concesión administrativa". (p. 75).

"La paradoja se explica por el hecho de que la inmutabilidad de la cláusula de reversión no ha correspondido a la alteración profunda de los supuestos políticos y jurídicos que sostienen a la figura de la concesión" (p. 75). Su aserto es ineludible: "Un mismo remedio –y la reversión fue en su origen un remedio drástico– puede sanar o matar al mismo individuo, según el momento o la oportunidad" (p. 75)[167].

Termina su trabajo de reconstrucción institucional de la concesión, mostrando la verdadera depuración del mito reversional que se produce: de cláusula política a cláusula económica, ya que, junto con la crisis de las concesiones clásicas, surgen nuevas formas de concesión: "Las fórmulas de la política económica y social contemporánea han encontrado en el viejo concepto un instrumento capital" (p. 77), y "reconstruyendo la pieza con arreglo de los principios y a las necesidades nuevas (...), el esquema clásico de la concesión administrativa puede y debe ser salvado" (p. 77).

3. SOBRE LA IMPRESCRIPTIBILIDAD DEL DOMINIO PÚBLICO

Parte el autor señalando que no sería prácticamente posible construir la imprescriptibilidad "como una carga real perpetua que afectase a una cosa singular por y durante toda su existencia física" (p. 94). Y este aserto es el que intentará probar en su trabajo.

Según nuestro autor "toda la institución del derecho público gira, como es sabido, sobre un *criterium* esencial: la llamada *afectación*, destinación, destino,

---

definitivamente fuera de todo comercio privado el Poder Público, (...), en cuanto la soberanía (...) centraliza (...) todas las prerrogativas públicas" (p. 71). "Esta nueva realidad por sí sola transforma en esencia todo el sentido de la concesión, invirtiendo su planteamiento clásico: todo ejercicio privado de una función pública, de una prerrogativa de superioridad, de un uso exclusivo de un bien público, requiere una legitimación positiva de la Administración, *en nombre de la cual* solamente puede actuarse" (p. 72).

167 Afirma que "el influjo destructivo de la cláusula reversional ha venido, sobre todo, del hecho de que se oponía sustancialmente a la necesidad económica de la amortización, necesidad insoslayable en las concesiones modernas de servicios públicos, cuya gestión exige un establecimiento industrial de cierto volumen (...)" p. 75. Se refiere así a las necesidades financieras, pues las concesiones requieren un activo industrial importante. Señala: "El mecanismo reversional revela aquí de nuevo, en el neutral plano económico, su arcaísmo" (p. 76).

de las cosas particulares que integran sus dependencias" (p. 95)[168]. Así, concluye que cuando una cosa pierde la *publicatio* o afectación, es susceptible de comerciabilidad ordinaria y, por ende, de ser objeto de una prescripción en los términos comunes (p. 96).

Analiza cómo se produce la *"afectación/ desafectación"*: ¿mediante un acto formal? Concluye que histórica, positiva y doctrinalmente resulta favorable la tesis de la afectación y desafectación tácitas[169]. Enseguida, el autor intenta responder la siguiente pregunta: la ocupación abusiva de un particular sobre el *demanio*, ¿implica en algún momento la desafectación tácita? Lo cual, por lo tanto, determina "la cesación de la demanialidad de la cosa de que se trate" (p. 105)[170].

---

168 Agrega que: "(...) esta afectación es precisamente a la utilidad pública que la Administración directamente representa y gestiona" (p. 95). "Una cosa ingresa en el dominio público en cuanto queda afectada a esta utilidad; cesa en cuanto tal afectación termina" (íd.). Cita los artículos 339, 340 y 341 del Código Civil español. Dice: "En estos mismos términos la institución fue configurada ya en el derecho romano, sobre el concepto de *publicatio* o *dicatio ad populum*" (p. 95). Rigurosamente, afirma (con amplia cita de autores), "la afectación o *publicatio* explica, justifica y mide el conjunto íntegro de las particularidades dogmáticas del d. P., y entre ellas las fundamentales de su inalienabilidad y su imprescriptibilidad" (p. 95).

169 Revisa: el derecho romano (pp. 96-98), en que se produce "por el hecho simple de la destinación de las [cosas] al uso público"/ La "apertura al público" era un modo normal de afectación. En derecho intermedio (pp. 98-100), por el "hecho" de que las cosas están en el uso público, están afectadas; por lo tanto, no son susceptibles de posesión individual, requisito primero de la prescripción (p. 99). Según el autor, hay "singularidades que en esta época presenta la institución del *demanio*" (p. 98). Relaciona, siguiendo a Gierke, el problema de la personalidad de los entes sociales con el desarrollo del dominio público. Señala: "No reconocida la personalidad jurídica del grupo, se carece de arbitrio técnico para imputar a este la titularidad de las cosas de uso público, que es el primer requisito dogmático del *demanio* en cuanto propiedad" (p. 98). Indica que "los legistas someten a violencia los textos romanos relativos a la *res in uso público* y que en el principio de atribución de estas cosas al *populus Romanus* creen encontrar, equívocamente, el paralelo con la concepción asociacionista de los entes públicos" (p. 99). En la actualidad (pp. 100-104), en que la *"afectación/desafectación"* se produce por los simples hechos, sin exigencias de declaraciones formales.

170 Esto es, según el autor, "el resquicio dogmático de la teoría del dominio público; por donde sería posible introducir el aserto paradójico de su prescriptibilidad" (p. 106). Pasa revista a la doctrina francesa, italiana, alemana y española, en que se acepta ya sea como "*degradación*" (Proudhon) o como abandono una conversión jurídica en que un particular gana por prescripción un bien del dominio público. Pero establece una excepción al aserto general de desafectación tácita del dominio público. Por la expoliación posesoria de un particular: el caso del equívocamente llamado dominio público natural o "*por naturaleza*" (p. 117). Lo define así: "Se trata de dependencias del dominio público cuya afectación está definida por modo general en la ley con relación a determinadas circunstancias físicas o naturales, y sin

Se refiere a los fundamentos de esta prescripción inevitable (dado que, desafectada tácitamente una dependencia del dominio público, operará la usucapión) y a la necesidad de fijar un plazo para ello, revisando, en fin, el ámbito de la imprescriptibilidad del dominio público. En relación con la titularidad del dominio público señala que "el particular no puede nunca ganarlo en cuanto tal. En otros términos: "la titularidad del dominio público pertenece necesariamente a la Administración y en ningún caso puede llegar a ostentarla un particular" (p. 134)[171].

Termina refiriéndose a la protección del dominio público y señala que la protección de la integridad del dominio público, finalidad a que tan enérgicamente se dirige el dogma de la imprescriptibilidad, debe ser buscada, con abandono de esta vía directa y simplista, a través de procedimientos oblicuos, si han de ser eficaces (p. 138). Se refiere a una estéril "fe en ese dogma quimérico de la identidad perpetua de las cosas públicas" (íd.).

Termina el estudio proponiendo modos prácticos para la *"reintegración"* por la Administración, del dominio público perturbado.

---

necesidad, por tanto, de declaraciones singulares de afectación para cada caso" (p. 117). Da ejemplos: las aguas litorales, la zona marítimo-terrestre, las aguas públicas terrestres y sus álveos y riberas. Da un argumento lógico: "La consecuencia indeclinable es que la afectación está presente en tanto en cuanto sea posible predicar de una cosa las determinaciones físicas que la ley ha considerado" (p. 117). La única posibilidad que la afectación cese "en cuanto se alteren las condiciones físicas determinantes", esto es, "por alterar de hecho las circunstancias físicas" (p. 118). Es la *"degradación"* de Proudhon.

171 Analiza la situación en la Edad Media y aun la época inmediatamente anterior al constitucionalismo, en que era plenamente posible que un particular ostentara personalmente una titularidad pública o regaliana (privilegios reales traslativos sobre ríos u otras cosas): "El régimen administrativo ha acabado absolutamente con esa posibilidad. El principio de igualdad, y su correlativo de la centralización de prerrogativas y funciones públicas en el poder, impone la pertenencia exclusiva y necesaria a la Administración de este tipo de titularidades. El dominio público es una de ellas. Decir que la titularidad del *demanio* es inasequible para el particular es, por consiguiente, la primera e indiscutible aplicación del principio de imprescriptibilidad" (pp. 134-135). Agrega: "Si bien se observa, el instituto de la imprescriptibilidad no es necesario para explicar esa particularidad del dominio público. Bastaría exponer que el dominio público es instrumento y contenido de una función pública para obtener inmediatamente la consecuencia de su inaccesibilidad a los particulares, dada la posición jurídica de que estos participan en el régimen administrativo. Desde esta perspectiva, el principio de la imprescriptibilidad es, en su enunciado tradicional, un residuo histórico inoperante, una innecesaria medida defensiva" (p. 135).

4. EPÍLOGO

He dejado hablar a nuestro autor, repasando este clásico. No es el momento de repasar críticamente, de modo positivo, por lo demás, esta excelente pieza cincuentenaria de nuestra literatura de derecho administrativo; sino que es el momento de rendirnos ante ella como un homenaje más a su autor que tanto debemos, y propiciar que otros (parafraseando a García de Enterría), experimenten con su lectura un "placer intelectual de los más refinados y gratificantes".

Bibliografía citada

García de Enterría, Eduardo (1972): *Revolución Francesa y administración contemporánea* (Madrid, Taurus, 1ª. ed. 1972; 2ª ed. 1981, reimpresiones en 1984 y 1986; 4ª y última ed. Civitas 2005). Traducción de Moderne, Franck (1993): *Revolution Francaise et administration contemporaine* (París, Economica), 119 pp.

—(1994): *La lengua de los derechos. La formación del derecho público europeo tras la Revolución Francesa* (Madrid, Alianza, 1ª ed. 1994, reimpresiones en 1999, 2001), 226 pp. Además, en *Civitas*, 2001, 224 pp.

Moreu (2001): *Minas. Régimen jurídico de las actividades extractivas* (Valencia, Tirant lo Blanch), 453 pp.

Vergara Blanco, Alejandro (1992): *Principios y sistema del derecho minero. Estudio histórico-dogmático* (Santiago, Editorial Jurídica de Chile), 433 pp.

—(1998): *Derecho de Aguas* (Santiago, Editorial Jurídica de Chile), 2 tomos.

III. DEMOCRACIA, PRINCIPIOS Y CONTROL EN EDUARDO GARCÍA DE ENTERRÍA[172]

Hace un año, el 16 de septiembre de 2013, falleció Eduardo García de Enterría, sin lugar a dudas, el más grande jurista de derecho público y administrativo de lengua hispana de la segunda mitad del siglo XX. El profesor García de Enterría formó parte del Comité Científico de la *Revista de Derecho Administrativo Económico*, lo que no solo llenó de orgullo a nuestra publicación, sino que en varias ocasiones contamos con su sabio consejo. En este breve editorial no puedo sino sumarme a esa congoja general de ver desaparecer a un gran hombre y jurista, y alzar la voz delicadamente para destacar algunos de los aspectos que más unen a la cultura jurídica chilena e hispanoamericana, con esa obra enorme que él nos ha legado.

UN HOMENAJE MÁS A UN JURISTA INOLVIDABLE

Con sus escritos se formaron varias generaciones de juristas españoles, hispanoamericanos y, en especial, chilenos.

Durante su brillante desempeño profesoral y científico recibió múltiples homenajes. Fue investido del grado de doctor *honoris causa* por más de una docena de universidades y su obra fue (y sigue siendo) objeto de un interés e impacto sin precedentes en la tradición jurídica hispanoamericana. Un primer homenaje académico son los *Estudios sobre la Constitución española. Homenaje al profesor Eduardo García de Enterría* (Madrid, Editorial Civitas, 1991, 5 tomos, 4.345 pp.); y el más reciente es *La protección de los derechos frente al poder de la Administración. Libro homenaje al profesor Eduardo García de Enterría* (Bogotá, Editorial Temis, 2014, 880 pp). Su impresionante *curriculum*, laudatorias, obituarios escritos a propósito de su sensible fallecimiento y hermosas fotografías pueden verse en

172 Publicado como *In Memoriam*: "Democracia, principios y control en Eduardo García de Enterría. Nuevo homenaje", en: *Revista de Derecho Administrativo Económico*, N° 19 (2013), pp. 5-8.

el reciente volumen: *Eduardo García de Enterría. Semblanzas de su vida y de su obra* (Madrid, Civitas, 2014, 500 pp). En fin, cabe señalar un libro precioso, lleno de sentimiento de amistad y admiración, dedicado por Javier Paricio: *Eduardo García de Enterría: un recuerdo impresionista* (Madrid, Marcial Pons, 2014, 86 pp,).

UN RENOVADOR DEL DERECHO ADMINISTRATIVO

Por la vía de sus múltiples libros, centenares de publicaciones y esa maravillosa generosidad de palabra y acogimiento sin límite con que prodigaba a quienes se le acercaran, ha dejado una huella tan honda que no hay casi nadie del mundo jurídico que no haya escuchado alguna cita o recuerdo suyo. Su luminosa presencia seguirá presente en nuestra cultura jurídica de un modo permanente, con esa huella histórica que solo marcan los hombres de enorme grandeza. Sus reconocimientos en vida son tan impresionantes como la cálida sencillez de su extraordinaria personalidad.

Fue, ciertamente, el gran renovador del derecho público español. Dan prueba de ello su influencia en aspectos sustanciales de la Constitución, su suave y decidido liderazgo en el nacimiento de la que se llamó, con honor y justeza, la "Escuela democrática del Derecho Administrativo español", su rol en el renacimiento de los estudios jurídicos en la Universidad Complutense y la creación de la *Revista de Administración Pública*, verdadera enciclopedia del derecho administrativo moderno.

EL CREDO DE UN JURISTA: DEMOCRACIA, PRINCIPIOS Y CONTROL JUDICIAL

En un reciente ensayo, de una profesora francesa de derecho público, Lauréliene Fontaine, se pregunta por lo que es un "gran" jurista (*Qu'est-ce qu'un "grand" juriste? Essai sur les juristes et la pensée juridique moderne*, París, Lextenso éditions, 2012, 194 pp.), analizando sus actitudes íntimas y de frente a su comunidad, sus aportes y actitudes. Nosotros, en el caso del profesor García de Enterría, comprobamos empíricamente, asomándonos simplemente a su vida y obra, y respondemos al unísono: él fue, qué duda cabe, un gran jurista. El modelo de un gran jurista.

Entre sus múltiples aportes a la ciencia de Derecho, quisiera, en esta oportunidad, rememorar tres contribuciones suyas al derecho administrativo, a la teoría del método jurídico y a la teoría de la democracia, todas las cuales se conectan con los aspectos que marcan la agenda de las preocupaciones de los últimos tiempos de nuestro país. En el momento mismo en que este jurista de excepción nos dejó, y todavía hoy, las pulsaciones de tres relevantes aspectos de la agenda de discusión nacional pueden ser observados con el prisma de sus ideas y desarrollos.

En primer lugar, siguiendo la juvenil y lúcida exposición de Kelsen sobre la democracia (*Esencia y valor de la democracia*, 2ª.ed. 1929; véase traducción castellana: Madrid, KRK ediciones, 2006, 231 pp.), sin ningún complejo, apoya todo el desarrollo del control de las potestades discrecionales de la Administración, precisamente en su coherencia con ese valor fundamental de la convivencia que es la democracia, repitiendo una y otra vez ese apotegma según el cual el derecho administrativo todo no es sino el control de la discrecionalidad. Se trata del mismo objetivo de la democracia: evitar la existencia de poderes desbocados, sin riendas en medio de la vida social. En esto luce un libro imperecedero, lleno de fuerza, convicción y coherencia: *Democracia, jueces y control de la Administración* (5ª. ed., Madrid, Thompson, Civitas, 2000, 346 pp.), pleno de desarrollos densos y prácticos a la vez, que podría iluminar a jueces y juristas, en especial a cualquier legislador bienintencionado.

En segundo término, los principios generales del derecho fueron objeto de un premonitorio trabajo suyo, en 1961 (publicado después como: *Reflexiones sobre la Ley y los principios generales del Derecho*, Madrid, Civitas, 1984, 182 pp.); tema que nunca abandonó y fue un verdadero *leit motiv* de su obra, plagándola aquí y allá de nutritivas invocaciones a tales principios.

Así, no cabe duda de que la discusión contemporánea de la Filosofía y Teoría del Derecho sobre reglas y principios no se inauguró con la aguda crítica metódica que Dworkin lanzó en 1967 a la línea de flotación de la tradición filosófica del positivismo jurídico, incorporando principios al modelo formal de las reglas que esa tradición seguía propiciando con total irrealismo (véase Dworkin, Ronald, "The Model of Rules", *University of Chicago Law Review*, 35 1967-1968, pp. 14-46; luego incorporado a su: *Taking Rights Seriously*, 1977: *Tomar los derechos en serio*), sin perjuicio de que ese constituye el ataque más conocido y efectivo.

La discusión de los principios, en medio de la más amplia del método, se había inaugurado antes en los juristas del "Derecho continental", como es el caso de Eduardo García de Enterría (siguiendo epígonos famosos, como Betti, Esser, Del Vecchio, Larenz, entre otros), todo lo cual es anterior a la famosa formulación de Dworkin de 1967, en una escalada propia de una revolución científica, de cambio de un paradigma por otro, en el sentido de Kuhn (*The Structure of Scientific Revolutions*, 1962: *La estructura de las revoluciones científicas*).

De ahí que cuando, en 2005, le pedí al profesor García de Enterría que prologase nuestra traducción a una serie de escritos de Franck Moderne, precisamente sobre el tema (*Principios generales del derecho público*, Santiago, Editorial Jurídica de Chile, 2005, 301 pp.), su acogida no pudo ser más entusiasta.

En tercer término, el control judicial fue siempre objeto de todo su interés y desarrollos sustanciosos. Todas sus investigaciones sobre el derecho subjetivo le dieron un signo especial a su obra y todos sus últimos escritos están referidos a ello. En especial, una de sus últimas publicaciones, un bello y breve texto, es casi un epigrama (viendo su obra general), un verdadero concentrado: *Las transformaciones de la justicia administrativa: de excepción singular a plenitud jurisdiccional. ¿Un cambio de paradigma?* (Madrid, Thompson, Civitas, 2007, 148 pp.).

No deseo ni necesito citar aquí otras partes de su obra, la que seguramente ahora comenzaremos a visitar nuevamente (en aspectos a veces desconocidos: como es el caso de sus *Dos estudios sobre la usucapión en derecho Administrativo*, Madrid, Editorial Tecnos, 1974; 1ª ed., 1954, en que se remonta al derecho romano y a las fuentes medievales y modernas para dar con un caso práctico muy de actualidad). El único objetivo de estas líneas es rendirle un nuevo homenaje, sonsacando de su vasto legado estos tres aspectos que parecen esenciales para el futuro del derecho administrativo chileno y de cualquier país: su coherencia con la democracia; la necesidad de recurrir a los principios jurídicos, que están más allá de la ley, y, por último, no olvidar el fin de la disciplina: el control de la Administración.

IV. UNA MUESTRA DE LA DOCTRINA FRANCESA DE DERECHO ADMINISTRATIVO[173]

La Doctrina francesa del Derecho Público, en especial la del derecho administrativo, siempre ha llamado la atención en Iberoamérica. En varios temas relevantes su influencia es notoria, en especial por sus métodos y por los temas que han desarrollado ampliamente los autores franceses. Es suficiente para comprobarlo observar las notas a pie de página de las obras de autores nacionales o sus listados bibliográficos finales; quizás no de un modo sistemático y más bien selectivo.

En Iberoamérica el modelo francés ha marcado especialmente a la doctrina, legislación y jurisprudencia colombiana y, en menor medida, a la de otros países, como Perú y Argentina. El caso de Chile es extremo, pues es el único país de América latina que no siguió el modelo francés de justicia administrativa y no creó jamás un Tribunal Administrativo único, similar al Consejo de Estado francés, del que tanto ha bebido la doctrina francesa. La creación de un tribunal administrativo quizás habría acercado aún más a la Doctrina de Derecho Administrativo francesa con la chilena. Pero, como he tenido ocasión de remarcarlo en la reciente obra en Homenaje a Pierre Bon [*Long cours. Mélanges en l'honneur de Pierre Bon* (París, Dalloz, 1.168 pp.)], en que hemos colaborado administrativistas franceses, europeos y aún algunos latinoamericanos, esa posible transposición a suelo chileno ya no ocurrió y probablemente no ocurra jamás, dada la vigente y vigorosa tendencia actual del legislador a crear tribunales administrativos hiperespecializados. Lo que no sabemos aún es si estos novísimos tribunales mostrarán la soltura y creatividad del *Conseil d'État* o del *Conseil Constitutionnelle*, como lo pone en evidencia Pierre Bon en estos textos que, ahora ordenados, ponemos en manos del lector de lengua castellana. Quizás esta publicación sirva para observar una vez más la relevancia de la jurisprudencia para completar la tarea legislativa, e *ir más allá* de la Ley, en búsqueda de soluciones y conformando las distintas instituciones jurídicas.

---

173 Corresponde a la *Presentación del traductor* del libro de Pierre Bon, *Derecho administrativo y justicia* constitucional (Lima, Palestra, 2016), pp. 9-13.

Esta muestra de algunos temas de derecho administrativo y constitucional, y de la labor *Conseil d'État* y del *Conseil Constitutionnelle*, si bien es selectiva, permite ofrecer un marco de los modos de construcción de las disciplinas en suelo francés, en varios temas específicos, como la delegación legislativa, las concesiones administrativas, el dominio público, el estatuto de la propiedad y, además, con una crónica tan bien sintetizada de la justicia constitucional francesa, como la que ofrece Pierre Bon en sus apreciados textos.

Esta publicación es una nueva selección de mi labor, ya antigua, de traductor de algunos textos de dos relevantes autores del derecho administrativo francés. Primero, fue el caso de Franck Moderne, del que publiqué hace casi una década la traducción de varios trabajos suyos de Teoría del Derecho y Derecho Administrativo [Moderne, Franck, *Principios generales del derecho público* (Santiago, Editorial Jurídica de Chile, 2005, 301 pp.), precedido de un precioso prólogo del profesor Eduardo García de Enterría, del cual se publicará en breve una segunda edición]. Ahora es el caso de Pierre Bon.

Ambos han dirigido su mirada a Latinoamérica a través del Instituto de Estudios Ibéricos e Iberoamericanos, creado en la *Université de Pau et des Pays de l'Adour*, Francia, fundado por el profesor Moderne y dirigido por él hasta 1982, y luego dirigido por el profesor Bon, hasta 2013. Desde ahí han mantenido constantes relaciones académicas y de colaboración con variadas universidades y profesores de Latinoamérica y, entre ellas, desde 1993, con la Pontificia Universidad Católica de Chile.

Pierre Bon, además de ser un gran viajero y navegante (de ahí el título de los *Mélanges*, recientemente publicados en Francia: *Long cours*), ha desarrollado una carrera académica impecable, primero en la Universidad de Burdeos, donde la inició, y luego en la Universidad de Pau, en donde la desarrolló sin pausa alguna, durante treinta y cinco años. Los principales temas en que ofreció sus investigaciones (múltiples libros, artículos de revistas, comentarios de jurisprudencia, entre otros) fueron, en primer lugar y notoriamente, el derecho ibérico e iberoamericano y luego, temas de derecho francés, como derechos fundamentales, derecho constitucional, responsabilidad administrativa, derecho de bienes públicos y derecho local. Actualmente es el director de la más relevante revista de la disciplina en Francia: la *Revue française de droit administratif* (Dalloz, trimestral). Y, por cierto, más modestamente en nuestro caso, el profesor Bon ha honrado a nuestro país aceptando ser miembro de los comités editoriales de la *Revista Chilena de Derecho* y de la *Revista de Derecho Administrativo Económico*, ambas editadas por la Facultad de Derecho de la Pontificia Universidad Católica de Chile.

Si repasamos brevemente cada uno de los trabajos que aquí ofrecemos traducidos[174], podemos constatar su relevancia y actualidad.

i) El primer capítulo, "Los actos legislativos del ejecutivo", parte de la facultad que posee el Poder Ejecutivo de dictar normas con fuerza de ley, por razones de celeridad y oportunidad. En concreto, desarrolla el autor tres categorías de actuación: primero, los actos adoptados por delegación previa del legislador; segundo, sin delegación –en caso de urgencia– y, tercero, de carácter excepcional, sin delegación ni urgencia. Estudia cada caso por separado, desde el punto de vista del derecho comparado, confrontando diferentes ordenamientos jurídicos europeos, ofreciendo una visión conjunta que permite así, esclarecer nuevos aspectos del derecho nacional. He señalado, en su título, la aclaración de que la técnica francesa, se corresponde con la nuestra de los decretos con fuerza de ley (DFL).

ii) En el segundo capítulo, "Régimen de las concesiones administrativas", sitúa a estas bajo la genérica denominación francesa de "contratos administrativos", dividiéndolos en concesiones de servicio público, de obras públicas y de ocupación de dominio público, explicando de forma somera las particularidades que a cada una corresponde. A continuación, a partir de la teoría concesional clásica, nuestro autor despliega aquellas cuestiones prácticas que en la actualidad se derivan de la aplicación de su normativa reguladora y de la praxis habitual, destacando aspectos tales como los criterios de selección del concesionario, la duración concesional o los extremos relacionados con el terreno procesal en este campo.

iii) La necesidad de delimitar el concepto de dominio público del dominio privado forma parte del contenido del tercer capítulo, "Dominio público ante el derecho administrativo francés", extrayéndolo a partir de la

174 Las siguientes son las sedes en que por vez primera publiqué los trabajos traducidos y que ahora, reunidos, publico nuevamente: § 1. "Los actos legislativos del Ejecutivo [Decretos con Fuerza de Ley]", en: *Revista de Derecho Administrativo Económico,* N° 13 (2004), pp. 1-40; § 2. "El régimen de las concesiones administrativas" en: *Revista de Derecho Administrativo Económico* N° 15 (2005), pp. 1-15; § 3. "El Dominio Público ante el Derecho Administrativo francés", en: *Revista Chilena de Derecho,* Vol. 25 N° 2, pp. 309-327 (1998); § 4. "El estatuto constitucional del derecho de propiedad en Francia", en *Revista Chilena de Derecho*, Vol. 25 N° 3 (1998), pp. 533-547; § 5. "El *Conseil Constitutionnel* francés y el modelo de cortes constitucionales europeas", en: *Revista Chilena de Derecho*, Vol. 20 (1993), pp. 379-394; y, § 6. "La Justicia constitucional en Francia", *inédito*. Intervención del autor ante el Tribunal Constitucional chileno el 6 de diciembre de 2012. En esta edición se realizaron solo ajustes formales y se agregaron las referencias bibliográficas al final del libro.

jurisprudencia, la doctrina y de diversas cuestiones de índole práctica. Con tal propósito, según el profesor Bon, debe partirse de dos parámetros clásicos: que el bien pertenezca a una persona pública y que esté afecto al interés general. Por otra parte, estudia los tres componentes básicos de su régimen jurídico, desgajando ello en el régimen de protección, su uso por los administrados y el régimen de vecindad, principio este último que comporta el establecimiento de gravámenes sobre el dominio privado y sobre el mismo dominio público.

iv) La temática del cuarto capítulo, "El estatuto constitucional del derecho de la propiedad en Francia", versa sobre la diferente situación de la propiedad privada y de la pública desde el prisma constitucional. Recalca cómo respecto de la primera únicamente puede ser objeto de limitaciones provenientes de un interés general legítimo, desarrollando su condición jurídica a lo largo de la exposición. En otro orden de cosas, respecto de la posición constitucional de la propiedad pública, explica las incidencias que desde el sector privado afectan al tipo, por medio de la privatización, debiendo considerar ciertas limitaciones.

v) Como sabemos, la idea de un control de la constitucionalidad de las leyes, surgida a partir de la célebre sentencia norteamericana "*Marbury vs. Madison*" no fue evidente en los estados europeos hasta bien entrado el siglo XX. De ahí que es relevante que el profesor Bon desarrolle en el quinto capítulo, "El *Conseil Constitutionnel* francés y el modelo de cortes constitucionales europeas", la existencia y régimen jurídico de dicho órgano en Francia como poder anulatorio de leyes contrarias a la Constitución, para, a continuación, establecer una comparación/aproximación del mismo con respecto a otras cortes constitucionales europeas, sugiriendo el autor la introducción de cambios tendentes a mejorar la propia institución, sin perjuicio de valorar el camino recorrido.

vi) En fin, una retrospectiva de la evolución que ha experimentado Francia durante los últimos cincuenta años es la que se desarrolla en el capítulo sexto, "La justicia constitucional en Francia", el más reciente de todos, que data de 2012: desde la creación del Consejo Constitucional en 1958, pasando por un mejoramiento en las condiciones para ejercer la acción constitucional en los años setenta, para finalizar con la consolidación de la propia institución hacia finales de la primera década de los años dos mil, sin perjuicio todo ello, como apunta el autor, de seguir perfeccionando la propia institución por necesidades de justicia material.

Todos estos temas, plenos de actualidad, ahora analizados por el profesor Bon con unos criterios doctrinarios perdurables, dada su razonabilidad y elegante argumentación.

Quisiera pensar que no he cometido errores en la traducción, traicionando los textos del original francés, al que he intentado ser fiel en todo lo posible, del que solo me he despegado en la medida necesaria para hacerlo más comprensible según la sintaxis del castellano.

Esta publicación es, también, un homenaje más a Pierre Bon, cuya colaboración académica y amistad ha perdurado ya más de veinte años. Aún queda, por cierto, espero, una *larga travesía.*

Santiago, enero de 2016.

V. EL EJEMPLO DE EDITAR Y COMENTAR LAS GRANDES DECISIONES DE LA JURISPRUDENCIA[175]

Los volúmenes de esta colección Thémis, "Les grandes décisions de la jurisprudence" de la PUF, se caracteriza por el excelente comentarista de las sentencias que contiene y por una clasificación temática de las mismas, lo que, entre otras cosas, permite una efectiva comprensión de la evolución de los criterios jurisprudenciales.

Son célebres las obras francesas especializadas en el comentario de las decisiones jurisprudenciales, normalmente por la calidad de sus comentaristas. Recuérdese, entre otros, en esta materia administrativa: Hauriou, *La jurisprudence administrative* (1892-1929), 3 vols.; Long, Weil, Braibant, *Les grands anèts de la jurisprudence administrative* (Sirey, 1984, 8ª edición); Favoreu y Philip, *Les grandes décisions du Conseil Constitutionnel* (Sirey, 1986, 4ª edición) y, en la misma colección del libro que reseñamos, Franck, *Les grandes décisions de la jurisprudence-droit constitutionnel* (Puf, 1978); una variedad y una calidad deseable para cualquier país.

En esta obra, que es mucho más que un mero repertorio de citas jurisprudenciales, se revisa a todas las grandes decisiones de la jurisprudencia francesa, en un orden sistemático que comprende los siguientes grupos: I) la sumisión del derecho a la acción administrativa (en donde es analizado el famoso *arrèt Blanco* de 1873); II) las fuentes del derecho administrativo (se revisa lo señalado por la jurisprudencia respecto a la Constitución, los reglamentos administrativos, las directivas, la autoridad de cosa juzgada); III) los órganos de la acción administrativa (en este caso, tanto personas jurídicas como las personas privadas concesionarias de un servicio público); IV) las formas de acción administrativa (con una variada y completísima exposición de las dos formas tradicionales: la policía administrativa y el servicio público); VI) el control jurisdiccional de la acción administrativa (con tres importantes apartados: el recurso por exceso de poder, el recurso de plena jurisdicción y la ejecución de las decisiones jurisdiccionales). Completan

175 Recensión a: *Les grandes décisions de la jurisprudence (Droit Administratif)*, de Jean- François Lachaume (París, Presses Universitaires de France, 1987, 458 pp.). Publicada en: *Revista de Derecho Público*, N°s 41-42, 1987, pp. 321-323.

el volumen un recuento bibliográfico e índices de decisiones jurisprudenciales citadas y de materias.

Se incluye en esta obra un completo estado de la jurisprudencia contencioso-administrativa francesa a la fecha de marzo de 1987. Recalco esta fecha, pues, como se sabe, es anterior a la ley de 31 de diciembre de 1987, de reforma del contencioso administrativo francés (ley que comenzará a regir el 1 de enero de 1989). Es, por lo tanto, especialmente valioso este volumen para comprender, en parte, esta crisis de un sistema que tantas repercusiones ha tenido para otros derechos. Si como, lo ha puesto de relieve recientemente García de Enterría, siguiendo una línea de pensamiento de epistemología científica, iniciada por Kuhn, estamos en presencia de una "revolución científica" más importante que la que el derecho administrativo ha sufrido desde la anterior, que fue la puesta a punto del *excès de pouvoir*, es muy útil el conocimiento directo que esta obra nos proporciona de los resultados doctrinales del contencioso-administrativo anterior a la reforma.

En fin, esta es una obra destinada no solo a los especialistas de derecho administrativo, sino también a quienes quieran ver lo acertado del convencimiento de que el estudio de la jurisprudencia debe realizarse a través de líneas jurisprudenciales [como lo ha recalcado últimamente Francisco González Navarro, *Derecho administrativo español* (1987) t. 1] y no a través, por ejemplo, de meras enumeraciones o recopilaciones por fecha. En esta materia en que, desde los grandes comentadores de principios de siglo, los franceses han demostrado ser unos verdaderos maestros, una vez más debemos emular su magnífico ejemplo.

VI. ORDEN EN LA SALA: UN ADMINISTRATIVISTA EN LA CORTE SUPREMA[176]

[Versión completa de una entrevista, a propósito del término del período como ministro de la Corte Suprema del profesor de Derecho Administrativo Pedro Pierry Arrau.]

–¿Qué marca en la Tercera Sala de la Corte Suprema la salida de Pierry tras cumplirse su período?

Pedro Pierry Arrau es uno de los actores más importantes del derecho administrativo de los últimos años (profesor de la disciplina, abogado del Consejo de Defensa del Estado, autor de diversos trabajos, luego Ministro de la Corte Suprema).

Será una gran pérdida para la Corte Suprema la ausencia del *Ministro Pierry*, no solo porque ya había sido uno de los administrativistas más interesantes de nuestro país, un gran defensor de causas del Fisco, también un incisivo crítico en varias materias centrales de la disciplina, pues, como ministro, *Pierry* ha dejado una huella indeleble en estos años en la jurisprudencia de la Tercera Sala en muchos temas relevantes. Ha sido un juez muy creativo, por sus posiciones novedosas, y su gran aporte a la doctrina de la Corte Suprema en derecho administrativo.

Al efecto, debemos recordar que antes de su ingreso a la Corte fue profesor de Derecho Administrativo en la Pontificia Universidad Católica de Valparaíso (desde 1965) y, paralelamente, en la Universidad de Valparaíso (desde 1972); además, fue autor de diversos trabajos sobre varias temáticas del Derecho Administrativo, en especial materias de nulidad y responsabilidad. Luego, en 2006 el profesor y autor de Doctrina (*Pierry,* a secas) ingresó a la Corte Suprema y deviene juez:

---

176 Los extractos de la entrevista fueron publicados en: "Orden en la Sala", en *Capital legal*, 14 de abril de 2016, pp. 60-62. Véase, además, mi recuento de la obra de este autor, en: Vergara Blanco, Alejandro: "La obra doctrinaria en derecho administrativo de Pedro Pierry. Aportes, influencias y temáticas", en: *Doctrina y enseñanza del derecho administrativo chileno: Estudios en homenaje a Pedro Pierry Arrau* (Valparaíso, Ediciones Universitarias de Valparaíso, 2016, pp. 31-68).

Ministro Pierry, condición en la que, si bien él ha conocido diversos casos y materias, pareciera estar su marca más notoria al haber integrado durante varios años una sala especializada en casos de derecho administrativo.

El fenómeno que se produjo con Pierry es interesante. Se trata de una especial simbiosis en virtud de la cual el autor de Doctrina se convierte en Juez. Varios fallos en los cuales ha tenido participación han producido una transformación del derecho administrativo que –a partir tales nuevas doctrinas del ahora Ministro Pierry– se ha producido desde la jurisprudencia de la Corte Suprema. Cabría observar también las posibles evoluciones en el propio pensamiento del autor-juez. Ello, como es natural, ocurre principalmente en casos de responsabilidad y nulidad administrativa, en los cuales había diversos escritos previos de Pierry.

Las huellas que ha dejado en su trayectoria judicial son manifiestas en varias materias. Por ejemplo:

Primero, el ministro Pierry desarrolló un discurso contrario a la atomización de la justicia administrativa; en especial, adverso a la creación de tribunales especiales con competencias contencioso administrativas: esto ha generado que la postura mantenida de la Corte Suprema a este respecto se dirija hacia la racionalización y sistematización de la justicia administrativa, más que hacia tender a la dispersión dominante en la legislación de los últimos años (esta tendencia ha tenido su reflejo en varias instancias).

Segundo, el "invento" de una nueva figura: el decaimiento administrativo, el que comenzó a aplicarse a comienzos de 2010 y que perduró hasta la fecha (en variadas sentencias), doctrina que quizás puede sufrir cambios, atendida la circunstancia de que la ministra Rosa Egnem, que también integra la Tercera Sala, reiteradamente ha sostenido que dicha figura requiere norma expresa para su aplicación.

Tercero, la responsabilidad de la Administración del Estado, en donde reitera la postura que ha sostenido por más de cuarenta años, esto es, que ante la inexistencia de norma legal que estableciera un modelo general de responsabilidad patrimonial de la Administración del Estado, se deben aplicar las disposiciones del Código Civil [por ejemplo, en el caso *Espinoza Marfull* (de 2015)].

Cuarto, la invalidación ambiental impropia, curiosa doctrina *contra legem* manifestada como prevención en el caso *Piscicultura Río Calcurrupe* (de 2014), sostiene que, si bien la invalidación no es un recurso administrativo, la invalidación ambiental sería una "invalidación impropia", puesto que se trataría de una especie de "reclamo de ilegalidad" (medio recursivo previo al agotamiento de la vía administrativa). Esto es muy discutible, pero así lo considera el Ministro Pierry.

Quinto, resalta la importancia de la jurisprudencia judicial para el derecho administrativo (de frente al menor valor que tendría la jurisprudencia de la Contraloría). Ello fue recordado en el caso *Municipalidad de Zapallar* (de 2012), en el cual se expresó "(...) una vez más que la Contraloría debe inclinarse frente a la jurisprudencia de los tribunales". A su juicio (leo de su Considerando séptimo), "es fundamental para el orden institucional y particularmente válido cuando esta es uniforme y permanente en el tiempo, por cuanto la jurisprudencia, con mucho mayor énfasis que en otras ramas del derecho, es fuente del derecho administrativo, por lo que si ella establece –interpretando la ley– que las sociedades de inversión deben pagar patente municipal, este criterio jurisprudencial constituye fuente del derecho y, como tal, integra el denominado bloque de la legalidad, siendo obligatorio para el ente contralor; naturaleza de la que carecen los dictámenes de la Contraloría, que son únicamente constitutivos "de la jurisprudencia administrativa", como señala el artículo 6° inciso final de su ley orgánica".

Todo lo cual ha sido un insumo importante para la discusión doctrinal.

–La salida de este ministro implicará una ventana en que no existirá un especialista en Derecho Público. ¿Le parece relevante que el nuevo ministro tenga ese perfil?

De partida, cabe aclarar que la Tercera Sala, llamada "constitucional", no ve temas de esa naturaleza (para eso está el Tribunal Constitucional), sino que lo hace en realidad la Sala Administrativa de la Corte Suprema. Debiera cambiársele de nombre. Si bien pierde esa Sala un administrativista notable, los demás jueces que han ido integrándola han realizado aportes novedosos y en varias ocasiones muy profundos. La ausencia de Pierry si bien es sensible, más importante sería que esta sala fuera integrándose solo por ministros titulares, quienes cuando han intervenido con profundidad en las causas, lo han hecho con gran acierto. Eso generaría especialidad. La circulación de abogados integrantes, muchas veces competentes en derecho privado, pero no en derecho administrativo, es lo único preocupante en esta sala especializada.

–De no haberlo y si el Pleno opta por otra estructura, ¿significara un desbalance en la Tercera Sala y la estructura de la Corte?

Siempre será importante contar con la presencia de un especialista en derecho público al interior de la Corte Suprema, atendido el ingreso de una gran cantidad de causas vinculadas a esta disciplina jurídica. Ya he señalado, en otras instancias, que la relevancia de esta sala para la vigencia del Estado de derecho es superlativa, dado que su jurisprudencia es un verdadero barómetro del equilibrio entre el ejercicio de las potestades de los órganos administrativos, por un lado, y los derechos públicos subjetivos de los administrados, por otro.

Por ello estimo que el nuevo integrante de este máximo tribunal debiera contar con una vasta experiencia no solo profesional, sino que académica en materias de derecho público, precisamente para mantener no solo el equilibrio señalado, sino que también un equilibrio al interior de la sala y, por cierto, al interior de la Corte.

Pero los demás ministros actuales de la Tercera Sala son, a estas alturas, unos buenos especialistas en materias de derecho administrativo. Es cosa de mirar muchos fallos de la materia cuya redacción no ha recaído necesariamente en el ministro Pierry, como las ministras Sandoval y Egnem, y los ministros Aránguiz o Valderrama. Que los comentaristas de sus fallos no siempre estemos de acuerdo con sus criterios no puede llevar a desconocer el conocimiento y experiencia que en varios casos han demostrado estos jueces en la materia administrativa. Hay otros casos en que la situación no es esa, no obstante.

–A la par, el ex presidente Sergio Muñoz se reincorpora a la sala. ¿Qué énfasis marca en la estructura de jueces de esta sala?

La reincorporación del ministro Muñoz a la Tercera Sala significará una intensificación de un estándar de alta calidad en la jurisprudencia de ella, que tuvo hasta 2013, en que él la integraba. Es un juez al que se lo acusa de activismo, por su actitud de explorar tendencias novedosas y someter a revisión delicada la actividad de los órganos de la Administración del Estado. Un activismo mesurado, que implique solo la aplicación leal de las leyes vigentes y, en caso de lagunas, de los principios democráticos, es algo admirable, por lo demás. Los académicos tenemos una gran responsabilidad también en no someter, por nuestra parte, a escrutinio racional las sentencias de los jueces para evitar esta especie de inquietud que se ha producido por la llegada de un ministro de la Corte Suprema que se ha caracterizado por su profundidad de análisis. Cosa distinta es que uno pueda disentir de sus interpretaciones.

–Muñoz se caracterizó siempre por fallos con importante retórica, pero el actuar de la sala no solo se atribuye a su estilo, sino también al tipo de asuntos que trata esta sala. De integrarla un ministro constitucionalista, ¿cambiará el perfil de la sala?

No veo que existan ministros "constitucionalistas" en la Corte Suprema, sino especializados en derecho administrativo, que es la esencia de la jurisprudencia de la Tercera Sala, y los que la integrarán creo que tienen la especialidad como para enfrentar con prestancia y calidad los desafíos de las causas que suelen conocer. No tengo ninguna inquietud al respecto.

–¿Cómo analiza la nueva conformación de la Tercera Sala de la Corte Suprema y en particular el rol que en esta instancia podrían tener las ministras Sandoval y Egnem?

La tercera sala mantiene la misma conformación, salvo la llegada del ministro Muñoz, que viene a ocupar el sitio del ministro Pierry. Las ministras Sandoval y Egnem la integran desde hace varios años; ellas pueden cumplir un rol bien relevante de mantener líneas actuales jurisprudenciales dirigidas a evitar el abuso de los poderes discrecionales de los órganos administrativos, en cuya línea doctrinaria serán ahora evidentemente secundadas por el ministro Muñoz. Ellos tres, junto a los ministros Aránguiz y Valderrama, han desarrollado importantes doctrinas al respecto.

–Un análisis que se hace es respecto de la especialidad del ministro Pierry en derecho administrativo y como su ausencia en la tercera Sala podría notarse. ¿Cuál es su visión al respecto?

La ausencia en la Corte Suprema de un administrativista tan agudo y experto como Pierry es indudablemente sensible; pero pareciera que la Tercera Sala quedará bien dotada con sus ministros actuales, que conforman un conjunto de jueces bastante expertos, a estas alturas, en las materias que conocen. Lo único preocupante, siempre, en esta sala especializada, es la constante rotativa de abogados integrantes, inexpertos casi siempre en derecho administrativo, los que en varios casos han "desordenado" relevantes líneas jurisprudenciales de la Sala, por cierto, con la complicidad de los demás ministros en tales casos. Lo más adecuado sería que, en los casos de salas especializadas, no se aceptara integraciones de abogados inexpertos en la materia.

–¿Qué se puede esperar de esta Tercera Sala?

Quizás algunas tendencias en que influía fuertemente el ministro Pierry cambiarán. Por ejemplo, vislumbro que la doctrina del "decaimiento", que fue un sustituto para castigar a la Administración ante las demoras excesivas, puede tomar un tono más estricto hacia tales demoras, pues la doctrina del ministro Muñoz (que dejó consignada en varios votos de disidencia) ahora podría convertirse en mayoritaria, si lograra concitar el apoyo de los demás ministros. Sería muy relevante, por lo demás, pues elevaría los estándares de protección de los administrados ante los frecuentes abusos de los órganos, que demoran indefinidamente los procedimientos. En materia de nulidad y responsabilidad, es posible que se mantengan o profundicen las líneas actuales.

–¿Cuál es su opinión respecto del proceso para llenar el cupo del ministro Pierry? ¿Qué factores cree que van a pesar en este proceso?

El cupo del ministro Pierry, me parece, se llenará con un ministro para la Corte Suprema, el que será destinado a cualquiera de sus salas. Pareciera bien improbable que pase a ocupar la Tercera Sala, la que, con el regreso del ministro Muñoz, quizás ya quedó con su integración completa.

§ 6

ORGANIZACIÓN: DESCENTRALIZACIÓN, AUTOGOBIERNO Y AUTORIDADES INDEPENDIENTES

I. DESCENTRALIZACIÓN ADMINISTRATIVA Y TRASPASO DE COMPETENCIAS REGIONALES[177]

Esta es una exposición sobre el concepto jurídico de la descentralización administrativa, la que implica no sólo otorgar la personalidad jurídica a los órganos regionales sino la atribución de competencias propias, permaneciendo la supervigilancia del Presidente de la República. Se defiende la idea de que los órganos regionales puedan efectuar requerimientos ante el Tribunal Constitucional cuando una ley o un decreto atente contra la regionalización.

Mi exposición versará sobre la descentralización administrativa, por lo que para mayor claridad adelantaré un concepto primario y convencional sobre tal tópico.

Por tal, entiendo aquella situación organizativa en que existen (además del órgano central de la Administración del Estado, que en Chile es el Presidente de la República) otros órganos que son titulares de la potestad administrativa –aunque restringida a un territorio o una materia– y que gozan de una personalidad jurídica distinta a la del Fisco. Tienen patrimonio propio, y, por tanto, cierta autonomía financiera, autonomía de origen y competencias propias o compartidas con la autoridad central. Todo ello dentro de la unidad del Estado, cuya mantención es posible gracias a la articulación de un instrumento administrativo llamado "supervigilancia", en manos del Presidente de la República. *Grosso modo*, esto es, a mi juicio, la descentralización administrativa.

1. Estrictamente, el tema de la descentralización administrativa, tema de hondo contenido jurídico, por cierto, se relaciona con un estado de situación largamente arrastrado a través de los años: con la necesaria revisión de las estructuras

177 Publicado como "Reforma constitucional y descentralización administrativa", en: *Revista Chilena de Derecho*, Vol. 18, No 2., pp. 339-344 (1991). Exposición del autor ante las comisiones de Gobierno, Descentralización y Regionalización y de Constitución, y Legislación, Justicia y Reglamento del Senado, unidas, en sesión del día 3 de julio de 1991, en la Sala del Senado, en relación con el Proyecto de Reforma Constitucional sobre Gobierno y Administración Regional y Provincial y Administración Comunal (Boletín N° 905.321, de 17 de mayo de 1991).

administrativas chilenas, con lo que hoy se ha llamado, incluso, la "Modernización Administrativa".

Y esto es así, pues, desde hace muchos años, en Chile ha existido una tensión, una fuerte tensión en torno a este binomio dialéctico centralización-descentralización. Y es que este es un tema ya viejo en nuestra historia institucional y se relaciona no solo con la actual realidad, sino que hunde sus raíces en la historia, pues nuestras estructuras administrativas han recibido no solo la herencia natural del derecho indiano, esto es, de aquel que rigió mientras Chile dependió de los Reyes de España: sino también, desde el inicio de la República, han recibido la herencia intelectual de las instituciones legadas por la Revolución Francesa, las que, curiosamente, fueron más centralistas que aquellas del antiguo régimen que reemplazaban.

2. El principio jurídico de la descentralización administrativa encuentra ubicación sistemática dentro de las bases estructurales de toda administración pública.

Así, en caso de concreción del mismo, han de someterse a él todas las administraciones públicas, ya sean nacionales, regionales o locales, y tiene dos vertientes:

a) *Territorial*. Lo que involucra órganos dotados de personalidad jurídica propia, dotados de competencias propias, y solo sujetos a la supervigilancia del órgano central, y ejercen sus atribuciones en porciones territoriales en que se divide el país.
b) *Funcional*. Lo que dice relación con el mismo concepto de transferencia de competencias, pero en relación con una materia específica.

En Chile, como en el extranjero, dentro de todos los textos en uso relativos a Ciencia de la Administración o a Derecho Administrativo, es posible encontrar un concepto de lo que sea "descentralización administrativa". Sin embargo, lo más importante es tener presente que para Chile este concepto, o su virtualidad legislativa, se moldeará de acuerdo a nuestras propias necesidades.

La descentralización, como tal, no tiene ninguna aplicación actual en Chile y solo se aplica su "pariente pobre", que es la desconcentración.

Si se parte de un análisis de la palabra misma, la "descentralización" nos da la idea de separar, alejar del centro. Y esa es, simplemente, la clave, pues concuerda con el fundamento de todo el pensamiento "regionalizador" o "descentralizador", que es, precisamente, terminar con el "centralismo". Por tanto, la construcción dogmática del principio de la descentralización dice relación fundamental con la distribución territorial del poder político y administrativo, pero no en todos los ámbitos, sino en aquellos más modestos y que llegan más cerca del ciudadano:

con el desarrollo regional, a través de obras y servicios. Las decisiones políticas fundamentales, las grandes decisiones, siempre quedarán cerca del centro, como reflejo de la necesaria unidad nacional.

No deben perderse de vista, al estructurar el contenido de este principio de descentralización, sus evidentes relaciones con el principio democrático, pudiendo llegar a decirse, incluso, que la no concreción del principio de la descentralización puede significar una alteración del principio democrático.

3. Para que exista descentralización administrativa, a mi juicio, es necesario:
   a) En primer lugar, la personalidad jurídica. Todo órgano administrativo debe tener una personalidad jurídica. La administración pública entera es una persona jurídica, que conocemos como Fisco, y todos los órganos públicos no descentralizados (meramente desconcentrados) actúan bajo la personalidad jurídica común del Fisco. Por tanto, es necesario, para que haya descentralización funcional o territorial, dotar a tales órganos de personalidad jurídica propia, sin la cual, desde el punto de vista organizativo, no es posible estructurar un órgano.
   Concretamente, en Chile, si se habla de una "regionalización", debe establecerse un ente público regional (por ejemplo, un "gobierno regional"), el cual será el eje básico de la descentralización administrativa regional, y las comunas deben pivotear sobre él, y no tener relación alguna con el poder central, fuera de la potestad de supervigilancia.
   b) En segundo lugar, una vez estructurado este organismo descentralizado, como tal, debe aplicársele la segunda técnica organizativa básica: la distribución funcional, esto es, la atribución de competencias.
   Y aquí existe una amplia gama de posibilidades, las que se irán perfilando poco a poco, pues no es posible pensar en posibilidades únicas.
   Debe tenerse presente que las competencias o atribuciones deben ser concretas, y no basta con el mero enunciado.
   Esto involucra, ciertamente, un traspaso de atribuciones desde el poder central a estos nuevos entes estructurados en cada región. Tampoco es necesario que todas las competencias que se otorguen sean "exclusivas", pues también las puede haber compartidas con el poder central, guardándose este, por ejemplo, la definición primaria, y dejando al órgano descentralizado su ejecución.
   Del ámbito competencial que se otorgue a los órganos descentralizados dependerá su mayor o menor autonomía, y las posibilidades reales de acción, pues es absolutamente vital en la descentralización el manejo,

gobierno y control de todos los servicios que afectan a los ciudadanos del territorio respectivo. Este es el poder que la descentralización involucra.

c) Y, en tercer lugar, debe aplicarse una técnica, muy necesaria, que es la de la unidad y coherencia de acción, la que dice relación con la unidad del Estado con el principio de supremacía o supervigilancia de los entes centrales, con la debida coordinación, en fin, con el control.

En palabras simples, a través de estas técnicas de organización será posible vertebrar al órgano central de la Administración del Estado (el Presidente de la República) con los órganos descentralizados, por tener, aquel, la "potestad de supervigilancia", en otras palabras, una "supremacía administrativa".

Estos tres son los supuestos organizacionales de un ente descentralizado. No obstante, hay dos supuestos más, de índole política, y dicen relación con su origen y sustento financiero.

- Primero, su origen debe estar desligado de toda jerarquía con el poder central, y es adecuado el sufragio directo, pues respeta el principio democrático.
- Segundo, su subsistencia financiera no debe estar sujeta al órgano central, y eso involucra cierta autonomía tributaria o ciertos derechos sobre los presupuestos generales de la nación.

En conclusión, a mi juicio, en la descentralización importa, desde el punto de vista jurídico, poner término a una administración central, sin parangón en la actual situación, que tiene una dimensión tal que no solo administra el Estado, en general, sino que concentra, subsume y centraliza las funciones de las diferentes partes del Estado y de las regiones.

4. Es adecuado tener presente que en el contexto constitucional vigente la "descentralización administrativa" es una de las bases de la institucionalidad.

En efecto, el artículo 3° de la Constitución dice que la ley debe propender a que la administración del Estado sea funcional y territorialmente descentralizada.

Esta disposición está contenida en el Capítulo I del texto constitucional, intitulado, precisamente, "Bases de la Institucionalidad". Y este hecho tiene varias consecuencias, sobre todo para el desarrollo legislativo, para las facultades del Tribunal Constitucional y para la modificación de la Constitución. Por lo pronto, dejo sentado que, cuando hablamos de la descentralización administrativa, aquí y ahora, en nuestros actuales textos, que nos rigen con todo su vigor, estamos refiriéndonos nada menos que a una de las bases de nuestra institucionalidad. Y esto no es una interpretación doctrinaria, sino que constituye texto expreso de la Constitución.

A mi juicio, el proyecto de reforma constitucional en el nivel de la administración regional altera la base institucional establecida en el artículo 3° de la Constitución, pues, en rigor, no descentraliza realmente, lo cual es un vicio o contradicción interna en la que incurre, por cierto, también el texto actual.

Una primera consecuencia es formal, pues la modificación, de acuerdo a los términos del artículo 116 de la Constitución, tendrá que aprobarse por "las dos terceras partes de los diputados y senadores en ejercicio", ya que altera el artículo 3°, contenido en el Capítulo I de la Constitución.

Una segunda consecuencia es que algunas de sus disposiciones son más "centralizadoras" que las actualmente vigentes, lo que debe hacer meditar a los titulares de la potestad legislativa.

Creo que si se nos ha predicado durante tantos años con la "propensión" a la descentralización, lo menos que podemos pedir es que nuestros legisladores (en este caso, constituyentes) sean consecuentes con tal prédica.

5. A pesar de la innegable validez cultural y jurídica de un proceso de descentralización administrativa en Chile, ¿por qué no se ha descentralizado efectivamente el país? ¿Qué es necesario para llevar a cabo la descentralización? ¿Se tiene conciencia de lo que significa, desde el punto de vista jurídico-administrativo, llevar adelante una descentralización?

La concreción de una descentralización es necesariamente gradual y debe efectuarse por etapas. Pero, para llevar adelante este proceso, es necesario obtener, previamente, algunas respuestas.

a) En primer término, es necesario tener conciencia de lo que significa, desde el punto de vista jurídico, la "descentralización administrativa", sobre lo cual, en realidad, hay más deseo que conocimiento efectivo y también un poco de "ficción" legislativa, haciéndonos creer que es un proceso en marcha o en aplicación, cuando, en el fondo, el único avance que ha existido en Chile ha sido el de la "desconcentración". De descentralización, nada o casi nada. La administración de este país sigue siendo tan centralista como siempre.

   Se sabe o se siente al centralismo como peor que la descentralización. El inconveniente es que el centralismo está asentado sobre estructuras jurídico-administrativas que no permiten una descentralización. Y son esas estructuras administrativas las que hay que cambiar y articular de acuerdo a las necesidades de una nueva realidad administrativa de carácter descentralizado. Esto es modernización administrativa, la que es obligatoria, de acuerdo al artículo 3° de la Constitución, pero ya nos hemos "acostumbrado" a ver incumplida.

b) En segundo término, debe conocerse la situación actual. El lugar que ocupa el presente, aquí y ahora, dentro de este proceso gradual que es la descentralización. Esto permite distinguir los avances, si los hay, de lo que queda por recorrer. A este conocimiento he querido aportar con este trabajo.

c) Y, en tercer término, es necesario definir, siquiera en sus primeras etapas, los siguientes avances que deben efectuarse en este camino hacia la descentralización. Y esta definición ha de partir de los textos legales y constitucionales. Con fechas precisas.

6. En cuanto a lo que, desde el punto de vista jurídico, significa la descentralización, es posible afirmar que, desde el punto de vista administrativo, y en su vertiente territorial, involucra crear, al lado de los organismos estatales de unidad nacional, organismos regionales y municipales con personalidad jurídica propia, con competencias propias, sujetos solo a supervigilancia y no a dependencia jerárquica del poder central, y autonomía electoral y financiera.

Los organismos nacionales mantienen, claro está, como titulares de la "Unidad Nacional", una supervigilancia superior sobre estos organismos descentralizados. Pero solo una "supervigilancia", pues estos están "fuera del centro".

En palabras simples, ello implica, a mi juicio, las siguientes decisiones políticas primarias y vinculantes para el desarrollo legislativo:

a) La estructuración de los gobiernos regionales como órganos con personalidad jurídica. Del mismo modo, se debe proceder con los órganos de la administración local. Sobre estos dos órganos administrativos, como he dicho, debe pivotear la regionalización; las gobernaciones deben quedar como órganos de articulación desconcentrada, dentro de cada región.

b) El establecimiento, a través de textos constitucionales expresos, de competencias propias para los órganos descentralizados así creados, traspasadas por las autoridades centralizadas. Incluso es posible pensar, como he dicho, en competencias compartidas entre los niveles centrales y descentralizados.

c) Debe quedar subsistente, con gran ámbito, la potestad de supervigilancia de la autoridad central por excelencia, que es el Presidente de la República, como titular de una verdadera "Primacía administrativa".

d) En consideración a que el país es además una "República Democrática", es adecuada la elección directa a través del sufragio universal de los representantes regionales y locales (intendentes, alcaldes y concejales regionales y locales).
e) En fin, autonomía financiera, con aplicación del principio redistributivo (o solidaridad entre regiones y comunas).

7. Obviamente, el panorama anterior no es posible llevarlo adelante sino por etapas o gradualmente. Un cronograma posible podría ser el siguiente:

a) En una primera etapa, de estructuración de los órganos descentralizados, a través del otorgamiento generalizado de personalidad jurídica para las administraciones regionales (los órganos comunales actualmente gozan de ella), con el objeto de preparar las bases institucionales. Felizmente, esto ya se postula en el proyecto de reforma constitucional.
b) En una segunda etapa, elección directa de los representantes, subdividida en dos subetapas:
   - Elección, en plazo breve (un año), de autoridades locales (alcaldes y concejales comunales).
   - Elección, junto a la próxima presidencial, de autoridades regionales (intendentes y concejales regionales); esto último debiera incorporarse al proyecto de reforma constitucional, pues no se contempla, y debe señalarse con fechas precisas.

     Curiosamente, en el proyecto se "democratiza" y descentraliza el nivel comunal; pero el nivel regional ni se "democratiza" ni se descentraliza. A *contrario sensu*, seguirá, entonces, autocratizado y centralizado.

   Estas dos etapas deben recibir consagración constitucional y las fechas de las elecciones debieran introducirse en disposiciones transitorias.
c) En una tercera etapa, y que solo puede comenzar una vez transitadas las dos etapas anteriores, con representantes regionales elegidos directamente por sufragio universal y sin dependencia jerárquica del poder central, se debiera comenzar un proceso de "acuerdos" entre los representantes nacionales y regionales, para la entrega paulatina de "competencias", "servicios", "bienes" y "recursos", previamente definidos en la Constitución y en textos legales, e ir articulando jurídica y administrativamente la transferencia de estas competencias, servicios, bienes y recursos financieros.

   Es este último proceso el más dificultoso y es el que pondrá en evidencia las características propias que tendrá el proceso de descentralización chileno, o, como se suele decir, la "regionalización chilena". Es necesario evitar amoldarse sin más a modelos teóricos o a experiencias extranjeras. Es esta etapa la que posibilitará el cambio de estructuras "centralistas" por otras "descentralizadas".

8. En fin, todo este necesario proceso de transferencia competencial se realizará solo si existe la voluntad política previa de otorgar, desde ya, el marco constitucional adecuado, con definiciones descentralizadoras enfáticas y expresas, como para que con decisiones legislativas posteriores se lleve adelante este camino.

9. Y una última recomendación: resulta evidente que los titulares de la potestad legislativa (y constituyente) debieran reforzar la idea de que el artículo 3° de la Constitución consagra la "descentralización administrativa" como base de la institucionalidad, y que las leyes que no propendan a la descentralización sencillamente debieran considerarse nulas, por inconstitucionales.

Así, a mi juicio, es perfectamente posible establecer la posibilidad de requerimientos ante el Tribunal Constitucional para dirimir los conflictos entre gobiernos regionales o comunales con el Presidente de la República, cuando, cada uno de ellos, a través de su potestad normativa, altere alguna base de la institucionalidad, ya sea el principio de la unidad nacional o el de la descentralización administrativa.

Establecer posiciones jurídicas sin la posibilidad de defenderlas es dejarlas destinadas a su nula eficacia. Dar personalidad jurídica a los gobiernos regionales y locales sin la posibilidad jurídica para defender sus atribuciones es como crear "personas incapaces". Esto no es descentralizar, sino mantener, en forma ficticia, engañosa, a tales órganos en el centro, sujetos al centro.

Por tanto, abrir la posibilidad a que los gobiernos regionales y municipales puedan defender la preeminencia del principio de la descentralización por sobre la centralización, con pleno respeto a la unidad del Estado, a través de requerimientos ante el guardián de la constitucionalidad –como lo es, o debiera serlo, el Tribunal Constitucional– sería una forma adecuada de mostrar la voluntad política de avanzar efectivamente en el proceso de descentralización regional.

Valparaíso, 3 de julio de 1991.

II. DESCENTRALIZACIÓN ADMINISTRATIVA, SEPARACIÓN DE PODERES Y RÉGIMEN PRESIDENCIAL[178]

Mis primeras palabras sean de agradecimiento para quienes hacen posible que nuevamente me encuentre ante un auditorio de verdaderos "regionalistas", en el sentido de buscar un "desarrollo armónico y equitativo" (expresiones, estas, creadas por Uds.) de las regiones del país.

Mi misión de comentarista la cumpliré realizando un breve análisis sobre el concepto de "descentralización administrativa" y otros conceptos organizacionales, como "Estado unitario", "separación de poderes", "régimen presidencial", aparentemente contrapuestos; pero esta contraposición, como veremos, es más aparente que real.

1. SOBRE EL OFICIO DEL JURISTA Y LA CONCIENCIA JURÍDICO NACIONAL

La finalidad de este breve y sencillo análisis significa entrar a un debate necesario para la profundización de nuestro camino hacia la efectiva descentralización.

En el lenguaje político (con mayor o menor candidez o intencionalidad) se suele confundir principios jurídicos fundamentales, sobre todo cuando tal lenguaje se deja llevar por la defensa, al costo que sea, de ciertos fines partidistas. Creo que es obligación de oficio de quienes nos dedicamos al derecho señalar el exacto significado de los conceptos jurídicos (Alvaro d'Ors).

Vinculo también este análisis a otro imperativo, pues quienes nos dedicamos a los afanes del derecho debemos verificar la forma y fondo de nuestras

178 Publicado como: "Descentralización en la organización administrativa y estatal, logros pendientes", en: *Las regiones...ahora. Resumen de conferencias, recomendaciones, discursos y conclusiones de las X Jornadas Nacionales de Regionalización. Valdivia, 8 y 9 de noviembre de 1993* (Editor: Hernán Alvez C., Concepción, Corchile, 1994, pp. 74-78).

especulaciones, y la manera como estas pasan a conformar el diálogo público, o incluso, los textos legislativos, pues tales sitios (las leyes) de aparente "cultura jurídica" se trasladan a la conciencia jurídica de quienes no entienden de derecho, pero sí de "desarrollo armónico", de "distribución equitativa de los fondos públicos", etcétera.

Creo que debemos ser responsables con los conceptos jurídicos que vamos sembrando en la "conciencia jurídica nacional", en el sentimiento nacional. Un brevísimo ejemplo: desde 1974 en adelante, muchos creyeron que regionalizar era simplemente desconcentrar; ese fue el sentimiento, esta fue la "conciencia regional". Sin embargo, hoy ya nadie se llama a engaño y sabe perfectamente que regionalizar no es esa mera técnica del centralismo, sino la efectiva descentralización.

Entonces, hoy Chile parece que comienza a caminar hacia la descentralización y algunos textos así lo consagraron efectivamente. Pero, dentro de este debate, hay quienes quieren sembrar el camino de dificultades. Cuando ya todos sabemos qué es "descentralización", ahora se nos dice que esto puede atentar contra otros principios o paradigmas de mayor validez social, como la separación de poderes, o como la unidad del Estado, anunciando el caos del Estado Federal. Creo que un poco de claridad al respecto no nos viene nada de mal, para que nuestro diálogo sea honesto.

En todo caso, antes de entrar en materia, hasta ahora no he visto ningún análisis serio y complejo sobre las vinculaciones de los principios democráticos de la igualdad con la descentralización. Me parece, de partida, que la descentralización se sitúa más cómodamente dentro del principio democrático y de la igualdad ante la ley, y que el centralismo, en cuanto altera el "desarrollo armónico y equitativo" de los ciudadanos según su ubicación geográfica, no aparece muy cómodo dentro de una democracia sana y del principio de la igualdad ante la ley. Aludo a esto, aun cuando no sea un tema sobre el cual yo deba profundizar ahora. Solo es un llamado de atención.

2. DESCENTRALIZACIÓN, SEPARACIÓN DE PODERES Y RÉGIMEN PRESIDENCIAL

a) A propósito de la discusión parlamentaria del Proyecto de Reforma Constitucional sobre "Gobierno y Administración regional y provincial y administración comunal", posteriormente, se ha señalado por parte de diferentes personas, sin fundamentar demasiado, que un proceso de descentralización administrativa afectaría al principio de separación de poderes y al régimen presidencial que impera en Chile.

Entonces, se señala, en cuanto a la separación de poderes que descentralizar al país podría significar establecer en Chile un régimen federal. La verdad es que, a mi juicio, esto es confundir las cosas. El lenguaje político suele confundir principios jurídicos fundamentales, sobre todo cuando se deja llevar por la defensa, al costo que sea, de ciertos fines partidistas. Creo que es obligación de oficio de quienes nos dedicamos al derecho señalar el exacto significado de estos elementos que se pretende confundir.

Entonces, explicaré brevemente lo que es la descentralización administrativa, el principio de la separación de poderes y el régimen presidencial, y si aquel puede afectar a estos o, en fin, si la creación de órganos descentralizados administrativamente implica el establecimiento de un Estado Federal.

b) ¿Qué es la descentralización administrativa? Es, sencillamente, aquella situación organizativa que afecta a un solo Poder del Estado: al Ejecutivo, quien es el que administra y gobierna el Estado. Por tanto, la descentralización administrativa no dice relación alguna con los otros poderes: el Legislativo o el Judicial.

En virtud de esta descentralización existen, además del órgano central de la Administración del Estado, que en Chile es el Presidente de la República, otros órganos que son titulares de la potestad administrativa, pero restringida a un territorio o a una materia, o que abarcan ambas variables. Esas otras instancias gozan de personalidad jurídica distinta del Fisco, tienen patrimonio propio y, por tanto, cierta autonomía financiera, autonomía de origen, y competencias propias o compartidas con la autoridad central.

Todo ello dentro de la "Unidad del Estado", pues el Presidente de la República (órgano central), mantiene la potestad, la amplia potestad, de supervigilancia sobre todos aquellos órganos descentralizados.

c) Ahora, en cuanto a la separación de poderes. Desde la clásica formulación de Montesquieu, siguiendo a Locke, se ha entendido el principio de la separación de poderes como aquella situación en que todos los poderes instituidos en un Estado se dividen en tres: el Ejecutivo, el Legislativo y el Judicial; que las funciones propias de cada una de estas ramas deben encomendarse a cuerpos separados de servicios públicos, y que la perfección del sistema requiere que las líneas que separan y dividen esos departamentos sean definidas con claridad y amplitud.

Es también esencial, para el eficaz funcionamiento del sistema, que a las personas investidas de poder en cualquiera de esas ramas no se les permita invadir los poderes confiados a las otras, sino que cada una se limite al ejercicio de los poderes correspondientes a su propia esfera.

Así, cada una de las actividades estatales son diferentes unas de otras y deben tener ámbitos independientes, tanto en su organización como en su funcionamiento; esto es lo que posibilita tal equilibrio.

No obstante, la total independencia de estos poderes es hoy algo mítico y una de las causas precisamente, de este desequilibrio, es el presidencialismo.

Pero, para lo que aquí interesa, quede claro cuál es la definición fundamental del principio de división de poderes, y que lo que ocurra dentro de la estructura de cada una de estas ramas no podrá afectar, en ningún caso, incluso como deducción lógica, a las demás. Es el caso de la descentralización, esta afecta las estructuras de solo una de las ramas en que se divide el poder: de la Administración, esto es, del Poder Ejecutivo.

En caso de que se repitiesen cada uno de los poderes del Estado, con autonomía, en cada región, habría Estado Federal, pues políticamente, afectaría al Estado entero. Un Estado unitario descentralizado se diferencia de un Estado federal, pues en el Estado unitario hay solo descentralización administrativa; mientras que en el Estado federal hay una descentralización política que afecta a los tres poderes.

Aún es posible agregar algo más. Los principios de organización del Estado federal son esencialmente dos: autonomía y participación: Una federación no es más ni menos que una asociación de estados preexistentes, lo que tiene una doble consecuencia: primero, que el Estado mismo participó en la elaboración de la Constitución federal y, segundo, que no existe tutela administrativa sobre él: su organización de los poderes Judicial, Legislativo y Ejecutivo es autónoma.

La descentralización, en cambio (a pesar de su tremenda fuerza democrática, de equilibrio de equidad), es más modesta en medio de la organización estatal, pues no es más que una autorización de autoadministración de las colectividades dentro del Estado, que seguirá siendo unitario.

Otra cosa: ¿es la descentralización una etapa hacia el federalismo? Como se ha dicho, y como lo indica nuestra experiencia histórica, "de un Estado unitario no se hace un Estado federal" (Franco García), pues entre descentralización y federación hay más que una simple "diferencia de grado", sino una diferencia de naturaleza: una colectividad regional o es un Estado nuevo.

La diferencia más profunda la marca la finalidad misma de ambos procesos. Por un lado, la federación tiende a crear una supranacionalidad, realidad inexistente en Chile. Por otro, la descentralización simplemente, sin alterar un ápice las atribuciones del legislador, la indivisibilidad de la República ni la integridad de su territorio, solo distribuye geográficamente las competencias administrativas.

d) En fin, ¿puede afectar la descentralización al régimen presidencial? Supone el presidencialismo la separación de poderes y que una misma persona, el Presidente de la República, es, a la vez, jefe de Estado y jefe de Gobierno. Es elegido por la ciudadanía en forma democrática y responde ante ella de su gestión. De frente al Parlamento, implica que los ministros no son responsables políticamente ante tales asambleas.

Por tanto, la cuestión del régimen presidencial dice solo relación estricta con su oponente, en el binomio dialéctico presidencialismo-parlamentarismo. Afectaría, por ejemplo, al presidencialismo el otorgamiento de mayores facultades para el Parlamento. Pero, no le afecta, ni podría afectarle, en ningún caso, una reestructuración interna del Poder Ejecutivo, como lo es la descentralización.

e) Por lo tanto, la creación de los órganos descentralizados no afecta en nada las facultades de gobierno nacional del Presidente de la República ni su fuerte autonomía frente a los otros poderes (que caracteriza al presidencialismo). Tampoco afecta, en nada, a los otros poderes del Estado, pues este fenómeno se está llevando a cabo dentro de la esfera de un solo poder del Estado: el Poder Ejecutivo.

Tampoco implica establecer un Estado Federal, pues la descentralización, meramente administrativa, está afectando a un solo poder del Estado y no a los demás. El Estado, así, mantiene su "unidad" política. Es un Estado unitario, pero descentralizado.

A lo que sí afecta la descentralización es a la autocracia administrativa que hoy existe en Chile, pues posibilita que la administración regional y local se lleve a cabo de acuerdo al principio democrático y a la igualdad ante la ley.

3. ¿QUÉ QUEDA POR AVANZAR EN EL CAMINO HACIA LA DESCENTRALIZACIÓN?

Primero que nada, a las cosas hay que llamarlas por su nombre y para que haya descentralización deben, a lo menos, existir organismos regionales y locales con personalidad jurídica propia, con competencias propias, elegidos libremente y no designados (la designación de autoridades regionales es puro autocratismo), y autonomía financiera.

Quisiera hacer un breve balance.

Perdónenme que sea insistente con algunas ideas expresadas antes Uds. en 1991, con el objetivo de efectuar este balance del grado de descentralización o centralización en que hoy se sitúa el país. Es una forma de saber cuál es el camino que queda por avanzar o quizás descubrir cuáles son los próximos pasos.

(Seré insistente, pues tengo por cierto que Uds. estarán muy dispuestos a perdonarme este defecto de la insistencia machacona, pues yo creo que existen pocos grupos de opinión tan insistentes como los regionalistas. No lo digo como crítica negativa, sino como admiración).

Es difícil avanzar en estos temas y Uds. lo han comprobado. Se promete gradualidad, pero usualmente ella se transforma en inmovilismo.

(En esto del inmovilismo, y de las promesas de lo "paulatino" y de lo "gradual", se asemeja el principio de la descentralización al principio democrático; siempre o casi siempre aquellos que están sometidos en el centralismo exigen descentralización y obtienen similar respuesta que aquellos que exigen democratización. En este sentido, el gobernante centralista es similar al gobernante autocrático).

Quiero finalizar señalando que, a mi juicio, entre otras, hay tres materias que debieran preocuparnos en el camino de la efectiva descentralización:

1° La elección directa de los Intendentes es un imperativo democrático. Esta figura, tal como está en Chile, mantiene su más puro estilo portaliano, quien concibió al Intendente como un "agente natural y directo" del Presidente, como su *longa manu*, para ver que las provincias estuviesen tranquilas y controladas. Pero los tiempos han cambiado y mientras nos llenamos de democracia en otros ámbitos, se mantiene esta figura al más puro estilo portaliano.

2° El traspaso de competencias debe ser efectivo, y ha de efectuarse un proceso de acuerdos y exigencias entre representantes regionales y nacionales para una entrega efectiva de competencias administrativas, bienes y recursos financieros, restituyendo el imperativo de un "desarrollo territorial armónico y equitativo" de las regiones. Cada región debe presentar sus propias exigencias para lograr autonomía en sus áreas de mayor interés: por ejemplo, en el turismo, en la administración de cuencas hidrográficas, etc. De esa manera puede ir experimentando la autonomía administrativa. ¡Pero Uds. se imaginarán que para este diálogo, para estas exigencias, hace falta un interlocutor válido que defienda efectivamente las posturas regionalistas. ¡Y ese interlocutor válido hoy no existe en la estructura regional! ¿O acaso alguien podrá pensar que el Intendente, designado por el Presidente y dependiente de la "exclusiva confianza" de este, podrá sostener al mismo tiempo la defensa regional y descentralizadora de frente a la autoridad centralista que lo designó, y de cuya confianza depende su permanencia en el cargo?

3° El papel del Tribunal Constitucional debería ser, como en todos los sitios en que se ha avanzado efectivamente en la descentralización, fundamental. En el estado actual de cosas, dependiendo de la voluntad "política" de autoridades tradicionalmente centralistas, ¿creen Uds. que es posible avanzar? Existen dos principios constitucionales básicos que respetar para regionalizar: la descentralización y la igualdad ante la ley de los habitantes de las regiones. La instancia válida para ello debe ser el Tribunal Constitucional, quien dirimirá, por resolución jurisdiccional, los conflictos entre gobiernos regionales, comunales, nacionales.

Sin estos elementos, sigo manteniendo mi escepticismo y creo que el camino hacia la descentralización tiende a estancarse. Decir que estamos viviendo un proceso de rápido avance hacia la descentralización, o hacia el desarrollo territorial y equitativo, es engañarnos un poco.

Este país sigue, en los hechos y jurídicamente, tan centralizado como siempre.

Muchas gracias.

III. DESCENTRALIZACIÓN ADMINISTRATIVA Y DEMOCRACIA REGIONAL[179]

Dos recientes proyectos de ley entregan una mesurada cuota de poder a las regiones, pero están lejos de cumplir el principio de la descentralización administrativa, que exige la Constitución.

Se encuentran en actual tramitación parlamentaria dos proyectos relativos a la descentralización administrativa, supuestamente dirigidos a transferir poder ("real", según se dice) desde el nivel central a cada una de las regiones.

El Mensaje señala que tienen como eje principal la transferencia de nuevas competencias a los gobiernos regionales, aumentando de este modo progresivamente las decisiones en políticas, la inversión regional y la administración de nuevos recursos que estos organismos deben asumir.

Un primer proyecto propone un modelo de transferencia de competencias y atribuciones para los gobiernos regionales, instituyendo la figura del "administrador regional". El segundo incorpora la elección directa de los consejeros regionales, con lo que se intenta fortalecer y dar una mayor legitimidad a los gobiernos regionales y, también, se dice, mejorar la calidad de la democracia. Con todo ello, se cree estar transfiriendo poder efectivo a las regiones.

Ante ello conviene preguntarse, ¿a través de estos proyectos se transferiría verdaderamente poder a las regiones?

Cabe recordar que la descentralización administrativa es una exigencia constitucional, desoída por el legislador, y cada vez que se comienza a avanzar hacia la descentralización, surgen voces advirtiendo que ello puede atentar contra otros principios o paradigmas de mayor validez constitucional, como la separación de poderes o la unidad del Estado, anunciando el caos del Estado Federal. Si no me equivoco, esas voces surgirán pronto, durante la tramitación de estos nuevos proyectos.

179 Publicado como "Hacia una descentralización administrativa verdadera: más democracia para las regiones", en: *El Mercurio Legal*, 2 de diciembre de 2011.

Con relación a ello, caben algunas precisiones.

1° Descentralización y democracia regional. La descentralización se sitúa más cómodamente dentro del principio democrático y de la igualdad ante la ley. En tanto, el centralismo, en cuanto altera el "desarrollo armónico y equitativo" de los ciudadanos según su ubicación geográfica, aparece como una mancha de autocratismo dentro de una democracia sana y del principio de la igualdad ante la ley.

2° La descentralización solo afecta al Poder Ejecutivo. La descentralización administrativa es una situación organizativa que exige la Constitución, que afecta a un solo Poder del Estado: al Ejecutivo, que es el que administra y gobierna el Estado. Y aún más, como el Poder Ejecutivo (Presidente) tiene dos misiones distinguibles, cuales son gobernar y administrar, debe señalarse que la descentralización no se refiere a su potestad de Gobierno. La descentralización administrativa es una minúscula porción de ese gran poder de Gobernar la Nación en su conjunto, que sigue ostentando todo Presidente de la República.

Además, la descentralización administrativa no dice relación alguna con los otros poderes: el Legislativo y el Judicial.

3° Descentralización y separación de poderes. Este principio dice relación con una primaria desconcentración de poderes estatales en tres ramas: la ejecutiva, la legislativa y la judicial, las que actúan con independencia unas de otras. Y lo que ocurra dentro de la estructura de cada una de estas ramas no podrá afectar, en ningún supuesto, incluso como deducción lógica, a las demás. En el caso de la descentralización, esta afecta las estructuras de solo una de las ramas en que se divide el poder: de la Administración, esto es, del Poder Ejecutivo.

Si cada uno de los poderes del Estado se repitiesen, con autonomía, en cada región, habría Estado federal, pues políticamente, afectaría al Estado entero. La descentralización, por su parte, sin alterar un ápice las atribuciones del legislador, y la indivisibilidad de la República y la integridad de su territorio, solo distribuye geográficamente las competencias administrativas.

4° ¿Puede, por otra parte, afectar la descentralización al régimen presidencial? El presidencialismo supone la separación de poderes y que una misma persona –el Presidente de la República– es, a la vez, jefe de Estado y jefe de Gobierno. Así, la cuestión del régimen presidencial dice solo relación estricta con su oponente, en el binomio dialéctico presidencialismo-parlamentarismo.

La creación de los órganos descentralizados no afecta en nada las facultades de gobierno nacional del Presidente de la República ni a su fuerte autonomía frente a los otros poderes (que caracteriza al presidencialismo). La descentralización sí afecta al centralismo y a la verdadera autocracia administrativa que hoy existe en

Chile, pues posibilitaría que la administración regional y local se lleve a cabo de acuerdo con el principio democrático y la igualdad ante la ley.

En suma, para que haya descentralización, deben, a lo menos, existir organismos regionales y locales con personalidad jurídica propia, con competencias propias, elegidos libremente y no designados (la designación centralizada, y no por elección popular de autoridades regionales es puro autocratismo), y autonomía financiera.

Si se desea una efectiva descentralización, al menos debiese cumplirse lo siguiente:

1° *La elección directa de los intendentes*. Es un imperativo democrático; esta figura, tal como está en Chile, mantiene su más puro estilo portaliano, quien concibió al intendente como un "agente natural y directo" del Presidente, como su "longa manu", para ver que las provincias estuviesen tranquilas y controladas. Pero los tiempos han cambiado y mientras nos llenamos de democracia en otros ámbitos, se mantiene la figura del intendente en su formulación original.

2° *Traspaso de competencias autónomas*. Este poder debe ser efectivo, y realizar un proceso de acuerdos y exigencias entre representantes regionales y nacionales para una entrega efectiva de competencias administrativas, bienes y recursos financieros, restituyendo el imperativo de un "desarrollo territorial armónico y equitativo" de las regiones.

Hoy no existe un interlocutor válido que defienda verdaderamente las posturas regionalistas y represente sus exigencias para lograr autonomía. ¿O acaso alguien podrá pensar que el Intendente, designado por y dependiente de la "exclusiva confianza" de la autoridad central –Presidente de la República–, podrá sostener, al mismo tiempo, la defensa regional y descentralizadora de frente a la autoridad centralista que lo designó y de cuya confianza depende su permanencia en el cargo?

En fin, el papel del Tribunal Constitucional. Debería ser, como en todos los sitios en que se ha avanzado efectivamente en la descentralización, fundamental. Existen dos principios constitucionales básicos que respetar para regionalizar: la descentralización y la igualdad ante la ley de los habitantes de las regiones. Y la instancia válida para lograr ello debe ser el Tribunal Constitucional, órgano que debiera hacer primar este principio constitucional y que dirimirá los conflictos entre gobiernos regionales, comunales y nacionales.

IV. DERECHO ADMINISTRATIVO Y AUTOGOBIERNO[180]

Realizo una aproximación teórica al concepto de autogobierno, entendido como la "facultad concedida o reconocida a una colectividad o a un territorio para administrarse por sí mismo", y planteo cuáles serían sus elementos característicos o las que podrían ser denominadas "claves del autogobierno". Analizo brevemente cómo ha sido abordado el autogobierno en la legislación chilena, especialmente en la Constitución y en leyes especiales. Menciono al final sendos casos: dos en aguas y uno en energía, en los cuales se ha reconocido expresamente la participación de organizaciones de autogobierno en la gestión y administración de recursos naturales y servicios públicos.

Es usual un análisis bipolar o contradictorio de las opciones de gestión o administración de los bienes y servicios comunes. Lo más natural, y para eso existe propiamente el Estado/Administración, es que recaiga tal gestión en la autoridad burocrática o estatal.

En el caso de los recursos naturales, por ejemplo, por un lado, algunos recomiendan que el Estado administre la mayoría de los recursos naturales, de tal forma de evitar su destrucción e impedir la llamada "tragedia de los comunes"[181]; mientras que otros señalan que a través de la privatización de los recursos y de su gestión se solucionaría el problema[182]. Sin embargo, en la práctica se observa que ni el Estado ni el mercado, por sí solos, han logrado con éxito que los individuos generen un uso pacífico y sostenible en el largo plazo de los recursos de uso común, sean estos recursos naturales o servicios públicos. En realidad, a

180 Recoge reflexiones desarrolladas, en diversas investigaciones, en torno a la figura del autogobierno. Corresponde a la Introducción y conclusiones de la versión fue publicada en: (2014): "Derecho Administrativo y autogobierno. Los casos en distribución de aguas; servicios sanitarios rurales y coordinación de la electricidad", en: *Estado, Sociedad y Participación, XLIII Jornadas chilenas de derecho público*. Morales Espinosa, Baltazar [coord.] (Santiago, Legal Publishing Thomson Reuters), pp. 487-518.

181 Sobre ello *véase* Hardin (1986).

182 *Véase* Lapage (s/d) pp. 15-19.

medida que la situación se vuelve más crítica, se acentúa con mayor fuerza una "tercera vía", en que son los mismos particulares, los usuarios de diversos recursos o servicios, quienes han demostrado que pueden organizarse y realizar una gestión correcta y eficiente de los mismos[183].

Surge así la idea de "autogobierno", entendido como la "facultad concedida o reconocida a una colectividad o a un territorio para administrarse por sí mismo". A partir de ello, y observando la forma en que se gestionan los recursos naturales y algunos servicios públicos en nuestro país, pueden percibirse algunas áreas en que se dan poderosas instancias de autogobierno y en las que, por tanto, se materializaría efectivamente la tercera vía antes enunciada. Se trata de las aguas, la energía y los servicios de agua potable rural, que constituyen precisamente nuestro objeto de estudio.

Y es que pareciera ser que solo habrá autogestión o autogobierno si hay uso común de un recurso y, por ende, distribución y/o coordinación en su uso y manejo; es decir, en la medida en que la naturaleza de un microsector lo requiera o exija. Eso se verifica a cabalidad en lo relativo a los recursos y servicios antes indicados, según veremos.

1. Claves del autogobierno. Desde una perspectiva económica, se reconoce al autogobierno (o a la incorporación de elementos de autogobierno en una regulación gubernamental) una serie de ventajas que se basan principalmente en las siguientes consideraciones[184]:

i) los órganos de autogobierno suelen contar con mayores niveles de pericia y conocimientos técnicos que aquellos cuya regulación es dispuesta desde la administración centralizada;
ii) tienen un conocimiento especial de lo que sus pares consideran razonable en cuanto a las obligaciones que se les puede imponer, lo que les permite exigir ciertas obligaciones que son aceptadas por las empresas o individuos afectados, y esto produce normalmente mayores niveles de cumplimiento voluntario;
iii) cuenta con mayor potencial para producir controles de manera eficiente; enfrentan bajos costos en la adquisición de la información necesaria para formular y establecer sus normas internas; tienen bajos costos de control y monitoreo, además de ser capaces de adaptar sus sistemas a

183 Constatando esta realidad, *véase* Ostrom (2011).

184 *Véase* Baldwin, Cave y Lodge (2011), pp. 137-164.

cambios en las condiciones específicas de la actividad en forma flexible y gradual;

iv) suelen contar con un sistema de *accountability* interno y, en caso de que ello no sea sí, puede establecerse un conjunto de controles externos para garantizar la transparencia y corrección de su actuación.

Sin embargo, para llevar a cabo un sistema de gestión basado en el autogobierno, se requiere contar con un conjunto de condiciones estructurales y legales mínimas que permitan su implementación y desarrollo. Entre las principales, podemos destacar las siguientes:

Clave	Descripción
1° RECONOCIMIENTO LEGAL DEL AUTOGOBIERNO	Las aguas y energía son bienes comunes, con valor individual y social, por lo que suelen ser consideradas actividades de interés público, extensamente reguladas e intervenidas desde el Estado-Administración. Por tanto, la incorporación del autogobierno en su gestión debe ser reconocida a nivel constitucional o legislativo.
2° DESCENTRALIZACIÓN EJECUTIVA	Dado el interés público que revisten, la lógica centralizada impondría que fueran gestionadas por la Administración central. Sin embargo, ello se entregó a los particulares, operando una descentralización. Queda un rol estatal, central: los poderes estatales tradicionales deben mantener sus potestades básicas para regir la vida en sociedad (el legislador debe dictar normas generales y los tribunales resolver los conflictos generales; sin embargo, acá se observa una hiper-especialización).
3° GESTIÓN ENTREGADA A ÓRGANOS ESPECIALIZADOS	Se encomienda el ejercicio de funciones de interés público a organizaciones o entidades de naturaleza prioritariamente privada, dado su conocimiento especializado en el sector. Por tanto, a través de una norma se establecerá el contenido y alcances de estas atribuciones. Dichas organizaciones o entidades de autogestión no forman parte de la Administración del Estado y desarrollan las funciones que les son encomendadas con autonomía e independencia, pero cumpliendo con la Constitución y las leyes. Por ejemplo, el Código de Aguas recoge la figura de las "juntas de vigilancia", encargadas de la función pública de administrar y distribuir las aguas de una cuenca. Asimismo, la Ley General de Servicios Eléctricos ha otorgado a los Centros de Despacho Económico de Carga -CDEC- la función pública de coordinar la operación de las instalaciones de un sistema eléctrico interconectado.

Clave	Descripción
4° REDUCCIÓN DEL ÁMBITO DEL PODER PÚBLICO	Las organizaciones y entidades de autogestión se caracterizan por una mayor independencia frente al Poder Ejecutivo (específicamente, en lo relativo a la toma de decisiones). La Administración no desaparece, sino que mantiene otros roles, siendo el principal un papel de supervigilancia o fiscalización (a través de diversos mecanismos), en cuyo ejercicio se debe respetar la autonomía reconocida a los órganos o entes gestores de cada sector.
5° ESPECIALIZACIÓN EN LA RESOLUCIÓN DE CONFLICTOS	Se establecen instancias de solución de conflictos distintas al Poder Judicial, el cual tradicionalmente está encargado de resolver las controversias. Se evidencia una hiper-especialización en la resolución de conflictos, basada, entre otros, en la alta tecnificación del sector. En Chile, ello es una tendencia creciente (creación de tribunales ambientales, tribunales tributarios y aduaneros, Tribunal de la Contratación Pública, etc.). En energía se optó por esta línea en el año 2004; en aguas, se trata todavía de un tema pendiente.

2. El Autogobierno en la legislación chilena.

a) Bases regulatorias de la actividad económica y el principio de subsidiariedad. Son tres las bases regulatorias que han operado en Chile, a propósito de la regulación de la actividad económica, y no siempre esto es observado como una tríada:

1° la libertad de emprender toda actividad económica,

2° la libertad de adquirir todo tipo de bienes, y

3° la aplicación de técnicas administrativas adecuadas para esas libertades.

La primera libertad, de emprender, es resultado de la aplicación del principio de subsidiariedad, como elemento esencial que determina el papel del Estado/Legislador y del Estado/Administración en la economía del país, y, por otra parte, cabe analizar conjuntamente otra libertad, que pocas veces es vista bajo este prisma: la libertad para adquirir toda clase de bienes. Pero todo ello sería inútil si la Administración siguiese operando con una discrecionalidad amplia y con técnicas de intervención poco aptas para el desenvolvimiento de las libertades económicas.

Por tanto, para que opere la subsidiariedad deben darse tres elementos:

i) Un deber de abstención, esto es, que el Estado no se involucre en actividades que puedan ser realizadas por los particulares, promoviendo así su iniciativa;

ii) Una hipótesis de falencia, es decir, cuando los particulares no puedan o no quieran realizar una determinada actividad, y,
iii) Un deber de actuación estatal cuando se dé la referida falencia.

La presencia del principio de subsidiariedad en el orden constitucional chileno se estructura a partir del artículo 1° incisos 3° y 4°, y del artículo 19 N° 21 inciso 2°, ambos de la Constitución Política de la República (en adelante, CPR), además de recurrir al contexto histórico en que fue dictada la misma.

Es en el marco del principio de subsidiariedad en que debemos entender las bases de los sistemas de autogobierno que se han desarrollado en Chile, y a partir de ahí, analizar el rol que respecto de tales sistemas ha sido asignado a la Administración Central del Estado, y la autonomía otorgada a las diferentes organizaciones y entidades de autogestión.

b) El autogobierno en la Constitución. Si bien la Constitución Política de la República (CPR) no recoge expresamente la figura del autogobierno –al menos no con dicho término–, cabe destacar las especiales referencias del texto constitucional al reconocimiento de los *grupos intermedios* y la *libertad de asociación*. Así, el artículo 1° CPR señala: "...El Estado reconoce y ampara a los grupos intermedios a través de los cuales se organiza y estructura la sociedad y les garantiza la adecuada autonomía para cumplir sus propios fines específicos". Asimismo, el artículo 19° N° 15 CPR recoge como derecho de todas las personas "el derecho de asociarse sin permiso previo. Para gozar de personalidad jurídica, las asociaciones deberán constituirse en conformidad a la ley (...)".

Es a partir de estas normas que podríamos realizar, al menos de manera preliminar, una identificación de las organizaciones y entidades de autogestión como grupos intermedios, cuya autonomía, conforme lo indica la CPR, debe ser respetada y garantizada, como se analizará a continuación, a fin de que puedan cumplir con las funciones que se les otorga de manera expresa en la normativa especial.

i) *El problema de la personalidad jurídica.* En este marco, podemos señalar que las personas jurídicas son clasificadas en nuestro ordenamiento vigente entre: 1°) aquellas de derecho público, y 2°) aquellas de derecho privado; y estas últimas se subclasifican en personas jurídicas con o sin fines de lucro.

   Para nuestro desarrollo resultan relevantes las personas jurídicas de derecho público; las que, a diferencia de las personas de derecho privado, se encuentran sujetas en cuanto a su creación, ejercicio y extinción a la ley.

Esto dice relación con la naturaleza misma de la actividad administrativa, en cuanto ejercicio de la función pública, dotada de ciertas prerrogativas que, creadas por ley, le permiten su funcionamiento, el cual necesariamente debe ir dirigido en pos del bien común.

En el caso de las personas jurídicas de derecho privado, en razón a la autonomía de la voluntad y el derecho de asociarse libremente, existe un acto jurídico voluntario de los interesados que origina la personalidad jurídica. En cambio, en el caso de las personas jurídicas de derecho público, la ley tiene su fuerza creadora en cuanto expresión de la voluntad soberana del pueblo. La expresión de la voluntad soberna es la razón en virtud de la cual la Constitución Política reserva como materia de ley la creación o supresión de un servicio público o empleo rentado del Estado, como a su vez la creación de sus funciones o atribuciones; y usualmente lo hace creando tales servicios, dotándolos al mismo tiempo de personalidad jurídica (ya sea de la general del Fisco: artículo 26 inciso 2° Ley N° 18.575, Orgánica constitucional de bases generales de la administración del Estado, o de la personalidad que la propia ley señale de modo explícito o implícito).

ii) *Capacidad de asociación.* Esta capacidad de asociación se encuentra reconocida y consagrada en nuestra Constitución Política, en el artículo 19 N° 15 CPR, que garantiza a todas las personas el derecho de asociación. A su vez, señala que las asociaciones constituidas en conformidad a la ley gozarán de personalidad jurídica.

La extensión de la regulación legal para ejercer el derecho debe siempre entenderse a la luz de lo señalado en el artículo 19 N° 26 CPR, por cuanto garantiza que los preceptos legales que regulen o complementen las garantías que esta establece o que las limite en el caso de que la Constitución autorice[185], no podrán afectar los derechos en su esencia, ni imponer condiciones, tributos y requisitos que impidan su libre ejercicio.

Garantizar la libertad de asociación y reconocer que los grupos intermedios gocen de personalidad jurídica refleja el rol de la iniciativa privada y autonomía de la voluntad en nuestro Estado de derecho.

Las personas jurídicas gozan de su calidad de tal por cuanto el ordenamiento jurídico positivo a través de la Constitución los reconoce como reflejo de la naturaleza propia del hombre en su dimensión colectiva, siendo el rol de la ley el que defina los aspectos generales a considerar para su ejercicio.

185 Límites que, en materia de personas jurídicas, solo se refieren a partidos políticos.

Por tanto, será inconstitucional la incorporación de trabas que dilaten de manera innecesaria su ejercicio, ya sea de parte del legislador o, con mayor razón, de parte del Estado administrador, que, con sus potestades públicas, en ciertos casos mal entendidas se arroga competencias que no tiene, o mal dirige las que por ley le han sido entregadas.

c) El autogobierno como plan y desarrollo del legislador. Son pocos los casos en Chile, y se da en especial en las áreas de recursos naturales y de servicios públicos, en los que se logra identificar modelos o sistemas de necesario o natural autogobierno y, como consecuencia de ello, la existencia de organizaciones y entidades de autogestión que gestionan y administran colectivamente tales recursos o servicios.

Sin embargo, los tres sistemas de autogobierno que se mencionan a continuación en el caso de aguas y energía han sido seleccionados de manera especial, pues el reconocimiento de su calidad de sistemas de autogobierno ha sido consagrado expresamente en la legislación.

i) Juntas de vigilancia y autogobierno para la distribución de aguas. En efecto, el Código de Aguas (en adelante, CA)[186] ha recogido la figura de las "juntas de vigilancia", encargadas de la *función pública* de administrar y distribuir las aguas de una cuenca.

ii) Comités de Agua Potable Rural y autogobierno para el agua potable rural. Respecto de los servicios de agua potable rural, ha sido la Ley General de Servicios Sanitarios (LGSS)[187], en su artículo 1 transitorio inciso 3°, la que ha establecido que la prestación del servicio de agua potable en el ámbito rural –que, aunque no cumplen con los requisitos para ser considerados servicio público, es claramente una actividad de *interés público*– puede ser desarrollada por la libre iniciativa de los particulares, debiendo obtener únicamente los permisos de funcionamiento de los respectivos Servicios de Salud del Ambiente, cumpliendo con las normas sobre la calidad de los servicios y las normas técnicas respectivas.

iii) Centros de despacho económico de carga (CDEC) y autogobierno de la coordinación eléctrica. En energía, a consecuencia de la especialidad y tecnificación de la actividad, la Ley General de Servicios Eléctricos (LGSE)[188] otorgó a

186 Decreto con Fuerza de Ley N° 1.122, publicado el 29 de octubre de 1981.

187 Decreto con Fuerza de Ley N° 382, publicado el 21 de junio de 1989.

188 Decreto con Fuerza de Ley N° 1, de Minería, publicado en 1982, cuyo texto refundido, coordinado y sistematizado fue aprobado mediante Decreto con Fuerza de Ley N° 4, publicado el 5 de febrero de 2007.

los Centros de Despacho Económico de Carga (CDEC) la *función pública* de coordinar la operación de las instalaciones de un sistema eléctrico interconectado [los cuales, no obstante, han sido suprimidos en 2016 y reemplazados por un Coordinador que no tiene la naturaleza jurídica de órgano de autogobierno].

CONCLUSIONES

1° En Chile aún son muy pocos los sectores, especialmente en materia de recursos naturales o servicios públicos, respecto de los cuales se reconoce en la legislación, de manera expresa, el rol de sistemas de autogobierno. Como consecuencia de ello, son escasas las organizaciones y entidades de autogobierno que gestionan y administran colectivamente tales recursos o servicios.

2° No obstante ello, los tres casos mencionados son una clara muestra de cómo estos sistemas vienen cobrando una especial importancia, sobre todo en aquellas áreas donde, enmarcado en el principio de subsidiariedad, el Estado reconoce que la mejor alternativa para una gestión eficiente y adecuada de una actividad económica es entregar tal gestión a los propios usuarios que se benefician de ella, de manera autónoma e independiente.

3° Sin embargo, aún el camino hacia una verdadera autonomía e independencia de los organismos de autogobierno es largo: de un lado, por la tentación constante de la Administración del Estado de recuperar ciertos espacios o competencias que han sido otorgados expresamente por ley a tales organismos de autogobierno; y, de otro, dadas las limitaciones estructurales, financieras y de gestión que muchas veces presentan estos organismos, y que limitan su adecuada operatividad.

4° De ahí el reto actual de fortalecer a los organismos de autogobierno, comenzando por una clara identificación de sus competencias, y diferenciándolas de aquellas competencias que quedarán en manos de la Administración del Estado, básicamente de supervisión y fiscalización.

Bibliografía

Baldwin, Roberto, Cave, Martin y Lodge, Martin (2012): "Self-regulation, Meta-regulation, and Regulatory Networks", en *Understanding Regulation. Theory, Strategy and Practice.* Segunda Edición, Oxford University Press, Estados Unidos, 416 pp.

Hardin, Garret (1986): "The tragedy of the commons", en *Science*, New Series, Vol. 162, N° 3.859, pp. 1243-1248.

Lapage, Henry (s/d): "¡Privaticemos el entorno!", en *Revista de la Facultad de Derecho Universidad Francisco Marroquín*, Año III, N° 3, pp. 14-25.

Ostrom, Elinor (2011): *El gobierno de los bienes comunes. La evolución de las instituciones de acción colectiva,* 2ª edición en español (traducción de Merino, Leticia) Ciudad de México, Instituto de Investigaciones Sociales Universidad Nacional Autónoma de México y Fondo de Cultura Económica, pp. 403.

Rojas Calderón, Christian (2012): "Particularidades del servicio público de abastecimiento de agua potable. El servicio privado de interés público, en los sistemas de agua potable rural (APR)", en: *Revista de Derecho Administrativo Económico* N° 18 (Santiago, PDAE), pp. 7-44.

V. LA NECESIDAD DE AUTORIDADES ADMINISTRATIVAS INDEPENDIENTES[189]

En la última fase de la tramitación de la ya promulgada Ley de Transmisión de Energía Eléctrica surgió, nuevamente, la discusión sobre la necesidad de contar con autoridades independientes en sectores clave de nuestra institucionalidad administrativa económica, cuya característica esencial sea, por una parte, la especialización y racionalidad técnica de sus decisiones y, por otra, su autonomía respecto de los gobiernos de turno.

En el análisis del tema cabe distinguir las dos labores que realiza el Poder Ejecutivo: por una parte, el Gobierno de la Nación (unido a la actividad política-legislativa y a la retención del poder) y, por otra, la labor de administración (relacionada con los servicios públicos, la ordenación de la actividad de los particulares y el fomento de la economía).

El Poder Ejecutivo, con el Presidente de la República a la cabeza, tiene ambas tareas a la vez: gobernar y administrar; ambas están confundidas en la práctica, dado que las suele realizar una misma autoridad. Pero son distintas y cabe distinguirlas. De ahí que los ministros y directores de servicios tienden a confundirse pensando que algunos órganos administrativos de esos tres sectores mencionados (Comisión Nacional de Energía, en el sector eléctrico; Dirección General de Aguas, en el sector aguas; Superintendencia del Medio Ambiente y Servicio de Evaluación de Impacto Ambiental, en el sector del medio ambiente) son órganos puramente técnicos y especializados, cuyas decisiones son siempre tomadas con racionalidad técnica, pero eso es irreal. Sin cuestionar la calidad técnica de sus funcionarios, lo que importa es que cada decisión de esos órganos sea autónoma, aunque, en rigor, estos son a la vez órganos de gobierno con una independencia técnica bien limitada del poder político, pues sus decisiones siempre dependen del Gobierno de turno, por mucho que se las desee revestir de tecnicidad.

189 Publicado en *La Tercera Voces*, 26 de julio de 2016.

Racionalidad técnica (para ello, alta especialización) y autonomía, entonces. Las autoridades administrativas independientes (que son órganos administrativos y no de gobierno), creadas para materias de alta relevancia social, deben tener autonomía respecto del Gobierno (dedicado más a labores de política estricta) en la ordenación, regulación y toma de decisiones en materias que la sociedad entiende relevantes, en especial cuando es necesario tomar decisiones de alta racionalidad técnica: es el caso de los bancos centrales. Por cierto, estos órganos están sujetos a la ley (que fija el Poder legislativo) y sus decisiones están sujetas a control jurisdiccional. Su autonomía es respecto del Gobierno (el Presidente y sus ministros).

Por ejemplo, los casos de la energía, los recursos naturales o el medio ambiente son sectores de la vida social que están íntimamente vinculados con el desarrollo sostenible y el bienestar económico. Obsérvese solo el caso de las aguas, dada la condición de insumo esencial para el saneamiento (se la considera un derecho humano) y de toda actividad económica, en especial la de los servicios sanitarios, la industria en general o los sectores minería, agricultura, fruticultura, viti y vinicultura. La independencia del poder central es el único modo en que se impide que los gobiernos de turno rompan la racionalidad técnica que debe primar en la ordenación administrativa de estos sectores, inmunes a la corrosión que a veces producen los criterios puramente políticos; pues este es legítimo en las decisiones gubernativas y legislativas, aunque no en todas las decisiones administrativas de las sociedades modernas y tecnificadas.

El modo en que las democracias modernas han incorporado la racionalidad técnica en las decisiones relevantes, como las propias de los sectores energía, aguas o medio ambiente, es mediante la creación de autoridades administrativas independientes (también llamadas agencias), que son autónomas del Gobierno (*independent agencies*, en USA; *quangos*, *quasi autonomous non governmental organisations,* en el Reino Unido; *autorités administratives inndépendantes*, en Francia; *autorità amministrative indipendenti,* en Italia; en fin, autoridades independientes, en España). Su legitimidad democrática está fuera de toda duda (son creadas por la ley, son colegiadas y cuentan con sistemas de designación diversos, algunos similares a los bancos centrales, buscando alejarse de una decisión puramente política; en nuestro país tenemos varios modelos). Es la autonomía, tanto de origen como de decisión, la que se constituye en un remedio a la intromisión de los Gobiernos de turno en las decisiones técnicas.

El objetivo principal de estas autoridades independientes es determinar algunos estándares técnicos y dirigir procedimientos en su materia; o sea, tareas eminentemente técnicas, no políticas. Sin embargo, al depender de los ministerios respectivos –y de ahí del Presidente de la República–, estos órganos siempre se encontrarán subordinados a los criterios políticos imperantes en el Gobierno de turno, ajenos a veces a toda consideración técnica de eficacia, eficiencia u otros estándares, al momento de ejercer sus atribuciones. Esto, por cierto, no es conveniente en un órgano llamado a ejercer potestades tan sensibles en la sociedad y en el crecimiento económico. La creación de unas autoridades administrativas independientes, autónomas del gobierno, requeriría, no obstante, harta generosidad democrática, lo que no es usual en los representantes políticos, que militan tan fuertemente en búsqueda del poder, el que, una vez obtenido, usualmente no lo desean compartir.

Para eso hay que cambiar la institucionalidad, y cabe crear autoridades administrativas independientes autónomas en cuanto a su origen y decisión; tecnificadas y especializadas; dotarlas de una dirección colegiada, y siempre sujetas a un control jurisdiccional, también especializado.

En áreas muy técnicas, en que las consideraciones políticas suelen ser cambiantes y supeditadas al Gobierno de turno, una real autonomía de los órganos administrativos constituye una garantía de certeza para los ciudadanos que se desenvuelven en los sectores en que las decisiones de esos órganos inciden: mientras más alejada esté la decisión de la militancia o de las coyunturas políticas, la sociedad se formará la convicción de que decidirán siempre conforme a criterios o estándares técnicos y económicos racionales.

§ 7

PROCEDIMIENTO, PLAZOS
Y EXPEDIENTE ADMINISTRATIVO

I. CLAVES DE LA EFICACIA DE UNA LEY DE PROCEDIMIENTOS ADMINISTRATIVOS[190]

La Ley N° 19.880, de 2003, que "establece bases de los procedimientos administrativos que rigen los actos de los órganos de la administración del Estado" (en adelante, LBPA), junto con establecer unas "bases", es supletoria respecto de "procedimientos administrativos especiales" contenidos en normas preexistentes. Las técnicas de derogación tácita y de supletoriedad permiten la aplicación efectiva de los nuevos estándares y garantías que establece la LBPA. Con ambas técnicas, la LBPA deroga tácitamente y, a la vez, rellena las lagunas de las leyes preexistentes.

La LBPA, junto con establecer "bases" del procedimiento administrativo, consagra la aplicación supletoria de sus normas respecto de "procedimientos administrativos especiales". De la utilización de estas técnicas normativas depende la aplicación efectiva de las nuevas bases, estándares y principios que, como garantías de los administrados, contiene la nueva LBPA.

1. DEROGACIÓN TÁCITA Y SUPLETORIEDAD, COMO TÉCNICAS NORMATIVAS, Y LOS NUEVOS ESTÁNDARES VALORATIVOS DE LA LBPA

1.1. Técnicas de eficacia normativa

a) La derogación tácita. La derogación es una técnica de reemplazo normativo que hace perder la eficacia de normas anteriores o antinómicas. La derogación tácita cumple la función de salvar antinomias (contradicciones entre dos preceptos formalmente vigentes). El Código Civil se refiere a ella en sus artículos 52 y 53.

190 Publicado como "Eficacia derogatoria y supletoria de la Ley de Bases de los Procedimientos Administrativos", en: *La Semana Jurídica*, N° 289, 22 al 28 de mayo de 2006, pp. 8-9.

La derogación tácita es una técnica normativa difícil, pues es necesaria una cuidadosa interpretación del contenido normativo de ambos preceptos: del posterior y del preexistente –supuestamente derogado de modo tácito–, en virtud de lo cual deberá analizarse la "pugna" o "contradicción" entre ambos preceptos. Para ello, será necesario no solo comparar los signos, las palabras, las expresiones, sino también analizar su sustancia normativa: su contenido valorativo. Y este último surge de las bases, estándares o principios que, indefectiblemente, el jurista y el juez obtienen de cada norma, como un destilado de la justicia, certeza o seguridad que contiene.

b) La supletoriedad. Es un método de integración normativa que opera integrando de un modo subsidiario el texto de las leyes de carácter general o común respecto de aquellas de carácter singular o de excepción (llamadas en la práctica, igualmente, leyes "especiales", aunque, en este caso, no serían especiales de frente a otras de igual naturaleza especial, con las que se relacionan, sino que serían especiales en relación a la de carácter general o común).

La técnica normativa de la supletoriedad se utiliza en aquellos casos en que la interpretación ofrecida por el jurista o por el juez ha resultado insuficiente para cubrir una laguna legal en el ordenamiento singular; en tal caso, se recurre al ordenamiento legal general o común para extraer de él la norma que pueda cubrir el vacío.

1.2. Los nuevos estándares valorativos de la LBPA

a) La forma de los actos administrativos en el orden legal hasta 2003. Con la evidente finalidad de otorgar seguridad, certeza y justicia a las relaciones entre los administrados de frente a la acción administrativa, establece hasta 2003 el ordenamiento de regulaciones relativas a la forma de los actos administrativos y a su procedimiento.

Establece la CPR diversas normas relacionadas con el procedimiento administrativo; en especial, su artículo 60 N° 18 señala como materia de ley "las que fijen las bases de los procedimientos que rigen los actos de la administración pública". De aquí surge la terminología e idea normativa de "bases".

La LOC sobre Bases Generales de la Administración del Estado, en su artículo 3° y siguientes, establece y desarrolla una serie de normas o reglas básicas (el texto los llama "principios") que debe observar la Administración del Estado, todos los cuales en definitiva se vinculan con los actos y procedimientos administrativos.

Este era el panorama normativo a la fecha de dictación de la nueva LBPA, en 2003. Habría que agregar, además, una nutrida jurisprudencia, sobre todo de la

Contraloría General de la República, la que a través de sus dictámenes realizó una ingente labor creativa.

b) Nuevos estándares de los procedimientos en la LBPA. La LBPA establece nuevas bases, estándares y "principios", como ella los llama, guiada por evidentes valoraciones de otorgar mayor certeza, seguridad y justicia en los procedimientos administrativos a todos los administrados. Es un reconocimiento de los derechos subjetivos públicos.

Una enumeración ejemplar podría ser la siguiente: 1°) La gratuidad (artículo 6°); 2°) La contradictoriedad (artículo 10 y 17, letra f); 3°) La imparcialidad (artículos 11 y 12); 4°) La inexcusabilidad (artículo 14); 5°) La publicidad (artículos 17, letra a) y 21)[191]; y, 6°) Un procedimiento de mayor racionalidad y justicia, derivándose los diversos derechos y exigencias procedimentales.

Entonces, es evidente que en la nueva LBPA encontramos consagradas nuevas bases, de las que se derivan nuevos estándares o principios, a través de las normas indicadas, que incorporan por esa vía nuevos valores de seguridad, certeza y justicia.

Existe la necesidad hermenéutica de darle algún sentido a la expresión "base" que utiliza la Constitución y el legislador lo hizo estableciendo dichas "bases", pero con la terminología de "principios", en sus artículos 4° a 17. Por lo tanto, en cuanto la nueva LBPA acepta la terminología constitucional de "bases" tanto en su título como en su frontispicio (se inicia la ley señalando "que establece y regula las bases..."), cabe asignarle algún contenido a dicha expresión, y la más coherente es descubrir tales bases en aquellos "principios" que enumera en su artículo 4° y desarrolla en los siguientes 5° a 17.

Además, solo con quebranto al principio de la igualdad ante la ley podría pretenderse aplicar únicamente a algunos administrados estos estándares y no a otros.

De ahí la necesidad de analizar, ahora, las técnicas que utiliza el legislador en la LBPA para lograr la necesaria eficacia normativa a sus nuevas regulaciones de las "bases" del procedimiento administrativo, para hacerlas aplicables a los procedimientos administrativos. Sin esta eficacia, por lo demás, habría sido inútil la tarea legislativa.

---

191 El estándar y derecho público subjetivo a la publicidad ha venido a ser reforzado en el nuevo artículo 8° de la Constitución, a partir de la reforma de 2005.

2. DEROGACIÓN Y SUPLETORIEDAD: TÉCNICAS NORMATIVAS QUE DAN EFICACIA A LA NUEVA LBPA

2.1. Técnicas normativas de la LBPA

El artículo 1°, inciso 1° LBPA, señala, bajo el subtítulo "procedimiento administrativo", lo siguiente: "La presente ley establece y regula las bases del procedimiento administrativo de los actos de la Administración del Estado. En caso de que la ley establezca procedimientos administrativos especiales, la presente ley se aplicará con carácter de supletoria".

Por lo tanto, incorpora la ley dos técnicas normativas: la derogación tácita (mediante el establecimiento de "bases" regulatorias nuevas) y la supletoriedad.

Cabe analizar, entonces, en relación al procedimiento administrativo, qué significa: una ley de "bases", cuyo efecto normativo, según se dirá, es la derogación tácita *(a)*; y, la supletoriedad, cuyo efecto es el relleno de lagunas *(b)*.

a) Desde las nuevas "bases" a la derogación tácita. En la LBPA se ha utilizado la técnica de la derogación, en este caso tácita; y la derogación tácita se produce respecto de todas las leyes preexistentes en aquellas partes en que contradicen los nuevos estándares "básicos" o "principios" a los que, todo procedimiento administrativo, a partir de ahora, "estará sometido" (como dice el artículo 4° LBPA).

De este modo, si la LBPA establece las "bases" regulatorias de todo procedimiento administrativo, en aplicación del artículo 60 N° 18 CPR, cabe entender que, a partir de 2003, toda regulación que contradiga estas bases ha quedado derogada tácitamente. Así, en ningún caso podrá considerarse válida una regulación de algún aspecto de la forma de los actos administrativos, esto es, del procedimiento administrativo, que sea derechamente contradictoria a los principios de certeza, seguridad y justicia que ahora se establecen, con necesaria igualdad ante la ley, para todos los administrados por la LBPA[192].

El efecto derogatorio de una ley de bases surge, entonces, de esta premisa: la nueva regulación "básica", opera al mismo tiempo como un mínimo y como un máximo legal. A partir de la dictación y plena vigencia de la LBPA, todas las

192 Por ejemplo, toda norma de procedimiento especial que prescinda de toda notificación efectiva debe considerarse derogada tácitamente: quebranta los principios de publicidad y defensa, propios de un procedimiento racional y justo. Es el caso de la hipótesis de "notificación" presunta (más bien, no-notificación) del artículo 139 inciso 3° del Código de Aguas.

leyes preexistentes que no cumplen en sus regulaciones los estándares de certeza, seguridad y justicia fijados en la nueva LBPA deben entenderse derogadas tácitamente y, dada la laguna que a raíz de tal derogación se produce, enseguida tales leyes necesitan de la aplicación supletoria de la LBPA para rellenar sus lagunas así producidas.

En suma, las leyes preexistentes que contienen regulaciones que contradicen los principios de certeza, seguridad y justicia que fijan estas bases a través de los nuevos estándares, se entienden derogadas tácitamente, derogación en la que arrastran a los reglamentos que las ejecutaban. Con mayor razón han quedado derogados los reglamentos autónomos que pudieron ser dictados antes de 2003, en todo lo que sean contrarios a estas bases.

b) De la inexistencia de procedimientos especiales (existencia de lagunas normativas) a la supletoriedad. En la LBPA, la técnica de la supletoriedad permite la integración normativa, evitando la existencia de lagunas en materia de procedimiento administrativo. Es la supletoriedad una técnica normativa dirigida a permitir la aplicación generalizada de la nueva regulación del procedimiento administrativo en todas aquellas situaciones en que no existan procedimientos administrativos "especiales" (véase artículo 1° LBPA). Así, la nueva LBPA "completa", todas aquellas leyes preexistentes que regulen de manera "incompleta" un procedimiento administrativo especial, con su nueva normativa general o común sobre procedimiento administrativo.

Es una cláusula real y propiamente supletoria la que contiene el artículo 1° inciso 1° de la LBPA. En este caso, la captura regulatoria, por la vía de la supletoriedad, no va dirigida hacia normas de otros sectores normativos que resultasen, por ejemplo, ser "especiales/autónomos" de frente al también "especial/autónomo" del procedimiento administrativo (como los actos de otros órganos del Estado, distintos a los enumerados en el artículo 2° de la LBPA, o los actos de organismos privados), pues ello produciría resultados hermenéuticos incoherentes.

La supletoriedad va dirigida a normas que forman parte del mismo sector del ordenamiento jurídico: de los actos administrativos de los órganos de la Administración; orden en que pueden coexistir con plena coherencia normas generales y "especiales/singulares/de excepción).

Dado que la LBPA en su artículo 1° dice que "en caso de que la ley establezca procedimientos administrativos especiales [excepcionales], la presente ley se aplicará con carácter de supletoria", las leyes preexistentes que simplemente no contenían regulaciones relativas a los nuevos estándares, son "completadas" por la nueva ley. Si esas leyes contenían regulaciones relativas a los estándares (siempre que no contradigan sus principios: pues serán derogadas tácitamente), siguen rigiendo, por especialidad.

Constituye así la LBPA un "complemento" normativo, una técnica de integración normativa, de tal modo que por la vía de la supletoriedad se rellenen todas las lagunas existentes. Y existirán lagunas en las leyes preexistentes cada vez que estas no contengan regulaciones "especiales" relativas a procedimiento administrativo.

Estas dos técnicas normativas (derogación tácita y supletoriedad) son las que se articulan para la aplicación eficaz de todas las nuevas bases, estándares y principios que establece y regula la nueva LBPA. Y estas dos técnicas operan, así, de doble modo:

1° Con eficacia de derogación tácita de toda regulación preexistente sobre procedimiento administrativo que pugne con las bases y principios que establece la nueva LBPA, y

2° Con eficacia de relleno de lagunas de todas aquella regulaciones preexistentes que no contengan normas "especiales" relativas a procedimiento administrativo; o para el caso que, conteniéndolas, estas normas especiales hayan perdido eficacia por la derogación tácita señalada *sub a)*.

CONCLUSIONES

1° La nuevas bases, estándares y principios consagrados en la Ley de Bases de Procedimientos Administrativos, de 2003, tienen la eficacia de derogar tácitamente las normas preexistentes, que establecen procedimientos especiales, en el caso de que contradigan o sean incoherentes con tales bases, estándares y principios.

2° La técnica de la supletoriedad, contenida en el artículo 1° de la Ley de Bases de Procedimientos Administrativos, de 2003, tiene la eficacia de rellenar las lagunas existentes en las leyes que establecen procedimientos especiales. Asimismo, rellena las lagunas producidas a raíz de las derogaciones tácitas que resulten de la aplicación de los nuevos estándares de seguridad, certeza y justicia que consagra la nueva LBPA.

3° La no utilización de estas técnicas normativas, cuando corresponda, puede implicar, a su vez, la inaplicación de los nuevos estándares y garantías de justicia, seguridad y certeza que, en materia de procedimiento administrativo, a favor de los administrados contiene la nueva Ley de Bases.

II. FRACASO DEL SILENCIO POSITIVO DE LA LEY DE BASES DE LOS PROCEDIMIENTOS ADMINISTRATIVOS[193]

Sin perjuicio de las falencias que ha demostrado su aplicación en esta específica materia del silencio positivo, la Ley de Bases de los Procedimientos Administrativos (LBPA) contiene significativos estándares y garantías de los administrados, y ha sido un aporte superlativo al control de la discrecionalidad de los órganos de la Administración.

Esta ley, promulgada el año 2003, tuvo como fin agilizar las tramitaciones que los particulares realizan ante los órganos de la Administración y terminar así con las dilaciones usuales que sufren los administrados. Aportó una nueva estructura legal a la relación del ciudadano con la Administración, incorporando estándares básicos y muy relevantes, consagrando al procedimiento como garantía formal de los derechos de los ciudadanos. Y en especial legisla sobre el "silencio administrativo positivo", ofreciéndolo como la panacea para los sufridos ciudadanos ante las frecuentes dilaciones administrativas.

Según la Ley, hay silencio administrativo positivo cuando una autoridad administrativa no resuelve expresamente una petición, reclamación o recurso interpuesto por un particular. Supone este silencio una ficción, en virtud de la cual se entiende tácitamente concedida o aceptada la solicitud, al no producirse la expresión de voluntad de la Administración en el plazo que indica la Ley que debió haberlo hecho.

Probablemente la mayor relevancia de la LBPA podría haberse dado en este ámbito del silencio positivo y es difícil exagerar la revolución que habría implicado el éxito de los efectos esperados. Pero no ha funcionado y ya no cabe seguir silenciando esta situación. La inexistencia de caso alguno en que haya operado lo deja en evidencia.

193 Publicado en: *El Mercurio Legal*, 18 de octubre de 2011.

¿QUÉ HA PASADO?

Varios son los factores que probablemente han contribuido a dificultar la aplicación práctica de los efectos del silencio positivo. Dos deseo destacar:

1° *El difícil reemplazo del silencio al aporte de la autoridad técnica en los procedimientos y actos administrativos complejos.*
El silencio casi nunca va a reemplazar los actos administrativos complejos en que es necesario el aporte discrecional, concreto, específico y técnico, de algunos entes administrativos; contenido preciso este que pocas veces queda predeterminado con la mera solicitud del administrado, pues regularmente el contenido preciso del acto terminal se va configurando con el transcurso de las distintas actuaciones del administrado y la Administración, durante la tramitación del procedimiento administrativo. Son muy pocos los procedimientos administrativos con una predeterminación perfecta como para hacer viable el efecto del silencio positivo.

El silencio positivo solo pretende evitar la arbitrariedad implícita en la dilación administrativa, pero para ello es algo excesivo pretender sustituir íntegramente, mediante una ficción de acto, todo el "aporte" que se espera de la Administración en la delimitación del contenido exacto del acto administrativo, en cuya confección muchas veces cabe no solo Interpretar la ley en una regulación objetiva y perfectamente "reglada", sino que cabe ponderar una serie de antecedentes de la más diversa naturaleza.

Pues existen actos administrativos que por su complejidad necesitan la colaboración activa de la Administración, definiendo con gran precisión su contenido; los cuales difícilmente pueden ser reemplazados por este artificio de la ficción de un acto administrativo.

2° *Las solicitudes* contra legem *no pueden dar lugar al silencio positivo.*
Finalmente, cabe mencionar el problema de la validez o nulidad que podría sobrevenirse, al aplicar la ficción de silencio positivo, a peticiones *contra legem*.

¿Qué ocurre si la solicitud que dio lugar al procedimiento administrativo presentaba problemas de validez? ¿Debe, dicho procedimiento, dar lugar a una resolución administrativa? ¿Sería anulable esta resolución?

Se trata de cuestiones relevantes y de difícil solución y que tal vez contribuyan a explicar, en parte, el fracaso de esta institución en el derecho chileno, pues todos estos problemas han paralizado a los operadores jurídicos en relación a esta figura.

¿SOLUCIONES?

Entonces, el desafío pareciera ser, en estos casos, atacar las dilaciones de la Administración mediante otras técnicas, distintas al silencio positivo.

El problema a resolver es otro: es la omisión administrativa, por dilación; o mora de la administración, la que debe ser enfrentada, mediante técnicas de responsabilidad administrativa directa a los agentes de la Administración; o mediante multas a la Administración.

III. RECURSOS ADMINISTRATIVOS PREVIOS E "INTERRUPCIÓN" DEL PLAZO PARA RECURSOS JURISDICCIONALES[194]

La ambigua literalidad en la regulación del plazo para recurrir ante los tribunales cuando se han interpuesto recursos administrativos previos, ha sido aclarada por el legislador; de lo que cabe notificar a abogados, jueces y, en especial, a los órganos de la Administración.

Era necesario aclarar la trampa hermenéutica del artículo 54 inciso 2° de la Ley N° 19.880, que "establece bases de los procedimientos administrativos que rigen los actos de los órganos de la Administración del Estado" (LBPA). Lo hizo la Ley N° 20.551 del año 2011, que "regula el cierre de faenas e instalaciones mineras", corrigiéndola "al paso", según relato en esta nota de micrología jurídica.

En efecto, la LBPA (en muchos otros aspectos, una excelente ley) regula la figura del "agotamiento de la vía administrativa previa", otorgándole al administrado la siguiente opción: o reclamar ante el mismo órgano que emite un acto administrativo, o reclamar ante los Tribunales. De ahí que, en caso de que el administrado reclame ante los tribunales, no puede deducir igual pretensión paralelamente ante la Administración, y debe esperar a que sea resuelta por la burocracia.

Al respecto, el artículo 54 inciso 2° LBPA señala: "Planteada la reclamación [ante la Administración] se interrumpirá el plazo para ejercer la acción jurisdiccional. Este volverá a contarse desde la fecha en que se notifique el acto que la resuelve o, en su caso, desde que la reclamación se entienda desestimada por el transcurso del plazo".

El problema hermenéutico lo plantean las expresiones "interrumpirá" y "este volverá a contarse"; pues cabe preguntarse: ¿se computa íntegro tal plazo jurisdiccional, o solo el resto del plazo no corrido en la vía administrativa? El tema, en medio de las urgencias prácticas de interposición de los recursos, suele ser acuciante para cualquier abogado y, muchas veces, las defensas de los órganos de

194 Publicado en: *El Mercurio Legal*, 15 de julio de 2013.

la Administración no dudarán en solicitar al tribunal respectivo la inadmisibilidad del recurso por extemporáneo...

Lo que está en juego es la garantía de un justo y racional proceso, así como las fundamentales reglas y principios de la impugnabilidad y del acceso a la justicia. En un Estado de derecho es elemento esencial y base para que los administrados, por medio de la vía judicial, soliciten a los tribunales el control de los actos de los órganos de la Administración.

El control judicial es el medio a través del cual se obtiene una tutela efectiva de los derechos de los administrados, dando origen al proceso contencioso administrativo.

El artículo 54 LBPA regula el ejercicio del principio de impugnabilidad de los actos administrativos, en razón de las vías existentes para su materialización, a saber: ya sea por medio de reclamaciones en sede administrativa o bien en sede judicial, estableciendo para el caso en que el interesado recurra ante la misma autoridad administrativa la interrupción del plazo para ejercer la acción jurisdiccional. Se salvaguarda de esta manera la posibilidad de que el interesado, en caso de no obtener una resolución favorable a sus peticiones ante la autoridad administrativa, mantenga íntegro su derecho de recurrir a un Tribunal.

Pero la literalidad de la norma del artículo 54 inciso 2° LBPA deja esta garantía de acceso a la justicia en una situación de incerteza. Y esta ambigüedad permitió, por ejemplo, a un órgano de la Administración ofrecer una interpretación en extremo desfavorable para el administrado. Es el caso de la circular N° 26 de 2008, del Servicio de Impuestos Internos 22/07/13, Recursos administrativos previos e "interrupción" del plazo para recursos jurisdiccionales internos sobre: "Procedimiento Administrativo de revisión de las actuaciones de fiscalización". Esta circular, paradojalmente, en su texto inicial señala que la motivación del Servicio es "introducir mejoras al procedimiento de revisión de las actuaciones de fiscalización llevadas a cabo por el SII, de modo de asegurar que las mismas sean ejecutadas en un proceso exento de vicios...". El SII por medio de dicha circular realizó una interpretación del artículo 54 LBPA, señalando al efecto que, frente a la reclamación administrativa presentada ante el SII, el transcurso del plazo para ejercer la acción jurisdiccional se "suspende" y, por ende, "dicho plazo volverá a contarse desde la fecha en que se notifique la resolución del Servicio deniegue o declare inadmisible la solicitud reclamada". El amable burócrata redactor de esa circular agregaba, de manera paternalista, lo siguiente: "En razón de ello, el contribuyente deberá tener especial cuidado en el cómputo de dicho plazo, principalmente cuando el recurso de revisión de la actuación fiscalizadora se interponga en los últimos días de este". Incluso tal circular contiene un ejemplo muy gráfico de la manera en que el S.I.I., con su interpretación, cercena el plazo al administrado.

[Esta circular fue modificada en 2010 por la Circular SII N° 13 de 2010, dado que la Ley N° 20.322, de 2009, que incorporó el artículo 123bis letra c) al Código Tributario, fijó una curiosa regla especial: ¡que la presentación de la reposición no interrumpe el plazo para la interposición de la reclamación judicial en materia de impuestos! Pero eso es otra historia...]

Esta era una mala noticia para los administrados.

Pero, a partir de 2011, sin ningún aspaviento, un informado y circunspecto legislador ha venido a "explicar o interpretar la ley de un modo generalmente obligatorio" (parafraseando el artículo 3° inciso 1° del Código Civil). En efecto, para un correcto análisis del artículo 54 inciso 2° LBPA, ahora es necesario tener presente la interpretación que ha realizado la Ley N° 20.551 de 2011, que regula el cierre de faenas e instalaciones mineras, el cual en su artículo 42 inciso 3°, señala: "La reclamación administrativa interrumpirá el plazo para ejercer la acción judicial a que se refiere el artículo siguiente. Una vez que se notifique el acto que resuelva dicha reclamación administrativa el plazo volverá a contarse íntegramente, de acuerdo al artículo 54 de la Ley N° 19.880".

Entonces, el legislador "de un modo generalmente obligatorio" explica y aclara el texto del artículo 54 inciso 2° LBPA en cuanto a que el plazo debe volver a contarse "íntegramente"; la que es ahora la interpretación auténtica, su verdadero sentido y alcance, por lo que la "interrupción" se traduce en la contabilidad del plazo de un modo integro, total y completo.

Una interpretación como la que erróneamente había realizado el SII, ahora ya no será admisible, con mayor razón aún.

En fin, esta actitud del legislador es coherente con la afirmación del Tribunal Constitucional, en la sentencia que emitió a propósito de esta misma Ley N° 20.551 de 2011, que regula el cierre de faenas e instalaciones mineras (Sentencia TC 2.036-2011, considerando 20°, párrafo 4), en cuanto considera la "interrupción" del plazo establecida en el artículo 54 inciso 2° LBPA es una de las "ventajas" que el legislador le ofrece al administrado cuando este interpone un recurso previo ante la misma Administración.

El cercenamiento del plazo no es, por cierto, ventaja alguna; por lo que, si la ventaja a que se refiere el TC es real, solo cabía computar "íntegramente" el plazo del artículo 54 inciso 2° LBPA, como se ha venido a interpretar por el legislador en 2011.

Esta es una buena noticia para los administrados.

IV. MICROLOGÍA DE LA CERTEZA JURÍDICA: CÓMPUTO DE PLAZOS EN EL PROCEDIMIENTO ADMINISTRATIVO[195]

El tema del cómputo de los plazos es siempre acuciante, pues se trata de un justiciable que, ante una decisión de la Administración, debe recurrir urgentemente ante los tribunales de justicia.

Este es un ensayo de micrología jurídica (de *micros*: pequeño; y de *logos*: discurso), esto es, del tratamiento de las cosas mínimas, aquellas a las que se accede con el microscopio. En una columna anterior[196] ofrecí otro análisis de micrología: el caso de la interrupción de los plazos administrativos regulado en el artículo 54 de la Ley de Bases de Procedimientos Administrativos (LBPA).

Ahora me aboco al tema del cómputo de plazos, que constituye una materia a la cual hay que llegar luego de un examen microscópico, con exploración en varios textos normativos. Sin embargo, al mismo tiempo, este tema en apariencia minúsculo está conectado con un valor esencial de todo orden jurídico: la certeza.

Es necesario que los tribunales ofrezcan una clara línea jurisprudencial en el tema del cómputo de los plazos para interponer los recursos de reclamación ante ellos, en contra de actos administrativos, pues toda dispersión afecta el principio de certeza. En el escenario chileno (en que la jurisdicción contenciosa administrativa está entregada, de un modo disperso, en múltiples acciones y recursos, creados por leyes especiales, de los cuales conocen, como regla general, las cortes de apelaciones) esto es relevante, pues muchas de las leyes especiales que crean acciones especiales carecen de los reenvíos o rellenos normativos más básicos. Y, en este caso, tratándose de acciones que conocen los tribunales, es natural la referencia supletoria a las normas del Código de Procedimiento Civil, aunque ello no siempre sucede. Eso parece lo más natural: que ante la ausencia de reglas procesales en las leyes administrativas (esto es, de ritualidades que

195 Publicado en: *El Mercurio Legal*, 29 de octubre de 2013.

196 Reproducido aquí, inmediatamente más arriba, III.

deberán seguir los tribunales ante las reclamaciones de los administrados), rijan de manera supletoria las normas del CPC.

Pero, por ejemplo, la Corte Suprema en el caso *Agrícola San Isidro con Dirección General de Aguas* (CS, queja, rol N° 5.576-2012), ha seguido un camino extraño: ha considerado que, en cuanto al cómputo del plazo para interponer los recursos de reclamación ante los tribunales, cabe aplicar el artículo 25 de la LBPA.

Esto es una rareza, por cierto, sin perjuicio de que el tribunal haya querido buscar un criterio de mayor amplitud de acceso a la justicia por el justiciable, pues la sentencia incorpora a la tramitación judicial un estándar de la LBPA propio del procedimiento administrativo, esto es, de las ritualidades al interior de los órganos administrativos y no al interior de los tribunales. Para eso cabe aplicar el CPC, como señalo en seguida.

El actual estándar del cómputo de los días hábiles administrativos se trata de uno de los mayores aportes de la Ley N° 19.880, de Bases de Procedimiento Administrativo, de 2003, pues se traduce en el establecimiento de un nuevo tipo de plazo, que se incorpora a la existente clasificación de plazos en nuestro ordenamiento jurídico hasta esa fecha.

Antes de 2003 era sólito aplicar a los procedimientos administrativos (ante los órganos administrativos), la regulación de plazos del Código Civil, pues todo lo relativo a plazos carecía de legislación especial administrativa y tanto la forma en virtud de la cual se computaban los plazos como su eventual interrupción en materia administrativa resultaba un tanto confusa, puesto que se recurría a otros órdenes normativos extranjeros, rellenando así esa laguna, por vía de integración normativa. En efecto, como en otras materias, se hizo una práctica habitual el empleo de técnicas de eficacia normativa, que es el caso de la supletoriedad, la cual se utiliza en aquellas situaciones en que la interpretación ofrecida por el jurista o por el juez ha resultado insuficiente para cubrir una laguna legal en el ordenamiento singular.

En este escenario era habitual recurrir a disposiciones del Código Civil para colmar lagunas normativas de naturaleza administrativa. En esta materia de los plazos se tradujo en la aplicación de la tradicional de los artículos 48 y 50 del Código Civil. Según tales disposiciones, los plazos son de dos clases:

i) *continuos o corridos*, los cuales no se interrumpen; y,

ii) *discontinuos o útiles*, los que se interrumpen en los días feriados.

La regla general, en la legislación civil, es que los plazos son continuos o corridos, salvo que el plazo señalado sea de días útiles, en cuyo caso no se contarán los feriados.

Así, todo lo que decía relación con plazos, en especial su cómputo, en los procedimientos ante los órganos de la Administración del Estado, hasta 2003 se aplicaba:

i) lo prescrito, excepcionalmente, en las leyes que regían el procedimiento administrativo correspondiente; y
ii) si dicha normativa especial no contemplaba regulaciones relativas al plazo, se aplicaba, indefectiblemente, de manera supletoria, el Código Civil.

La nomenclatura tradicional de los plazos, según el Código Civil (por su regla general), es de plazos de *días corridos*; y la excepción es la de *días útiles*. Ello es así, no obstante el propio CC se refiere a días hábiles en los artículos 1.600 N°3 y 1.603 (a propósito del pago por consignación), en disposiciones agregadas en 1944 (en 1944 ya existía como usual también en materia civil el concepto de días hábiles), y se interrumpen solo los días feriados (esto es, el día sábado no se interrumpen los plazos para la regulación civil, y siempre será un día hábil).

Entonces, antes de 2003 los plazos en medio del procedimiento administrativo se regían por el Código Civil.

Veamos ahora la situación en juicios de naturaleza administrativa (ante los tribunales de justicia), en que una de las partes es un órgano de la Administración: es el llamado contencioso administrativo, en especial el contencioso anulatorio, a raíz de una reclamación de un administrado. En este caso, la respuesta es que antes y después de 2003 son los plazos del Código de Procedimiento Civil los que rigen. La LBPA no se aplica a los procedimientos (juicios) ante los tribunales de justicia.

En los juicios relativos a casos de naturaleza administrativa, que son conocidos por los tribunales ordinarios de justicia, rige el Código de Procedimiento Civil, el que tiene regulaciones relativas a plazos, en las que, bajo una nomenclatura distinta (días hábiles/inhábiles), se establece el mismo modo de cómputo de los plazos regulados por la legislación civil. Así se lee en los artículos 41 inciso 3°, 59 inciso 2°, 66 inciso 1° CPC. En suma, la nomenclatura de los plazos regulados por el CPC es de días hábiles e inhábiles.

En suma, las dos clases de plazos que existían hasta 2003 y que se aplicaban, ya por vía supletoria a los procedimientos ante la Administración o en los juicios de naturaleza administrativa, procedentes de estos dos ordenamientos jurídicos (civil y procesal civil), son los siguientes:

i) *plazos civiles*: corridos y útiles, y
ii) *plazos procesales civiles*: hábiles e inhábiles.

Esto es, con distinta nomenclatura se llega al mismo cómputo de los plazos: en ambos casos su interrupción solo se produce en los días feriados, y el día sábado siempre es considerado un día útil o hábil.

Pero en 2003 la situación cambia: el artículo 25 de la LBPA consagra los días hábiles administrativos y un nuevo cómputo de los plazos.

Así, la LBPA aparecida en 2003, bajo el N° 19.880, incorporó la siguiente disposición relativa al cómputo del plazo. Esta regla relativa al cómputo de los plazos en el procedimiento administrativo debe ser destacada, pues a diez años de su consagración se la suele olvidar.

i) *Es una nueva definición de días hábiles/inhábiles y un nuevo tipo de plazo.* Es una nueva definición legislativa de los días hábiles e inhábiles, distinta a las definiciones contenidas en las legislaciones civil y procesal civil, pues en este caso, para el cómputo, cabe considerar el sábado como día inhábil. Entonces, a partir de ello, fluye además una nueva nomenclatura: a los ya existentes plazos civiles y plazos procesales civiles, se agregan ahora los plazos administrativos.

E, incluso, se agregan ahora los días inhábiles o hábiles administrativos; distintos a los días inhábiles civiles o procesales civiles.

ii) *Este nuevo estándar es un nuevo derecho público subjetivo de los administrados.* Esta regla (objetiva) del cómputo del plazo tiene una faz subjetiva: es, al mismo tiempo, un nuevo derecho público subjetivo de los administrados; podríamos decir, el derecho al plazo administrativo; o el derecho al cómputo de los plazos sin considerar los días sábado, domingo y feriados. Ello es evidente, pues ante el caso de que la Administración no aplique la regla (objetiva) administrativa para el cómputo de los plazos, se configura, al mismo tiempo, un quebranto (subjetivo) a un derecho del administrado. Ello es, por lo demás, una técnica sólita en derecho administrativo: en que detrás de una regla objetiva es reconocible un derecho subjetivo de los administrados.

iii) *Esta nueva regla tiene claras diferencias con los plazos civiles.* La LBPA señala, entonces, que el cómputo de los plazos administrativos es de días hábiles, por lo que se consideran inhábiles los días sábado, domingo y festivos.

De ahí que todos los plazos relativos a procedimientos administrativos que se tramiten ante los órganos de la Administración del Estado (según señalan los artículos 1° y 2° LBPA), en materia administrativa no se aplica el criterio del artículo 50 del Código Civil, en cuanto al cómputo de plazos.

El Código Civil contiene una regla claramente distinta a la contenida en la LBPA, pues:

i) mientras en la LBPA el cómputo del plazo se basa en el criterio de días hábiles, y se realiza dejando de computar los días sábado, domingo y festivos;
ii) en el Código Civil el cómputo de plazo es de días corridos (expresión, esta, creada por la práctica), salvo el caso de días útiles, en cuyo caso se dejan de computar solo los días feriados (considerando igualmente la ley que el domingo es feriado) y cabe considerar feriados tanto el día domingo como todos aquellos días que fijen como tales las leyes.

De acuerdo a lo anterior, desde la vigencia de la LBPA, el concepto de días hábiles es distinto al de días útiles. Y en los procedimientos ante la Administración del Estado, entonces, deben contabilizarse los plazos según el concepto de días hábiles, descontando siempre los días sábado, domingo y festivos.

En todo caso, es perceptible en el derecho vigente la ambigüedad actual de la expresión días "hábiles":

i) por un lado, el artículo 59 del Código de Procedimiento Civil utiliza la expresión días "hábiles" y los define como aquellos en que no se computan los días domingo ni los festivos:
ii) por otro lado, el artículo 25 de la LBPA utiliza la misma expresión de días "hábiles" y los define como aquellos en que no se computan días sábado, domingo ni festivos.

El uso de una misma expresión o significante para dos significados origina ambigüedad, lo que cabe evitar.

Además, si bien por un lado el artículo 25 LBPA establece la prórroga del plazo cuando el último día cae en día inhábil, tal estándar no está contenido en la legislación de procedimiento civil.

V. ACCESO AL EXPEDIENTE ADMINISTRATIVO COMO DERECHO SUBJETIVO: LEY DE PROCEDIMIENTOS ADMINISTRATIVOS VERSUS LEY DE TRANSPARENCIA[197]

La Contraloría acierta en declarar inaceptable que un órgano de la Administración obligue a los interesados a recurrir a los mecanismos de la Ley de Trasparencia para conocer el estado de tramitación de los expedientes administrativos, haciendo primar la Ley de Procedimientos Administrativos.

Cabe comentar y celebrar el reciente y relevante dictamen N° 27.945, de 26 de julio de 2017, de la Contraloría General de la República (CGR) en la parte en que, acertadamente y dejando sin efecto toda jurisprudencia contraria anterior, declara que la exhibición permanente de los expedientes administrativos es un derecho subjetivo público de los interesados; derecho este que es garantizado en la Ley de Bases de los Procedimientos Administrativos (Ley de Procedimientos Administrativos o LBPA). A partir de ahí, señala la CGR "que no resulta aceptable exigir, para efectos de solicitar la exhibición de los respectivos expedientes, que el interesado recurra al mecanismo de la Ley de Transparencia".

Este es un dictamen de importancia superlativa, en que la CGR distingue dos distintos estatutos legales que no cabe confundir:

i) por una parte, el mecanismo de la Ley N° 20.285, sobre acceso a la información pública (Ley de Transparencia o LAIP), que es genérico y abierto a "cualquier persona";

ii) por otra parte, el mecanismo de la LBPA, que, según la CGR, "ampara, específicamente, el derecho de quien tiene la calidad de interesado en un determinado procedimiento administrativo para acceder al respectivo expediente".

197 Publicado como "Acceso permanente y directo de los interesados al expediente administrativo como derecho subjetivo. Ley de Procedimientos Administrativos versus Ley de Transparencia", en *El Mercurio Legal*, el 11 de agosto de 2017.

Es que ya demasiado tiempo se ha mantenido una abusiva e ilegal práctica de algunos órganos administrativos que consiste en negar a los interesados (o a sus representantes) el ejercicio del derecho que les otorga la LBPA a la exhibición directa e inmediata (permanente) de los expedientes administrativos, aduciendo que se debe recurrir al mecanismo de la Ley de Transparencia.

Pero esa conducta era respaldada por una errónea jurisprudencia anterior de la CGR (que ahora queda sin efecto, pues este dictamen reconsidera toda su jurisprudencia anterior en contrario). Dice el reciente dictamen de la CGR que tal denegación a la exhibición constituye una actuación ilegal del órgano administrativo, por dos razones:

1° por ser contraria al derecho específico consagrado en el artículo 17 letra a) de la LBPA, el que ostenta todo interesado de un procedimiento para conocer el contenido de los expedientes administrativos, y

2° por fundamentar esa actuación ilegal en requisitos, condiciones y procedimientos establecidos en la Ley de Transparencia, los que no son aplicables a la simple exhibición al interesado del contenido de un expediente administrativo.

El *factum* habitual es que en los procedimientos administrativos los interesados suelen experimentar trabas innecesarias para el conocimiento y acceso a toda la documentación del expediente. Dichas trabas consisten en que el órgano respectivo, al momento de ser requerido por el interesado o su representante, bien sea presencialmente, bien sea por escrito, y que manifiesta su deseo de acceder al contenido del expediente material, en lugar de dársele acceso inmediato y sin mayor trámite, se le exige que, para poder tener acceso y conocer los antecedentes del proceso, deba realizar la solicitud respectiva a través del mecanismo establecido por la Ley de Transparencia. Dicho mecanismo consiste, en términos sencillos, en que el interesado debe solicitarle al órgano, a través del "Portal de Transparencia pasiva", la exhibición del expediente, a partir de lo cual dicho órgano cuenta con un plazo de veinte días hábiles para resolver la solicitud. Dicho plazo contrasta con la inmediatez y acceso expedito que debe tener el interesado en un procedimiento administrativo, según el texto bien enfático del artículo17 a) LBPA.

Dicha práctica es abiertamente ilegal, no solo por contravenir dicho texto expreso de la LBPA, sino por olvidar una distinción básica en la materia, entre dos tipos de relaciones jurídicas, y dos tipos de derechos subjetivos públicos que de ahí nacen, lo que viene a reconocer ahora la CGR:

i) por una parte, la relación general de transparencia, consagrada en la Constitución y la Ley de Transparencia, de la que emanan un derecho y un deber administrativo, cuyo ejercicio y cumplimento, respectivamente, se realiza a través de los mecanismos de la Ley de Transparencia, consistente en la entrega de esa información usualmente de un modo remoto (en el sitio *web* del órgano) o de un modo *mediato* (veinte días), y
ii) por otra parte, la relación específica de interesado en un procedimiento administrativo, consagrada en la LBPA, de la que emanan un derecho y un deber administrativo, cuyo ejercicio y cumplimento, respectivamente, se realiza a través del mecanismo concreto consagrado en la LBPA, consistente en la exhibición permanente del expediente y entrega *inmediata* de información.

Cabe agregar que la propia LBPA obliga al órgano respectivo a que el procedimiento administrativo *conste* en un expediente (artículo 18 inciso 3° LBPA).

Es relevante destacar que este dictamen es una respuesta concreta de la CGR a un interesado que denunció a un órgano administrativo específico (la Dirección General de Aguas), la que tiene como práctica sistemática imponer a los interesados el uso de los mecanismos de la Ley de Transparencia para conocer el estado de los expedientes. Dicha actuación, además de ilegal (por contradecir de modo flagrante lo dispuesto en los artículos 17 letra a) y 18 inciso 4° de la LBPA, resulta ser del todo arbitraria al imponer el órgano administrativo verdaderas trabas al ejercicio del derecho del interesado y a una eficaz defensa de sus derechos. En efecto, los veinte días hábiles de demora para responder las solicitudes de transparencia pasiva, por la vía de la Ley de Transparencia, se contraponen en el caso de los interesados en un procedimiento administrativo a los principios de economía procedimental, contradictoriedad y no formalización, consagrados en la LBPA, la que contiene enunciados bien enfáticos, y que imponen a la Administración el deber de "evitar trámites dilatorios", permitir la aportación "en cualquier momento" de documentos y que el procedimiento "debe desarrollarse con sencillez y eficacia".

La CGR acogió en todas sus partes dicho reclamo del particular, instando a la autoridad a "adoptar las medidas necesarias a fin de que las personas que tienen la calidad de interesadas en el respectivo procedimiento, en cualquier momento, accedan a los documentos que conforman el correspondiente expediente y obtengan copias de ellos, salvo que concurra una causal legal de reserva que lo impida".

Solo queda ahora entonces la fase de cumplimiento de este dictamen, y de las oportunas denuncias que los interesados deben hacer de actitudes contrarias a su clara doctrina. O de eventuales fiscalizaciones de la propia CGR.

Coda. No obstante, cabe señalar que este mismo dictamen reitera en su primera parte una doctrina anterior, a la que ya me he referido de modo crítico en una columna anterior, a la que me remito[198].

198 Véase ahora en: *supra* § 3, II, "Eficacia del control de legalidad de actos administrativos exentos".

§ 8

NULIDAD, RESPONSABILIDAD Y TRANSPARENCIA

I. VICIOS FORMALES IRRELEVANTES DEL ACTO ADMINISTRATIVO EN LA JURISPRUDENCIA[199]

La Corte Suprema elimina todo exceso de formalismo en materia de nulidad del acto administrativo. En efecto, aplicando los principios de trascendencia del vicio, de conservación del acto y una novísima categoría de derecho administrativo, ha consolidado una línea jurisprudencial que considera válidos aquellos actos cuyos vicios son irrelevantes.

La jurisprudencia de la tercera sala de la Corte Suprema ha venido ofreciendo una atenta diagnosis de formalidades no esenciales y, eliminando todo formalismo excesivo e incorporando principios como la trascendencia del vicio y la conservación del acto, ha venido de modo consistente rechazando la nulidad de actos cuyos vicios son irrelevantes, entendiendo por tales aquellos no esenciales y que no generan perjuicios.

Al inicio de su *iter* jurisprudencial, la Corte Suprema se fundamentaba pura y llanamente en el principio doctrinario de conservación del acto. Luego, incorporó como fundamento el principio de trascendencia, importándolo desde la dogmática procesal, y, en las últimas sentencias, conecta correctamente su decisión con la nueva regla de la "no formalización" contenida en el artículo 13 de la Ley N° 19.880, de 2003, de bases de los procedimientos administrativos (en adelante, LBPA).

En efecto, la LBPA incorporó una nueva categoría jurídica: los vicios irrelevantes de los actos administrativos; esto es, aquellos que, si bien generan actos irregulares o defectuosos, cabe considerarlos válidos por no afectar formalidades esenciales y no generar perjuicios. A raíz de lo anterior, hoy en derecho administrativo cabe distinguir, entonces, entre formalidades esenciales y no esenciales.

A esta novedad se agrega a otra más general: la LBPA ha venido a consagrar de un modo nítido una *summa divisio* de la nulidad administrativa, pues, a partir

199 Publicado como: "Vicios formales irrelevantes del acto administrativo", en *El Mercurio Legal*, 13 de enero de 2016.

de lo dispuesto en los artículos 13 y 53 LBPA, hoy cabe clasificarla en: (i) nulidad de procedimiento o forma (actos contrarios al derecho adjetivo, regulada en el artículo 13 LBPA); y (ii) nulidad sustantiva o material (actos contrarios al derecho sustantivo o material, regulada en los artículos 53 LBPA, 2° Ley N° 18.575 y 7° Constitución). Se acoge así una tradicional división del derecho en adjetivo/sustantivo (o material).

Pero, además, y esto es el impacto mayor, viene a superar la incompleta regulación y clasificación de la nulidad que emanaba del artículo 7° de la Constitución y del artículo 2° de la Ley N° 18.575, de 1986. En efecto, el artículo 7° de la Constitución solo se refería de un modo genérico (encargando a la ley el desarrollo) a los vicios de derecho adjetivo: a la "forma".

La incorporación de la gradación de los vicios en el artículo 13 LBPA obligará a depurar las interpretaciones, con el objetivo de aprender a ponderar las magnitudes, esto es: habrá que distinguir entre lo esencial y lo no esencial, y como eso no lo declara expresamente ley alguna, es el intérprete el que tendrá que ponderar. La consagración de la relevancia o magnitud del vicio como requisito para la anulabilidad formal es muy relevante a efectos prácticos, y la última jurisprudencia de la Corte Suprema ha venido ofreciendo un desarrollo coherente.

Hasta 2003 la nulidad se había construido teóricamente sin realizar distinción alguna entre sus causales, de manera que se entendía, en doctrina y jurisprudencia, de un modo genérico, que cualquier vicio provocaba inevitablemente la nulidad *ipso jure*, insanable, del acto; ello, sin importar su gravedad, extensión o tipo, y sin distinguir si se trataba de la infracción del derecho adjetivo o del derecho sustantivo/material, ciñéndose casi como a un oráculo a los escuetos términos del artículo 7° de la Constitución. En otras palabras, se entendía que la nulidad era una sola; sin dar lugar a gradaciones.

Hoy cabe hablar, entonces, de grados de invalidez, pues no todos los vicios que afecten a un acto producen la misma sanción, o, lisa y llanamente, de acuerdo a la nueva regla del artículo 13 LBPA, no todos los vicios son sancionables con la nulidad. Y eso lo ha captado la jurisprudencia de la Corte Suprema, cuyo recuento nos permite, asimismo, observar los modos de operar de ese Alto Tribunal, en un estilo de *patchwork*, de retazos, mosaicos o fragmentos, que se van agregando paso a paso, hasta llegar a la pieza más completa o consolidada.

En la jurisprudencia de la Corte Suprema, de los años 2013 a 2015, relativa a los vicios irrelevantes, percibo tres pasos:

i) En los casos *Covarrubias con Municipalidad de Quilpué* (2013); *Aguilera con Municipalidad de la Unión* (2013); *Comité de Administración con Municipalidad de Calama* (2013), la Corte Suprema rechaza la nulidad basada únicamente en el principio de conservación, el que, a juicio de la Corte, informa la nulidad de los actos administrativos y exige que el vicio formal sea grave y esencial, y que conculque garantías o derechos constitucionalmente garantizados de los administrados. En estos tres casos, la Corte califica de vicios irrelevantes un yerro en un plano de subdivisión; o la falta de un voto en el conteo de una votación; o los errores en la singularización de un bien raíz. En estas tres sentencias los textos son idénticos y sus redactores los van copiando casi textualmente de sentencias anteriores, sin cita alguna[200].

ii) En el caso *Comité Nacional Pro Defensa de la Flora y Fauna con Fisco* (2014), continúa el *patchwork*; se mantiene como justificación para rechazar la nulidad al principio de conservación, en un texto más resumido, los mismos fundamentos de las tres sentencias anteriores. Sin embargo, se agrega ahora algo novedoso e interesante: el principio de trascendencia, proveniente del derecho procesal con una elegante cita en francés ("*pas de nullité sans grief*")[201].

iii) Pero es a partir del caso *Montoya con Superintendencia del Medio Ambiente* (2014), que se produce la consolidación de la línea jurisprudencial. En esta sentencia la Corte aprovecha todos los desarrollos de las sentencias anteriores, pero citándolas con precisión (esto es, dando publicidad a los precedentes); incorpora una precisa cita de un texto doctrinario de derecho procesal y adopta un lenguaje más propio del derecho administrativo. Así, basa su sentencia, en el artículo 13 inciso 2° LBPA, que cita íntegramente. Para declarar intrascendente un vicio, incorpora el análisis de los dos requisitos de tal disposición legal para concluir que no concurren (su carácter grave o esencial) y, con perspicacia, revisa la falta de un "perjuicio concreto" (en este caso, era invocado como conculcado el derecho de

200 *Covarrubias con Municipalidad de Quilpué* (2013): CS, 10 de enero de 2013 (rol N° 11.216-2011). Tercera Sala: ministros Muñoz, Pierry, Sandoval, abogados Lagos (redactor) y Piedrabuena;
Aguilera con Municipalidad de la Unión (2013): CS, 26 de marzo de 2013 (rol N° 5.815-2011). Tercera Sala: ministros Muñoz, Pierry, Sandoval, abogados Lagos (redactor) y Bates;
Comité de Administración con Municipalidad de Calama (2013): CS, 20 de noviembre de 2013 (rol N° 57-2011). Tercera Sala: ministros Muñoz, Carreño, Pierry (redactor), Sandoval y abogado Prieto.

201 *Comité Nacional Pro Defensa de la Flora y Fauna con Fisco* (2014): CS, 31 de enero de 2014 (rol N° 3.078-2013). Tercera Sala: ministros Carreño, Sandoval, Cerda, Muñoz (redactor) y abogado Pfeffer.

defensa, lo que la Corte desestimó). Es esta una sentencia muy precisa en el tema de vicios irrelevantes, pues sigue, pero depura y completa, el mosaico de sentencias anteriores, resultando ser el más completo ejemplo de este *iter* jurisprudencial. Esta sentencia hito es seguida, con un texto calcado, en el caso más reciente *Beltrán con Fisco* (2015)[202].

202 *Montoya con Superintendencia del Medio Ambiente* (2014): CS, 10 de diciembre de 2014 (rol N° 16.706-2014). Tercera sala: ministros Ballesteros, Fuentes, Pierry, Egnem y Sandoval (redactora); *Beltrán con Fisco* (2015): CS, 16 de noviembre de 2015 (rol N° 29.546-2014). Tercera sala: ministros Sandoval, Egnem, Pierry, abogados Quintanilla (redactor) y Prado.

II. INVALIDACIÓN ADMINISTRATIVA INSTRUIDA POR CONTRALORÍA Y GARANTÍA DEL DEBIDO PROCESO[203]

La Tercera Sala de la Corte Suprema acierta al anular un dictamen (de un Contralor regional) que instruía a una municipalidad a invalidar perentoriamente un acto, dado que ello quebranta tanto la competencia de la Administración activa como el debido proceso que la Constitución asegura a los administrados.

La reciente sentencia de la Tercera Sala de la Corte Suprema (CS), en el caso *Inmobiliaria Punta Piqueros con Contraloría Regional de Valparaíso* (2106, 4 de octubre)[204], enfoca correctamente su análisis únicamente en un tema anidado en el procedimiento administrativo: la invalidación. Además, observa con agudeza aspectos esenciales de esta relevante institución del actual derecho administrativo chileno. No analiza la CS otros aspectos del fondo de este caso, relativos a materias del derecho del medio ambiente, los que son objeto de un litigio paralelo, aún hoy pendiente ante un tribunal ambiental.

Los hechos y el historial de este conflicto son los siguientes:

i) Esta sentencia de 2015 está vinculada a la construcción de un hotel en el borde costero, lo que ya fue motivo de un caso anterior, fallado por la Corte Suprema en 2013 [Comité Pro Defensa del Patrimonio Histórico y Cultural de Viña del Mar con Municipalidad de Concón (2013)[205]], la que en dicha oportunidad acogió un reclamo de ilegalidad municipal y anuló el permiso de edificación por no haberse realizado previamente un estudio

---

203 Publicado como: "La invalidación como potestad de cada órgano administrativo y la garantía del debido proceso", en *El Mercurio Legal*, 11 de octubre de 2016.

204 *Inmobiliaria Punta Piqueros con Contraloría Regional de Valparaíso* (2106): CS, 4 de octubre de 2016 (rol N° 47.610-2016). Tercera Sala: ministros Muñoz (redactor), Sandoval, Aránguiz y Valderrama; abogado integrante: Quintanilla. [protección].

205 *Comité Pro Defensa del Patrimonio Histórico y Cultural de Viña del Mar con Municipalidad de Concón* (2013): CS, 2 de mayo de 2013 (rol N° 3.918-12). Tercera Sala: ministros Pierry, Maggi, Sandoval; abogados integrantes: Piedrabuena y Prado (redactor) [reclamo de ilegalidad; casación].

de impacto ambiental. Si bien el recurso de 2013 invoca fundamentos de fondo (el impacto ambiental por destrucción del ambiente natural y del ecosistema del borde costero), la Corte Suprema lo dirime en esa ocasión mediante un argumento de carácter procedimental: la falta del estudio de impacto ambiental.

ii) El estudio de impacto ambiental se realizó posteriormente y se dictó el acto administrativo aprobatorio respectivo en septiembre de 2014 (resolución de calificación ambiental favorable del Servicio de Evaluación Ambiental de Valparaíso). A raíz de una reclamación, fue objeto de revisión por el Comité de Ministros y su decisión dio origen a un recurso de reclamación ante el Segundo Tribunal Ambiental. Esta arista medioambiental aún pende ante ese tribunal.

iii) Paralelamente, se abrió una arista administrativa ante el municipio, el que en octubre de 2014 (por el solo hecho de haberse dictado la resolución de calificación ambiental y sin esperar el resultado de eventuales recursos) publicó en el Diario Oficial un decreto por el cual "restablece en todos sus términos los efectos del permiso de edificación" (sic, no obstante que el permiso había sido anulado por la sentencia de la CS de 2013). Ese decreto alcaldicio (cuya eventual invalidez no analizo aquí) beneficiaba al interesado directo del procedimiento administrativo de autorización de edificación (la empresa inmobiliaria titular del proyecto). Fue objeto de una solicitud de dictamen ante la Contraloría Regional de Valparaíso, incoada por un tercero: el mismo Comité Pro Defensa del Patrimonio Histórico y Cultural de Viña del Mar, que en 2013 había iniciado acciones en contra del proyecto.

La Contraloría Regional de Valparaíso, por su parte, a sabiendas de que un recurso de reclamación relativo a esta misma causa pendía de conocimiento ante el Segundo Tribunal Ambiental (así lo reconoce en su dictamen), entra al fondo del asunto, interpreta la sentencia de la CS de 2013 y derechamente ordena al municipio que proceda a la inmediata invalidación de ese decreto alcaldicio. Este dictamen del contralor regional fue objeto de recurso de protección por parte del titular del permiso (interesado directo) y dio origen a la sentencia de la CS en el caso Inmobiliaria Punta Piqueros (2016), que comento.

Vale la pena tener presente este relato, dado el desorden que puede percibirse a raíz de las diversas acciones y recursos que los particulares (más o menos, activistas sociales; más o menos, interesados) pueden y suelen iniciar en casos complejos. En este caso se gestaron dos aristas: una ambiental (aún pendiente) y otra administrativa-municipal (por ahora, objeto de esta reciente sentencia de la CS de 2016), aunque todo indica que podrían existir nuevos pronunciamientos.

Pero lo más complejo en esta controversia es que fue la propia Administración la que contribuyó al desorden. El municipio gatilló esta vía paralela sin esperar la ejecutoriedad de la resolución de calificación ambiental, haciendo "revivir" el acto administrativo anulado por la sentencia de la CS de 2013. Tampoco parece adecuada la actitud del órgano contralor regional al contribuir a esa anarquía, pues si hubiese tenido presente lo establecido en el artículo 6° inciso 3° de la Ley N° 10.336, de 1964, Orgánica de la CGR, que le prohíbe intervenir en asuntos "que estén siendo sometidos al conocimiento de los Tribunales de Justicia", habría tenido que suspender la vía administrativa, dada la vía jurisdiccional pendiente. Tal idea se refleja también en el artículo 54 inciso 3° de la Ley N° 19.880, sobre bases de los procedimientos administrativos (LBPA), disposición también dirigida a la Contraloría, como parte que es de la Administración en sentido amplio. El plan legislativo de separar la vía administrativa de la jurisdiccional tiene como evidente fin evitar no solo el "turismo impugnatorio" por parte de quienes suelen ser ajenos al procedimiento administrativo o no tienen intereses directos o habilitación procesal para tanta recursividad; sino que también tiene por fin evitar la invasión administrativa de competencias ajenas (en este caso, de los tribunales de justicia) y la emisión de decisiones paralelas y contradictorias sobre un mismo asunto. Este argumento, curiosamente, no fue analizado por la Corte Suprema (posiblemente, pues el litigio pendiente no era ante un tribunal ordinario, sino ante un tribunal ambiental). La CS siguió otro camino, tanto o más sustancioso que este.

¿CUÁLES SON LOS ACIERTOS DE ESTA SENTENCIA?

La CS, para fallar, observa dos aspectos de derecho objetivo, vinculados con las potestades de los órganos administrativos, y un tercer aspecto, de derecho subjetivo, relativo a la garantía del debido proceso que merecen los administrados. Estas tres materias mayores son ordenadas y delimitadas muy bien en la sentencia:

1° Analiza la regulación de la competencia de los órganos administrativos, esto es, la repartición de ámbitos competenciales entre los diversos órganos; en este caso, entre la administración activa (el municipio) y la administración de control (la Contraloría regional), delimitándola correctamente. Le recuerda a esta Contraloría que la invalidación es una potestad de cada órgano de la Administración activa, y su mérito y conveniencia debe ser decidido privativamente por él; todo ello, revisando minuciosamente la Constitución y las leyes orgánicas de cada uno de los órganos administrativos del caso.

2° Señala con agudeza que el órgano contralor actúa ilegalmente al instruir directa y perentoriamente la anulación de un acto específico, invadiendo con ello una potestad privativa del municipio, como es la discrecionalidad (mérito) para decidir si invalida o no. Lo único que puede disponer en su caso, según dice la CS, es el inicio de un procedimiento invalidatorio, pero no prejuzgar su resultado.

3° Agrega un tercer y esencial aspecto de todo juicio contencioso administrativo que tenga bien puesto ese nombre: el derecho subjetivo comprometido. Ello es la antesala de cualquier juzgamiento administrativo, lo que la Corte no olvida: el derecho subjetivo del administrado, pues en este caso la actuación ilegal de la Contraloría regional no solo ordenaba la invalidación de un acto invadiendo la competencia del órgano administrativo, sino también, al mismo tiempo, con ello quebrantaba la garantía del debido procedimiento del interesado, quien no había sido oído en tal prejuzgamiento. En otras palabras, la Contraloría había decidido, por sí y ante sí, la necesaria invalidación del acto, quedando no solo el órgano administrativo en una condición de mero receptor de una orden, que debía cumplir sin discreción alguna, sino que el interesado directo (el titular del permiso de edificación) veía ya prejuzgada la validez de tal permiso.

Todo lo anterior es correcto solo desde la perspectiva del adecuado procedimiento de invalidación, de las competencias de cada órgano y de la garantía del debido proceso, pero no en cuanto al mérito mismo de la invalidación, sobre lo cual en la sentencia no se formula (tampoco en este comentario) pronunciamiento alguno.

Así, la CS eligió para resolver este caso el camino jurídico de analizar con atención los presupuestos de validez de una invalidación, realizando con ello un evidente aporte al rediseño de esta figura, lo que es especialmente útil por lo extremadamente escueto de su regulación en el artículo 53 LBPA. Los múltiples casos anteriores de la CS relativos a invalidación habían significado avances relativos al cumplimiento literal del artículo 53 LBPA, pero este aporte es más expansivo y sustancial, pues se conecta con elementos jurídicos que van más allá del espacio reducido de la ritualidad de un procedimiento de invalidación.

Es que la invalidación de los actos de la Administración es (en sentido sociológico) un verdadero holón, pues es un engranaje que, si bien anida en el procedimiento administrativo y es parte de él, es, al mismo tiempo, el todo de otras subpartes. En efecto: i) al interior de toda invalidación se perciben subunidades jurídicas (por ejemplo, las fases de su procedimiento específico, varias de las cuales regula el artículo 53 LBPA); pero, ii) al mismo tiempo, la invalidación es también una subparte de unidades jurídicas mayores (como las que percibe la Corte Suprema: la repartición de competencias entre los órganos y las garantías del debido proceso). La contraloría regional solo observó un estrato del fenómeno jurídico (las subunidades menores) y no alzó su mirada a las unidades mayores (lo que sí observó la Corte Suprema).

A la luz de esta decisión de la CS en *Inmobiliaria Punta Piqueros* (2016), vale la pena observar paralelamente cómo la propia Contraloría General de la República (CGR) ha venido últimamente evolucionando en su jurisprudencia, para evitar en esta materia una actitud invasiva de las potestades invalidatorias de los órganos administrativos que ella fiscaliza. Por ejemplo, en sus recientes dictámenes 47.645 de 2016 (caso Superintendencia de Pensiones) y 58.769, de 2016 (caso Dirección de Previsión de Carabineros de Chile), la CGR, invocando la juridicidad objetiva y el resguardo de los derechos de los administrados, como la confianza legítima, ante eventuales ilegalidades en procedimientos ya afinados, solamente ha ordenado a los órganos respectivos a iniciar el procedimiento invalidatorio, sin incoarlos de un modo activista a que declaren perentoriamente tal invalidación. Es observable que evita así invadir la esfera privativa de competencia del órgano respectivo y no se produce un prejuzgamiento de la cuestión. Ello pareciera ir en la misma línea que esta sentencia de la CS pues, en su caso, permite a los interesados directos tener un debido proceso.

III. SOBRE LA RESPONSABILIDAD PATRIMONIAL DE LA ADMINISTRACIÓN[206]

Como frontispicio a este excelente aporte sobre el tema de la responsabilidad patrimonial del Estado administrador cabe destacar, en primer término, los principales aspectos de la materia para, enseguida, ofrecer una somera descripción del presente libro, que sirva de previa lectura.

1. Una responsabilidad administrativa indiscutida. La responsabilidad patrimonial del Estado administrador es un asunto indiscutido tanto legal, doctrinaria como jurisprudencialmente. A partir de lo dispuesto en los artículos 6° y 7° de la Constitución, se afirma claramente la obligación de todos los órganos del Estado y de las personas privadas de someter toda su actividad a lo dispuesto en la misma y las demás normas de ella derivadas, fijándose que, correlativamente, las infracciones y contravenciones a esta obligación generarán las responsabilidades y sanciones que determine la ley.

2. Naturaleza de la responsabilidad patrimonial del Estado administrador. Este aspecto es fuente de discusión doctrinaria y de variaciones jurisprudenciales.

   a) Un sector de la doctrina, a partir del artículo 38 de la Constitución, estima que se encuentra consagrado en nuestro derecho una opción general por un determinado tipo de responsabilidad patrimonial [la objetiva] por parte del Estado, en la medida que no se condiciona el origen de esta a la naturaleza de la actividad estatal ni a ninguna otra consideración adicional que no sea la propia actividad, el daño y la relación de causalidad entre ambas.

      En todo caso, cabe precisar que el artículo 38 en comento, lo que efectivamente constituye es una habilitación general a las personas para accionar

206 Prefacio a: *Responsabilidad patrimonial del Estado administrador chileno*, de Ricardo Sanhueza Acosta (Santiago, LexisNexis, 2005, 335 pp.).

ante los tribunales de justicia, en el caso de cualquier lesión de derechos derivadas de la actividad estatal, sin perjuicio de la responsabilidad personal del funcionario que hubiere causado el daño. Sin embargo, quienes sustentan la tesis de la responsabilidad objetiva del Estado, realizan una interpretación extensiva, dado que suponen en el artículo 38 una norma general de responsabilidad, cuando en realidad lo que pretende es la habilitación del acceso a la jurisdicción civil o administrativa, según sea el caso, de todas las personas.

b) Otro sector de la doctrina, hoy claramente mayoritario, postula la responsabilidad patrimonial del Estado administrador en caso de falta de servicio; tratase de la responsabilidad subjetiva, extracontractual, en la clave usual de derecho civil. Esta posición se basa en diferentes disposiciones de la legislación nacional, además de las contenidas en la Constitución, tales como el artículo 4° de la Ley N° 18.575 Orgánica Constitucional de Bases Generales de la Administración del Estado; el artículo 42 de la misma ley, que dispone una regulación específica en esta materia, aplicable a los órganos de la Administración central del Estado y sus instituciones derivadas.

3. La ineludible falta de servicio. Finalmente, es importante señalar que la "falta de servicio" es el elemento determinante de la responsabilidad patrimonial de la Administración estatal, similar en esto al sistema francés y al civil extracontractual. En la práctica implica que no basta acreditar la actividad de la administración estatal, el daño y la relación de causalidad, sino que es necesario probar además la antijuridicidad de la primera, manifestada en el incumplimiento total o parcial de los deberes jurídicos que el ordenamiento jurídico impone a la Administración: en toda hipótesis, la falta de servicio.

Esta es una discusión académica abierta y con claro reflejo en la activa jurisprudencia sobre la materia, y a esta discusión se viene a incorporar este libro.

4. El libro de Ricardo Sanhueza Acosta. Contiene este texto unas bases para una Teoría General de la Responsabilidad Patrimonial del Estado Administrador, y constituye un trabajo original, acucioso y completo.

El libro aborda la responsabilidad del Estado administrador desde la perspectiva de la doctrina y de la jurisprudencia (en un período de veintidós años comprendido entre los años 1980 y 2002).

Está estructurado en tres partes, seguidas de anexos donde se contienen elementos gráficos y una muy completa revisión y análisis de la jurisprudencia pertinente, para terminar con la bibliografía consultada. En su parte introductoria se explican los motivos que inspiraron al autor para abordar esta investigación y su configuración general. Luego, bajo el título de "Responsabilidad. Conceptos y tipos", el autor se refiere a aspectos generales sobre el concepto tradicional de responsabilidad y de su clasificación, con el objeto de establecer las bases sobre las cuales se desarrolla el trabajo. También, se refiere al derecho extranjero y a la responsabilidad patrimonial del Estado.

El autor dedica la Primera parte a lo que titula "La responsabilidad patrimonial extracontractual en el derecho nacional", comenzando por el análisis de los elementos básicos que configuran normativamente el instituto responsabilidad patrimonial extracontractual en el Derecho privado, y lo que sucede en los casos sobre responsabilidad de la Administración del Estado.

La Segunda parte es dividida por el autor en cuatro capítulos. En el capítulo segundo ofrece unas "Bases para una Teoría General de la Responsabilidad Patrimonial Extracontractual del Estado administrador chileno", desarrollando los aspectos discutidos del tema. Además, estudia y analiza la Constitución, los textos legales pertinentes y los aportes de la doctrina científica nacional y comparada. En el capítulo tercero el autor desarrolla de manera interesante y fructífera los "Deslindes entre las instituciones limitación de derechos, expropiación y responsabilidad patrimonial de la Administración", estableciendo las diferencias que existen entre cada una de ellas. En el capítulo cuarto, se refiere a "La responsabilidad patrimonial extracontractual del Estado administrador chileno", en el que aborda la descripción de este sistema de responsabilidad.

Resaltamos, en este punto, la idea sostenida por el autor en el cuerpo de su trabajo, y luego reiterada en las conclusiones, en el sentido de que la responsabilidad patrimonial de la Administración surge solo si se prueba su falta de servicio. En fin, el capítulo quinto constituye un examen en profundidad de la abundante jurisprudencia, que posteriormente se analiza en forma sistemática y coherente en uno de los anexos de la investigación. En efecto, el libro contiene una sección de "Anexos" donde se observa un encomiable esfuerzo por incluir una exhaustiva compilación, bajo la forma de fichas, de la jurisprudencia existente en la materia. Además, contiene un catálogo bibliográfico exhaustivo.

5. Es una obra seria, completa y oportuna. Resulta positiva la motivación del autor en realizar un trabajo de tesis, hoy publicado como libro en la Casa Editorial LexisNexis sobre un tema de relevancia respecto del cual, como hemos descrito más arriba, existen diferentes posturas doctrinarias, pudiendo esto desmotivar a cualquier autor que no desee navegar en mares encrespados.

El autor ha logrado con su tema algo que parecía difícil, como es la originalidad. Porque la materia escogida para la investigación ha sido objeto de tantas monografías recientes que era muy fácil que la investigación terminara siendo un trabajo reiterativo o una mera compilación. Si ello no ha ocurrido se debe, en gran medida, a la capacidad del autor por identificar un punto de vista novedoso para tratar un tema tantas veces visitado.

El autor distingue claramente instituciones distintas que, al parecer, tienden a confundirse para posteriormente adoptar la posición según la cual solo hay responsabilidad de la Administración ante la falta de servicio, posición que sustenta en los artículos 1° incisos 4°, 6° y 7°, artículo 19 números veinte y veinticuatro, y artículo 38 inciso 2° de la Carta Fundamental, contraponiéndose a la tesis que sustenta la responsabilidad de carácter objetiva.

El trabajo, en cuanto se enfoca hacia el análisis de la responsabilidad del Estado administrador, es un desarrollo profundo de los aspectos discutidos de este instituto, en especial, el estatuto jurídico aplicable y su naturaleza jurídica.

El autor en este libro, para sustentar la explicación y defensa de sus planteamientos, se funda principalmente en sus ideas, apoyada en criterios y aportes doctrinales. Sin embargo, lo hace sin obviar la revisión de abundante jurisprudencia, a la cual destina un completo Anexo de su investigación, esforzándose por darle sistematicidad y coherencia, lo que será un gran aporte a la disciplina.

En suma, se trata este libro de un excelente trabajo, en el cual es digno de destacar la abundante doctrina empleada, que ha sido adecuadamente citada y aprovechada. También se recurre a una completa revisión de la jurisprudencia. Es un trabajo concebido, investigado, desarrollado y concluido con planificación, rigor, exhaustividad y con conclusiones coherentemente formuladas. En este sentido, estamos ante un aporte valioso para un debate todavía en curso.

IV. TRANSPARENCIA Y SECRETO: DOBLE DICOTOMÍA DE ESTÁNDARES Y DERECHOS PÚBLICOS SUBJETIVOS[207]

INTRODUCCIÓN

Ofrezco un breve análisis de la Ley N° 20.285, de 2008, *sobre acceso a la información pública*, desde una doble perspectiva: desde la metodología o Teoría del Derecho, para observar las técnicas jurídicas que cabe poner en acción para su mejor comprensión y aplicación, y desde la dogmática para analizar las instituciones reguladas por esta nueva normativa y ofrecer una primera interpretación de las nuevas reglas.

1. DOBLE DICOTOMÍA DE ESTÁNDARES Y DERECHOS PÚBLICOS SUBJETIVOS: TRANSPARENCIA Y SECRETO

Existen en nuestro derecho, desde antes de esta ley y relacionados con la intimidad:

i) por una parte, un estándar de respeto a la privacidad o intimidad de las personas, regla de la cual es posible desprender principios, derivándose de ella limitaciones a la acción de la Administración y derechos de los administrados;

ii) por otra parte, un derecho público subjetivo a la reserva o secreto de algunos aspectos o datos de la intimidad de las personas.

---

207 Publicado, como: "Transparencia, secreto, acceso a la información y datos personales: doble dicotomía de estándares y derechos públicos subjetivos", en: *Transparencia en la Administración pública* (Raúl Letelier Wartenberg y Enrique Rajevic Mosler, coordinadores) (Santiago, Abeledo Perrot, 2010), pp. 191-207 [transcripción parcial].

Ahora, con la nueva Ley N° 20.285, se produce:

i) por una parte, la incorporación de un nuevo estándar en nuestro derecho: la transparencia de la actividad Administrativa y, del mismo modo que en el caso anterior, de la regla y estándar de la transparencia es posible desprender principios y se derivan limitaciones a la acción de la Administración y derechos de los administrados;

ii) por otra parte, un derecho público subjetivo al acceso a la información.

a) Dos estándares enfrentados. Entonces, son dos las categorías jurídicas puestas en contraposición en el tema del acceso a la información, las que forman *una primera dicotomía de estándares*:

i) por una parte, la *transparencia*, y,

ii) por otra parte, el *secreto* o *reserva*.

Se trata de dos categorías en torno a las cuales se estructura el régimen de acceso a la información. De ahí que sea necesario abordar su naturaleza, a fin de develar la verdadera relación –conexión– existente entre las mismas, de cara a configurar de forma correcta los contornos del régimen de trasparencia, en tanto que elemento (regla, estándar y principio,) fundamental del Estado de derecho.

b) Dos derechos públicos subjetivos enfrentados. De la lectura de la mera literalidad normativa (pero, a la vez, como un reflejo de tales reglas y estándares), parece clara la existencia de dos derechos públicos subjetivos, que se presentan como una *segunda dicotomía*:

i) por una parte, el derecho al acceso a la información, verdadero derecho público subjetivo de los ciudadanos, el cual forma parte de la *libertad de información* que reconoce y resguarda el artículo 19 N° 12 CPR[208], y que se consagra más específicamente ahora por el artículo 10 de la Ley N° 20.285[209], y,

ii) por otra parte, el derecho a la privacidad o intimidad, el cual aparece, al menos desde la perspectiva de los administrados, como un derecho público subjetivo, derivado de la garantía constitucional del artículo 19 N° 5 CPR que resguarda *las comunicaciones y documentos privados*.

---

208 Como lo ha destacado el Tribunal Constitucional en sentencias roles N°s 226, de 1995, y 634, de 2006.

209 El trabajo de Allesch y Ovando (2005) ofrece una buena muestra de las dificultades anteriores a esta ley para lograr la transparencia y acceso a la documentación administrativa.

c) Colisión de estándares y derechos públicos subjetivos. Ahora bien, según lo expuesto, tanto el acceso a la información como la privacidad son derechos consagrados como reglas en la CPR o en la Ley, lo cual, desde la perspectiva de Teoría del Derecho, nos posiciona ante los criterios hermenéuticos de las normas, en tanto que obligan a interpretar tales normas y a ponderar principios (y estos están conectados con los estándares ya enunciados).

Lo anterior es relevante, además, pues la transparencia está vinculada con potestades (del Consejo para la Transparencia, por ejemplo) y de deberes para la Administración, y con dos poderosos derechos públicos subjetivos de los ciudadanos: el acceso a la información, por un lado, y el secreto o reserva, por otro.

Estas consideraciones ponen de manifiesto una posible colisión de derechos, en la cual, *a priori*, podría intentar plantearse que es la transparencia la regla valórica mayor (artículo 8° CP), por ser la última consagrada, o por cualquier otro argumento o uso de técnicas normativas de integración, derivándose así entonces la privacidad o intimidad como la excepción. Pero podría intentar plantearse lo contrario, dado que esta última (al menos formalmente) es una garantía constitucional y el derecho al acceso está consagrado en la Ley.

Desde la consideración de ambas instituciones como una *regla* (la transparencia) y una excepción (el secreto), o viceversa, es posible obtener importantes efectos hermenéuticos.

Todo lo expuesto requiere aclaraciones, a fin de poder integrar las lagunas legales existentes y preparar al juez para efectuar la calificación jurídica en cada caso.

d) Calificación jurídica de la transparencia y del secreto. Un análisis como el que se ofrece, dando herramientas para revisar el modo en que se enfrentan ambas situaciones, tiene relevancia práctica de frente a uno de los instrumentos esenciales del pensamiento y de la práctica jurídica: la labor de calificación jurídica que realizan los juristas en sus obras de clasificación y caracterización y que, además, deberá realizar el juez en cada caso concreto.

En el caso de la transparencia y secreto, la Administración realiza una labor de precalificación y, luego, un órgano autónomo, el Consejo para la Transparencia, califica con efecto vinculante.

La calificación jurídica consiste en tomar el hecho bruto (una situación real o un acto) y hacerlo entrar en una categoría jurídica y a partir de ahí derivar efectos jurídicos[210]. Por ejemplo, calificar una situación de secreta o de transparente.

210 Véase, al respecto, el trabajo específico para el derecho administrativo de Vautrot-Schwarz (2009), especialmente pp. 351 y sigs., relativos a los efectos prácticos de la calificación.

Es así, pues en este caso cabe enfrentar dos dicotomías: dos estándares, con toda una masa de principios y reglas, y los subsiguientes dos derechos públicos subjetivos paralelos, con idéntica masa de principios y reglas. En cada caso, y por el conflicto previsible entre transparencia y secreto, entre derecho al acceso a la información y derecho a la reserva o intimidad (que constata y regula el artículo 21 de la Ley N° 20.285), será necesaria una mayor delicadeza en las labores de *calificación* (o sea, en la identificación en un hecho específico de los elementos constitutivos de la transparencia o el secreto) y en los *conflictos de calificación* (en que las diferentes regulaciones parecieran calificar de manera diferente el hecho objeto de calificación), de donde se podrán derivar acciones de *recalificación* (en que los órganos revisores, por ejemplo, otorgan a un acto su exacta calificación, sin importar la denominación que los interesados hayan propuesto) o, en fin, de *descalificación* (pérdida de una calificación, por exclusión, siendo en verdad una especie de recalificación).

Los análisis relacionales de instituciones no son ociosos, sino que, muy por el contrario, traen consecuencias relevantes. De partida, los textos cabe *interpretarlos* (buscando sus lagunas), los principios cabe *ponderarlos* (donde no hay lagunas, ni se suceden derogaciones).

Un aporte a estas labores de calificación está en la posibilidad de distinguir categorías jurídicas. Es por eso que ofrecemos un intento por identificar los estándares y derechos relacionados con la transparencia y el secreto.

e) Terminología. Aun cuando son temas de Teoría del Derecho, con amplia literatura y, en cierta medida, básicos en el lenguaje de los juristas, para evitar cualquier confusión, aclaro el uso de los significantes regla, estándar y principios:

i) Entiendo aquí por *regla* toda norma jurídicamente obligatoria, fruto de la actividad y potestad del Estado/regulador.

ii) Entiendo aquí por *estándar*, aquellas directrices que proponen un objetivo que ha de ser alcanzado, generalmente algún rasgo económico, político o social de la comunidad[211].

iii) Entiendo por *principio* o *principio general del derecho* (según aclaro *infra* II, 1) aquel producto de la labor de jueces y juristas, superador de los vacíos o lagunas legales, y que es una exigencia de la justicia, la equidad o alguna otra dimensión de la moralidad[212].

---

211 En el sentido de Dworkin (1977), p. 72.

212 En el sentido de Dworkin (1977), en otro párrafo de p. 72.

2. TRANSPARENCIA, ACCESO A LA INFORMACIÓN Y SECRETO

Cabe distinguir los casos en que estamos en presencia de un estándar, como es el caso de la transparencia, y de unos derechos públicos subjetivos, como en el caso del derecho al acceso y del derecho a la intimidad.

a) *El estándar de la "transparencia"*. En una primera aproximación lingüística a la materia en análisis, cabe plantearse ¿qué es la transparencia? De acuerdo al Diccionario de la Real Academia Española (23ª ed.), transparencia es la cualidad de transparente, lo que, en sus acepciones 3 y 4, se define como "que se deja adivinar o vislumbrar sin declararse o manifestarse", y "claro, evidente, que se comprende sin duda ni ambigüedad", respectivamente.

b) Principio democrático y control de la Administración. Refiérese así, por tanto, la transparencia a una cualidad consistente en la posibilidad de penetrar o ingresar en el sustrato de algo, permitiéndose con ello tomar conocimiento indubitado de ese algo. En virtud de lo señalado es que la transparencia se vincula estrechamente con dos principios fundamentales del Estado de derecho, a saber: (a) el principio democrático[213], y, (b) el principio del control jurídico de la Administración[214], permitiendo la *concreción* de estos principios desde una perspectiva activa y otra pasiva.

i) Desde el prisma activo, el principio democrático se ve concretado en tanto que se potencia la participación de los ciudadanos, es decir, de los administrados, en la labor de administrar, acercando esta a aquéllos, sus verdaderos y únicos destinatarios. Sigue así la senda esbozada por anteriores normas administrativas, como la Ley N° 19.300, de Bases del Medio Ambiente, o más tímidamente, por la Ley N° 19.880, de 2003, de Bases de los Procedimientos Administrativos (artículo 39).

ii) Por la otra, desde una perspectiva pasiva, ya que permite la defensa eficaz de los administrados ante las actuaciones administrativas que puedan incidir en su posición jurídica, la cual podrá ser más eficaz en la medida que se cuente con todos los antecedentes que fundaron la actuación de la Administración.

---

213 Véase Bobbio (1986), pp. 67-68; Fernández Ramos (1997), pp. 311-325; Bermúdez Soto y Mirosevic Verdugo (2008) *passim*.

214 Véase Bobbio (1986), pp. 67-68; Álvarez Rico y Álvarez Rico (1994), p. 475; Bermúdez Soto y Mirosevic Verdugo (2008) *passim*. Igualmente, en derecho comparado de Iberoamérica, ver los trabajos contenidos en: Basterra y Espinoza (2009).

c) La aparente polivalencia jurídica de la transparencia. Pese a que en el lenguaje común la transparencia no representa especiales problemas de comprensión[215], su conceptualización jurídica sí conlleva mayores grados de dificultad. En efecto, diversas dudas caben respecto a la naturaleza jurídica de la "transparencia", y la doctrina ha dado cuenta de ello[216]. Así:

i) ¿se trata de un *mandato normativo/una regla*, como lo dicen el artículo 8 inciso 2° CPR, el artículo 13 inciso 3° de la Ley N° 18.575 y el artículo 16 inciso 2° de la Ley N° 19.880?[217]. A este mandato el legislador le llama *"principio"*, como lo dice el artículo 1° y lo desarrolla el inciso 2° del artículo 4° de la Ley 20.285[218].

ii) ¿se trata de un *deber administrativo*, como parece desprenderse de los artículos 3° y 4° inciso 1° de la Ley N° 20.285?[219].

iii) ¿se trata de un derecho de los administrados (es decir, de un *derecho público subjetivo)*, como lo dice el artículo 10 de la Ley N° 20.285?

iv) ¿se trata de un "interés" jurídicamente protegido?[220]

v) ¿es un medio o un fin, un valor, que se haya gatillado por o haya desencadenado un *"principio general del derecho"*, que deberán constatar jueces y juristas?[221]

Nosotros, por ahora, hemos preferido calificarlo de *estándar*, acogiéndonos a una terminología que identifica a los objetivos o directrices apreciados por la sociedad, que eleva su calidad de vida, su participación democrática y que, a la

215 Sobre la precomprensión como puerta de entrada al proceso hermenéutico, véase Larenz (2001), pp. 192-203; Betti (2009), pp. 3-23; Gizbert-Studnicki (1995).

216 Véase García y Contreras (2009), pp. 140-143, en las que consta cómo el derecho de acceso ha sido conceptualizado como una mera consecuencia del principio de transparencia constitucional; como un derecho implícito; como un derecho fundamental adscrito a los artículos 5°, 8° y 19 N°s 12 y 14 de la CP; como un principio, y como un derecho prestacional.

217 Al disponer "son públicos...". Cabe recordar en este punto que ni la CPR ni la ley señalan de forma clara que se trate de un derecho público subjetivo o de una obligación/deber/potestad.

218 Véase *infra* II, 1, en que nos referimos al extendido uso de la terminología *"principio"* por el legislador.

219 Aunque señala que el deber es cumplir el "principio"/regla de la transparencia y no el mandato.

220 El "interés", individual o colectivo, distinguiéndolo del derecho, es acogido, entre nosotros, en el artículo 21 N° 3 de la Ley N° 19.880, de 2003.

221 Véase *infra* II, 1, lo que decimos sobre la expresión "principios" que el legislador frecuentemente intenta capturar.

vez, son antesala de relevantes derechos públicos subjetivos. Pues de tal estándar de transparencia, de manera indudable, se deriva el derecho al acceso a la información que reconoce el artículo 10 Ley N° 20.285. Pero en especial se trasluce su carácter de estándar en la figura denominada *"transparencia activa"* (artículos 7° y siguientes).

3. EL ACCESO A LA INFORMACIÓN COMO DERECHO PÚBLICO SUBJETIVO

Entonces, si decimos que la transparencia, como *estándar* consagrado por el legislador (y, también, como un principio que puedan identificar jueces y juristas), es la antesala de un derecho público subjetivo, ofrecemos un breve desarrollo de esta categoría jurídica.

a) La doctrina de los derechos públicos subjetivos. Esta teorización fue expuesta por Jellinek en una célebre monografía[222]. Luego fue retomada por él mismo en su texto más general de Teoría del Estado[223], al cual le prestó atención de manera inmediata la doctrina italiana (Orlando y Santi Romano). Esta doctrina, ya depurada de su raíz positivista y de la consideración inicial del "Estado" como persona jurídica, hoy suscita nuevamente el interés de la doctrina[224], por la manera en que es posible situarla en los *"espacios de libertad"* que el ciudadano busca de frente al Estado/regulador y, en especial, de frente al Estado/Administración, que aquí nos interesa en especial.

Jellinek propuso esta teoría de los derechos públicos subjetivos como una consecuencia de su Teoría de los Estados. Sostiene que, por razón de su pertenencia al Estado, el individuo se encuentra inmerso en una pluralidad de "estados". Desde nuestra realidad jurídica administrativa actual, la teoría indicada se traduce en que cada vez que hay una relación entre una persona y la Administración, que sujeta a un administrado con una potestad pública, esta es regulada por el derecho

222 Véase su *System der subjektiven öffentlichen Rechte* (2ª ed., Tubinga, 1905), 366 pp.

223 Véase su *Allgemeine Staatslehre*, 2ª ed. 1911, 3ra. ed. de 1914 (Bad Homburg 1960), pp. 418 y sigs. Véase en la ed. castellana (2000), pp. 386 y sigs.

224 Véase en la doctrina alemana más actual, especialmente el acogimiento de Alexy (2002), pp. 247-266, no obstante de la acusación de falta de coherencia de Pauly (2001), pp. 293-312. En especial, es remarcable el interés que hoy suscita en medio de la doctrina francesa; véase.: Foulquier (2003), p. 179 y sigs., y Rambaud (2005), pp. 723-124.

administrativo. Así, las relaciones que pueden surgir posicionan al ciudadano en alguno de los siguientes *status*:

i) *Status activo*. Es el *status* de la ciudadanía, referido al derecho de elegir a los representantes políticos, al derecho a voto.

ii) *Status pasivo*. Es aquel que deja a todas las personas en la obligación de obedecer todos los mandatos y prohibiciones entregadas por el Estado regulador. Implica que se está sujeto a la Constitución, a las leyes (artículo 6° CP) y a la Administración.

iii) *Status negativo*. Es el *status* de la libertad. Es negativo porque no hay mandatos ni prohibiciones. Los particulares pueden decidir cómo actuar, es la esfera de la autonomía de la voluntad; de la espontaneidad de los particulares. Solo en ciertos casos la Administración puede entrometerse en los actos entre privados sujetos al derecho privado.

iv) *Status positivo*. El *status civitatis* o positivo es esencial para comprender la posición del administrado de frente a la Administración. No es una situación simplemente pasiva, al tener que aceptar el administrado un mandato o una prohibición, sino que lo coloca en una situación de exigencia de frente a la Administración. Se refiere, entonces, a que el particular está en posición de exigir al Estado o Administración una pretensión positiva, a que puede obtener algo. Es, podemos decir, *la capacidad jurídicamente protegida para perseguir prestaciones positivas de parte del Estado*. Y esta capacidad es, sustantivamente, un poder, un derecho. De ahí que este es el *status* más importante para el derecho administrativo.

b) Los derechos públicos subjetivos en el derecho administrativo chileno. En derecho administrativo interesa de un modo especial, concretamente, el *status* positivo, o sea, la especial posición del particular de acuerdo a la cual puede exigir derechos y deberes (prestaciones) positivos al Estado/Administración. Por lo tanto, en buena parte la tarea del derecho administrativo consiste en descubrir mediante qué mecanismos establecidos en el orden interno (en la ley) el particular puede exigir prestaciones.

El *status* positivo define hasta dónde pueden llegar las pretensiones de los particulares ante la Administración. A partir de este *status* se generan habilitaciones procesales. Es importante distinguir de quién depende que esa prestación se otorgue, pues la Administración no siempre es totalmente discrecional para ello, precisamente pues existen elementos objetivos y subjetivos para lograr esta vinculación:

i) La ley que establece la regulación respectiva, es el elemento objetivo; y,

ii) La posición positiva (de *status civitatis*) es el elemento subjetivo. En otras palabras, es la presencia de lo que llamamos derechos subjetivos del administrado o *derechos públicos subjetivos*. En este *status* positivo se debe respetar el derecho a hacer la solicitud y que se sigan los trámites debidos para finalmente otorgar el derecho.

Esta es, entonces, la explicación teórica de la posición de las personas como administrados. De ella surge que está basada en elementos objetivos (la ley) y subjetivos (su *status* de frente a la Administración). Es decir, esta posición activa del administrado se construye sobre el reconocimiento de derechos que puede exigir el administrado a la Administración en determinadas situaciones jurídicas: son los *derechos subjetivos perfectos*, pues la norma los reconoce y consagra específicamente.

c) El derecho al acceso a la información como derecho público subjetivo. El problema y discusión más importante es que muchos de estos derechos no están específicamente reconocidos, es decir, no existe un catálogo de derechos del administrados o, muchas veces, estos están expresados de manera muy amplia o general. Por ejemplo: *"La administración del Estado está al servicio de la persona humana"* (artículo 3° LGBAE) o *"los órganos de la Administración deberán cumplir sus cometidos coordinadamente"* (artículo 5° LGBAE). Son derechos que, por estar configurados de esta manera tan especial, son de difícil apreciación o delineación y a la vez de difícil impugnación respecto del acto o hecho que los vulnere. Lo que trae consigo una reducción o limitación del ámbito de petición de los particulares, a las acciones de nulidad frente a específicos y típicos actos administrativos y a las acciones de responsabilidad.

No obstante, el artículo 17 de la Ley N° 19.880, de 2003, ha venido a cambiar la tónica en derecho administrativo, y ha establecido con alguna mayor precisión los derechos del administrado al interior del procedimiento administrativo.

Del mismo modo, la Ley N° 20.285, de 2008, ha venido a precisar el derecho al acceso a la información, definiéndolo y asignándolo a *"toda persona"* (artículo 10) y ha establecido de un modo muy detallado todos sus contornos (a través del artículo 11)[225].

225 A las características y modo de ejercicio les llama "principios", lo que critico *infra* II, 1.

En efecto, la transparencia aparece así configurada, primero, como un estándar y, enseguida, como una situación a partir de la cual se configura el derecho al acceso a la información pública como un verdadero *derecho público subjetivo* de carácter general, el cual, en tanto tal, otorga un haz de facultades a su titular, y en contraposición, opone una serie de deberes a la Administración[226].

4. EL SECRETO O RESERVA COMO EXCEPCIÓN A LA TRANSPARENCIA

Como se apuntó previamente, el tema de la transparencia se vincula estrechamente con el *secreto* o *reserva*, en tanto que este aparece configurado como una excepción a aquella.

a) La configuración del derecho público subjetivo a la reserva. La diferencia entre secreto y reserva aparece configurada desde la perspectiva del motivo por el cuál la información respectiva entró en el ámbito de conocimiento de un "*extraneus*"[227], pero los efectos de la reserva y el secreto son idénticos (el deber de no divulgación). De ahí que aquí les demos un trato unitario a ambas.

Tanto lo secreto como lo reservado se vinculan directamente con lo íntimo y, por tanto, con la vida privada[228], la cual goza de protección constitucional (artículo 19 N°5 CP). Desde la perspectiva de la Teoría de los Estados y, por tanto, en relación a los administrados, este derecho a la vida privada aparece integrando

---

226 También, en este sentido, Bermúdez Soto y Mirosevic Verdugo (2008).

227 En efecto, a este respecto se sostiene que: "El secreto, incluso en su origen etimológico, implica callar algo que, por oficio, se conoce. La reserva, en cambio, supone guardar para sí algo que no es conocido por nadie ajeno al sujeto. No solo es lo que no interesa a los demás, sino lo que no interesa que interese a los demás". Véase Desantes (1992), pp. 272. De acuerdo al artículo 7° del derogado Decreto Supremo N° 26, de 2001, Reglamento de Secreto y Reserva de los Actos y Documentos de la Administración del Estado, mientras el *secreto* implicaba que el acto o documento en cuestión solo podía ser conocido por su destinatario y por quien o quienes habían intervenido en su elaboración, la *reserva* implicaba que el acto podía ser conocido en el ámbito de la unidad u órgano al que el acto o documento había sido remitido. Sin embargo, para el Diccionario de la Real Academia de la Lengua (23ª ed.), secreto y reserva aparecen como sinónimos, al definirse el secreto como "cosa que cuidadosamente se tiene *reservada* y oculta".

228 En la historia de la CPR (Actas, Sesión N° 129) consta la idea de que, mientras la vida privada (la privacidad) tiene un radio de acción que es determinante de la exclusión de cualquier injerencia externa, la intimidad se ubica al interior de dicho radio: se trata, por tanto, este último de un concepto más específico. En este sentido, Véase Desantes (1992), pp. 270.

el *status negativo*, es decir, el ámbito de la libertad, en el cual prima la autonomía de la voluntad, y que, en tanto tal, queda excluido de la esfera de actuación de la Administración[229].

Lo íntimo de cada persona es todo aquello que los demás no pueden invadir "ni siquiera con una toma de conocimiento"[230]. Así, es perfectamente admisible, en el plano jurídico, afirmar: los demás no tienen derecho a conocer ni violar la intimidad y si alguna persona toma conocimiento de una intimidad, surge entonces para ella el *deber de secreto*; secreto que es protegido no solo porque forma parte de la intimidad, sino porque ciertas revelaciones de lo íntimo resultan absolutamente necesarias en la vida en sociedad. Se ha llegado a considerar que, sin esa protección del secreto, "las personas habrían de ser tan cautelosas, tan excesiva y rigurosamente celosas de su personalidad, que la vida social resultaría una exigencia insoportable"[231].

El concepto de secreto, en definitiva, supone el conocimiento de algo íntimo de otra persona, pero que no es posible comunicar a terceros, ya que eso supondría una violación a su intimidad. En definitiva, sería íntimo lo que no es lícito entrar a conocer por los demás, y secreto aquello que, siendo conocido, no es lícito comunicar a los demás.

Esta constatación de una esfera de lo íntimo origina una antigua controversia doctrinal acerca de la existencia –dentro del marco del ordenamiento jurídico– de una situación jurídica subjetiva, calificada como *derecho a la intimidad o a la privacidad*, lo que ha tenido gran desarrollo, sobre todo, en las doctrinas italiana y norteamericana[232].

Pero estos derechos son existentes y cada cual percibe de sí mismo una esfera íntima. Junto con estar consagrada la existencia del concepto de derechos subjetivos –concebidos como las facultades, las prerrogativas que se reconocen a todas las personas por el derecho positivo, y de los cuales se goza bajo la protección de los poderes públicos–, se ha considerado como tales a ciertos derechos de la personalidad, los que adquieren tal especificidad cuando tienen por objeto reconocer atributos de la persona humana.

---

229 Pareciera que es este el sentido de Cea Egaña (2003), p. 173, quien califica al derecho a la intimidad consagrado en la CPR, sin mayor desarrollo o análisis, como un "atributo público subjetivo" (?), significante extraño y de difícil categorización jurídica.

230 Véase Iglesias Cubría (1970), p. 21.

231 Véase Iglesias Cubría (1970), p. 23.

232 Respecto a la doctrina italiana, véanse los antecedentes que proporciona Di Amato (1979), p. 120 y sigs., con amplia cita bibliográfica. Respecto de Norteamérica, véase, en español, Díaz Molina (1963).

Estos derechos de la personalidad, que se los ha llegado a considerar sagrados[233], han ido aumentando a medida que transcurren los años y se perfeccionan las instituciones jurídicas, ante la complejidad y cambios de la vida moderna. Es así como hoy en día el derecho a la intimidad es incluido por prácticamente toda la doctrina en el cuadro de estos derechos de la personalidad, emplazamiento desconocido para algunos juristas del siglo pasado.

Este derecho a la intimidad "importa el deber de los extraños a respetar el ámbito netamente privado del individuo, absteniéndose de dar a la publicidad las actividades propias y puramente personales del sujeto y que él mismo desea no se divulguen"[234], o, como bien ha dicho el Tribunal Supremo español, en sentencia de 8 de marzo de 1974, "intimidad personal es el derecho a mantener intacta, desconocida, incontaminada e inviolada la zona íntima, familiar o recoleta del hombre, es, según la terminología que se prefiere, un derecho a la personalidad, un derecho innato, individual o un derecho humano".

La doctrina italiana que reconoce la existencia incondicionada del *diritto a la riservatezza*, lo refiere a "aquel modo de ser de la persona, el cual consiste en la exclusión del conocimiento ajeno de cuanto se refiere a la persona misma"[235]. En Norteamérica –según la teoría del *right of privacy*–, se dice que la "vida en sociedad ha creado nuevas formas de convivencia que constituyen una invasión al derecho de los individuos a gozar de la soledad, del aislamiento y a vivir la vida que cada uno aspira a vivir dentro de los moldes normales de la sociedad moderna"[236].

Contrariamente a lo afirmado por alguna doctrina –en cuanto a que deben dejarse fuera de los derechos de la personalidad aquellos que tengan vocación patrimonial–[237], la doctrina moderna, aun buscando apoyo en las antiguas, afirma que el aspecto económico o patrimonial forma parte de la intimidad de las personas que resguardan los derechos de la personalidad. Así, no hay reparo alguno en incluir dentro de la intimidad de los ciudadanos todas las noticias o hechos respecto de su patrimonio, como dato puesto en conocimiento de la Administración, intimidad económica o patrimonial que esta no puede dar a conocer a terceros.

---

233 Véase Josserand (1964), p. 109.

234 Véase Alessandri Rodríguez y Somarriva Undurraga (1971), p. 288.

235 En la experiencia italiana, la idea de un *diritto alla riservatezza*, mirado como situación jurídica subjetiva, tiene una especial relevancia. Cf. un importante trabajo de Ferri (1982) y, antes, el texto ya clásico de De Cupis (1942).

236 Véase Díaz Molina (1963), p. 169.

237 Véase Domínguez Águila y Domínguez Benavente (1968), p. 35.

En tal sentido, un buen ejemplo de la protección de la reserva es el derecho que surge en torno a la figura del secreto bancario[238] y, en general, el derecho a mantener reserva o secreto de los datos personales, según está consagrado en el artículo 13 y demás pertinentes de la Ley N° 19.628, de 1999, sobre Protección de la Vida Privada.

Y, ahora, un buen ejemplo es el derecho a la reserva o secreto que, entre otras hipótesis, se transforma en una "denegación" (artículo 21 Ley N° 20.285) del derecho al acceso a la información. Esto es, en una excepción. O, en términos de método jurídico (véase *supra*, Introducción, 3) en un *conflicto de calificación.*

b) Causales de reserva o secreto: conflictos de calificación. De acuerdo a las hipótesis de excepción al acceso a la información ("causales de secreto o reserva", como las llama el artículo 21 Ley N° 20.285), cabe distinguir, pues no siempre se trata del enfrentamiento de dos derechos públicos subjetivos, pues ello solo ocurrirá en los casos en que sea identificable un "sujeto" titular de un derecho al secreto o reserva. Así:

i) Si es la Administración la que invoca una causal de secreto o reserva (en virtud de las causales del artículo 21 N°s 1, 3, 4 y 5; y artículo 22 de la Ley N° 20.285), en realidad, cabe *calificar* dicha situación como un estrechamiento o delimitación más precisa del estándar de la transparencia. No hay aquí enfrentamiento alguno entre los dos derechos públicos subjetivos que hemos señalado. El enfrentamiento es entre el titular de uno de esos derechos públicos subjetivos (el derecho al acceso a la información) con los contornos de ese estándar que llamamos transparencia.
ii) Si es una "persona", un particular, ya sea directamente o a través de la misma Administración, la que invoca una causal de secreto o reserva (en virtud de la causal del artículo 21 N° 2 de la Ley N° 20.285, en relación con el artículo 20 de la misma ley), aquí sí que existe un enfrentamiento de dos derechos públicos subjetivos, que cabe abordar de acuerdo al esquema analítico señalado antes.

En este último caso, intervienen tres sujetos: la Administración, como receptora de la información, un particular que invoca su derecho al acceso y otro particular que invoca su derecho a la reserva o al secreto.

238 Véase Nuestro Vergara (1990).

Como ha quedado expuesto, un análisis más detenido de la bipolaridad transparencia/secreto o reserva de la vida privada, pone de manifiesto que en la misma subyace una relación entre *reglas jurídicas* que, concretamente, configuran y delimitan derechos públicos subjetivos.

c) Distinguiendo el estándar de la transparencia de los derechos públicos subjetivos asociados. Desde el prisma de análisis que hemos venido siguiendo, el *derecho a la privacidad* forma parte del status *libertatis* (derecho de libertad), es decir, del *status* negativo descrito *supra*, lo cual trae como consecuencia el derecho de los administrados de mantener en su fuero interno aquellas cuestiones que no se desea sean conocidas por "*extraneus*", derecho el cual, por cierto, se explicita en la legislación de transparencia, como excepción. Como contrapunto, existe el estándar de la transparencia (del que se deriva el *derecho al acceso a la información*), el cual integra el *status civitatis* de los ciudadanos, y, en tanto tal, permite exigir a la Administración publicitar todos los actos y documentos a que aluden la CPR y la Ley N° 20.285, encontrando como única excepción, al secreto o reserva.

Tales consideraciones hacen notar las dificultades hermenéuticas que se pueden derivar de los eventuales conflictos de calificación entre el estándar de transparencia y los derechos asociados, ya como regla (el derecho al acceso) ya sea como excepción (la reserva o secreto).

Bibliografía

Alessandri Rodríguez, Arturo y Somarriva Undurraga, Manuel (1971): *Curso de Derecho Civil. Parte General* (Santiago de Chile, Ed. Nascimento).

Alexy, Robert (2000): "On the Structure of Legal Principles", en *Ratio Juris*, Vol. 13, N° 3, pp. 294-304.

—(2002): *Teoría de los derechos fundamentales* (Madrid, Centro de Estudios Políticos y Constitucionales), 607 pp. [es la traducción de su *Theorie der grundrechte*, Suhrkamp-Verlag 1986].

Allesch Peñailillo, Johann y Obando Camino, Iván (2005): "Aproximación dogmática y jurisprudencial a los prinicipios de transparencia y publicidad de los actos e información administrativa", en: *Revista de Derecho* (PUCV, vol. XXVI), pp. 31-88.

Álvarez Rico, Manuel, y Álvarez Rico, Isabel (1994): "Derecho de acceso a los archivos y registros administrativos en la nueva ley de régimen jurídico de las administraciones públicas y del procedimiento administrativo común", en *Revista de Administración Pública*, N° 135, pp. 473-493.

Atienza, Manuel y Ruiz Manero, Juan (1996): *Las piezas del Derecho. Teoría de los enunciados jurídicos* (Ariel Derecho, España), 207 pp.

Bermúdez Soto, Jorge, y Mirosevic Verdugo, Camilo (2008): "El acceso a la información pública como base para el control social y la protección del patrimonio público", en *Revista de Derecho de la Pontificia Universidad Católica de Valparaíso*, Vol. XXXI, pp. 439-468.

Betti, Emilio (2009 [1955]): *La interpretación jurídica. Páginas escogidas* (compilación y traducción de Alejandro Vergara Blanco, prólogo de Giuliano Crifò, Santiago, LexisNexis), 217 pp.

Bobbio, Norberto (1986): *El futuro de la democracia* (Fondo de Cultura Económica, México), 138 pp.

Cea Egaña, José Luis (2003): *Derecho Constitucional Chileno, Tomo II, Derechos, Deberes y Garantías* (Ediciones Universidad Católica de Chile, Chile), 733 pp.

De Cupis, A. (1942): *Il Diritto della Personalitá* (Giuffré, Italia).

Desantes, José María (1992): "El derecho fundamental a la intimidad", en *Estudios Públicos*: N° 46, pp. 267-288.

Di Amato, Astolfo (1979): *Il segreto bancario* (Padua, Ed. Scientifiche Italiana).

Díaz Molina, Iván (1963): "El derecho de Privacy", en *Boletín de la Facultad de Derecho y Ciencias Sociales de la Universidad Nacional de Córdoba*, Vol. XXVII, l-2-3; pp. 69 y ss.

Domínguez Águila, Ramón y Domínguez Benavente, Ramón (1968): "Las servidumbres a que obliga la grandeza. La esfera de la intimidad y las personalidades públicas", en *Revista de Derecho*, Concepción, XXXVI, 144.

Dworkin, Ronald (1977): *Taking Rights Seriously* (Harvard University Press, USA), 371 pp.

Espinoza y Basterra (2009): *El derecho al acceso a la información pública en iberoamérica* (Arequipa, Editorial Adrus), 306 pp.

Fernández Ramos, Severiano (1997): *El Derecho de Acceso a los Documentos Administrativos* (Marcial Pons, España), 629 pp.

Ferri, Giovanni (1982): "Persona e Privacy", en: *Rivista del Diritto Commerciale e del Diritto Generale delle Obligazioni*, LXXX, l-2/34, pp. 75-121.

Foulquier, Norbert (2003): *Les droits publics subjectif des administrés. Émergence d'un concept en droit administratif français du XIXe. au XXe. siècle* (Paris, Dalloz), 805 pp.

Gizbert-Studnicki, Tomasz (1995): "El concepto de precomprensión en la hermenéutica jurídica", en *Revista Chilena de Derecho*, Vol. 22, N° 1, pp. 7-22.

Iglesias Cubria, M. (1970): *El derecho a la intimidad* (Oviedo, Universidad de Oviedo).

Jellinek, Georg (1964 [1905]): *System der subjektiven öffentlichen Rechte* (2ª ed., Tubinga, 1905) 366 pp. [he tenido a la vista edición de Scienta Verlag AAlen y la traducción italiana: *Sistema dei diritti pubblici subbietivi* (Milán, Societá editrice libraria, 1912), 402 pp.]

—(2000 [1911]): *Teoría General del Estado* (México, Fondo de Cultura Económica) 687 pp. [traducc. de la 2da. ed. alemana, de 1911 de la *Allgemeine Staatslehre]*

Josserand, Luis (1964): *Derecho Civil* (trad. esp., Buenos Aires, Ed. Jurídicas Europa-América, Bosch y Cía. Editores).

Larenz, Karl (2001 [1979]): *Methodenlehre der Rechtswissenschaft* (4ª. ed., Berlín, 1979), traducción: *Metodología de la ciencia del Derecho* (Madrid, Ariel), 536 pp.

Moderne, Franck (2005): *Principios Generales del Derecho Público* (Compilación y Traducción de Alejandro Vergara Blanco, Editorial Jurídica de Chile, Chile), 301 pp.

Pauly, Walter (2001): "Le droit public subjectif dans la doctrine des status de Georg Jellinek", en: *Figures de l'État de droit* (dir. Olivier Jouanjan, Presses Universitaires de Strasbourg), pp. 293-312.

Prieto Sanchís, Luis (2008): *Apuntes de Teoría del Derecho*, 3ª ed. (Trotta, España), 331 pp.

Rambaud, Thierry (2005): "Actualité de la pensée constitutionnelle de Georg Jellinek (1851-1911)", en: *Revue du droit public* (N° 3), pp. 707-732.

Vautrot-Schwarz (2009): *La qualification juridique en droit administratif* (Paris, LGDJ, Bibliothéque de droit public, Tomo 263), 685 pp.

Vergara Blanco, Alejandro (1990): *El secreto bancario. Sobre su fundamento, legislación y jurisprudencia* (Santiago, Editorial Jurídica de Chile), 226 pp.

V. FRACASO DE LA LEY DE PROCEDIMIENTOS ADMINISTRATIVOS EN TRANSPARENCIA Y SILENCIO[239]

La Ley que establece las Bases de los Procedimientos Administrativos que rigen los actos de los órganos de la Administración del Estado (en adelante, LBPA), de 2003, era una antigua aspiración y necesidad. Es la primera ley de procedimiento administrativo chilena. Solo existían en nuestro país escuetas disposiciones constitucionales y legales aisladas, pero se carecía de un cuerpo sistemático. El principal objetivo del proyecto de ley era bastante acotado: la regulación de los plazos en el procedimiento y del silencio, con el fin de agilizar las tramitaciones que los particulares realizan ante los órganos de la Administración. Pero ese modesto proyecto de ley se transformó en la actual LBPA.

La LBPA contiene cinco capítulos, que se estructuran así: (i) "Disposiciones generales", en que fija conceptos y principios que inspiran al procedimiento administrativo; (ii) "El Procedimiento Administrativo" establece quiénes intervienen en él, las reglas relativas a los plazos y el procedimiento mismo; (iii) "De la publicidad y ejecutividad de los actos administrativos", establece la obligación de publicar todo acto administrativo en el Diario Oficial y su irretroactividad por regla general; (iv) "Revisión de los actos administrativos", consagra distintos recursos en sede administrativa; y, en fin, (v) "Disposiciones Finales", en que se establece la técnica del silencio administrativo, positivo y negativo.

Esta ley ha sido un gran aporte para la cultura del derecho administrativo y para la mejor resolución de conflictos administrativos, sobre la cual hay bastante evidencia doctrinaria y jurisprudencial.

---

239 Texto de una ponencia presentada en: III Congreso Internacional y VI Jornadas de Administración y Justicia de la Ciudad Autónoma de Buenos Aires: "Procedimientos y litigios complejos" de 7, 8 y 9 de noviembre de 2016, organizado por el Ministerio Público Fiscal de la Ciudad de Buenos Aires y la Maestría en Derecho Administrativo y Administración Pública de la Facultad de Derecho de la Universidad de Buenos Aires. Publicado en las Actas con el título: "Eficacia normativa y fracaso en transparencia y silencio administrativo en una Ley de procedimiento administrativo. El caso de Chile".

En este ensayo muestro, brevemente, las técnicas de eficacia incorporadas (la derogación y la supletoriedad) y dos aspectos en los que se observa un fracaso parcial de la LBPA, como lo es la transparencia (la que debe ser objeto de otra ley y de otra institucionalidad) y el "silencio" como remedio a las demoras.

1. EFICACIA NORMATIVA: DEROGACIÓN TÁCITA Y SUPLETORIEDAD

Para la conexión de la LBPA con la legislación sectorial son necesarias dos técnicas de eficacia normativa: la derogación tácita y la supletoriedad. La LBPA las contiene en su artículo 1°.

a) Derogación y supletoriedad: técnicas normativas que dan eficacia a la LBPA. La LBPA que "establece bases de los procedimientos administrativos que rigen los actos de los órganos de la Administración del Estado", junto con establecer las "bases" del procedimiento administrativo, consagra la aplicación supletoria de sus normas respecto de "procedimientos administrativos especiales" establecidos en normas preexistentes. De estas dos técnicas depende la aplicación más o menos generalizada de los nuevos estándares y garantías que, en materia de procedimiento administrativo, establece a favor de los administrados la nueva LBPA. Así, por una parte, las bases, estándares y principios establecidos y que surgen, en su caso, de la nueva LBPA, tienen la eficacia de derogar tácitamente todas las leyes preexistentes que sean contradictorias o incoherentes con tales bases, estándares y principios; por otra parte, la técnica de la supletoriedad, contenida en el artículo 1° LBPA, tiene la eficacia de rellenar las lagunas de las leyes preexistentes que regulan procedimientos especiales.

b) Desde las nuevas "bases" a la derogación tácita. En la LBPA se ha utilizado la técnica de la derogación, en este caso tácita; y la derogación tácita se produce respecto de todas las leyes preexistentes en aquellas partes en que tales leyes contradicen los nuevos estándares "básicos" o "principios" a los que todo procedimiento administrativo, a partir de ahora, "estará sometido" (como dice el artículo 4° LBPA).

De este modo, si la LBPA establece las "bases" regulatorias de todo procedimiento administrativo, cabe entender que, a partir de 2003, toda regulación que contradiga estas bases ha quedado derogada tácitamente. Así, en ningún caso podrá considerarse válida una regulación de algún aspecto de la forma de los actos administrativos, esto es, del procedimiento administrativo, que sea derechamente contradictoria a los principios de certeza, seguridad y justicia que ahora se establecen por la LBPA. Por ejemplo, un procedimiento administrativo especial que prescinda de toda notificación efectiva debe entenderse derogado tácitamente, pues quebranta los principios de publicidad y defensa, propios de un procedimiento racional y justo.

El efecto derogatorio de una ley de bases surge, entonces, de esta premisa: la nueva regulación "básica", opera al mismo tiempo como un mínimo y como un máximo legal. A partir de la dictación y plena vigencia de la LBPA, todas las leyes preexistentes que no cumplen en sus regulaciones los estándares de certeza, seguridad y justicia fijados en la nueva LBPA deben entenderse derogadas tácitamente y, dado el vacío que a raíz de tal derogación se produce, en seguida tales leyes necesitan de la aplicación supletoria de la LBPA para rellenar sus lagunas así producidas.

c) De la inexistencia de procedimientos especiales (existencia de lagunas normativas) a la supletoriedad. En la LBPA, la técnica de la supletoriedad permite la integración normativa, evitando la existencia de lagunas en materia de procedimiento administrativo. La supletoriedad es una técnica normativa dirigida a permitir la aplicación generalizada de la nueva regulación del procedimiento administrativo en todas aquellas situaciones en que no existan procedimientos administrativos "especiales" (véase artículo 1° LBPA). Así, la nueva LBPA "completa" todas aquellas leyes preexistentes que regulen de manera "incompleta" un procedimiento administrativo especial, con su nueva normativa general o común sobre procedimiento administrativo. Es una cláusula real y propiamente supletoria la que contiene el artículo 1° inciso 1° LBPA. En este caso, la captura regulatoria, por la vía de la supletoriedad, no va dirigida hacia normas de otros sectores normativos que resultasen, por ejemplo, ser "especiales/autónomos" de frente al también "especial/autónomo" del procedimiento administrativo (como los actos de otros órganos del Estado, distintos a los enumerados en el artículo 2° LBPA, o los actos de organismos privados), pues ello produciría resultados hermenéuticos incoherentes.

d) La eficacia de la LBPA. Estas dos técnicas normativas (derogación tácita y supletoriedad) son las que se articulan para la aplicación eficaz de todas las nuevas bases, estándares y principios que establece y regula la nueva LBPA. Y estas dos técnicas operan, así, de doble modo: 1°) con eficacia de derogación tácita de toda regulación preexistente sobre procedimiento administrativo que pugne con las bases y principios que establece la nueva LBPA; y, 2°) con eficacia de relleno de lagunas de todas aquellas regulaciones preexistentes que no contengan normas "especiales" relativas a procedimiento administrativo. Lo mismo se aplica en el caso en que, conteniendo normas especiales, estas hayan perdido eficacia por la derogación tácita, produciéndose así una laguna sobrevenida.

2. LA TRANSPARENCIA DEBE SER OBJETO DE ARREGLOS INSTITUCIONALES MÁS ESTRUCTURALES

a) Insuficiencia de la sola LBPA en materia de transparencia. Uno de los aspectos en que esta LBPA ha sido insuficiente es el relativo a la transparencia como estándar o principio. La transparencia implica, según las reglas establecidas en la LBPA (véase artículo 16 LBPA, que ha sido necesario modificar), que se debe permitir y promover el conocimiento, contenidos y fundamentos de las decisiones que se adopten en él. La formulación inicial de la ley era, simplemente, el establecimiento de un "principio" declarando la transparencia y publicidad, sin mecanismos eficientes para lograrlo. La escueta e insuficiente formulación legislativa de 2003 fue complementada en 2005 (mediante una modificación constitucional) y en 2008 (mediante la creación de un Consejo para la transparencia).

b) Modificación de la CPR para incorporar la transparencia con un nivel normativo jerárquicamente superior. En virtud de una reforma constitucional, del año 2005, el artículo 8° inciso 2° Constitución Política dispone que: "Son públicos los actos y resoluciones de los órganos del Estado, así como sus fundamentos y los procedimientos que utilicen. Sin embargo, solo una ley de *quorum* calificado podrá establecer la reserva o secreto de aquellos o de estos, cuando la publicidad afectare el debido cumplimiento de las funciones de dichos órganos, los derechos de las personas, la seguridad de la Nación o el interés nacional". De esta manera, a nivel constitucional la regla general queda constituida por la publicidad de los actos administrativos, sus fundamentos y los procedimientos administrativos.

La excepción (secreto o reserva), por su parte, solo puede establecerse mediante ley de *quorum* calificado, y por los motivos fundados que la propia Constitución Política señala: afectación del debido cumplimiento de las funciones de los órganos, los derechos de las personas, y la seguridad e interés nacional.

c) Dictación de una ley especial, con mecanismos más eficaces. Es la Ley N° 20.285, de Transparencia de la Función Pública y de Acceso a la Información de la Administración del Estado, que "regula el principio de transparencia de la función pública, el derecho de acceso a la información de los órganos de la Administración del Estado, los procedimientos para el ejercicio del derecho y para su amparo, y las excepciones a la publicidad de la información" (artículo 1° Ley N° 20.285).

Además, se crea un Consejo para la Transparencia, corporación autónoma de derecho público, con personalidad jurídica y patrimonio propios, y que "tiene por objeto promover la transparencia de la función pública, fiscalizar el cumplimiento de las normas sobre transparencia y publicidad de la información de los órganos de la Administración del Estado, y garantizar el derecho de acceso a la información" (artículo 32 Ley N° 20.285). Este último órgano, cuya naturaleza es también jurisdiccional, es el que ha permitido arribar a un mejor estándar de transparencia.

3. EL FRACASO DEL SILENCIO ADMINISTRATIVO

Hay silencio administrativo cuando una autoridad administrativa no resuelve expresamente una petición, reclamación o recurso interpuesto por un particular.

a) Dos tipos de silencio. Existen dos tipos de silencio: *i) Silencio positivo.* Tiene por fin presumir la decisión omitida, otorgándole, de manera ficta, los mismos efectos que si hubiese sido dictada. Está regulado en el artículo 64 LBPA. Supone este silencio una ficción legal, en virtud de la cual se entiende tácitamente concedida la solicitud, en virtud de no producirse la expresión de voluntad de la Administración dentro del plazo legal. *ii) Silencio negativo.* Es una omisión que habilita la revisión judicial. Está regulado en el artículo 65 LBPA.

b) El fracaso del silencio administrativo positivo en Chile. Probablemente la mayor relevancia de la LBPA podría haberse dado en este ámbito del silencio positivo: en efecto, es difícil exagerar la "revolución" que habría implicado su éxito. Sin embargo, la LBPA no ha tenido los resultados prácticos esperados. Varios son los factores que probablemente han contribuido a la dificultad (en verdad, fracaso) de la aplicación práctica de los efectos del silencio positivo:

i) *El necesario ejercicio de potestades discrecionales para definir el contenido concreto y específico de actos administrativos complejos.* El necesario aporte de la Administración, mediante sus potestades discrecionales, al contenido regularmente complejo, del acto administrativo terminal; contenido preciso que pocas veces queda predeterminado con la mera solicitud del administrado, pues regularmente el contenido preciso del acto terminal se va configurando con el transcurso de las distintas actuaciones del administrado y la Administración, durante la tramitación del procedimiento administrativo. Son muy pocos los procedimientos administrativos con una predeterminación perfecta como para hacer viable el efecto del silencio positivo. Así, especialmente relevante es el ámbito de las potestades discrecionales de la Administración en este tema. En efecto, es difícil tematizar o conceptualizar la manera en que podría hacerse operativa esta institución del silencio administrativo dentro de la técnica de las potestades discrecionales, de las cuales es dotado el órgano administrativo para delimitar y definir el contenido exacto de actos administrativos complejos.

ii) *El caso de las solicitudes contra legem.* Finalmente, cabe mencionar el problema de la validez o nulidad que podría sobrevenirse al aplicar la ficción de silencio positivo, a peticiones *contra legem*. ¿Qué ocurre si la solicitud que dio lugar al procedimiento administrativo presentaba problemas de validez? ¿Debe dicho procedimiento dar lugar a una resolución administrativa? Se trata de cuestiones relevantes y de difícil solución y que tal vez contribuyan a explicar, en parte, el fracaso de esta institución en el derecho chileno, pues todos estos problemas han paralizado a los operadores jurídicos en relación a esta figura.

c) ¿Qué hacer ante el fracaso del silencio administrativo? Entonces, el desafío pareciera ser, en estos casos, atacar las dilaciones de la Administración mediante otras técnicas, distintas al silencio positivo. El problema a resolver es otro: *es la omisión administrativa*, por dilación; o mora de la administración, como se la denomina en otros órdenes normativos, la que debe ser enfrentada mediante técnicas de responsabilidad administrativa directa a los agentes de la Administración o mediante multas a la Administración.

§ 9

BIENES DE USO PÚBLICO Y COMUNES

I. LA *SUMMA DIVISIO* DE LOS BIENES EN PÚBLICOS Y PRIVADOS[240]

Ofrezco un esquema sobre la regulación básica de las cosas ante el derecho chileno; del modo en que se han clasificado las cosas, ya sea que las consideremos como bienes (desde la perspectiva del derecho civil) o como recursos naturales o de uso común (desde la perspectiva de las especialidades respectivas: aguas, minas, calles, plazas, por ejemplo), y la estructura de su dominio. A partir de este esquema podremos comprender, ante la Constitución, las posibilidades de adquisición del dominio, o de derechos reales, respecto de ellas, y el papel que le corresponde tanto al Estado (como regulador/legislador o como administrador) como a los particulares (ya sea las personas naturales como a las personas jurídicas privadas o públicas que, en este caso, han de actuar como tales: es el caso del Fisco, los gobiernos regionales y las municipalidades, y otras personas jurídicas de derecho público, con estatutos especiales).

Hoy la propiedad, en su acepción constitucional, es más bien una garantía: la titularidad protegida. Es una supra institución y su relación con la expresión "dominio" no siempre es de sinonimia.

Si nos centramos en la propiedad raíz, y observamos su estatuto histórico-jurídico, veremos que este ha tenido una evolución marcada por dos grandes sistemas opuestos: por una parte, lo que se ha llamado la "propiedad simultánea", que habría regido en los derechos europeos desde el siglo X hasta fines del siglo XVIII y, por otra, la "propiedad exclusiva", impuesta a partir de la Revolución Francesa, utilizando para ello elementos (más o menos renovados o deformados) del derecho romano. No podemos olvidar que la raíz de la codificación civil chilena (en donde se reguló por vez primera de modo sistemático la propiedad de

240 Este trabajo es una versión resumida de una conferencia ofrecida el 8 de abril de 2003, en el Alma Mater Studiorum, Universidad de Bolonia, Italia. La versión castellana que aquí se ofrece fue publicada bajo el título: "La liberalización económica de los bienes y recursos naturales en Chile (a partir de 1980)", en: *La Semana Jurídica*, N° 131, semana del 12 al 18 de mayo de 2003, pp. 5-6.

las cosas y bienes) descansa en la francesa, llevada adelante en ese modelo de lo exclusivo; de ese modo, se extendió a todo el territorio nacional el estatuto de la propiedad. Si bien el Código Civil estableció una regulación básica, la propiedad ha ido siendo reconfigurada de distintos modos, dada su constitucionalización, que devino más intensa a partir de 1967, regulaciones constitucionales que no solo consagraron la usual inviolabilidad, sino que vinieron a alterar su estatuto íntegro.

1. LA *SUMMA DIVISIO*: PUBLICATIO/APROPRIATIO

Pero la realidad es más amplia y, junto a esos bienes tradicionalmente resguardados por la titularidad propietaria, descubrimos otros recursos (a), los cuales originan una dualidad en el derecho general de los bienes, que podemos llamar *publicatio/apropriatio* (b), en que las titularidades estatales y posibilidades de acceso de particulares han recibido un rediseño a partir de la Constitución de 1980 (c).

a. Bienes, recursos naturales y de uso público. No solo son reguladas por las legislaciones aquellas cosas susceptibles de propiedad, sino también aquellas otras que quedan fuera de su alcance, como las cosas que llamamos "recursos naturales" (aguas, minas) y aquellas otras abiertas al uso público (calles, plazas), todas las cuales tienen una importante interrelación.

A partir de la delimitación indicada, quedan fuera de este análisis el contenido de la propiedad civil, su inviolabilidad u otros análisis relativos al papel de la misma como titularidad de otros derechos (que llamo en trabajos anteriores la "propietarización de los derechos"), por la vía de considerarlos bienes incorporales. Solo me centraré en ofrecer el esquema indicado y alguna referencia a la jurisprudencia del Tribunal Constitucional.

b. La bipolaridad publicatio/apropriatio. Los bienes, el dominio y su adquisición es un tema que, a primera vista, pareciera que solo cabe analizar desde la perspectiva del derecho civil; pero resulta que solo aquellos que son susceptibles de propiedad son regulados por esa parcela del derecho. El sector jurídico de la realidad que abarca el derecho civil en relación a las cosas es aquel que llamo de la "*apropriatio*"; el que se distingue de su bipolaridad, de su contrario: la "*publicatio*".

La disciplina que, entre otros aspectos, estudia y sistematiza las relaciones de los particulares con las cosas es el derecho civil, el que siempre ha visto reducido su análisis a aquellos bienes que han quedado situados por el ordenamiento jurídico en el gran sector de los bienes "apropiables", esto es, susceptibles de apropiación, de hacerlos propios; susceptibles, en definitiva, de propiedad. Y tal propiedad puede ser adquirida por los modos normales que disciplina el derecho civil para las relaciones *inter privatos:* transferencias (compraventas), prescripción, previa ocupación o posesión más un plazo. Así, los particulares libremente van transfiriendo los bienes de propietario (re)conocido; o los particulares van, en su caso, ocupando, poseyendo y prescribiendo aquellos otros de propietario (des) conocido (o que se le desea desconocer su titularidad). Ese es el gran sector de los bienes que podemos llamar de la *"apropriatio"*, o sea, de todos aquellos bienes que el régimen jurídico permite a los particulares apropiar(se): ya sea directamente (a través de un título histórico que hoy ha devenido legitimo por su inscripción registral incluso) o traslativamente (a través de la transferencia o adquisición a quien ostentaba previamente la titularidad respectiva). Y este sector de la *apropriatio* es el sector de las cosas regulado por el derecho civil.

De frente, y como una bipolaridad, esto es, contraponiendo naturaleza jurídica, principios e instituciones cardinales, podemos situar el sector de los bienes que han sido publificados, esto es, el sector de la *"publicatia"*; en el que han quedado relegadas las demás cosas no susceptibles de ser apropiadas por los particulares: es un sector jurídico en el que se sitúan las cosas y bienes publificados, que no son susceptibles de propiedad. Usualmente son recursos naturales y bienes abiertos al uso público, de especial significación social. La doctrina y las legislaciones a estos últimos bienes les llaman de diversos modos: dominio público, bienes públicos o (como es el caso chileno desde el Código Civil de 1857) bienes nacionales de uso público. Pero, en todo caso, todos percibimos la existencia de esta dualidad de regímenes, en especial de estos bienes o cosas publificadas. A estos bienes publificados se les suele asignar características de la propiedad, previos algunos "retoques": así, se dice, por ejemplo, que constituirían unas "propiedades especiales". O bien se predica de tales cosas, para distinguirlas por oposición, de la propiedad, su: *in*-alienabilidad, su *in*-embargabilidad, o su *im*-prescriptibilidad.

Esta bipolaridad está incorporada a nuestro derecho desde inicios del siglo XIX, pero hoy a partir de la Constitución de 1980 ha adquirido una nueva estructuración, en especial en cuanto a la regulación estatal y a las posibilidades de que tal ente pueda ostentar titularidades especiales.

c. Reserva de bienes públicos y acceso al dominio de los bienes. Estos dos ámbitos jurídicos que llamo *apropriatio* y *publicatio,* en cuanto a su contenido, deben ser establecidos por las leyes, de acuerdo a un mandato constitucional hoy existente. En palabras breves, veremos que, de acuerdo al actual texto de la Constitución (artículo 19 N° 23), podemos decir que "todas las personas" tienen garantizado que el legislador no impedirá la adquisición de "toda clase" de bienes o cosas, salvo que, en casos calificados, hayan sido declaradas *res communis omnium* o *res publicae* (esto es, en este segundo caso, pertenezcan a la nación toda). Así, se ha establecido por la Constitución una "reserva nacional" de cosas o bienes; una efectiva posibilidad de que el legislador (actuando con un quórum calificado) pueda reservar ciertas categorías de bienes (o, masas de bienes) a la "nación toda", esto es, establecer bienes públicos. Al mismo tiempo, se ha dejado en esa misma condición de reserva o inapropiabilidad privada a los bienes que la naturaleza ha hecho comunes a todos los hombres.

Con el objetivo de identificar claramente el ámbito de esa garantía, desarrollaré el contenido de esta *summa divisio establecida en la Constitución.*

2. LA *SUMMA DIVISIO* DE LOS BIENES EN EL DERECHO CHILENO

Esta *summa divisio* está incorporada en una disposición constitucional que limita el régimen legal a que pueden ser sometidas las cosas o los bienes (es la novedosa disposición del artículo 19 N° 23), que modifica y reconfigura el ordenamiento jurídico chileno a este respecto.

A partir de los términos de la Constitución se precisa una antigua clasificación, describiendo ahora el texto constitucional las posibilidades de acceso de los particulares al dominio de los bienes y, de paso, dejando claramente eliminadas las posibilidades de que el Estado pueda llegar a ostentar un papel de titular de los bienes no privados. Así, según veremos (dejando de lado los bienes comunes a todos los hombres), las cosas en Chile, hoy: o son públicas (nunca estatales, a raíz de la clara contraposición Estado/Nación que articula la Constitución en esta materia) o son privadas.

A la dualidad pública/privado (*publicatio/apropria*tio), que hemos reseñado antes (y que es la que tiene una real operatividad práctica), la Constitución ha antepuesto la *res communis omnium;* por lo que la *summa divisio* de las cosas que resulta de la CPR es la siguiente: bienes comunes a todos los hombres (A), públicos (B) y, en fin, privados (C). Desarrollaré algunas ideas básicas sobre el estatuto jurídico de cada una de estas clases de bienes.

A. Los bienes comunes a todos los hombres. Usualmente se considera en tal categoría al aire (no el espacio geográfico) y la alta mar (y la estratósfera). El régimen de estos bienes es de la no apropiabilidad. Son los llamados bienes "libres". Su régimen jurídico consiste precisamente en su no-regulación.

B. Los bienes públicos o nacionales. En una situación claramente definida han quedado los bienes públicos o nacionales de uso público o "que deban pertenecer a la nación toda", concepto cercano a "pueblo", en quien reside la soberanía, lo cual los aleja de cualquier titularidad estatal. Por lo tanto, estos bienes que deban pertenecer a la "nación toda" no corresponden ni pertenecen al Estado, ni a alguno de sus órganos. Debe recordarse que el Estado es un concepto al que la propia Constitución le da expresamente un contenido diferente a "nación"; aclaración esta que podrá parecer trivial, pero que en el habla común suele confundirse o teñirse de confusiones, lo que hace al tema algo ambiguo. Así, se suele decir que existirían bienes "nacionales del Estado", como si decir que un bien "es" de la nación fuese lo mismo que decir que un bien "es" del Estado.

Son bienes públicos los que la legislación denomina *"bienes nacionales de uso público"*, como las *"calles, plazas, puentes y caminos"*, o las aguas; o los álveos o lechos de ríos o lagos, el mar adyacente, entre otros.

Algunos rasgos del régimen de estos bienes:

a) *abiertos al uso público.* Por ejemplo, la Constitución, al referirse a *"plazas, calles y demás lugares de uso público"* está remarcando no solo su condición de bienes abiertos al "uso público", sino, además, al mismo tiempo, que este uso "público" implica falta de apropiación, de dominio.

b) *Régimen de excepción.* De acuerdo a la Constitución (artículo 19 N° 23 inciso 1°), los bienes que deban pertenecer a la Nación toda (en los casos en que "la ley lo declare así": esto es, quede afecta toda una clase o categoría de bienes a tal *publicatio*) no pueden ser adquiridos en dominio por las personas (naturales o jurídicas, de derecho privado o público); ley que debe ser de *quorum* calificado (inciso 2°), y solo respecto de "algunos" bienes, pues la regla general para "toda clase de bienes" es la libertad de adquirir, como fluye de esta disposición constitucional. Por lo tanto, este referido a los bienes nacionales o públicos es un régimen de "excepción" para "algunos bienes", y la regla general es la libertad para adquirir "toda clase de bienes", Por lo tanto, cada vez que las leyes deseen declarar como nacionales de uso público o públicos toda una clase, toda una categoría de bienes, tendrán que hacerlo mediante una ley de *quorum* calificado.

   Y esta inapropiabilidad o impedimento general para adquirir rige no solo para todo tipo de personas, naturales o jurídicas (particulares) y otras personas de derecho público (como el Estado/fisco, los Gobiernos regionales y las municipalidades, que actúan en materia de bienes igual que los "particulares"), sino que también para el propio Estado, en ese sentido genérico que los anteriores textos constitucionales lo han entendido. Por lo que, a partir de la vigencia de la Constitución de 1980, el Estado no es una "entidad" habilitada para ser titular, en bloque, de bienes o categorías de bienes de alto interés social; solo quedarán para la "nación toda", al uso "del público".

Y, en este caso, la única excepción válida es la contenida en la propia Constitución (lo que prueba la regla), en el caso de las minas. En efecto, la Constitución (artículo 19 n° 23 inciso 1° *in fine*) "reconoce" que existe una clase de bienes que si bien, en estricto rigor, siguiendo la sistemática global de la Constitución, debieron haber sido considerados como pertenecientes a la "nación toda", ella misma quiebra esta clasificación y declara a las minas como de "dominio" del Estado (artículo 19 N° 24 inciso 6°) ¿Por qué lo hizo así, quebrando la lógica de la clasificación, que impide al "Estado" ser titular de bienes que han de ser de la nación toda?

Podemos responder (solo después de recalcar que las minas son unos bienes que, por lógica o racionalidad sistemática de la Constitución, "deben pertenecer a la nación toda" que ello se debe a razones de arrastre histórico y, como mera cuestión semántica (para aquietar una pugna patrimonialista/estratégico-militar contra el dominio eminente/liberal), las minas quedaron entregadas en el texto de la Constitución al "dominio" del Estado, lo que es del todo raro y excepcional en su esquema. La prueba más rotunda de lo que decimos es que la propia Constitución somete a las minas a un régimen idéntico a un bien nacional o público, y los particulares podrán tener acceso a su exploración o explotación por la vía concesional, con amplia libertad, muy similar a otros esquemas concesionales, como el de las aguas.

c) *La inenajenabilidad, o inalienabilidad.* Estos caracteres de los bienes públicos surgen del propio hecho de que no hay libertad para adquirirlos, por lo que las disposiciones civiles no podrían, por ejemplo, amparar su legado, venta o prescripción (como, de hecho, ocurre en el Código Civil), ni tampoco en virtud de las leyes podría disponerse su "enajenación", palabra esta última desajustada para este tipo de bienes en que no opera el comercio jurídico-privado, al que se aplica tal concepto. En materia de bienes públicos no cabe hablar de enajenación, pues es un supuesto imposible, dado que para que la enajenación operara previamente los bienes tendrían que ser desafectados, acto este último por el cual comienzan a ser apropiables. La desafectación es, en los hechos, un traslado de bienes específicos desde la *publicatio* a la *apropriatio*.

Lo que sí puede suceder con estos bienes es dejar de ser nacionales o públicos, ya sea por una desafección genérica (cuando desaparezca el "interés nacional" a que se refiere la Constitución, y se realice por ley de *quorum* calificado) o por una excepcionalísima desafectación particular (un trozo de camino público abandonado).

C. Los bienes privados (o sometidos a su régimen). Trátase del régimen general de los bienes de las personas, naturales o jurídicas (particulares), y de las otras personas jurídicas de derecho público (como el Estado/Fisco, los gobiernos regionales, las municipalidades y otras entidades con personalidad jurídica propia, distinta del Fisco, que actúan en materia de bienes igual que los "particulares"). Todos los bienes no publificados (esto es, que no son públicos) están sometidos al régimen de los bienes privados, o a la "legislación común aplicable a los particulares". Estos bienes son todos los que no son "comunes a todos los hombres" o "que deban pertenecer a la nación toda", y al respecto existen varias clases: los de los particulares; los fiscales; los regionales, los municipales y, en fin, los de personas jurídicas de derecho público con estatutos especiales.

Podemos decir que estos bienes son todos aquellos que no son públicos, o sea, todos aquellos "cuyo uso no pertenece generalmente a los habitantes", y que pertenecen directamente a una persona, ya sea un particular, o a personas jurídicas de derecho privado o de derecho público. O bien, entre estas últimas, están destinados por el Estado a uno de sus organismos fiscales o son regionales y municipales.

Todos estos bienes se rigen por el derecho común (esto es, el derecho civil) y cualquier alteración de su estatuto de adquisición está regulado por el artículo 19 N° 23 CP.

1° *Los bienes privados (o propios) de los particulares.* Tradicionalmente han estado regulados en un texto codificado, en donde se establece una legislación aplicable a todos los bienes de particulares (ya sea personas naturales o jurídicas, de las que llamamos de derecho privado). Tales bienes privados de un particular (artículo 582 del Código Civil) se rigen por el derecho llamado "común" creado para ello. Sin embargo, es en el fondo el régimen que corresponde solo a los bienes de tales personas, y que es común supletorio solo respecto de los bienes de otros titulares sometidos al régimen privado, que se enumeran enseguida (pero tal régimen privado no podrá ser en ningún caso supletorio del régimen de los bienes públicos: hay una incompatibilidad de naturaleza y principios, *ab origine:* es la consecuencia de la dualidad *publicatio/apropriatio).*

2° *Los bienes privados (o propios) del Estado/fisco.* También llamados "fiscales", están sometidos a este mismo régimen general de bienes privados, por lo que sobre ellos el Estado/Fisco tendrá propiedad; se los ha podido apropiar, por su naturaleza. El "Estado", como Fisco, es una verdadera persona jurídica de derecho público, a cuyos órganos se les destinan algunos bienes. Así, los órganos del Estado, para llevar adelante sus tareas (artículos 6° y 7° CP) deben adquirir bienes, con los fondos que obtiene por la vía tributaria (obviamente que, históricamente, el Fisco ya tiene un patrimonio).

Los bienes fiscales o bienes del Estado se rigen por el "derecho común", al igual que todo otro bien privado. La propia legislación vigente es explícita: tienen la misma naturaleza de un bien privado. Lo que ocurre es que su titular es una persona jurídica de derecho público: el Fisco. Además, según la ley, estos bienes del Estado "se someterán a las normas del derecho común", y a lo que señalen, en cuanto a su uso y goce a favor de los particulares, las leyes especiales. De este modo, por ejemplo, la Ley de Servicios Eléctricos pone en un pie de igualdad a los bienes fiscales con los demás bienes de particulares, pues ambos están sometidos al régimen jurídico de los bienes "privados".

En cuanto a estos bienes fiscales, cabe tener presente:

a) Por lo dicho anteriormente, aun cuando la CPR dice que las minas son del "dominio" del Estado, a partir del propio régimen a que somete su otorgamiento, queda clara su aptitud no-fiscal.

b) Cuando el Estado/Fisco desarrolla actividades empresariales, lo ha de hacer en un completo pie de igualdad con los particulares por lo que en todo lo que respecta a la adquisición, ejercicio y extinción del dominio, se rige por las mismas reglas de los particulares. A partir de lo anterior, las reglas especiales que se puedan dictar para los bienes del Fisco, como posibles privilegios (inembargabilidad, por ejemplo) solo son legítimas si se refieren a las actividades no empresariales del Estado.

c) Según la Constitución, las normas de enajenación de los bienes del Estado, como su arrendamiento o concesión, son materia de ley; por lo que al respecto existe una modificación a la libre disponibilidad (que rige en el "derecho común" respecto de cualquier particular) de estos bienes. Esto es, si una ley no autoriza estos actos, no puede regularlo la Administración por decreto supremo.

En todo lo que no se diga en estatutos legales especiales, estos bienes del Estado quedan sometidos a la legislación "civil" o "común" de los demás dominios. Así, por ejemplo, todos los bienes fiscales son perfectamente prescriptibles (artículo 2.497 CC), pues la imprescriptibilidad no es un privilegio de los bienes fiscales y ello difícilmente podría establecerse por ley, dada la necesaria igualdad de régimen con los bienes de particulares.

3° *Los bienes privados (o propios) de los gobiernos regionales.*Son aquellos que conforman el "patrimonio propio" de la persona jurídica de derecho público denominada "Gobierno Regional" (artículo 100 inciso 3° CP). A su respecto rigen las mismas apreciaciones señaladas para los bienes fiscales, salvo las reglas especiales establecidas en la ley respectiva.

4° *Los bienes privados (o propios) de las municipalidades.*Los llamados bienes municipales son los propios de cada municipalidad; esto es, son los que conforman el "patrimonio propio" de la persona jurídica (corporación autónoma) de derecho público denominada municipalidad (artículo 107 inciso 2° CP). Los bienes municipales, por expresa disposición de la Ley N° 18.695, Orgánica Constitucional de Municipalidades se rigen por el derecho llamado *"común"*.

La legislación sectorial municipal también es explicita, al señalar que estos "se sujetan a las normas de derecho común" y, enseguida, que estos "solo podrán ser enajenados, gravados o arrendados en caso de necesidad o utilidad manifiesta" (artículo 28 inciso 1°, Ley N° 18.695).

De acuerdo a lo anterior, la naturaleza jurídica de los bienes privados o propios del Fisco (fiscales), de los gobiernos regionales (regionales) y de las municipalidades (municipales) se ha de estudiar en general a la luz de los principios del derecho privado, pues estos bienes son, en efecto, una propiedad estatal, cuya titularidad está asignada a los servicios o reparticiones fiscales o a los gobiernos regionales o a las municipalidades, respectivamente, a las que está destinada.

II. LAS APORÍAS DEL DOMINIO EMINENTE: GÉNESIS, USO Y ABUSO DOCTRINARIO[241]

1. LA COLECCIÓN "CLÁSICOS POLÍTICOS"

Hay ciertos clásicos que son de viva actualidad para el jurista de hoy, quien, en algunos casos, perdido entre los datos del presente, olvida buscar los orígenes de ciertas concepciones, método que le dará verdadera luz para iluminar la realidad. Sin embargo, refresca la mente leer algunos clásicos y recordar que en estas materias pareciera que el tiempo de la historia no avanza tan rápidamente como pensamos. Estas ideas nos han movido a comentar la traducción (lamentablemente, parcial) de estas obras de Hugo Grocio, base de muchas reflexiones jurídicas que de ahí nacerían.

El Centro de Estudios Constitucionales, en su colección "Clásicos Políticos", ofrece al lector de lengua castellana los dos capítulos primeros del *De iure praedae commentarius*, obra de juventud de Hugo Grocio, y los Prolegómenos y capítulo I del Libro I del *De iure belli ac pacis, libri tres*, obra de madurez del mismo autor.

La colección "Clásicos Políticos", que dirige Antonio Truyol y Serra, suma un título más a su fondo, el que, entre sus títulos nuevos y antiguos, algunos ya agotados hace largo tiempo y que esperan una pronta reedición, forman una de las más valiosas colecciones con que cuentan las editoriales españolas: cómo no reconocer el esfuerzo editorial que significó la edición de las monumentales obras de los teólogos juristas Domingo de Soto (*De lustitia et lure*, 5 vols.), Francisco Suárez (*De Legibus ac Deo Legislatore*, 6 vols., y *Defensio Fidei*, 4 vols.), todas ediciones bilingües con excelentes notas y estudios complementarios. En esta misma colección se encuentran otros libros de importancia primaria para el jurista, como el precioso texto de Cicerón, *De Legibus*, traducido y anotado por Alvaro d'Ors,

241 "Sobre Grocio: aquel gran inventor de conceptos jurídicos, y las aporías del dominio eminente", recensión a: *Del derecho de presa. Del derecho de la guerra y de la paz*, de Hugo Grocio (Madrid, Centro de Estudios Constitucionales, 1987, 67 pp.). Publicada en: *Revista de Estudios Políticos*, N° 64, abril-junio, 1989, pp. 337-346.

al que le precede, además, un célebre y excelente estudio del mismo d'Ors. Están también *Elementos de Derecho natural y político*, de Thomas Hobbes; *El político y Las leyes*, de Platón; *la Política*, *Ética a Nicómaco* y la *Retórica*, de Aristóteles, etc., obras fundamentales del pensamiento político y, a la vez, fuente inapreciable de conocimientos jurídicos.

Y ahora se suman estos textos de Hugo Grocio, uno de los más grandes inventores de conceptos jurídicos, muchos de ellos de gran importancia en la evolución del pensamiento jurídico y que aún perviven dentro de la Ciencia del Derecho.

2. LA OBRA Y SU AUTOR

Aunque no se editan en esta oportunidad las obras señaladas en forma completa, en los capítulos traducidos aparecen importantes conceptos jurídicos enunciados por Grocio, lo que hace especialmente oportuno este libro para el jurista que busca su origen en las fuentes originales, pues hoy es difícil encontrar ediciones de estas obras en el mercado y, más aún, traducciones. Respecto del *De lure belli ac pacis*, ya son ejemplares raros la antigua traducción francesa: Hugues Grotius, *Le droit de la guerre et de la paix*, 1759, trad., con ricas notas, de Jean Barbeyrac[242], y la castellana: Hugo Grocio, *Del derecho de la guerra y de la paz*, trad. de J. Torrubiano Ripoll, Madrid, 1925. Respecto del *De lure praedae*, no conocemos otras traducciones (que pensamos, obviamente, han de existir). En cuanto a este, el traductor sigue la edición latina de G. Hamaker, París y La Haya, de 1869, y otra de 1950; en tanto, *De Iure a belli ac pacis* sigue la edición de Ámsterdam de 1680.

Sobre la figura de Hugo Grocio, es ocioso decir algo acá, pues es ya un clásico y escritor de obras de la más diversa índole, incluso teológicas. Solo quisiéramos recordar que nació en 1583, que el *De iure praedae* lo escribió cuando tenía apenas veintidós años y que posteriormente sería doctor en Derecho por la Universidad de Orleáns. En la edición que comento se incluye una buena bibliografía sobre Grocio (pp. XXXVII-XXXIX), a la que, no obstante, se podrían agregar a otros títulos de interés especial para el jurista[243].

---

242 Recuérdese que Barbeyrac es uno de los más célebres traductores de Grocio y sus ediciones, por las ricas notas que contienen, influyeron grandemente en la interpretación del pensamiento de Grocio; ese motivo es, por lo demás, suficiente para tenerlo siempre a la vista cuando se analizan estos trabajos o algunas de las ideas de su autor.

243 Algunos títulos complementarios pueden ser los siguientes: Vreeland (1917); Lysen (1925); Llambias de Azevedo (1935); Droetto (1968); De Michelis (1967); Ambrosetti (1955);

3. GROCIO, INVENTOR DE CONCEPTOS JURÍDICOS

Las consideraciones que siguen son las que, pienso, debe efectuarse todo jurista positivo sobre la importancia de los conceptos jurídicos manejados por Grocio en estas obras cuya aparición reseño; o, a fin de cuentas, podría verificar el actual *status* de aquellos conceptos inventados por Grocio. No se encontrará aquí una crítica filológica de la traducción –muy lejos, por lo demás, de nuestras posibilidades–, sino un uso de la traducción castellana, con algún apoyo en el texto latino.

Aparte del intento de comprender el pensamiento de Grocio, queremos efectuar algunas reflexiones que emergen desde la actualidad, ya que, según creemos, en cierto modo algunas condiciones ambientales que existían cuando Grocio escribió sus obras, se repiten hoy. Esas obras surgieron en medio de un mundo en crisis; las mismas crisis a que asistimos hoy: un mundo sumido en la guerra y un derecho también en crisis, hecho que ningún jurista lo podría negar. Nos deben mover a reflexión estas obras de un hombre que lucha por encontrar bases de convivencia pacífica en una Europa dividida por las luchas religiosas. Entonces, ¿seguimos buscando hoy las bases jurídicas necesarias para nuestra convivencia pacífica?

Hemos dicho que Grocio fue un gran forjador de conceptualizaciones jurídicas, lo que es rigurosamente correcto: sus reflexiones sobre el derecho de gentes, por ejemplo, le han marcado como el fundador del derecho internacional moderno.

Es, además, el gran iniciador del iusnaturalismo moderno o, como se lo suele llamar también, derecho natural secularizado (en contraposición al denominado derecho natural clásico, para el cual hoy corren vientos frescos, como todos sabemos, de la mano de los juristas romanos Aristóteles y Tomás de Aquino, y es Michel Villey un sobresaliente epígono de tal corriente).

Hay otros conceptos creados por Grocio tan célebres como el de derecho subjetivo, o como el de persona moral. En relación a este concepto de persona moral, recuérdese que la obra de Grocio representa un momento crucial en la evolución del concepto de persona jurídica, al introducir el término "persona moral". Antes se hablaba de corporaciones y el peso decisivo de su autoridad, en contra de las concepciones nominalistas de la época, consagra la idea de que las

Hervada (1984), p. 285 y sigs.; Ottenwälder (1950); Marín López (1962); Hervada (1987), p. 262 y sigs., bibliografía en p. 263, n. 547.

corporaciones tienen una propia unidad y realidad. Se trata, como él lo señala, de una cualidad moral de la persona, *qualitas moralis*[244].

En fin, debe releerse cuidadosamente la famosa formulación número 11 de los Prolegómenos del *De iure belli ac pacis* pues no debe entenderse fuera de contexto. Grocio dice: "*Etiamsi daremus, quod sine summo scelere dari nequid, non esse Deum*", frase tan célebre como usada fuera de contexto, pues, como aclara Primitivo Mariño Gómez, en su excelente Introducción, no fue más que un recurso al absurdo usado por el autor, para demostrar la evidencia de su proposición: la existencia del derecho natural[245].

4. LAS APORÍAS DEL DOMINIO EMINENTE

Nos referiremos, a continuación, con algún detalle al concepto jurídico de dominio eminente[246] formulado por Grocio, del que la doctrina ha usado y abusado. No se trata de un concepto sin importancia, pues aún se le considera fuente válida para la explicación histórica de las relaciones jurídicas del Estado[247]. Realizaremos una pequeña relación de su evolución en el pensamiento jurídico, para demostrar, una vez más, la riqueza de sus creaciones jurídicas.

La configuración actual del dominio eminente como concepto jurídico nace de la obra de Grocio (*De lure belli ac pacis*) como una facultad perteneciente al soberano[248]. En efecto, Grocio distingue la "facultad o derecho ordinario", "que

244 Véase *De lure belli ac pacis*, lib. I, cap. I, §IV, que aparece en la edición que comentamos. Cf., además, un amplio desarrollo del concepto de Grocio sobre "persona moral", en De Castro y Bravo (1981), 164 y sigs.

245 Véase la traducción del trozo completo en p. 36 del libro que comentamos. Véase, además, Hervada (1984).

246 No conocemos ningún trabajo monográfico sobre el concepto del dominio eminente; solo referencias, más o menos detalladas, y algunos desarrollos relativamente breves en enciclopedias jurídicas; entre estos, véanse Samper (1911), Curis (1983), Mor (1960) y Sandulli (1964). Los más valiosos antecedentes sobre el tema es posible encontrarlos en Nicolini (1940).

247 Recuérdese la reciente monografía de Carro (1981), especialmente pp. 296 y sigs., donde es posible encontrar una descripción del dominio eminente, como concepto legitimador de la intervención autoritaria en el absolutismo, y amplia cita bibliográfica.

248 "Singularia circa quae versatur sunt aut directe publica aut privata quidem, sed quatenus ad publicum ordinantur. Directe publica sunt actiones ut pacis belli foederum faciendorum: aut res ut vectigalia, et ni quae his sunt similia: in quibus comprehenditur et dominium eminens, quod civitas habet in cives et res civium ad usum publicum".

se refiere a las cosas de uso privado", y la "facultad o derecho eminente", *facultas eminens*, "superior a la ordinaria" y que compete al Estado "por razón del bien común". Y como la *regia potestas*, continúa Grocio, es superior a la *patria potestas* y a la potestad del propietario sobre la cosa, "sobre las cosas particulares, por la misma razón está el derecho del rey, por el bien común, superior al dominio o propiedad de los particulares".

De lo señalado fluye que, para Grocio, la *facultas eminens* es un derecho de soberanía y no un derecho de propiedad o dominio, y no solo por el límite que su concepción del Derecho natural y el presunto pacto social de que es partidario imponen a su ejercicio[249], sino también, pensamos, por la aparente improcedencia de aplicar tal *facultas eminens*, concebida como propiedad, a las personas de los súbditos, ya que también ellas se encuentran bajo esta facultad eminente.

En el sentido correcto que señalamos fue entendido el dominio eminente por toda la doctrina iusnaturalista moderna (que fue la escuela fundada a partir de Grocio); así, Samuel Pufendorf llama dominio eminente a la potestad que corresponde al estado sobre las cosas del ciudadano, por causa de utilidad pública, por lo que lo llama *potestas eminens*, sobre todo porque la concibe como un poder de soberanía y no como un verdadero dominio o propiedad. En el mismo sentido, se expresa Vinnio, Crusius (autor de un trabajo denominado *De eminenti dominio*), Diescau, para quien el soberano tiene una *potestas*, un *ius imperii* sobre el súbdito y sobre sus bienes, para quien no debe llamarse *dominium eminens*, pues "*dominium* denota derecho de propiedad, mientras que el detentador de la *summa potestas* no es ciertamente propietario de la cosa del súbdito". También está Boehmer, para quien "de la expresión se puede hablar simplemente de un *ius* que compete al príncipe sobre los bienes del súbdito". Igualmente, Bynkershoek, quien, en lugar de *dominium eminens*, habla de *potestas eminens*. Y Tomasio, de *imperium eminens*. Huber y Noodt hablan de un *ius eminens in personas et in bona singulorum*[250].

En definitiva, para todos ellos, el dominio eminente no es un nuevo instituto. Como ha puesto de manifiesto Nicolini, eso no es así ni en Grocio ni en Pufendorf ni en otros iusnaturalistas, los cuales expresamente declaran que la presunta gran novedad no es, en el fondo, más que la atribución de un nombre especial al

---

Presenta aquí Grocio a la *facultas eminens* como un asunto público -en contraposición a los negocios privados-, que está dirigido al bien común: el dominio eminente es, entonces, aquella facultad del Estado sobre los ciudadanos y sobre sus bienes, en tanto lo demanda la utilidad pública.

249 En este punto, cf. Nicolini (1940), p. 128.

250 Todos citados, con amplio detalle de fuentes, por Nicolini (1940), pp. 128-130.

derecho de expropiar, universalmente admitido"[251] o, en palabras más simples: "una etiqueta nueva para una cosa vieja"[252].

No obstante la claridad de la formulación original y de la amplia gama de juristas que mantuvieron el concepto restringido a su contenido primitivo, con un significado puramente público de poder soberano, más tarde fue reformulado con un sentido claramente privatista, variando el viejo concepto de *facultas eminens*, a lo que pasaría a denominarse, en definitiva, "dominio eminente", hasta hoy. Se originó en torno a su concepción una ardua polémica, ligada, en muchos casos, a la condición del ambiente y a Ias convicciones ideológicas de cada cual. A partir de esta intervención moderna, la formulación se ha tornado imprecisa y contradictoria; sobre todo ambigua, a causa de la poca claridad que se le da a su definición. La formulación privatística concibe ahora el dominio eminente como aquella posibilidad que tiene el soberano (y, por tanto, el Estado) de disponer de los bienes de los súbditos sobre la base de un supuesto derecho de propiedad sobre todo el territorio[253]. Así, de acuerdo a esta formulación, no se podría admitir la existencia de un pleno derecho de propiedad privada, pues, antes que este, está otro derecho de propiedad, que es el del soberano, como del detentador del dominio eminente, el que sería, entonces, un derecho realmente pleno, pasando a constituir la propiedad privada un derecho semipleno[254].

En este sentido piensa Horn, quien observa que la *potestas* del soberano sobre la cosa del súbdito llega también a extinguir el dominio del privado (en la expropiación). Ahora, para tener este efecto, esa *potestas* debe ser superior o mayor al dominio particular, y debe ser de la misma naturaleza de este, debe ser

---

251 *Ibidem* (130).

252 Nicolini (1940) continúa diciendo: "Mientras la precedente doctrina (medieval) había llamado *dominium universale* o *dominium maius* al derecho del soberano en cuanto resguarda la cosa del súbdito, no basaba expresamente la expropiación sobre esta potestad del soberano. En la doctrina iusnaturalista, la cuestión del dominio eminente es fundida con aquella del poder de expropiación: así, el dominio eminente es el derecho mismo de expropiar, aislado del conjunto del poder estatal y llamado con un nombre especial" (p. 130). También Mor (1960, p. 210), opina que la doctrina del dominio eminente fue la legitimación dogmática de la expropiación por utilidad pública.

253 Cf. Mor (1960, p. 210) (no es su opinión, sino su constatación).

254 Incluso se ha vinculado el problema con el derecho romano y se ha polarizado en torno a la pretendida existencia de un derecho eminente del pueblo romano (primero, y del emperador después), sobre el *ager pubiicus populi romani* (cf. Mor 1960, p. 210), pero es evidente que aquí nos alejamos del pensamiento de Grocio y sus seguidores iusnaturalistas, pues aunque él haya vinculado su opinión a fuentes romanas, nunca se refirió más que a una *facultas* y no a un *dominium*, como, con marcados caracteres patrimoniales, lo fue el *ager publicus*.

un verdadero dominio[255]. Se trata, dice Horn, de dos distintos derechos, uno de los cuales es un verdadero dominio y corresponde al príncipe, y el otro es una especie de usufructo (o *dispositio*, según él) y corresponde al privado. Como el soberano tiene el verdadero *dominium* de todas las cosas, se justifican las limitaciones a la propiedad privada. Más aún, según él, el poder de expropiar le compete siempre al Estado por gracia del dominio eminente, aunque sea sin causa y aunque sea sin resarcimiento alguno, por cuanto el *dominus* es absolutamente libre de disponer de sus cosas[256].

La idea de Horn constituye, en el fondo, una deformación de la idea original de la *facultas eminens*, o dominio eminente, como se le ha llamado hasta ahora: nótese cómo la doctrina precedente señalaba que aquello del príncipe (del Estado) y aquello del privado son dos dominios de naturaleza diversa, y mientras la primera atribuía la verdadera propiedad al privado y un derecho de soberanía al príncipe, aquí se atribuye a este la verdadera propiedad y al privado un puro derecho de uso.

Cercano a esta postura (con los matices que se señalará) es el pensamiento de Álvaro d'Ors[257], y solo cercano, pues hay puntos que les diferencian. Es diferente, pues, a pesar que d'Ors parte de la misma base, esto es, de la afirmación de ser el dominio eminente una especie de propiedad, atribuyendo al Estado, como representante de la comunidad, la verdadera propiedad, la plena, y siendo las demás de segundo grado, en d'Ors encuentra más consistencia, pues los resultados a que llegan son diferentes: lo que en Horn era un desaparecimiento virtual de la propiedad privada, acá es, como se verá, un alegato de "fuerte reafirmación" de la misma. Para d'Ors debe partir el razonamiento desde el hecho de la apropiación colectiva, aspecto que "debe considerarse para aclarar la cuestión de la pertenencia fundamental del señorío eminente del suelo". Según él, "la primera apropiación es siempre colectiva (...) es el pueblo como colectividad

---

255 Escribe Nicolini, en este punto, que tal razonamiento, tan "formalístico", llevó a los juristas alemanes a defender esta teoría, incluso acentuada, paralelamente, por el razonamiento de ciertos teólogos, que atribuían al Papa un *dominium medium*, puesto entre el *dominium excellentiae*, correspondiente a Dios sobre tales cosas, y aquel vulgar, atribuido a cada uno. Cf. op. cit., p. 132, *in fine*.

256 Cf. Horn, citado ampliamente por Nicolini (1940), p. 131 y sigs.

257 Que hemos encontrado expuesto en dos ocasiones: d'Ors (1963), p. 55, en forma muy concisa: incluyendo mayores precisiones en sus últimas ediciones (5ª, 1982, y 6ª, 1987); y d'Ors (1976-77), pp. 9-24, en forma más amplia. En todo caso, como se verá, no se trata de estudios monográficos sobre el tema, sino meras referencias circunstanciales, no habiendo mayor precisión de su pensamiento.

quien toma para sí un territorio y solo secundariamente puede repartir algunas parcelas, o muchas, en propiedad privada", precisando, finalmente, sobre lo que él llama "dominio eminente del territorio", que "la propiedad del suelo que se halla atribuida a propietarios privados es secundaria, no-fundamental, y por eso mismo puede ser objeto de expropiación. La pertenencia fundamental del suelo es aquella otra originaria, de la que la propiedad más o menos privada deriva"[258]. D'Ors se aleja de las peligrosas afirmaciones que encontramos en Horn, pues el debilitamiento de la propiedad privada que propugna este para aquel se presenta como un fuerte reconocimiento. En todo caso, a nuestro modesto entender, sigue siendo un poco ambiguo hablar de estas dos clases de dominio. Dice d'Ors: "La comunidad conserva, pues, como un dominio superior o eminente, aunque solo sea ordinariamente potencial, sobre las parcelas atribuidas". Según él, expresión de este dominio eminente de la comunidad sobre el suelo atribuido a un particular es la imposición tributaria en forma de contribución territorial, lo mismo que la expropiación forzosa y las facultades que se arroga el Estado en la planificación urbanística[259].

Nuestro pensamiento, al respecto, lo podemos resumir así: el concepto de dominio eminente que hoy utiliza la doctrina es el concebido por Grocio como una facultad del príncipe sobre las personas y los bienes de las personas, facultad derivada de la soberanía. Este concepto fue deformado por juristas posteriores, dándole un contenido patrimonial que no tenía en sus orígenes.

En suma, creemos haber demostrado que para el jurista es altamente aleccionador volver a las fuentes originales: particularmente en el caso de Grocio, fuente de ricos conceptos jurídicos.

Bibliografía citada

Ambrosetti, Giovanni (1955): *I presupposti teologici e speculativi delle concezioni giuridiche di Grozio* (Bolonia, Zanichelli).

Carro, José Luis (1981): "Policía y dominio eminente como técnicas de intervención en el Estado preconstitucional", en *Revista Española de Derecho Administrativo*, pp. 287-307.

Curis, Giovanni (1983): voz "Dominio eminente", en *Nuovo Digesto Italiano*, t. V (Turín, UTET), pp. 185-187.

De Castro y Bravo, Federico (1981): *La persona jurídica* (Madrid, Civitas).

258 Cf. d'Ors (1976-77), p. 14.

259 Cf. d'Ors (1982), pp. 72 y 73, núm. 40.

De Michelis, Fiorella (1967): *Le origini storiche e culturali del pensiero di Ugo Grocio* (Florencia, La nuova Italia).

D'Ors, Álvaro (1963): *Una introducción al estudio del Derecho*, 2ª ed. (Rialp).

—(1982): *Una introducción al estudio del Derecho*, 5ª ed. (Rialp).

—(1976-1977): "Autonomía de las personas y señorío del territorio", en *Anuario de Derecho Foral*, II (Pamplona), pp. 9-24. Republicado en *Ensayos de Teoría Política* (Pamplona, EUNSA, 1979), pp. 241-259.

Droetto, Antonio (1968): *Studi groziani* (Turín, Edizioni Giappichelli).

Hervada, Javier (1984): "Lo nuevo y lo viejo en la hipótesis 'etiamsi daremus' de Grocio", en *Anuario de Filosofía del Derecho*, N°1.

—(1987): *Historia de la Ciencia del Derecho Natural* (Pamplona, Universidad de Navarra).

Llambías de Azevedo, Juan (1935): *La Filosofía del Derecho de Hugo Grocio* (Montevideo, Peña & cía. impresores), 85 pp.

Lysen, A. (1925): *Hugo Grotius,* obra colectiva dirigida por A. Lysen (Leiden, A. W. Sythoff's Publishing Co.)

Marín López, Antonio (1962): "La doctrina del Derecho natural en Hugo Grocio", en: *Anales de la Cátedra Francisco Suárez*, N° 2, Fasc. 2, pp. 203 y ss.

Mor, Carlo Guido (1960): voz "Dominio eminente", en *Novissimo Digesto ltaliano*, t. VI (Turín, UTET), pp. 210-213.

Nicolini, Ugo (1940): *La propietà, il principe e l'espropiazone per publica utilita. Studi sulla dotrina giuridica intermedia* (Milán, Giuffrè Ediiore), pp. 126-134.

Ottenwälder, Paul (1950): *Zur Naturrechtslehre des Hugo Grotius* (Tubinga, J.C.B. Mohr).

Samper, Alberto (1911): voz "Dominio eminente", en: *Enciclopedia Jurídica Española*, t. XII (Barcelona, Francisco Seix Editor), pp. 550-551.

Sandulli, Aldo M. (1964): voz "Dominio eminente", en *Enciclopedia del Diritto*, t. XIII (Milán, Giuffre Editore), pp. 928-930.

Vreeland, Hamilton (1917): *Hugo Grotius, the father of the modern science of international law* (Nueva York, Oxford University Press).

III. SOBRE UNA TESIS DUAL EN BIENES PÚBLICOS: "PROPIEDAD ESTATAL EN ESTADO DE LATENCIA"[260]

El tema del derecho del "dominio público" (más bien, derecho de bienes públicos) ha sido poco abordado en nuestra doctrina, quizás por las perplejidades que origina, por aparentar encontrarse "a horcajadas entre el derecho público y el privado" (como dice el autor del libro que reseño, p. 19), y aparentar ser materia más propia de civilistas y estar algo abandonada por los administrativistas. Esa carencia bibliográfica ya no será tan notoria gracias a este aporte de Santiago Montt Oyarzún, originado en su tesis de licenciatura, sobre el que deseo dar noticia de su contenido y ofrecer un breve análisis y evaluación.

El libro está dividido en seis capítulos, los que tratan las distintas materias relativas a bienes públicos, según un orden lógico que le ha permitido al autor exponer sistemática y sintéticamente sus tesis centrales. En todo caso, desde un inicio cabe señalar que una tesis central del autor es probar que el "dominio público" es un concepto genérico y que de él formarían parte no solo los llamados por la ley "bienes nacionales de uso público", sino también los bienes fiscales. Al hilo de esta tesis central, muchas páginas del libro, desde un inicio, irán acomodando su argumentación y materias tratadas para probarla completamente, según las ideas y razonamientos del autor. Se trata de una tesis que, desde ya, puedo señalar que es polémica, pues no toda la doctrina nacional la comparte y hay autores, como el que suscribe estas líneas, que pensamos diferente (véase "*La summa divisio* de los bienes y recursos naturales ante la Constitución de 1980", en *20 años de la Constitución chilena 1981-2001* [Santiago. Cono-Sur, 2001], pp. 369-390). Pero esto no resulta en nada relevante a los efectos de esta reseña, dirigida a opinar sobre el trabajo en comento, sus méritos, verificar si sus tesis se sustentan y, en fin, si su metodología es adecuada.

260 Recensión a: *El dominio público. Estudio de su régimen especial de protección y utilización*, de Santiago Montt Oyarzún (Santiago, Cono Sur-LexisNexis, 2002, 421 pp.). Publicada en: *Revista Chilena de Derecho*, Vol. 30, N° 2, 2003, pp. 413-415.

En el primer capítulo el autor analiza la relación existente entre la Administración y los bienes, adelantando algunas tesis de su trabajo. A través de una cita adecuada de autores de la disciplina se refiere, en especial, a la utilización del derecho privado por parte de la Administración, ofreciendo desde ya algunas definiciones sobre las que se sostendrá su trabajo: por ejemplo, que el derecho administrativo es estatutario de la Administración y que el dominio público se encontraría a horcajadas entre el derecho público y el privado.

En su segundo capítulo ofrece un detallado y documentado estudio de la formación histórica del concepto de dominio público, al que, sin embargo, califica de paradójico, dada la singularidad actual de la categoría que no se compadece con su situación en épocas históricas arcaicas. Revisa en este capítulo, en primer término, el derecho romano de los bienes públicos, en que luego de exponer las clasificaciones más relevantes, remarca en especial el surgimiento del concepto de *fiscus* y *res* fiscales, de naturaleza privada, y la discusión doctrinaria de la posibilidad de que haya propiedad sobre los bienes públicos. Revisa la situación de los bienes públicos en las fuentes de la Edad Media, con una variedad de fuentes doctrinales que cabe destacar. Revisa en esta parte, en especial, la formación del concepto de patrimonio de la Corona, la inalienabilidad que tanta relevancia tendrá en la Teoría General de los Bienes Públicos, la situación del *fiscus* en esta época, y la doctrina de las regalías. Subraya el autor, preparando su tesis central que, de igual modo que la *res publicae,* el *fiscus* y sus bienes tuvieron naturaleza pública en esta época, perdiendo así la que a él le resulta "curiosa y particular naturaleza privada de que gozaba en el derecho romano". En fin, analiza brevemente la situación en la revolución y codificación francesas.

En el capítulo tercero el autor analiza el concepto de dominio público. Lo hace exponiendo, en primer lugar, la tesis de la doctrina francesa del siglo XIX, dominante en la materia, con Proudhon a la cabeza, con su tesis no patrimonializante: de administración y superintendencia sobre tales bienes. Sigue con Hauriou, quien fue el autor que inició la concepción que yo llamo "patrimonialista" de los bienes públicos, en que se le asigna al Estado la propiedad de tales bienes, que se reflejó ampliamente en la doctrina española y aún en la chilena. En fin, el autor aborda la doctrina "funcionalista" del español Villar Palasí, que es una reacción de la anterior, que suscriben en España algunos autores de la última época y en Chile, quien escribe estas líneas. A través de esta última teoría se le niega al Estado la posibilidad de ser titular de bienes como tal, existiendo en la vertiente pública solo bienes públicos, abiertos al uso público, del pueblo. Termina el capítulo exponiendo lo que llama la "constitucionalización del dominio público" y la tesis personal del autor. Al respecto, a su juicio el punto de partida es la señalada constitucionalización de la categoría, negando además efectos prácticos de la discusión y de las mismas doctrinas, ponderando una posición ecléctica. Al desarrollar su posición llega a plantear la propiedad privada estatal sobre los bienes públicos, pues, según él, "junto a la relación demanial, permanece siempre un derecho de propiedad estatal en estado de latencia", propiedad esta "reducida a su mínima expresión", según sus palabras. En fin, según el autor, la suya es una concepción dual dominio público y dominio privado. Tesis interesante, pero que no es el instante de analizarla ni de incorporar líneas críticas (las que se evidencian del contraste de mis trabajos con el contenido de este excelente libro, del que no cabe ignorar su aparición ni dejar de destacar, por obligación de oficio universitario), sino de señalar lo documentado que resulta el trabajo en esta parte, digno de encomio, en un esfuerzo por argumentar su tesis central.

En el capítulo cuarto, dedicado a los elementos esenciales del dominio público, parte el autor con toda franqueza declarando que "el tratamiento jurídico de los bienes públicos, desde Roma hasta la fecha, ha resultado ser extraordinariamente equívoco, confuso e incluso contradictorio". La verdad es que esta es una queja habitual en la doctrina sobre la materia y quizás es el acicate para que tantos autores sigan internándose en este laberíntico tema. Pero podemos decir que el libro del autor no aumenta esta confusión, sino que su amplia documentación permite aclarar varios de sus aspectos, sobre todo en Chile, donde el desarrollo de esta materia ha sido tan precario. En este capítulo, utilizando el conocido esquema de los elementos ideado por Manuel Ballbé, el autor describe la situación general de la Teoría de los Bienes Públicos, en un interesante análisis, apoyado por la bibliografía, fundamentalmente española, más relevante.

En el capítulo quinto, el autor analiza la materia de los bienes públicos en el ordenamiento jurídico chileno, a través del análisis del artículo 19 N° 23 de la Constitución Política y del Código Civil. En cuanto al análisis de la normativa constitucional, no puede sino ser calificado de original dada la escasez de tratamiento de la materia, para lo cual se sirvió de todos los antecedentes de la historia fidedigna del texto constitucional y, apoyándose en las palabras de la norma ("deban pertenecer"), busca apoyo a su tesis de la posibilidad de propiedad o reserva estatal para los bienes públicos. Analiza, además, la normativa del Código Civil desde su historia legislativa, exponiendo los comentarios más relevantes, entre los que cita el de Santiago Prado, en sus *Principios Elementales de Derecho Administrativo Chileno* (1859). A partir de la interpretación de ambos cuerpos normativos, el autor concluye que la Teoría de los Bienes Públicos en Chile no se reduce solo a los bienes nacionales de uso público "sino también a los bienes fiscales afectos esencialmente a un servicio público", dado que ellos resultan, a su juicio, esenciales "para el funcionamiento del Estado"; todo ello, a través de una interpretación teleológica, y basado más bien en la eventual ausencia de texto expreso a contrario en nuestra normativa constitucional y legal.

En el capítulo sexto y final analiza el autor la utilización de los bienes públicos. Para ello ofrece una revisión del uso común general y particular de estos bienes, con gran apoyo en la doctrina más autorizada; y, además, ofrece un amplio y documentado desarrollo de los usos que admiten los bienes por parte de la Administración. En este último acápite revisa las que llama "reservas demaniales" (sic), con tradición terminológica fuera de Chile. En un tercer apartado de este capítulo desarrolla los títulos administrativos hábiles para acceder al uso privativo de los bienes públicos: el "permiso de ocupación" y la "concesión demanial", en su terminología. En cuanto al permiso, analiza su naturaleza jurídica y la pretendida precariedad de la titularidad emanada de tal permiso, lo cual es polémico en la doctrina y jurisprudencia chilena. En cuanto a la concesión, analiza su concepto, su naturaleza jurídica y los derechos reales que surgen de tal título. Cierra este apartado una enumeración de normas que establecen sistemas concesionales de bienes públicos. En fin, termina este capítulo y el libro con uno de los apartados más interesantes del trabajo: la revisión de la precariedad en los permisos y concesiones de bienes públicos, en que el autor separa claramente la situación del permiso y de la concesión, en que aquella sería más débil y está más potente en cuanto a los derechos que otorgan; aquella sujeta a revocación, esta no.

Incluye, además, un completo listado bibliográfico.

Este libro, cuyo contenido he descrito y comentado brevemente al hilo de esa descripción, es muy meritorio. La búsqueda bibliográfica, así como su uso, evidencia una exhaustiva y laboriosa tarea de investigación, que notoriamente ha sido la base de la redacción del texto. La organización de la materia es adecuada, ordenada y dirigida, con inteligencia, a probar las tesis del autor. La tesis sustentada es original, no importando lo polémica que pueda resultar, y cualquier análisis posterior de otros autores tendrá que hacerse cargo de las argumentaciones del autor de este libro, bien documentadas, y apoyadas en autores chilenos y extranjeros. La redacción mantiene un estilo sobrio y elegante, que facilita la lectura del trabajo. En fin, es una tesis de licenciatura excepcional, que ha sido casi de inmediato publicada por una editorial jurídica, de la que he querido no solo dar noticia sino también reconocer sus amplios méritos.

IV. MAR TERRITORIAL: PREFERENCIAS POSESORIAS Y "PROPIEDAD ESTATAL"[261]

Este es un precioso opúsculo en que el autor, Álvaro d'Ors, en el cenit de su vida, aborda el tema del suelo (o de la tierra) a través de los conceptos jurídicos de "posesión" y "espacio", y sus vinculaciones con la "propiedad" y las "preferencias posesorias" para aplicarlo al espacio aéreo y al marítimo (y a la pesca). Se trata de un texto breve, de una monografía editada en forma de libro (en los "Cuadernos Civitas") cuyo método de exposición ha sido simplificado al máximo, con algunas definiciones iniciales y un desarrollo cuidadoso. No hay notas bibliográficas ni citas de autores, salvo algunas obras especialmente relevantes o significativos pasajes del Evangelio. Es el pensamiento, vertido en texto, de un sabio autor, que conecta su exposición con trabajos anteriores suyos, ya sea sobre la temática o con sus textos generales de derecho romano.

1. LA EXPOSICIÓN DE D'ORS

1. Inicia su trabajo con un esfuerzo de intelección de los dos términos básicos: "posesión" y "espacio". Define la ocupación, como término jurídico, así: "una preferencia personal sobre un determinado suelo" (p. 12). Se distingue de "espacio", que es un término filosófico, frecuentemente relacionado con el "tiempo": como "la totalidad del ámbito de lo sensible" (pp. 12/13).

Luego vincula lo anterior con la "propiedad", que llegó a ser hoy un "derecho subjetivo" (cuyo sentido moderno, recalca una vez más nuestro autor, como en toda su obra, se diferencia con el *dominium* romano). Señala que la idea de "propiedad, como preferencia relativa respecto a otras sobre el mismo objeto", se relaciona con: a) el derecho de "concurrencias reales voluntariamente establecidas"

261 Recensión a *La posesión del espacio*, de Álvaro d'Ors (Madrid, Civitas, 1998, 77 pp.). Publicada en: *Revista Chilena de Derecho*, Vol. 30, 2003, pp. 415-418.

(servidumbres prediales), b) las limitaciones legales de la propiedad, c) la existencia de un "dominio eminente" de nivel superior, e, incluso, con d) las posibles preferencias temporales de personas determinadas sobre suelo común del grupo superior, del tipo que la romanística conoce como "derecho de preocupación" sobre suelo público (p. 20). Da como ejemplo de esto último el caso de reserva de un puerto de pesca en un río público.

Aquí aparece la médula de su exposición: "probar la relatividad y modificabilidad de esa preferencia posesoria que llamaremos 'propiedad'" (p. 20). Relaciona enseguida "posesión" y "propiedad"; señala cómo aquella es una "posición personal de hecho" (p. 21) y que modernamente se habla de un "derecho a poseer", de un *ius possidendi,* con lo que la posesión también llegó a ser un derecho subjetivo.

Arriba, así, a la conclusión de que, en realidad, "el llamado 'derecho de propiedad' no es más que una preferencia sobre cosas determinadas judicialmente protegida" (p. 22). Esto significaría que, desde este punto de vista de la "preferencia", no hay derechos "reales", sino que toda preferencia es "personal" (p. 22).

Así, concluye, "sobre un mismo suelo, pueden concurrir preferencias posesorias de distinto rango, cada una en función de su propia utilidad" (p. 26).

Asimila las "preferencias concurrentes" al caso del propietario que posee un suelo, sobre el que existe, al mismo tiempo, un "dominio eminente" del Estado, lo que sería similar a la "concurrencia natural de preferencias múltiples" (p. 26), que él desea probar que existen [Nótese, en todo caso, cómo el autor ha traído al presente, directamente, conceptos romanos y cómo, además, asimila la situación del "dominio eminente" del Estado a la propiedad. Métodos de trabajo ambos que influirán en sus conclusiones, que nosotros discutiremos].

2. Luego se ocupa nuestro autor de la Geopolítica, revisando los conceptos de su anterior *Sistema de las Ciencias.* Expone el pensamiento de autores desde el s. XIX (pp. 27-41), en un desarrollo algo lato con relación al objeto del trabajo, relato que omitiremos.

3. Se ocupa enseguida de las preferencias posesorias de los grupos sociales y del "principio de subsidiariedad" (pp. 42 y ss.), para lo cual sistematiza diferentes niveles de preferencias posesorias, que se seguirían por los mismos criterios que el principio de subsidiariedad, en especial la autonomía: a) familia, b) empresas, e) ciudades, d) comarcas, e) regiones y f) naciones.

Recalca cómo hoy el uso ha tendido a identificar la Nación con el actual Estado (p. 52). Él mismo reconoce que procura no hablar de Estado: "doy a Nación el ámbito de los actuales Estados" (pp. 52) [No obstante, el autor utiliza para construir su argumentación, en otras partes de su libro, el concepto de dominio eminente "del Estado", véase p. 26].

4. Luego se refiere a los "grandes espacios" (pp. 55-63) para detenerse al final: a) en el espacio aéreo (pp. 64-66), b) en las preferencias en el espacio marítimo (pp. 67-76) y e) en las preferencias pesqueras (pp. 72-76). Ya veremos que su libro no habría sufrido si tuviese como subtítulo las preferencias de espacio marítimo y pesqueras, pues aquí se condensa casi toda su argumentación (e interés).

a) Respecto del espacio aéreo, se refiere a las organizaciones o redes no-territoriales, relativas a "comunicaciones por el aire", lo que no requiere posesión de un suelo.

b) Pero el tema de las preferencias en el espacio marítimo es más densamente desarrollado. Recuerda el autor el antiguo principio del mar como *res communis* y, por tanto, inapropiable, el que "ha sido perturbado por una extensión analógica de la propiedad de la tierra, que ha venido a recaer en la idea de que es una *res publica* y, por tanto, de los distintos Estados, aunque con una insuperable dificultad de reparto" (p. 68).

Respecto de las aguas "continentales", nuestro autor señala que "algo parecido ha ocurrido con las otras aguas, que, al dejar de ser una *res communis,* han venido a ser *'del Estado'*. En realidad, el agua, como cosa esencialmente consumible que es, en tanto no se 'especifica' por el envase, no es susceptible de propiedad, pues no tiene más utilidad que el uso de su consumo directo" (p. 68).

Se refiere solo de pasada al principio del mar "libre", *mare liberum.*

Agrega que la "perturbación territorialista" del tema del mar empieza con la pretensión de extender la propiedad de las costas, que sí son "públicas", hasta una distancia de mar adentro (p. 69). Agrega que una nueva perturbación de la idea del mar como *res communis* no susceptible de propiedad ni privada ni pública, ha sido la de "pretender una continuidad entre el fondo del mar y la inmediata tierra aparente, con lo cual se equipara la explotación de los materiales encerrados en ese fondo marítimo con la de los subterráneos" (p. 70). Indica que esta es una división tan solo aplicable a los pueblos costeros y que excluye de esos bienes submarinos a los pueblos que carecen de costas (p. 70).

Dice que "el fondo del mar no debe seguir el régimen de la posesión de tierras, sino el de ocupación de islas que han venido a emerger en el mar" (p. 70).

Entonces, nuestro autor, romanista insigne, señala cómo aquí la doctrina romana sería orientadora para resolver nuevos problemas, describiendo la solución que ella daba a la isla "nacida" en el mar –*insula in mare nata*–, la que, a su juicio, era *res nullius,* es decir, sin actual dueño y, por ello, "ocupable" (p. 71).

Tal doctrina, a su juicio, sirvió para la atribución de tierras desconocidas a favor de los descubridores (p. 71) y agrega que este puede seguir siendo el régimen para la explotación del fondo marítimo: "la preferencia posesoria del descubridor de un yacimiento que se encuentra en condiciones técnicas de explotar razonablemente su descubrimiento" (p. 71).

Lo vincula al régimen romano del llamado "derecho de pre-ocupación", que era una ventaja para explotar un lugar público, proponiendo nuestro autor algo parecido para la explotación del fondo del mar como *res nullius,* como una preferencia posesoria temporal "en la medida de la utilidad de su explotación" (p. 72).

Recuerda que no se trataría de algo muy distinto del régimen romano de la explotación minera, como seguiría siendo la del fondo submarino, según la cual se daba en Roma cierta preferencia a la empresa explotadora, sin perjuicio del eminente dominio público sobre el subsuelo terrestre (p. 72).

c) *Las preferencias pesqueras.* Al final de su libro ofrece el autor el cierre conclusivo relativo a las "preferencias pesqueras" y aplicado al "derecho de pesca en el mar", que "es hoy un tema muy conflictivo" (p. 72).

A su juicio el "derecho de pre-ocupación es posible en el fondo del mar porque consiste en una posesión real del suelo con el fin de una explotación" (p. 72).

Recuerda que uno de los casos considerados por los juristas romanos era el de un puesto de pesca en un río público, lo que es inaplicable a la pesca en el mar, que no se realiza desde un puesto en la costa, sino desde embarcaciones móviles.

Entonces, señala que el tema de la pesca no debe plantearse como tema de posesión de zonas, sino de captura de peces, comparable con la caza en tierra (p. 73), trayendo nuevamente nuestro autor la pauta de la vieja doctrina romana, ahora en relación a los animales salvajes, como *res nullius:* por lo que lo mismo valdría para los peces de los ríos, lagos o mares internos y para el mar abierto.

Así, declara que, desde el punto de vista de los animales capturados, la pesca es libre para cualquier empresa que sea capaz de pescar, aunque no posea tierra alguna en las costas del mar en cuestión ni de otro mar (pp. 73/74). A su juicio, "solo una concepción abusivamente territorial puede admitir tal exclusión" (p. 74).

"Nada puede objetarse a que una nación con poca extensión costera, e incluso sin costas. Tenga muchas empresas pesqueras" (p. 74), trasluciendo nuestro autor, legítimamente, una opinión que es la misma de la nación gallega.

Él concluye: "La pesca marítima es siempre libre, pero no quiere esto decir que no existan posibles limitaciones, no por razón de la posesión de zona, sino por interés general de conservar el género objeto de las capturas" (p. 75). Termina su opúsculo con una clave conclusiva. A su juicio, el objetivo de sus páginas es pretender superar, principalmente, un concepto establecido del "dominio" como derecho subjetivo absoluto y, en relación con él, de la soberanía estatal como criterio para la distribución de la tierra.

2. ALGUNAS REFLEXIONES A PROPÓSITO DEL OPÚSCULO DE D'ORS

1. Antes que nada, una precisión, para no perder ninguna perspectiva posible: *¿cuál es la naturaleza de este escrito?* Este escrito de la posesión del espacio, en su distribución; en sus posibles asistematizaciones (por ejemplo, la larga digresión sobre geopolítica, si bien atinente al tema podría haber sido más breve; pero esta misma digresión nos muestra al autor y sus motivaciones) es de un jurista en sentido lato. Más bien, asume el papel de un humanista que ha abarcado con su saber varias disciplinas, pero en cuyo saber global no pueden sino quedar hondas huellas de su ciencia principal: el derecho romano, con cuyas herramientas argumenta en terrenos de política jurídica.

Pero ha hecho algo que es legítimo: ha traído para problemas presentes (la pesca que efectúan en el mar naves pesqueras de distintas nacionalidades, ante la oposición de los países costeros) una solución del derecho romano (la pesca libre, dado que el mar sería *res nullius*). De la similitud con los casos romanos se podrá disentir, pero he aquí argumentos de un romanista para intentar alterar una solución de derecho internacional que se ha asentado en la comunidad internacional desde 1982 (con la firma de la Convención de las Naciones Unidas sobre el Derecho del Mar), así como de algunas legislaciones nacionales (como la chilena) que han incorporado a la soberanía nacional el llamado "mar territorial", de una extensión de 200 millas, distinguiendo esta porción del "alta mar" (la "zona"). Tal distinción no la realiza nuestro autor, quien se refiere solo a "espacios marítimos".

Podemos decir, entonces, que es un escrito de política jurídica, en sentido amplio, pues se trata de un romanista que discute una solución jurídica actual, solución que ha partido desde las declaraciones individuales de países que han proclamado su soberanía sobre estas 200 millas (y, consiguientemente, la potestad de legislar y, a partir de ello, regular o prohibir la pesca por parte de naves extranjeras no autorizadas), como es el caso de Chile desde 1947. Tal solución es hoy de derecho internacional, dado que, a veinte años de la apertura de la firma de la Convención de las Naciones Unidas sobre el Derecho del Mar, en 1982, hasta ahora (2002) ha sido ratificada por 138 países.

Es el llamado de atención de un jurista que observa cómo las naves de una región son "afectadas" por este principio. Por mi parte, esta recensión-respuesta no solo es la de un chileno que por ardor patrio defiende un espacio soberano, sino más bien la continuación del diálogo con un jurista excepcional, cuya huella ha calado hondo en su manera de hacer ciencia del derecho: sus razones, con otras razones, y así seguimos haciendo ciencia. En esta recensión se analizan las motivaciones que ha depositado en este escrito, bello y breve, un gran jurista.

2. Los conceptos y ejemplos de casuística romanos que d'Ors utiliza merecen una brevísima relación, junto a simples sugerencias de líneas de profundización, no atinentes a ser completadas en esta recensión.

a) Propiedad y potestad estatal. Ofrece el autor una clara explicación de la "propiedad" actual, como derecho subjetivo, opuesta al antiguo *dominium* romano, como "poder de dueño", y de cómo en suelo provincial el *dominus* era el emperador y los particulares tenían sobre algunas parcelas una preferencia como "poseedores", lo que origina el concepto de las "preferencias" en suelo susceptible de apropiación, las que no serían sino personales.

Por cierto, esto es indiscutible para Roma: pero hoy el contenido de la "propiedad" derecho subjetivo exclusivo, real, y del cual se derivan "otros" derechos reales, es distinto. Se ha dejado de lado esa solución romana, inaplicable hoy en casi todos los órdenes jurídicos internos que, como legado de la Revolución Francesa y todo el movimiento de ideas de fines del siglo XVIII, colocó a la "propiedad" como un derecho cuasi sagrado, quizás con tanta absolutez como en el propio derecho romano arcaico, que no es el que nos trae a colación el autor.

El método que permite ofrecer modelos de solución de los problemas de hoy obliga a basarse en la actual objetividad, que es normativa, de orden interno en este caso para desde ahí intentar el agregado de valores propio del trabajo jurídico. Esto, sin perjuicio de la legitimidad de un análisis de valores o convicciones jurídicas, agregado por el jurista, como es el caso del libro que recensiono.

Sin mencionarlo el autor, la atribución de tierras desde el derecho romano hasta hoy, en que domina el exclusivismo, tuvo un paso intermedio: el del *dominio útil,* que se basaba en un concepto sostenido espiritualmente por la concepción cristiana de las propiedades simultáneas[262]. Si bien el derecho romano, en cuanto a técnica jurídica, ha resultado muy eficaz para el exclusivismo vigente, siempre ha prestado sus técnicas para una u otra concepción. En todo caso, la exclusividad de uso es hoy sinónimo de derecho subjetivo, que es la crítica permanente de nuestro autor; pero lo más grave, y en eso es razonable su crítica, es aquel concepto

262 Patault (1989), p. 16.

según el cual los vínculos potestativos del Estado en relación a un territorio, o porciones de territorio, son considerados "patrimoniales", como la relación de propiedad de los privados. Por lo tanto, si bien es correcto considerar un vínculo de soberanía nacional sobre el llamado "mar territorial a favor del Estado, ello será en un sentido no "propietarista".

b) Crítica a una posible "propiedad" estatal. Existe una deformación moderna, que no critica d'Ors, a través de la cual se ha llegado hoy a considerar (de un modo no solo excesivo, sino que además abiertamente incoherente) que algunos bienes, cuya condición y uso es de una natural inapropiabilidad, sean considerados como bienes "del Estado". Es el caso del agua, en general, tanto la que cubre el continente como la del mar, que en la antigüedad pudo ser considerada como *res communis,* pero que el avance de una nueva idea de una apropiación estatal la ha puesto en algunos países (lo que el autor visualiza, pero no lo critica: p. 68), como en España, en la condición de "dominio público del Estado", expresión incoherente, pues conlleva la contradicción de mezclar lo público, del público, del pueblo, con lo estatal. En nuestro país se considera a las aguas como "bienes nacionales de uso público" o "bienes públicos", pero no han faltado quienes han afirmado que eso significa, en último término, que son estatales, lo que no es legítimo en nuestro actual estado de fuentes[263].

Nuestro autor se refiere de pasada, sin crítica, a esta situación, al señalar cómo las *res publicae* son, "por tanto, de los distintos Estados" (p. 68). En todo caso, hoy no es posible afirmar, al menos en Chile, a partir del artículo 19 N° 23 de la Constitución de 1980, que exista propiedad "estatal" de clases o bloques completos de bienes.

No obstante, tanto en España como en Chile se ha infiltrado una cierta confusión con relación a lo estatal, como si fuese lo mismo lo público que lo estatal.

Por ejemplo, con relación a las aguas, algunas de ellas en Roma, eran *res communis,* ni siquiera *res publicae.* Hoy se da esa especie de "apropiación estatal" y una especie de vulgarización: se dice que lo público es, a fin de cuentas, estatal.

3. A efectos jurídicos, respecto de las aguas y de los territorios que pueden soportarlas, es necesario hoy distinguir tres situaciones:

1° las aguas del mar, o más bien, de la alta mar, que son consideradas "patrimonio común de la humanidad": la alta mar es también llamada la "zona";

263 Ver tal análisis y crítica en Vergara Blanco (2001), pp. 369 y sigs.

2° las *"aguas del mar territorial"*, las que en conjunto con la llamada Placa Continental bajo esas aguas, forman parte de la soberanía nacional, y,

3° las aguas llamadas "terrestres" o "continentales", que son usualmente *bienes públicos*.

Nuestro autor, con su lógica, se refiere a los "espacios marítimos", incluyendo a todas las aguas del mar y, por lo tanto, rechaza la existencia de un mar territorial (p. 70) como espacio separado.

En los tres casos, como las aguas son líquidas y deben ser soportadas por un suelo, se les une un concepto de terreno: 1° para el caso del alta mar, se sustenta en la "zona" o "fondo marino", 2° para el caso del mar territorial, se sustenta en la llamada "Placa Continental", y, 3° para el caso de las aguas terrestres, se sustentan en los "lechos" de ríos y lagos, las aguas superficiales; y las aguas subterráneas, en el "subsuelo". Estos conceptos los señalo sin mayor precisión para hacer notar la necesidad, siempre, de que las clasificaciones jurídicas de las aguas se relacionen con un terreno o suelo. Cuando se analiza un orden jurídico interno, los conceptos son más usuales: al intentar una clasificación más amplia -como esta- se intenta precisar los conceptos a través de terminología más ambigua, no "fijada" por alguna disciplina general, hoy inexistente para todas las aguas de la Tierra: aquí se cruza la terminología del derecho internacional y del derecho de aguas.

Nuestro autor no distingue todas estas situaciones y, en especial, no considera legítimo el "mar territorial" como parte de la soberanía nacional, lo que hoy forma parte del orden interno de varios países; entre ellos, Chile: a partir de esto, el país respectivo puede dictar la legislación que estime conveniente para su regulación: en eso consiste la soberanía sobre un territorio continental o marítimo.

En suma, en esta clasificación tripartita la "zona", o alta mar, se rige por el orden internacional. En tanto, las aguas del "mar territorial" y las continentales, así como el suelo que las soporta, se rigen por el orden interno de cada país; y el orden interno ha considerado a las aguas continentales como *bienes públicos*, no apropiables.

Entonces, en el caso de Chile no hay una "perturbación territorialista" respecto de las aguas del mar territorial, como nuestro autor señala (p. 69), sino simplemente el ejercicio de: la potestad de legislar, de regular el uso del mar territorial, su suelo y su subsuelo. Así, mediante este poder de legislar, nuestro orden interno excluye la apropiación estatal de esas aguas y suelo marino (artículo 19 N° 23 Constitución), y regula su uso por naves chilenas y extranjeras, ya sea para pesca u otros fines.

Bibliografía citada

Pataault, Anne-Marie (1989): *Introduction historique au droit des biens* (Paris, Presses Universitaires de France).

Vergara Blanco, Alejandro (2001): "La *summa divisio* de bienes y recursos naturales en la Constitución de 1980", en: *20 años de la Constitución Chilena 1981-2001* (Santiago, ConoSur).

V. HISTORIA DOGMÁTICA DE LA ALTA MAR Y DEL MAR TERRITORIAL[264]

Respecto de las aguas y los territorios que pueden soportarlas en nuestro mundo físico, y de ahí al jurídico, es necesario distinguir tres situaciones: i) las aguas del mar o, más bien, de la alta mar, las que son consideradas "patrimonio común de la humanidad"; ii) las aguas del "mar territorial", las que en conjunto con la llamada Placa Continental, que es terreno situado bajo esas aguas, forman parte de la soberanía nacional, y iii) las aguas llamadas "terrestres" o "continentales", ya sea superficiales o subterráneas, que son bienes públicos, y que se rigen en nuestro país por el Código de Aguas.

Ofrecemos en este breve trabajo una historia dogmática de la primera categoría señalada: de la alta mar y del mar territorial.

INTRODUCCIÓN. HISTORIA DOGMÁTICA: DE LA *RES COMMUNIS* Y DE LA SOBERANÍA AL *MARE LIBERUM*

En la actualidad el problema de la alta mar y del mar territorial (clasificación moderna) tiene unas características distintas al del mundo antiguo, medieval o moderno. En especial, cabe consignar que para los romanos sus posibilidades prácticas de acceder al "alta mar" eran limitadísimas, Lo mismo sucedía para los medievales e incluso para los autores de la época moderna. Pienso en tres estadios históricos bien determinados y que son "clave" para comprender hoy los conceptos de "*res communis*", "soberanía" y "*mare liberum*".

264 Publicado en: *La Semana Jurídica*, N° 229, semana del 31 de julio al 6 de agosto de 2006, pp. 8-9.

1. EL CASO ROMANO DE LA ISLA QUE NACE EN EL MAR

Era considerada *res nullius* y "*ocupable*". Este caso está en el Digesto (D. 41, 1, 7, 3) y se trata de un breve texto de Gayo, libro II. [véase Gai, *Inst.*, II, 70-72, referido solo a ríos], según el cual "la isla que nace en el mar –lo que raramente ocurre– se hace (es propiedad) del que la ocupa, cuando se cree que no es de nadie" *["Insula quae in mari nascitur (quod raro accidit) occupantis fit: nullius enim esse creditur"]*. También recogido en Inst., II, 1, 22. En Gai, *Inst.*, II, 66, hay una referencia general a las cosas que se capturan ("ocupan") en el mar, y que no eran de nadie: *res nullius*.

En esto no hay discusión y así lo interpreta sin dificultad, a partir del texto explícito del Digesto, la romanística. Es el caso de d'Ors (1986, p. 215, § 164), quien señala como un caso de ocupación, que origina apropiación posesoria, el de la isla que nace en el mar dada su condición de *res nullius*. Vid, además, y por vía ejemplar, desde antiguos autores, a: Cuq (1917, p. 259), señala como *res nullius* a estas islas; y, un moderno autor, chileno, Guzmán Brito (1996, t. II, p. 542), señala que estas *insulae* son *res nullius* y, por tanto, objeto de ocupación.

Es indiscutible la naturaleza de *res nullius* de estas islas que nacen en el mar y el sentido de "apropiación", por la vía de ocupación, que postulan estos textos romanos. Pero el texto y el contexto del texto citado, que dice relación con la apropiación de nuevas tierras, no es posible pensar que, por vía de extensión, los mismos romanos lo hubiesen querido aplicar a la explotación del fondo marino (que no estaba dentro de sus posibilidades técnicas), como lo postula, por ejemplo, d'Ors (1998, p. 71), una "preferencia posesoria", por la vía de la ocupación.

En todo caso, esta doctrina, así directamente obtenida de las fuentes romanas, no es posible aplicarla hoy ni a la alta mar o a la "*zona*", que son hoy consideradas, "*patrimonio común de la humanidad*", concepto similar a las *res communis* romanas, pero no a las *res nullius* ni al "mar territorial" y a la placa continental a que está adosado (pues tales espacios forman parte del territorio soberano de los países, cuya técnica jurídica interna lo calificará, entonces, como "*bienes públicos*", no estatales; concepto similar a la *res publicae* romanas, pero en ningún caso *res nullius*).

Por lo tanto, si asimilamos el actual descubrimiento de yacimientos en el fondo marino al caso romano de la *insula in mari nata*, la solución nunca consistirá en considerarlos *res nullius*, ocupables y apropiables.

2. EL COMENTARIO DE BÁRTOLO: LA SOBERANÍA Y EL MAR VECINO

El jurista medieval creador de la teoría que ha dado lugar modernamente al "*mar territorial*", Bártolo de Sassoferrato (1314-1357), la ofreció precisamente comentando este texto del digesto: "*Insula quae in mari nascitur*".

a) La soberanía en Bártolo. Y es en extremo relevante que haya sido Bártolo quien haya comentado este mismo texto, del que desprende su teoría de la dependencia del mar adyacente a un territorio (texto que hoy esgrime d'Ors para negar legitimidad al concepto actual de "mar territorial"), no solo porque estamos ante el más importante jurista medieval, sino porque este mismo jurista, en otra parte de su obra, y comentando otros textos del Digesto, fue el creador del moderno concepto de "*soberanía*", y ya veremos cómo el mismo Bártolo nos permitirá vincular ambos conceptos de mar próximo, vecino o adyacente, en su terminología (hoy "mar territorial"), con los conceptos de "soberanía" (*civitas sibi princeps*: la ciudad es soberana para sí misma).

Así, Bártolo comentando textos romanos (*sobre el Digesto*, en especial, D. 1, 1, 9, que corresponde a un texto de Gayo, *Inst.*, según el cual *"el derecho que cada pueblo constituyó él mismo para sí, es propio de la misma ciudad")* atribuyó a la *civitas* la totalidad de los poderes que estaban reservados al emperador. Así se accedía a la categoría de soberanía: el uso del poder de legislar, lo que es reconocido por el pueblo y que es aceptado por otros estados. Así surge la soberanía, como concepto, en paralelo con el concepto de Estado, tal como modernamente se entiende (Black, 1992, p. 178). Esta doctrina de Bártolo, como se sabe, se convirtió en una revolución copernicana, pues desde el *dominium mundi* al *civitas sibi princeps*, ofreció al sistema de estados soberanos que surgieron en Europa en el medioevo una estructura jurídica; un aparataje conceptual.

Por lo tanto, cada vez que en su obra se refiere a la *jurisdicción* que un Estado ha de ejercer en un territorio o un espacio, así sea marítimo, se está refiriendo al ejercicio de su soberanía: el poder de legislar en ese sector, lo que debe ser obedecido por sus súbditos, y respetado por los otros Estados.

b) El mar vecino en Bártolo. En 1355, de vacaciones junto al río Tíber, Bártolo escribió tres tratados relativos a las transformaciones físicas producidas por las aguas de los ríos en los predios limítrofes y designó a toda su obra *De fluminibus seu Tyberiadis*. Los tres tratados son: *De alluvione*, *De insula* y *De alveo*.

En el tratado *De insula*, Bártolo se refiere en detalle al texto de D. 41, 1, 7, 3-4, en especial a la primera parte, referida a la isla que nace en el mar (la segunda parte es referida a la isla nacida en un río). Parte señalando que si la isla se cree que no es de nadie: "De lo cual se sigue lógicamente, que pertenece al ocupante por derecho de gentes" (p. 5). Pero, agrega (bajo el siguiente título: "Quien tiene jurisdicción en un territorio unido al mar, tiene también jurisdicción en el mar hasta las cien millas"):

"Pero, aunque no pertenezca a nadie en cuanto al derecho de dominio, ¿está o no bajo alguien en cuanto a la jurisdicción, en orden a que pueda castigar los crímenes que allí se cometen y administrar justicia a las gentes que vayan a habitar en aquel lugar? Puede dudarse. Sobre esto, es preciso considerar si quien tiene jurisdicción en un territorio unido al mar, la tiene en el mismo mar y hasta dónde. Y parece que no, porque el mar es común a todos. La verdad, sin embargo, es otra, pues, así como el gobernador de una provincia debe dejar libre la provincia de hombres malvados por tierra, lo mismo debe hacer por el mar. De esto se sigue que tiene también jurisdicción en el mar y, con más razón, en las islas que están en dicho mar. Así, pues, aquellas islas que distan poco espacio de una provincia, decimos que pertenecen a esta provincia, como ocurre con las islas de Italia. Pienso que existe una distancia módica, cuando distan hasta cien millas, pues se considera lugar vecino. Con esta opinión coinciden las Decretales de Gregorio IX, en donde se dice que lo que se encuentra a dos jornadas de camino no se considera lugar remoto. Por otra parte, consta que cien millas por mar son menos que dos jornadas por tierra. Por tanto, si pertenecen a otro en cuanto a la jurisdicción, no pueden serlo del ocupante".

Este texto es muy relevante para la construcción de lo que modernamente llamamos "mar territorial" o, en la terminología de Bártolo, el "*mare territorio cohaerens*", esto es, el mar adyacente respecto del territorio; pues se considera "*vecino*" (citando al D. 39, 2, 4, 9). Agrega, distinguiéndolo de la situación anterior, el caso de la isla que estuviese en "*alta mar*", de modo que se encontrase distante de cualquier lugar. De este modo, ya Bártolo distinguía el "*mare territorio cohaerens*" de la "*alta mar*"; esto es, entre el espacio marítimo adyacente, por un lado; y el alta mar, por otro.

3. EL *MARE LIBERUM* DE GROCIO

Se ha dicho que la tesis del *mare liberum* de Grocio solo era una "hábil manera de dar preferencia al que contaba con más fuerza naval" (d'Ors, 1998, p. 68). Analizaremos críticamente esta afirmación.

En 1609 el joven jurista Hugo Grocio (1583-1645) escribió el libro *Mare liberum*, para defender la libertad de navegación (con ocasión de un caso de captura en 1603 de una nave portuguesa). Señaló que el mar, propiamente infinito, es cosa común a todos, no susceptible de ocupación, sin distinción alguna entre sectores del mar.

Pero en su obra de madurez, *De jure belli ac pacis* (1625), Grocio volvió a tratar el tema, distinguiendo al respecto el "mar próximo" y el "mar oceánico", admitiendo la posibilidad jurídica de un "dominio" del primero, sin perjuicio de la posibilidad de tránsito inocuo por sus aguas

Grocio, trata el tema en su *De jure belli ac pacis*, II, 3, 13, 2, capítulo referido a las cosas que pertenecen en común a los hombres. Se refiere a la parte del mar que puede llamarse "próximo" a la tierra (II, 2, 14, 1); esto es, la porción del mar que se considera una dependencia de la ribera y en la cual se ejerce jurisdicción por un Estado. Lo distingue del "*mar abierto*"; esto es, de una parte del mar de tal extensión, en comparación con la tierra firme, que no pueda considerarse formar parte de esta última. Señala Grocio que en el mar "próximo" se ejerce soberanía (II, 3, 13, 2) y el "mar abierto" se mantiene en la vieja naturaleza: *uso común* (II; 3, 11).

Grocio se está refiriendo a la posibilidad de navegar en los mares y no es parte de su análisis el posible aprovechamiento del fondo marino. Además, es notorio cómo lo que hoy conocemos como "alta mar" ("mar abierto" o "mar oceánico", en su terminología), lo califica de *res communis*, y no como *res nullius*. Y lo que hoy llamamos "mar territorial" (o "mar próximo"), en su terminología, lo califica como objeto de la soberanía, de la que deriva el llamado "*dominio eminente*", en su terminología, facultad superior sobre todo el territorio (véase Vergara, 1988); concepto este creado por Grocio para explicar la faz territorial de la soberanía (distinta a la explicación de Bártolo, ya vista): véase Grocio, *De Iure belli ae pacis*, I, 1, 6.

Grocio, conocedor de la terminología romana y de los comentaristas (cita al Digesto y al propio Bártolo) ocupa para otros efectos los términos *res communis* y *res publicae*, y no llega a precisar uno de estos últimos conceptos para el "mar próximo", no pensando en su "apropiación" estatal, sino más bien en la "*soberanía*" por la vía de su concepto matriz de "*derecho eminente*".

Por lo tanto, la ocupación de islas o el fondo marino, del alta mar, como *res nullius* no es algo posible de considerar ni en las fuentes romanas, ni en los comentarios o desarrollos posteriores a esas fuentes, sino como *res communis*, no apropiable. En la época de Roma, no era apropiable por razones de imposibilidad técnica, por lo cual no fue considerado por sus juristas. Sin embargo, desde la época medieval hasta hoy ha ido tomando cuerpo jurídico una idea, una teoría de separación del mar: entre el mar más lejano y el mar más próximo. Así fue en Bártolo, así fue en Grocio, dos autores singulares en esta historia de una idea jurídica que desemboca en el nacimiento de dos conceptos modernos: "mar territorial" (para el mar próximo) y "patrimonio común de la humanidad" (para la zona, o alta mar).

4. ACTUALES DEFINICIONES JURÍDICAS

a) Alta mar. Su régimen actual está recogido en el ordenamiento internacional del mar, específicamente en la Convención de las Naciones Unidas sobre el Derecho del Mar, de 1982, cuyo artículo 136 proclama: *"La Zona y sus recursos son patrimonio común de la humanidad"*. Enseguida, su artículo 137, 1, señala que: "Ningún Estado podrá reivindicar o ejercer soberanía o derechos soberanos sobre parte alguna de la Zona o sus recursos, y ningún Estado o persona natural o jurídica podrá apropiarse de parte alguna de la Zona o sus recursos. No se reconocerán tal reivindicación o ejercicio de soberanía o de derechos soberanos ni tal apropiación".

En la Zona no hay soberanía estatal ni apropiación. Tal "Zona" (alta mar y fondo marino) es *res communis*, al estilo romano; pero no es *res nullius* (cosa de nadie). Lo mismo se aplica a los recursos o yacimientos minerales del fondo del mar, en tal zona.

b) El "mar territorial". La historia jurídica del mar territorial tiene precedentes más cercanos (artículos 589: "mar adyacente"; 593: ídem; y 597: "mar territorial", todos del Código Civil en su versión primera), historia cuyas variaciones durante la época patria (siglos XIX y XX) no dicen relación con el nacimiento o renacimiento del concepto, pues siempre existió con una u otra terminología, sino que las variaciones son más bien de extensión territorial, siendo su punto una declaración chilena de 1947, que lo fija en "200 millas marinas". Esta agua y dicho terreno son bienes públicos o bienes nacionales de uso público.

BIBLIOGRAFÍA CITADA

Barrientos, Javier (1993): traducción de la *repetitio* a la *Lex Quominus De Fluminibus* de Bártolo, en: *Revista de Derecho de Aguas*, vol. 4 (1993), pp. 97-125.

Bártolo de Sassaferrato (1355): *De Insula* (Madrid, Centro de Estudios Constitucionales, 1979), traducción de Prometeo Cerezo de Diego y preámbulo de Antonio Truyol y Serra.

Black, Antony (1992): *Political Though in Europe, 1250-1450* (Cambridge University Press).

Cerezo, Prometeo (1977): "Orígenes de la teoría del mar territorial en Bártolo de Sassoferrato", en *Revista Española de Derecho Internacional*, vol. 30 (1977), N°s. 2-3, pp. 237-255.

Cuq, Édouard (1917): *Manuel des institutions juridiques des romains* (Paris, Plon-LGDJ).

d'Ors, Alvaro (1986): *Derecho Privado Romano* (Pamplona, Eunsa).

—(1998): *La posesión del espacio* (Madrid, Civitas).

Grocio, Hugo (1625): *Del Derecho de la Guerra y de la Paz* (Traducc. castellana de Jaime Torrubiano, Madrid, Reus 1925), tomo 1 (véase traducción francesa reciente de Pradier-Fodéré: Hugo Grotius, *Le droit de la guerre et de la paix* (Paris, Presses Universitaires de France, 1999).

Guzmán Brito, Alejandro (1996): *Derecho Privado Romano* (Santiago, Editorial Jurídica de Chile), t. II.

Vergara Blanco, Alejandro (1988): "*El dominio eminente y su aplicación en materia de minas*", en: *Revista Chilena de Derecho*, 1988, XV, 1, pp. 87-110.

VI. ACCESO A LAS PLAYAS: JURISPRUDENCIA ZIGZAGUEANTE E INSUFICIENTE REGULACIÓN[265]

La jurisprudencia sobre el acceso a las playas es zigzagueante y la solitaria norma que la regula es extremadamente precaria e insuficiente.

Son frecuentes los conflictos en relación a las playas, en que autoridad, propietarios colindantes e interesados en instalarse en ellas, disputan sobre su acceso.

La jurisprudencia judicial desde hace muchos años ha ofrecido doctrinas zigzagueantes y, en el último tiempo, ha intervenido el Tribunal Constitucional, que ha dado un giro a una antigua doctrina suya. Es un conflicto en que la legislación es insuficiente y la jurisprudencia tanto judicial como del Tribunal Constitucional es errática.

En efecto, el acceso de la población a las playas de mar, ríos y lagos es un tema problemático. Año a año, durante la temporada estival, vemos las mismas noticias: personas que desean acceder legítimamente a las playas, propietarios que impiden legítimamente el acceso a su propiedad privada o que cierran accesos que ya existían anteriormente; cobros por el acceso; políticos oportunistas que ofrecen nueva legislación; etc... Ahora que se acerca la tranquilidad invernal, quizás es posible observar con más calma dicho tema.

Las playas de mar, ríos y lagos son bienes nacionales de uso público y, en tal calidad, dichos bienes deben estar abiertos al uso de las personas que así lo deseen, como lo dispone el artículo 589 del Código Civil respecto de todos los bienes nacionales de uso público. Ello es concordante con la necesidad de asegurar el ejercicio ciudadano de la garantía de la libre locomoción.

Pero esta declaración de la "apertura" de dichos bienes al uso del público, en el caso de las playas cabe complementarlo, para darle eficacia, con la existencia efectiva de vías o caminos de acceso: si estos no existen, o si entre la vía pública y la playa se interpone una propiedad privada, no basta esa declaración: es necesario construir ese camino o "abrir" un acceso.

265 Publicado en: *El Mercurio Legal*, 15 de mayo de 2012.

Y es aquí donde encontramos las verdaderas dificultades, pues la única norma que existe al respecto (el artículo 13 del Decreto Ley N° 1.939 de 1979) ha sido a la vez la fuente de todos los problemas. Nada ha solucionado. Esta norma, en síntesis:

i) permite al Intendente Regional fijar un acceso gratuito a una playa de mar, río o lago;

ii) ello se hace utilizando, sin pago alguno, los terrenos colindantes de propiedad privada;

iii) basta que sea solicitado por una persona aduciendo "fines turísticos o de pesca" y no exista ninguna vía o camino público para acceder a dicha playa.

Toda esta regulación es extremadamente precaria e insuficiente, entre otras, por las siguientes razones:

1° Es problemática la utilización del término "colindante". Se entiende por colindantes a aquellos propietarios de inmuebles que limitan con las dependencias del bien público señalada por la ley. Pues bien, ¿qué ocurre en aquellos casos en que producto de accidentes geográficos se rompe la contigüidad que exige la noción de colindante? Si somos rigurosos, la norma sería inaplicable para este tipo de casos.

2° La norma hace una distinción arbitraria al señalar que el uso será para "fines turísticos o de pesca", imposibilitando a otras personas su derecho a solicitar el acceso para fines distintos, aunque igualmente legítimos. Además, rompe un principio que se aplica a todos los demás bienes nacionales de uso público, esto es, que podrán ser usados por todas las personas, para todos los usos que no estén expresamente prohibidos, como es el caso de calles y plazas.

3° Dicha norma no señala la naturaleza, características y alcances de lo que debe entenderse por "acceso a playa", es decir, la extensión del gravamen. La jurisprudencia tampoco ha sido certera al precisar qué tipo de acceso cumple con el requisito para ser calificado como "acceso para fines turísticos o de pesca", existiendo al presente una amplia y disímil variedad de criterios jurisprudenciales según las distintas zonas del país. ¿Una huella o sendero es suficiente o debe permitir el acceso de vehículos? En síntesis, la norma no aclara si este acceso constituye, en los hechos, un simple "derecho de paso" o un verdadero camino público.

4° Finalmente, el punto más crítico de la norma en cuestión (y el que origina la mayor discusión) es el carácter "gratuito" de este acceso. Esto pone en enfrentamiento la norma a que nos referimos con el derecho de propiedad,

> garantizado constitucionalmente. Nuestra Constitución permite dos niveles de afectación de esta garantía constitucional. Una primera posibilidad es la "limitación" y una segunda técnica es la "privación", que requiere de un procedimiento de expropiación, con el fin de indemnizar al afectado.

Las preguntas son, entonces: ¿este acceso es una limitación o una privación? ¿Qué implica que sea "gratuito"? ¿Podría ser considerado constitucional o no?

El Tribunal Constitucional en 1996 (rol N° 245) opina que se trata solo de una limitación al dominio del particular ribereño, no existiendo privación, pero que en los hechos hace ilusorio ejercer los atributos de uso y goce propios del dominio por parte del particular, lo que lo hace indemnizable. En el año 2009 (roles N° 1.141 y 1.215) afirma nuevamente que se trata de una limitación, aunque sin pronunciarse expresamente respecto de la necesidad de indemnización, simplemente dejando abierta la posibilidad.

En efecto: ¿cuál es la verdadera y auténtica interpretación que debe dársele al vocablo "gratuito" contenido en el artículo 13 del DL N° 1.939? Una posibilidad es entender que no cabe indemnizar al afectado por la fijación de este acceso a la playa, que es la interpretación más tradicional que siguió el Tribunal Constitucional en 1996. En cambio, otra alternativa es entender que la norma prohíbe que el propietario colindante cobre a los usuarios por el derecho a paso que debe concederles en forma gratuita, sin perjuicio del derecho del propietario afectado a cobrar una indemnización del Fisco, si es que así lo estimare, que es el camino por el que optó el Tribunal Constitucional en 2009, dejando la indemnización como una materia a resolver eventualmente mediante una acción de responsabilidad patrimonial de la administración.

Como vemos, la redacción actual de la norma ocasiona demasiadas dudas en la interpretación y los tribunales judiciales y el TC no ofrecen un marco de principios que puedan rellenar todas las lagunas que deja esa norma.

El Gobierno anunció hace un tiempo que se encuentra estudiando una modificación a la norma con el fin de poder facilitar expropiaciones para los casos más complejos que así lo requieran.

La idea de la expropiación apunta en el sentido correcto, pues debe unirse a una política pública de acceso a playas determinadas, y no dejar a la espontaneidad de los paseantes y de los Intendentes la apertura gratuita y arbitraria a cualquier playa.

Por todo lo señalado parece urgente una modificación integral a dicha norma, para así solucionar y conciliar los intereses de la ciudadanía, del Estado-Administración y de los propietarios ribereños.

VII. EL DESLINDE DE LAS COSTAS[266]

1. El tema del libro. El presente libro es un estudio sobre los conflictos que suscita en el derecho español la regla del dominio público absoluto de la zona marítimo-terrestre y de las playas, establecida en España en la Constitución de 1978 y desarrollada en la Ley de Costas de 1988, ofreciendo el autor criterios de solución de problemas que ha planteado su aplicación, los cuales pueden ser de interés para nuestro medio.

A partir de esta nueva ley de costas españolas de 1988 se produce una consecuencia científica y, como expone el autor, práctica. Para España, el aspecto práctico es más apreciable a partir de su jurisdicción administrativa, separada de la civil.

A partir de esta nueva ley, el único título que legitima toda posesión privativa (o "exclusiva", en términos civilistas) es la concesión administrativa. Desaparecen, en términos del autor, las "excepciones civilistas"; en otras palabras, desaparece toda posibilidad de propiedad privada-civil en este sector: "el derecho civil pierde su papel" (p. 37).

Esto es plenamente concordante con la teoría del dominio público, lo que, aplicado a las playas y costas, significa lo siguiente: al estar excluidas las playas y costas del tráfico jurídico privado no es posible a su respecto la propiedad y el único modo de obtener títulos de aprovechamiento o uso es la concesión. No obstante, este es un problema teórico que en ningún caso implica la imposibilidad de construir sistemas jurídicos, distintos de la propiedad, que otorguen a los particulares un título privativo de ocupación, que les proporcione certeza e intangibilidad: son los derechos reales administrativos.

Este es el contexto de este libro, que expone sobre un tema interesante en un área en que confluyen al derecho administrativo de los bienes, el derecho civil y el derecho urbanístico. Expórtese el problema de un dominio público particular: las costas, y algunos aspectos de su nueva regulación legislativa, y de la respuesta

266 Recensión a: *El deslinde de las costas,* de Santiago González Varas Ibáñez (Madrid, Marcial Pons, Ediciones Jurídicas S.A., 1995, 146 pp.). Publicada en: *Revista Chilena de Derecho*, Vol. 25, N° 2, 1998, pp. 519-521.

jurisprudencial a los efectos sobre el patrimonio de los particulares que ello ha significado.

En Chile el debate jurídico sobre el "borde costero" (que es nuestra terminología) recién comienza y su nivel es aún más bien político-administrativo que jurisprudencial.

Parte el autor su análisis a partir de un hecho: la permisibilidad tradicional para la creación de enclaves privados, o bien para permitir apropiaciones individuales en sectores considerados de dominio público. La tolerancia respecto de esto último se habría extendido incluso a edificaciones, lo cual fue sostenible mientras suponía un hecho sin gran relevancia jurídica, social o económica, pero luego surgieron poderosos intereses en la zona costera (por el turismo), los que constituyeron, según el autor, auténticas usurpaciones del dominio público costero. Entonces, el legislador ha reaccionado por la vía de hacer valer la calidad del dominio público de dichos bienes.

2. *El deslinde de las costas.* Expónese en este libro el actual papel del "deslinde" en la protección de los bienes del dominio público, para evitar apropiaciones privadas que impidan su destino público, analizando el autor el cambio producido con la Ley de Costas española de 1988 en relación con las ocupaciones que particulares realizaban de playas y bordes costeros.

Tradicionalmente, el obstáculo principal para afirmar el carácter público de las costas estaba en que, cuando los particulares habían obtenido una inscripción a su favor, la Administración, una vez practicado el deslinde, debía ejercer una acción reivindicatoria ante los tribunales civiles para adquirir (recuperar) la titularidad y la posesión del bien objeto del litigio. El deslinde no atribuía directamente la calidad de dominio público ni la toma de posesión del bien en estos casos.

Tras la Ley de Costas de 1988 en el derecho español desaparece este obstáculo, mediante una nueva regulación del deslinde. Este deja de ser un título condicionado al reconocimiento por parte de los tribunales de su supremacía sobre las inscripciones registrales de los titulares privados.

A partir de ahora será un título que vale directamente para afirmar la titularidad pública del bien deslindado. De este modo, ahora serán los particulares afectados por el deslinde los que deberán entablar las acciones judiciales para defender sus posiciones jurídicas [Es esta, entonces, una verdadera privación de un bien, por efecto de un deslinde administrativo y no de una sentencia judicial, que confirmase tal deslinde].

La clave del sistema jurídico del dominio público de las costas está en el deslinde, al prevalecer este sobre los títulos registrales y atribuir inmediatamente a la Administración la facultad de ocupar los bienes enclavados en la zona deslindada.

Puede decirse que, ante el derecho español de costas, la administración no necesita de un juicio reivindicatorio para recuperar un bien costero apropiado por un particular, pues ello lo consigue por un acto administrativo de deslinde a través del cual se declara, asimismo, como propietario y se atribuye la facultad de ocupación de los bienes denunciables.

Ante esta realidad vigente en España, es certera la conclusión del autor al sentar que el deslinde es la clave de la nueva regulación de costas, al ser el instrumento decisivo por el que se logra el desiderátum legal de protección de la zona costera, que pertenece al dominio público [que es bien nacional de uso público en la terminología legal chilena]. No obstante, ante este sistema del derecho español que ha desequilibrado evidentemente la balanza a favor de la Administración, atribuyendo poderosos efectos al deslinde, los derechos y garantías de los particulares han quedado debilitados.

Se aborda el tema del Registro de Propiedad como garante de los bienes públicos. Expone el autor las nuevas reglas a que se someten las inscripciones ("inmatriculaciones") de propiedades en las zonas costeras y los deberes impuestos a los registradores de la propiedad ("Conservadores de Bienes Raíces", entre nosotros) en orden a comprobar realmente si las propiedades que se pretenden inscribir ocupan o no dominio público. Esto origina nuevas tramitaciones, pero con ello se cumple igualmente con el objetivo de protección del dominio público. Si las propiedades no lindan con el dominio público, se deben inscribir: pero si lindan debe comprobarse si invaden o no el dominio público, para lo cual debe acompañarse una certificación de la Administración.

3. *El libro reseñado.* A partir de una exposición inicial sobre la naturaleza jurídica del deslinde (cap. 1), el autor desarrolla el procedimiento establecido para ello (cap. 2), y su efecto de atribuir la toma de posesión de los terrenos deslindados y su ejecutoriedad donde aborda el tema de las garantías de los particulares (cap. 3). A partir de estos capítulos iniciales, desarrolla el autor los litigios que se suscitan a propósito del deslinde administrativo ante la dualidad jurisdiccional vigente en España (cap. 5) y los que han resultado con posterioridad (cap. 6).

Solo en este capítulo final aborda los temas, ciertamente iniciales, de la integración del dominio público marítimo terrestre (los bienes que lo componen: playas y riberas de mar, en general) y el binomio afectación-desafectación, y los criterios jurisprudenciales a su respecto. Termina este trabajo con una exposición sobre el criterio adoptado por la ley de costas española de 1988 para indemnizar a los ocupantes de playas y riberas de mar, incluso de aquellos que habrían logrado a su favor inscripciones en los registros de propiedad. La compensación jurídica que la ley establece para aquellos que se habían sentido propietarios de espacios de la zona costera es la atribución de una concesión administrativa, con un plazo amplio, pero no indefinido: siguen ocupando los mismos bienes, pero en una calidad jurídica distinta.

Es este estudio un interesante análisis de exposición de los principales problemas a que da lugar el deslinde de la zona costera en el derecho español. Ofrece para nosotros al interés de visualizar una solución legislativa y jurisprudencial del derecho comparado de esa tensión habitual entre ocupaciones privativas y dominio público.

Nosotros mismos hemos sufrido cambios normativos (o aclaraciones normativas vigorosas) en materia de aguas (en 1967) y de minas (en 1971), aún no consolidados en materia de borde costero. Al parecer, es central una preocupación administrativa en orden a catastrar y deslindar, pero ello ha de hacerse una vez que exista una claridad legislativa al respecto, lo que se encuentra pendiente en Chile, pues la legislación del área (DFL 340, de 1960) está algo necesitada de revisión.

§ 10

PROPIEDAD, PROPIETARIZACION Y SUBSUELO

I. HISTORIA DEL DERECHO DE PROPIEDAD. LA IRRUPCIÓN DEL COLECTIVISMO[267]

1. En el comienzo de una indagación sobre el concepto del "dominio público", y hurgando conceptos generales, me he encontrado con este bello ensayo que quiero dar a conocer. La verdad es que adentrarse en este tema de la propiedad, a mi juicio, se torna cada vez más difícil, sobre todo cuando de por medio hay un sincero interés científico; pues es común que el concepto mismo de propiedad se presente mediatizado ideológicamente. Ello impide, si se ha de ser sincero, comenzar su estudio sin un prejuicio en nuestra mente. Este libro de Paolo Grossi es una clara demostración de lo anterior, como él mismo da cuenta. La obra original, en lengua italiana (*Un altro modo di possedere. La emersione di forme alternative di proprietà alla cosciencia giuridica postunitaria,* Milán, Giuffré Editore, 1977, N° 5 de la colección "Per la historia del pensiero giuridico moderno"), tiene dos partes: la primera, el "dibattito europeo" y, la segunda, la "vicenda italiana". Pues bien, de esta segunda parte sencillamente se prescindió en la edición española que comentamos; pienso que, independientemente de estar de acuerdo o no con el análisis de Grossi, es bueno conocer el último capítulo –el 4.°– de la segunda parte de la edición italiana ("problemi de costruzione giuridica"), en que son resumidos muchos planteamientos y se propone por parte de Grossi una tentativa de construcción jurídica, que, al fin y al cabo, debe examinarse para poder acoger o no sus argumentos. Todas estas observaciones las efectuamos sin considerar el valor de la obra y las formulamos únicamente como crítica a la técnica editorial, ya que creemos que las traducciones deben ofrecer el texto íntegro de las obras, como en otras ocasiones magníficamente lo ha demostrado Editorial Ariel. Como dato complementario, la edición inglesa de esta obra (*An Alternative to Private Property. Collective property in the juridical consciousness of the nineteenth century,* Chicago- London, The University of Chicago Press, 1981),

267 Recensión a: *Historia del derecho de propiedad. La irrupción del colectivismo en la conciencia europea*, de Paolo Grossi (Barcelona, Ariel, 1986). Publicada en: *Revista de Derecho Público*, Vol. 1, 1988, pp. 256-258.

contiene no solo toda esta segunda parte, sino, además, una "prefazione" de Grossi (también excluida en la edición española) y un útil "Index", tanto de materias como de autores.

Paolo Grossi es un profesor de la Universidad de Florencia, y director del Centro de Studio per la Storia del Pensiero Giuridico Moderno y de su órgano de difusión, los "Quaderni Fiorentini".

2. *El debate europeo.* La indagación de Grossi tiene por objeto una reflexión sobre las formas de propiedad. Se declara él mismo cauteloso ante la compleja clave ideológica que merodea este tema: según él, "propiedad individual y propiedad colectiva no son de por sí símbolos de ideologías contrapuestas" (p. 28), con lo que estamos de acuerdo, aunque declaramos que el peligro está en las matizaciones, en que el mismo Grossi, como veremos, incurrirá. Mas el deseo declarado del autor es elaborar un concepto de jurídico de "propiedad colectiva", que nada tenga que ver con un problema y una instancia de colectivización general. Él cree que la historia ha conocido ampliamente otro modo de poseer, minimizado por el individualismo, y que es precisamente lo que trata de hacer resurgir. En definitiva, su pretensión es colocar al lado del modelo "propiedad individual" la propiedad colectiva, como alternativa.

El debate europeo, del que da cuenta esta edición española, se desarrolla –junto a una introducción– en seis capítulos, a través de los cuales se enfrentan, por un lado, los testimonios "colectivistas", podríamos decir, de Maine y Laveleye, con, por otro lado, el impugnador de tales tesis colectivistas: Fustel de Coulanges. El problema de las formas históricas de apropiación, según Grossi, habría constituido uno de los grandes problemas "culturales" del siglo XIX.

El testimonio de Henry Summer Mayne (capítulo I, pp. 53-86) es, en verdad "provocador". A su entender, "el monopolio y la prepotencia de una cultura de cuño romanista han colocado entre los desperdicios de la historia a la propiedad colectiva" (cit. en p. 72), dirigiendo sus empeños intelectuales no solo a tratar de desentronizar el modelo "propiedad individual", sino el modelo "cultural" del que se hacía portador (entiéndase: iusnaturalismo). En la misma línea, Émile de Laveleye (capítulo II, pp. 87-113) cree probar que el *dominium* exclusivo es reciente y que, desde tiempos primitivos, la verdadera forma de poseer es la colectiva. Es notorio el entusiasmo del autor por esta tesis. A su juicio, "las teorías justificativas del surgimiento de la propiedad individual adoptadas por dos mil años de fertilidad inventiva de los politólogos, filósofos y juristas quedan demolidas y aun ridiculizadas" (p. 99), lo que –creemos– no es ni correcto ni tampoco un modo ponderado de enfrentar las cosas.

Si es notorio el entusiasmo del autor por aquellos testimonios, también lo es su animadversión por el pensamiento de Fustel de Coulanges (capítulos IV, V y VI, pp. 131-188). Creemos que sobre él nada necesitamos decir, pues es suficientemente conocido que el autor de "La ciudad antigua" sigue la tradición romana.

3. *Comentarios.* En suma, la conclusión de Grossi es que la noción de propiedad individual no se conocía antes de la Revolución Francesa, que habría sido una creación de la época y que, por el influjo del individualismo, se ha relegado al olvido el otro modo de poseer: el colectivo.

En mi opinión, guiado por mis actuales reflexiones, el actual y gran debate sobre la propiedad dice también relación con la determinación de su subjetividad u objetividad: ¿es la propiedad el principio epistemológico del derecho?, y, en relación con el dominio público (incluso bienes "del Estado"), ¿se puede trasladar estas nociones al campo iusadministrativo?

No podemos dejar de pensar en lo huérfana que se encuentra la noción actual del "dominio público", precisamente porque tradicionalmente se la ha intentado explicar a base de categorías civilísticas. Si estamos de acuerdo en que actualmente el derecho civil, por sí solo, es incapaz de explicar las relaciones jurídicas que se producen entre los particulares y el moderno Estado administrador, debemos modelar nuevas nociones alejadas de la conflictiva –y quizá, hasta cierto punto, insuficiente– concepción de "propiedad" en sentido privado (¿es que todo tiene que ser propiedad?) y ubicar estas nociones, a mi parecer, y para el caso del dominio público, más cerca de los "fines", los que, en cierto modo, podrían justificar aquello que llamamos potestades administrativas, que vemos surgir por doquier.

II. LA "PROPIETARIZACIÓN" DE LOS DERECHOS: UNA SINGULARIDAD DE LA CULTURA JURÍDICA CHILENA[268]

En una ponencia a las Jornadas Chilenas de Derecho Público de 1989, en que abogaba por la necesidad de reconocimiento normativo a la categoría jurídica de los derechos reales administrativos[269], apunté que el inconveniente estriba en que el ordenamiento legal chileno no ha reconocido validez (y seguridad jurídica, pues de eso se trata) a estos derechos como tales, sino que siempre los ha considerado a través de una desnaturalización: considerándolos o vinculándolos a la propiedad. Se recurre, así, al viejo camino de cosificar los derechos.

Es esto, como allí se decía, una "desfiguración del derecho de propiedad"[270], fruto de una singularidad de la cultura jurídica chilena.

Pues bien, lo que ahora expondré es una reflexión algo más general sobre este fenómeno chileno que denomino "propietarización de los derechos"[271]. Lo he unido al tema del recurso de protección, pues a raíz de la jurisprudencia surgida de tal arbitrio se está produciendo una acelerada profundización y generalización de este fenómeno.

1. LA CATEGORÍA JURÍDICA DE LAS COSAS INCORPORALES

a) El origen de esta categoría se encuentra en la filosofía estoica (siglo III a.C.), la que reducía todos los sentidos al tacto. Así, por ejemplo, Cicerón (+43 a.C.), distinguía (*Tópica*, 5, 27) dos géneros de definiciones: las cosas que son y las cosas

---

268 Publicado, como "La propietarización de los derechos", en: *Revista de Derecho*, Valparaíso, Universidad Católica de Valparaíso, 1991-1992, Vol. XIV, pp. 281-291.

269 Véase: *Actas de las XX Jornadas Chilenas de Derecho Público*, 26 y 27 de octubre de 1989, Valparaíso. Edeval, 1990, Vol. 2, pp. 459-497.

270 Cf. íd., p. 475.

271 Debo agradecer, por las sugerencias e indicaciones que generosamente me aportó sobre este tema, el sabio y maestro Álvaro D'Ors, durante largas conversaciones en Pamplona, durante febrero de 1991.

que se comprenden. Son "cosas que son" aquellas cosas que se pueden percibir, y son "cosas que no son" aquellas que no se pueden tocar, sino solo percibir a través de la inteligencia, dando, como ejemplo, la usucapión[272].

Así, la idea de que hay cosas que se pueden tocar y otras no produjo esta distinción entre cosas corporales e incorporales.

b) Esta distinción no penetró en el pensamiento de los juristas romanos clásicos, pues ellos hablaban de "iura" y "córpora", pero nunca dijeron que los "iura" eran cosa incorporal, como puede verse en un texto de Ulpiano, según el cual:

"Nunc videamus, quae veniant in hereditatis petitione. Et placuit, universas res hereditatis in hoc iudicium venire, sive iura, sive corpora sint"[273].

c) Pero quien cambió las cosas fue Gayo, pues él formuló por primera vez y con toda nitidez la distinción entre cosas corporales e incorporales[274].

En sus *Instituciones* dice Gayo que son corporales las cosas que se pueden tocar –*quae tangi possunt*–, como un fundo, un esclavo, un vestido, una masa de oro o de plata; incorporales, las no tangibles –*quae tangi non possunt*–, esto es, las que *in iure consistunt*, como una herencia, un usufructo, las obligaciones contraídas de cualquier modo, las servidumbres rústicas y urbanas[275].

Por ahora, haré dos precisiones en relación con esta formulación gayana.

Primero: Gayo no enumera entre los derechos –*res incorporales*– a la propiedad, por considerar materializado el derecho en su objeto; la propiedad queda absorbida en la *res corporales*[276]. Recuérdese que en derecho romano la *res* se refiere siempre a la cosa material, al *corpus*.

Segundo: lo único que pretendía Gayo era buscar una mejor sistematización de sus Instituciones, pues, como se sabe, este jurista solo deseaba con su célebre libro hacer una exposición sistemática del derecho romano, dividiendo todo el derecho en el estudio de las personas, las cosas y las acciones. Así,

---

272 En esta exposición histórica sigo el esquema de Alejandro Guzmán Brito, *Teoría general de las cosas incorporales* (apuntes de curso, Magíster en Derecho de Minería de la Universidad de Atacama), Copiapó, 16 a 20 de julio de 1990.

273 D. 5. 3. 18,2. Trad.: "Veamos ahora qué cosas vengan comprendidas en la petición de herencia. Y es mi opinión que se comprendieran en este juicio todas las cosas de la herencia, ya fueran derechos, ya cosas corpóreas".

274 Sobre esto existe una nutrida bibliografía. para lo cual véase: Juan Iglesias, *Derecho romano. Instituciones de Derecho Privado* (Madrid, Ariel, 1983), p. 237.

275 Gai. 2, pp. 12-14.

276 Cf. Iglesias, p. 238.

cuando tuvo que determinar la ubicación sistemática, por ejemplo, de algún derecho, como una servidumbre[277], no encontró mejor ubicación que en el libro de las cosas, libro para el cual creó esta *summa divisio* entre cosas corporales e incorporales.

El texto de Gayo fue recogido por Justiniano en las *Institutas*[278] y en el *Digesto*[279], como la gran división de las cosas.

d) Así, luego de un largo tránsito histórico, y pasando por la nueva concepción de *ius* (a partir de Grocio), y la deformación de las categorías canonísticas *ius in re* y *ius ad rem*[280], por unos derechos en sentido subjetivo, esto es, los derechos personales y los derechos reales[281].

e) Luego, esta distinción la tomaría Pothier, que sería la obra epigonal seguida por la codificación chilena.

Este es, entonces, grosso modo el tránsito histórico de los bienes incorporales como noción jurídica.

2. LAS COSAS INCORPORALES EN EL CÓDIGO CIVIL

Andrés Bello, al redactar el Código Civil, abre el libro segundo de los bienes, diciendo que "los bienes consisten en cosas corporales o incorporales" (artículo 565), y agrega que las "corporales son las que tienen un ser real y pueden ser percibidas por los sentidos, como una casa, un libro" (565, inciso 2°) e "incorporales son las que consisten en meros derechos, como los créditos y las servidumbres

277 Caso al que aplicaban los romanos, especialmente, esta categoría de *res incorporales*. Cf. Álvaro D'Ors. *Derecho Privado Romano* (Pamplona, Eunsa, 1986), p. 192, n.1.

278 1, 2, 2, 1-2. Trad.: "Son corpóreas las (cosas) que por su naturaleza pueden ser tocadas" (1); "mas son incorpóreas las que no pueden ser tocadas; cuales son las que consisten en un derecho" (2).

279 D. 1, 8, 1, 1. Trad.: "Unas cosas son corporales y otras incorporales. Son corporales, las que pueden tocarse (...). Son incorporales, las que no pueden tocarse; cuales son las que consisten en un derecho (*quae in iure consistunt*)".

280 Véase sobre esta categoría, últimamente: José Leandro Martínez-Cardos Ruiz. El "*ius ad rem*" en: *Libro homenaje al profesor José Luis Villar Palasi* (Madrid, Editorial Civitas, 1989), pp. 733-749.

281 Véase Michel Villey, *Estudios en torno a la noción de derechos subjetivos*, Valparaíso, Ediciones Universitarias de Valparaíso, 1976, 248 pp., *passim*.

activas" (565, inciso 3°), lo que complementa en el artículo 576, señalando que "las cosas incorporales son derechos reales o personales".

Pero, además, y aquí viene la gran singularidad chilena, el artículo 583 del Código Civil dice que "sobre las cosas incorporales hay también una especie de propiedad. Así, el usufructo tiene la propiedad de su derecho de usufructo". Entonces, por la vía de la propiedad es posible abarcar todos los derechos y queda consagrada la propiedad sobre los derechos, esto es, la "propietarización de los derechos".

Además, como según el artículo 582 del Código Civil, el "dominio" (que se llama también "propiedad") es también un derecho, en nuestro Código hay "derechos sobre derechos", figura un tanto extraña incluso para sus orígenes, pues recuérdese que para los romanos el dominio no era un derecho (real), era la cosa misma.

3. LAS COSAS INCORPORALES EN LA CONSTITUCIÓN

Pero esto no quedó solo en el Código civil, pues ahora esta figura se ha introducido en el texto de la Constitución de 1980. Así, el artículo 19 N° 24 inciso 1°, dice que "la Constitución asegura a todas las personas (...) el derecho de propiedad en sus diversas especies sobre toda clase de bienes corporales e incorporales"[282].

La inclusión de esta categoría fue perfectamente consciente y es posible reconocer la intencionalidad de los comisionados, si se revisan los Anales respectivos.

El tema se discutió en la sesión 166ª de la comisión redactora, celebrada en jueves 13 de noviembre de 1975[283], y cuyos párrafos más significativos, paso a consignar. El tema lo sugirió una intervención del comisionado Jaime Guzmán Errázuriz, del siguiente tenor:

282 En realidad, esto ya se había introducido al ordenamiento antes, a través del artículo 1° N° 16 inciso 1° del Acta Constitucional N° 3, de 1976, sobre los derechos y deberes constitucionales, en los mismos términos que tomó posteriormente la Constitución de 1980. Por su parte, la Constitución de 1925 hablaba en su texto primitivo de "todas las propiedades sin distinción" (artículo 10 n. 10), texto que, a raíz de la reforma constitucional de 1967, cubrió el "derecho de propiedad en sus diversas especies".

283 Véase *Actas Oficiales de la Comisión constituyente* (Santiago, Gendarchile, 1975), sesión 166ª, pp. 2-14, cuyo índice, expresivamente señala: "Prosigue la discusión particular de la garantía al derecho de propiedad. Se reabre el debate con respecto al inciso 1° y se aprueba el siguiente. "El derecho de propiedad en sus diversas especies sobre toda clase de bienes, corporales o incorporales".

El señor Guzmán manifiesta, enseguida, que desgraciadamente estuvo ausente en la sesión pasada y pese a que no es su intención entrabar lo que ya está aprobado, desea hacer una pregunta sobre el alcance de la referencia al 'derecho que a ella tuviere'. Entiende que en la Constitución del año 1925 esta frase tenía el sentido de referirse, fundamentalmente, a la propiedad de los créditos, pero ahora, agrega, al modificarse el encabezamiento del N° 10, en cuanto a que lo que se garantiza no es la inviolabilidad de todas las propiedades, sino el derecho de propiedad en sus diversas especies, estima que ese derecho de propiedad sobre los créditos queda cubierto en cuanto se asegura el derecho de propiedad en sus diversas especies. Entonces le parece que ya no se justifica, a la luz de la Constitución vigente y del proyecto de la Subcomisión, mantener la referencia al 'derecho que a ella tuviere', porque en esta parte podría entenderse con un sentido equívoco. Por eso consulta si se analizó o no en el debate la posibilidad de que esta norma tuviera referida, más bien, al derecho a la propiedad, caso en el cual su ubicación tendría que ser otra, ya que ella dice relación con (el derecho al dominio privado) y no con el derecho de propiedad ya adquirido. De manera que desea consular si se precisó el sentido que tendría la frase 'el derecho que a ella tuviere' respecto del actual encabezamiento del texto constitucional y de un futuro texto, como el que se está aprobando. Si no ha quedado precisado en la sesión pasada, cree que sería interesante hacerlo porque, aparentemente le parece innecesario[284].

Luego otro comisionado sostiene:

El señor Ovalle señala que el señor Guzmán tiene razón ya que, protegida la propiedad en sus diversas especies, es evidente que está protegida la propiedad sobre los derechos, que no es sino una forma de propiedad[285].

La discusión sobre el tópico se cierra con los siguientes párrafos:

El señor Ortúzar (Presidente) propine modificar el inciso 1° y decir ahora que la Constitución asegura el derecho de propiedad en sus diversas especies, de las cosas corporales o incorporales.

---

284 *Actas*, cit, sesión 166ª, p. 3.

285 *Actas*, cit, sesión 166ª, p. 4.

El señor Evans advierte que la expresión 'en sus diversas especies' no se puede tomar en el sentido restrictivo de que se refiere solo a bienes corporales e incorporales. Se refiere, también a las diversas concepciones que del dominio pueden desarrollarse en un momento dado en la sociedad. Por ejemplo, la propiedad cooperativa es una forma de dominio, es una especie de dominio que queda protegida por el texto constitucional de manera mucho más expresiva que si el texto se limitara a decir que lo que se protege es el derecho de propiedad sobre cosas muebles o inmuebles, corporales e incorporales.
El señor Ortúzar (Presidente) señala que la frase "el derecho de propiedad de las cosas corporales e incorporales en sus diversas formas", precisamente, cubre la inquietud del señor Evans. De manera que se mantiene el concepto de que se protegen las diversas especies o las diversas formas que puede adquirir el derecho de propiedad, refiriéndose específicamente a la garantía a las cosas corporales e incorporales a fin de que no haya ninguna duda sobre esta materia.
El señor Rodríguez (miembro de la Subcomisión de Derecho de Propiedad) expresa que los miembros dela Comisión están discurriendo en la posibilidad de que la propiedad pueda ser objeto de algún ataque de hecho.
La verdad, agrega el señor Rodríguez, es que todo ataque de hecho implica un desconocimiento del derecho de propiedad. Los casos que se han propuesto y analizado, prosigue, afectan al derecho, a la posesión y a la tendencia material del bien, los que no están dentro de la enumeración clásica de los atributos del dominio, de uso, de goce y disposición, pero ellos son el basamento de esos atributos, porque no se puede usar, gozar y disponer de una cosa si no se tiene acceso a ella o se ha sido despojado de ella; y para enfrentar esas situaciones de hecho y recuperar el derecho, existen las acciones posesorias. Ahora, si el ataque de hecho se produce en virtud de una ley, el problema es de inconstitucionalidad, porque en el inciso 1° se ha garantizado la propiedad en sus diversas especies, con todos sus derechos anexos incluidos, y el legislador en el inciso 2° tiene una competencia muy limitada porque solo puede reglamentar el modo de ejercer esas facultades, pero ese modo de ejercerlas no significa, evidentemente, limitar el derecho. Para los efectos de la limitación viene, a continuación, en la misma frase, la competencia, que a su vez tiene limitaciones, vale decir, existen las "limitaciones de las limitaciones".
Por consiguiente, si se produjere el caso de que una habitación de una propiedad extensa se pretendiere ocupar por disposición de la autoridad pública, el afectado con la medida tendrá la acción posesoria para enfrentar esa situación de hecho. Y si es por disposición de ley, constituiría, a juicio del señor Rodríguez, una limitación que escapa a las posibilidades que otorga el constituyente. Ahora, si

se entiende que tales actos no escapan a esas posibilidades, lo que se debe hacer es reforzar precisamente el campo de las limitaciones, para que la competencia de la ley sea clara y circunscrita a su texto.

El señor Ortúzar (Presidente) expresa que, por última vez, desea insistir en la conveniencia de hacer en el encabezamiento de la disposición una referencia a las cosas corporales e incorporales.

A continuación, pregunta por qué parece claro que la garantía en estudio comprende los derechos incorporales y se responde invocando el artículo 583 del Código Civil, que ha dispuesto que sobre las cosas incorporales hay también una especie de propiedad, lo que es casi una ficción legal porque, definido el derecho de propiedad como un derecho real, es evidente que no podría haber sobre las cosas incorporales un derecho de propiedad. De manera que el único argumento jurídico para sostener que la garantía del derecho de propiedad cubre propiamente los derechos, sean reales o personales, es la disposición del Código Civil. Suprimida dicha norma –lo que está en manos de legislador hacerlo– el día de mañana se podría sostener que la garantía constitucional está referida solo a las distintas formas de propiedad, como, por ejemplo, a la propiedad agraria, la minera, la intelectual, y otras formas que pueden surgir en el futuro.

De manera, que si esa es la interpretación que se le da a precepto, y tal interpretación está sujeta a la eventualidad de que su fundamento pueda desaparecer por ser modificada la disposición del Código Civil, ¿por qué no decir claramente que la Constitución garantiza el derecho de propiedad sobre las cosas corporales e incorporales en sus diversas formas, con lo cual se facilitaría la interpretación del precepto?

El señor Guzmán se inclina favorablemente por esa idea, manteniendo la expresión "en sus diversas especies". El precepto, entonces, diría: "El derecho de propiedad sobre las cosas corporales o incorporales, en sus diversas especies", con lo cual adquiere un sentido amplio y garantiza las distintas formas que el derecho de propiedad puede adquirir; las especies sobre las cuales puede recaer y los tipos de propiedad distintos que pueden generarse, según sea la cosa sobre la cual recaiga.

El señor Ortúzar (Presidente) acepta la redacción propuesta por el señor Guzmán, porque en ella quedan absolutamente cubiertos y garantizados todos los derechos del propietario.

El señor Evans observa que es el derecho de propiedad en sus diversas especies y no las cosas corporales o incorporales en sus diversas especies, lo que se garantiza. De manera que la redacción debe ser ésta: "El derecho de propiedad, sobre cosas corporales o incorporales, en sus diversas especies".

El señor Silva Bascuñán sugiere sustituir la expresión "cosas" por "bienes" por considerarla más adecuada.
El señor Ortúzar (Presidente) propone aprobar la siguiente redacción para iniciar la disposición del inciso 1° relativo a la garantía en debate. "El derecho de propiedad en sus diversas especies sobre toda clase de bienes, corporales o incorporales".
Aprobado[286]

En definitiva, lo que se perseguía –y se logró, como se verá– era una forma de protección a los derechos, a las titularidades privadas diferentes al dominio (en el sentido del artículo 582 del Código Civil), lo que, de paso, echó por tierra todo vestigio de la famosa teoría de los "derechos adquiridos".

Adicionalmente, recuérdese que la Constitución consagró en el artículo 19 N° 23 "la libertad para adquirir el dominio de toda clase de bienes", lo que se denomina usualmente como el derecho "a la" propiedad[287].

Entonces, de acuerdo al panorama legislativo y constitucional descrito, hoy podemos –o debiéramos– hablar de las siguientes categorías dogmáticas:

- propiedad
- derecho de propiedad
- derecho a la propiedad
- propiedad sobre derechos

Incluso, como veremos, es posible agregar aún más categorías, pues la jurisprudencia tiende a crear nuevos "objetos" de propiedad (distintos a los bienes y a los derechos, por cierto), extendiéndose en forma desmesurada este fenómeno de la propietarización.

Incluso, a veces, se habla de los "derechos incorporales", categoría, a mi juicio, incomprensible, pues, me pregunto: ¿cuáles son los derechos corporales, entonces?

286 *Actas*, cit., sesión 166°, pp. 12-14. Énfasis en el original.

287 Este es, jurídicamente, un *ius ad rem*, cuyo desarrollo dogmático está pendiente de atención por la doctrina chilena.

4. LAS COSAS INCORPORALES Y EL RECURSO DE PROTECCIÓN

Una vez consagrada esta figura en la Constitución, y a raíz de la introducción de un nuevo arbitrio de protección de los derechos constitucionales en el artículo 20 de la Constitución (y, antes, en el artículo 2° del Acta Constitucional N° 3, de 1976), que protege precisamente esta garantía establecida en el n° 24 del artículo 19 (la que cubre, como sabemos, a los bienes corporales e incorporales), se ha venido produciendo en la jurisprudencia una generalización del uso de esta figura, y, aún, un abuso, pues, como mostraré, ya no solo se la ha extendido a los derechos, sino a otras formas, técnicas o situaciones.

5. ALGUNA JURISPRUDENCIA

La jurisprudencia nacional hoy habla de propiedad no solo sobre los derechos[288], sino también, por ejemplo, de "propiedad sobre el empleo"[289], de "propiedad sobre una concesión"[290], de propiedad sobre la concesión de un bien nacional de uso público"[291], "la calidad de estudiante universitario (...) configura una especie de propiedad sobre los derechos incorporales"[292]; "propiedad del subarrendatario sobre un derecho para usar del bien raíz"[293]; propiedad sobre la facultad de desempeñarse como consejero de una Asociación Gremial"[294], derecho de propiedad

---

288 Un ejemplo en la propia Constitución es el artículo 19 N° 24 inciso final: *Los derechos de los particulares sobre las aguas (...) otorgarán a sus titulares la propiedad sobre ellos.*

289 Véase, sentencia de la Corte Suprema de 22 de enero de 1988, en *Gaceta Jurídica* N° 96 (1988), p. 25.

290 Véase, el propio texto de la Constitución en su artículo 19 N° 24 inciso 9° que dice: *el dominio del titular sobre su concesión minera está protegido por la garantía constitucional de que trata este número.* La propiedad sobre la concesión es un abuso dogmático en que incurre la propia Constitución. Ver un planteamiento crítico en: Vergara, *Principios y sistema del derecho minero. Estudio histórico-dogmático* (Santiago, Editorial Jurídica de Chile, 1992), p. 334 y sigs.

291 Sentencia de la Corte Suprema, de 4 de marzo de 1987, en *Gaceta Jurídica* n° 81 (1987), p. 23.

292 Sentencia de la Corte Suprema, de 6 de abril de 1989, en *Gaceta Jurídica* n° 106 (1989), p. 27.

293 Sentencia de la Corte Suprema, de 1 de junio de 1989, en *Gaceta Jurídica* n° 110 (1989), p. 114.

294 Sentencia de la Corte Suprema, de 29 de enero de 1990, en *Revista de Derecho y Jurisprudencia* 87, N° 1 (1990), II, 5, p. 2.

"sobre la función" de empleado público[295], propiedad sobre el beneficio previsional denominado "auxilio por retiro"[296], etcétera.

Y en uno de los más raros excesos, se ha llegado a considerar que un concesionario eléctrico tiene "propiedad sobre la zona de concesión otorgada"[297]. Es notorio aquí cómo se recurre al expediente de la propiedad, con el objeto de hacer entender en forma muy gráfica la extensión territorial sobre la que se ejercen unos derechos exclusivos nacidos de la concesión eléctrica.

En fin, esto es, solo una muestra de una jurisprudencia abrumadora, prueba de lo cual existe en cualquier recopilación jurisprudencial chilena de los últimos años.

6. CONCLUSIONES

1° Para obtener hoy la protección jurisdiccional de cualquier derecho subjetivo debe recurrirse a este expediente de considerar protegible no tanto al "derecho", sino la propiedad que sobre él se tendría.
Es este, a mi juicio, un vicio dogmático, que si bien produce los efectos prácticos queridos por los constituyentes (la protección de los derechos) está conduciendo a la institución de la propiedad por la vía de esta jurisprudencia, a una evidente crisis dogmática. La propiedad, así, tiende a cubrir todo el derecho, todas las titularidades, todas las posiciones jurídicas, todos los ámbitos jurídicos, sea respecto a cosas o personas (o incluso a realidades, como las técnicas, los actos, y otras).
Parecería más adecuado, lisa y llanamente, una protección dirigida directamente sobre los derechos, como tales derechos, como titularidades jurídicas, como posiciones jurídicas, como un ámbito propio.

295 Sentencia de la Corte de Apelaciones de Santiago, de 27 de octubre de 1989, en *Revista de Derecho y Jurisprudencia* 87, N° 1 (1990), II, 5, p. 24, entre muchas otras en el mismo sentido.

296 Sentencia de la Corte de Apelaciones de Concepción, de 5 de marzo de 1990, (confirmada por la Corte Suprema el 16 de abril de 1990), en *Revista de Derecho y Jurisprudencia* 87 N° 1 (1990), II, 5, p. 49.

297 Sentencia de la Corte de Apelaciones de Santiago, de 26 de octubre de 1990, confirmada por la Corte Suprema, por sentencia de 15 de noviembre de 1990. Véase en: *Informe Constitucional* N° 9 (18 de enero de 1991), p. 2. En otra sentencia de la Corte de Apelaciones de Santiago de 7 de diciembre de 1990, se dice que *"la zona de concesión pertenece al concesionario"*. Véase en: *Informe Constitucional* N° 27 (26 de febrero de 1991), p. 2.

2° Esta práctica es abiertamente corrosiva. Es una relajación del concepto de propiedad, lo que evidencia su completa crisis actual y el peligro, para Chile, de que, al final, cuando "todo" sea propiedad (derechos, técnicas, actos, ámbitos, situaciones, etc.), ya por lógica, al mismo tiempo, nada va a ser propiedad, pues se habrá inundado completamente en medio de este exceso.

Creo, en fin, que si no se paraliza esta situación y se redefine por la legislación, por la jurisprudencia y por la doctrina (la que, en este caso, debe aportar epígonos, al respecto), se podría producir una honda crisis en el derecho chileno, un precipicio dogmático del que será muy difícil salir. Y la solución (aun cuando no abrigo demasiadas esperanzas de una solución, pues la situación se ha hecho casi irreversible, a mi juicio) parece fácil: reconducir las titularidades jurídicas, las posiciones jurídicas, los ámbitos jurídicos protegibles a lo que son, y reconocerlos, definirlos y protegerlos por lo que son, y no por medio del expediente vicioso de la propiedad.

III. ¿REDEFINIR EL DERECHO DE PROPIEDAD?[298]

1. Explicación. En las anteriores Jornadas Chilenas de Derecho Público, celebradas en Valparaíso, presenté una ponencia relativa a aquel fenómeno jurídico-práctico chileno que he denominado "propietarización de los derechos". Concluí en tal ponencia, a raíz de la doctrina jurisprudencial que se ha ido elaborando en la sede de recurso de protección, lo siguiente:

1° "Para obtener hoy la protección jurisdiccional de cualquier derecho subjetivo debe recurrirse a este expediente de considerar protegible no tanto al "derecho", sino la propiedad que sobre él se tendría. Es este, a mi juicio, un vicio dogmático que, si bien produce los efectos prácticos queridos por los constituyentes (la protección de los derechos), está conduciendo a la institución de la propiedad, por la vía de esta jurisprudencia, a una evidente crisis dogmática. La propiedad, así, tiende a cubrir todo el derecho, todas las titularidades, todas las posiciones jurídicas, todos los ámbitos jurídicos, sea respecto a cosas o personas (o incluso a realidades como las técnicas u otras). Parecería más adecuado, lisa y llanamente, una protección dirigida directamente sobre los derechos, como tales derechos, como titularidades jurídicas, como posiciones jurídicas, con un ámbito propio".

2° "Esta práctica es arbitrariamente corrosiva; es una relajación del concepto de propiedad, lo que evidencia su completa crisis actual y el peligro, para Chile, de que, al final, cuando "todo" sea propiedad (derechos, técnicas, actos, ámbitos, situaciones, etc.), ya por lógica, al mismo tiempo, nada va a ser propiedad, pues se habrá inundado completamente en medio de este exceso. Creo, en fin, que si no se paraliza esta situación y se redefine por la legislación, por la jurisprudencia y por la doctrina (de la que, deben surgir epígonos, al respecto), se podría producir una honda crisis

298 Publicada en: *Actas XXIII Jornadas de Derecho Público* (Concepción, Universidad de Concepción, 1993), pp. 258-261.

> en el derecho chileno, un precipicio dogmático del que será muy difícil salir. Y la solución (aun cuando no abrigo demasiadas esperanzas de una solución, pues la situación se ha hecho casi irreversible, a mi juicio) parece fácil: reconducir las titularidades jurídicas, las posiciones jurídicas, los ámbitos jurídicos protegibles a lo que son y reconocerlo, definirlos y protegerlos por lo que son, y no por medio del expediente vicioso de la propiedad"[299].

Posteriormente, además de enviar el texto de tal ponencia para su publicación en las Actas respectivas, publiqué un extracto de ella en el periódico jurídico *Informe Constitucional*[300]. A raíz de esta última publicación, mis reflexiones fueron objeto de un comentario posterior de Eduardo Soto Kloss en el mismo periódico jurídico[301], el que –junto a otras alusiones personales menores y en un tono ciertamente desmedido– señala no compartir mi criterio e insiste en que "los derechos son, como bienes que integran el patrimonio de la persona, su propiedad", y defiende un criterio expansivo de la jurisprudencia por su "eficacia" a la hora de recurrir ante los tribunales en amparo de los derechos fundamentales.

2. *Debe redefinirse el derecho de propiedad en Chile.* Creo, y me reitero en mi opinión, que lo que llamo "propietarización de los derechos" es un vicio dogmático que está conduciendo al concepto jurídico de propiedad a una honda crisis, pues tal institución ha pasado a reemplazar a las titularidades o posiciones jurídicas –como los derechos– en que ya no importan como tales sino en la medida que sean susceptibles de propiedad.

No cabe confundir el problema dogmático que he puesto en la discusión con la necesaria protección de los derechos ni con la existencia del recurso de protección. Este recurso ha sido verdaderamente importante para la protección de los derechos en Chile y ha venido a obligar a nuestros jueces a "reajustar" sus planteamientos jurídicos frente a varios problemas y disciplinas. Ha venido a reemplazar diversas acciones ordinarias, arrastrando la solución de tales problemas al ámbito constitucional. Por eso, en una ocasión anterior (*Informe Constitucional* N° 188), me permití sugerir la necesidad de desarrollar dogmáticamente en Chile

---

299 Cf. El texto de tal ponencia, publicado bajo el título "La propietarización de los derechos", en *Revista de Derecho* (Valparaíso, 1991) [véase ahora republicado en esta edición, *supra*, II].

300 *Informe Constitucional* N° 322 y 323 (1992).

301 *Informe Constitucional* N° 329 (1992).

unas "Bases Constitucionales del Derecho Civil" y unas "Bases Constitucionales del Derecho Procesal" adecuadas a esta nueva realidad. Este esquema constitucional que nos rige nos permite hablar también de un "Orden Público Económico-Minero" (véase *Informe Constitucional* N° 298) o, lo que es lo mismo, de la existencia de unas "Bases constitucionales del derecho minero", cuyo contenido dogmático debemos procurar elaborar. Y así, en otras disciplinas.

Y el recurso de protección, al obligar al juez a la aplicación directa de las garantías en que se encuentran o debieran encontrarse estas "bases", ha sido una poderosa herramienta para el avance de nuestra cultura jurídica. Pero, al mismo tiempo, en muchas ocasiones ha incitado al abogado y al juez a una suerte de improvisación, tanto para recurrir como para fallar, respectivamente. Y un instrumento de esta improvisación ha sido esta especie de "comodín": la propietarización de los derechos, primero; y luego, de todo lo imaginable, ya sean técnicas, títulos, situaciones, ámbitos territoriales sobre los cuales se ejercen derechos, funciones públicas, bienes públicos, etcétera.

Por lo tanto, mi intento crítico no va dirigido en contra del recurso de protección como medio de protección de derechos, pues pienso que es muy eficaz. Más bien va dirigido contra un exceso, que es ciertamente corrosivo, de considerar todo, sencillamente todo lo jurídico, como susceptible de propiedad.

La propiedad, en general, es uno de aquellos conceptos básicos del derecho que, al decir de Guzmán Brito, "ha saltado hecho trizas"[302]. La propiedad ya no es un concepto unitario, univalente, cuya sola expresión guarde un significado claro y reconocible *ab initio*. Ya es necesario apellidarla a fin de evitar ambigüedades, pues hoy se aplica sobre situaciones que no soportarían un acercamiento primario al concepto genuino de propiedad.

No se trata de impedir que las nuevas realidades jurídico-prácticas sean cubiertas por el derecho. Lo que se intenta evitar es que, por inepcia nuestra, a estas nuevas realidades las llamemos del mismo modo que a las antiguas, confundiendo ambas. A lo que es propiedad, llamémosle propiedad. Y a lo que no lo es, llamémosle por su nombre.

Si lo que deseamos es buscar protección y seguridad jurídica para los derechos distintos de la propiedad (o para todas esas otras realidades que he mencionado), no lo hagamos por la vía de hacerlos susceptibles de propiedad. No es necesario. Bastaría con decir que también son susceptibles de protección jurídica los derechos del mismo modo que la propiedad. O que nadie puede ser privado de sus

302 Guzmán Brito, Alejandro: *La fijación del derecho* (Valparaíso, 1977), p. 17.

bienes y derechos. Si queremos seguridad, deben protegerse los derechos por ser derechos y no porque tengamos que tener propiedad sobre ellos.

No debemos tener temor al esfuerzo dogmático necesario para definir, conceptualizar y descubrir la naturaleza jurídica de los distintos ámbitos jurídicos, de las diferentes titularidades jurídicas. El expediente de recurrir a la propiedad "para todo", es fácil; pero incorrecto y vicioso.

Abramos nuestras mentes a la imaginación. Estos plenamente de acuerdo con la necesidad de fortalecer la propiedad y los derechos[303], pero me parece que ello debe hacerse llamando a las cosas por su nombre y protegiéndolas por lo que son. Si se desea proteger la propiedad protéjase como propiedad. Si se desea proteger los derechos, protéjanse como derechos. Y así evitaremos ambigüedades. Así, además, contribuiremos a la cultura jurídica nacional, pues nos enfrentaremos a la necesidad de desarrollar dogmáticamente cada ámbito jurídico, cada posición jurídica, cada titularidad jurídica, y buscarle su naturaleza y contenido, para que sean protegidos como tales y no porque sobre ellos debamos tener propiedad.

Ciertamente el camino de la propietarización es fácil y evita ese esfuerzo dogmático. Pero creo que nuestro país merece algo más de la ciencia jurídica. O, por lo menos, merece que este problema sea discutido.

303 Por ejemplo, he expuesto este pensamiento en *Informe Constitucional* N° 291 y 292, sobre el "Orden Público Económico".

IV. LA PROPIEDAD DE COSAS INCORPORALES COMO SUSTITUTO LÓGICO DE LOS DERECHOS SUBJETIVOS[304]

1. Como dice el autor de esta obra, que tengo el honor de prologar, la rancia dicotomía creada por Gayo en el siglo II a. C., de cosas corporales-incorporales, ha encontrado en Chile su tierra de promisión, pues no solo se situó en nuestra legislación civil decimonónica, sino que, además, a partir de 1980 fue elevada al rango de norma constitucional.

Conocí el pensamiento de Alejandro Guzmán Brito sobre el tema de las cosas incorporales a mediados del ario 1990 durante una extensa conversación en la sede de la Comisión Nacional de Investigación Científica y Tecnológica (CONICYT) –la que providencialmente, con posterioridad, patrocinaría esta investigación–, a raíz de un curso que en el invierno de tal año iría él a impartir en Copiapó a los alumnos del Magister en Derecho de Minería del Instituto de Derecho de Minas y Aguas de la Universidad de Atacama. El tema de la conversación fue la actual penetración del concepto "cosa incorporal" en el derecho chileno –fenómeno que suelo denominar de modo crítico "propietarización" de los derechos– y cómo aquel se reflejaba en nuestra concepción del "derecho de concesión minera", contenido en el Código de Minería. Ya en Copiapó, asistí a todas las sesiones en que le vi desarrollar orgánicamente, por vez primera, su teoría general de las cosas incorporales. Luego tuve la oportunidad de leer una segunda versión de la teoría, que ahora ha sido considerablemente enriquecida en esta edición.

A mi juicio, no hay otra persona en nuestro medio con la capacidad y brillo de Alejandro Guzmán para el desarrollo de esta teoría, con todos sus antecedentes históricos y dogmáticos. Ello está a la vista en este magnífico libro que marca un hito en la reflexión histórico-dogmática en Chile; en el cual se unen temas inexplorados, desde esta perspectiva, presentes en nuestra legislación civil decimonónica, en varios códigos más (como el de minas y el de aguas), en

304 Texto de mi "Prólogo" a: *Las cosas incorporales en la doctrina y en el derecho positivo*, de Alejandro Guzmán Brito (Santiago, Editorial Jurídica de Chile, 1995, 260 pp.).

nuestra contemporánea Constitución y en múltiples sentencias que emiten cada día nuestros tribunales.

2. Se inicia el libro con un recorrido histórico exhaustivo de la distinción de cosas corporales e incorporales, salvo en el derecho común, hasta las codificaciones europeas y americanas, historia que para los no iniciados despertará una indudable curiosidad. Luego, a partir de la historia legislativa del artículo 565 del Código Civil, que introdujo la distinción en nuestro derecho ("Los bienes consisten en cosas corporales e incorporales"), realiza el autor su reconstrucción dogmática del concepto de cosa incorporal, explicando cómo este, en consonancia con su completa historia institucional, pasa a ser sinónimo de "derecho", en sentido subjetivo. Este análisis dogmático general luego abarca las producciones del talento y del ingenio, los derechos mineros, los derechos de aprovechamiento de aguas y los títulos-valores.

En seguida, ofrécese en el libro un desarrollo dogmático, con el análisis y discusión correspondiente de los derechos (como cosas incorporales) y de sus clasificaciones (reales y personales; muebles e inmuebles), sin esquivar los actuales problemas que surgen en su torno; agrégase un apéndice acerca de la "inflación" de los derechos, que afecta principalmente a los derechos personales, lugar en que se refiere a la actual situación del recurso de protección y, en especial, de la protección de la propiedad sobre las cosas incorporales (=derechos). Trata luego del aprovechamiento de los derechos en sí y de las posibilidades de uso, disfrute, disposición y tenencia de aquellos, negando el autor el uso, disfrute y tenencia de las cosas incorporales, en términos de realidad. Sí es posible, a su juicio, la disposición jurídica de ellos, como la renuncia y la enajenación de los derechos: según el autor, esta disposición es propiamente el "ejercicio del derecho". De este modo, el aprovechamiento de las cosas incorporales solo puede consistir en el ejercicio de los derechos, en lo que lleva la razón.

No esquiva el autor el controvertido tema de la propiedad sobre cosas incorporales (cuasidominio), exponiendo una relación histórica de tal dogma jurídico. Este tema es una demostración de lo acrítica que ha resultado la doctrina civilística chilena pues, a su juicio, "sus tesis no se encuentran amparadas por la historia de los conceptos; tampoco por una correcta comparación dogmática entre los artículos (de la legislación vigente), involucrados, y ni siquiera por su exégesis". En el desarrollo, el autor llega a la conclusión de que es lógica y dogmáticamente imposible que la propiedad de las cosas incorporales sea una especie de la propiedad de las cosas corporales (según la establece el artículo 582 del Código Civil). En virtud de su inconformismo, Alejandro Guzmán busca un género supremo para acoger las tres especies de propiedad que consagran los artículos 582, 583 y 584 del Código Civil, y para construirlo busca notas comunes a todas las especies. Lo encuentra el autor en la cualidad de ser "propio", como contrario a ajeno. En definitiva, según él, en el Código Civil, hay un concepto supuesto, pero no definido, genérico: es una "propiedad" (distinta de sus especies definidas en sus artículos 582, 583 y 534) que consiste en un "atributo abstracto de ser algo propio de alguien", de la cual indaga su naturaleza. Luego la vincula con el concepto de "titularidad" o pertenencia", otorgándole un contenido sustantivo: la exclusividad. Así, Guzmán Brito ha reducido la propiedad sobre las cosas incorporales (como también sobre las cosas corporales) a la titularidad, *per se* exclusiva. Se trata, a su juicio, de un concepto jurídico al que es inconducente buscarle contenido, pues está fuera de los derechos llamados subjetivos: es una cualidad jurídica. En esta parte del texto es en donde se percibe con mayor claridad el esfuerzo dogmático y creativo del autor.

Según él, sobre las cosas incorporales no cabe posesión, sino una "cuasiposesión", pues se trataría de un aprovechamiento de hecho, al amparo de una titularidad aparente del derecho que se trate; desarrollo este, que, a mi juicio, abre posibilidades interesantísimas de análisis a varias figuras de nuestra vigente legislación: por ejemplo, en el caso de las aguas, para la figura de la presunción del artículo 7° del D.L. 2.603, de 1979, y, en el caso de las minas, para la figura de la prescripción del artículo 93 del Código de Minería. En ambos casos, es posible que concurran los requisitos de la posesión (cuasiposesión): titularidad al menos aparente de un derecho real y ejercicio del contenido típico de ese derecho operado de hecho sobre una cosa corporal.

Refiérese luego el autor a la adquisición de la propiedad (cuasidominio) de las cosas incorporales, iniciando su estudio con un principio relevante: a las cosas incorporales no se las encuentra en la naturaleza y son una creación del derecho objetivo; por tal razón, tales cosas incorporales (=derechos) deben ser "constituidas" o "adquiridas". Ofrécese, entonces, el desarrollo de una categoría no considerada antes por la doctrina, cual es la constitución de los derechos reales, y efectúa el autor una casi exhaustiva lectura dogmática de las disposiciones legales pertinentes. Por otro lado, el tema de la adquisición de la cuasiposesión de un derecho real es desarrollado igualmente por vez primera. Se refiere, enseguida, a los actos jurídicos surgidos para el tráfico jurídico de las cosas incorporales, realizando un análisis dogmático y crítico de las posibilidades hoy abiertas en nuestra legislación.

Aborda también Alejandro Guzmán la que llama "Teoría de los derechos sobre derechos" y, sin discusión dogmática de esta posibilidad, analiza las distintas combinaciones (a través de un sugestivo sistema de una tabla con columnas y líneas, modélico para el análisis doctrinario y prelegislativo), describiendo fenomenológicamente su posibilidad o imposibilidad. Si bien el autor no realiza el análisis de todas las posibilidades, deja abierto un esquema conceptual para su estudio ulterior. Por ejemplo, resultará provechoso ampliar el análisis a los derechos de preferencia; al *ius ad rem* y su relación con el artículo 19 N° 23 de la Constitución; a los derechos reales de los concesionarios eléctricos, sanitarios, de telecomunicaciones, de gas; en fin, a los derechos de los usuarios de otros dominios públicos, como calles, caminos, plazas, álveos de ríos. Es este un marco conceptual magnífico para cualquier estudio ulterior de derechos reales "extravagantes" al derecho civil.

Luego de revisar el autor la reivindicación y las acciones posesorias de las cosas incorporales, y su posibilidad dogmática, termina el libro con la exposición del estatuto constitucional de la especie de propiedad sobre las cosas incorporales; realiza aquí Alejandro Guzmán una lectura dogmática del artículo 19 N° 24 inciso 1° de la Constitución, en cuanto este garantiza "el derecho de propiedad en sus diversas especies sobre toda clase de bienes corporales o incorporales", materia con la que el autor pone término a su libro.

3. Solo tres aspectos quisiera comentar al hilo de la lectura del libro que prologo.

En primer término, y a propósito de este último capítulo, que un privatista, como podríamos calificar al autor de este libro, se introduzca en la Constitución, no debiera asombrar a nadie. Sin embargo, resulta que en nuestro país existe una curiosa práctica: a pesar de ser el texto constitucional (formalmente) un solo cuerpo normativo, alberga (sustantivamente), dentro de sí, materias de distinta naturaleza, pertenecientes a diversas ramas del derecho, entre otras, al derecho civil. Sería un error pensar que la Constitución íntegra es materia de quienes se dedican a esa rama del derecho que tomó su nombre de tal texto normativo, pues, a fin de cuentas, la Constitución es una norma, todo lo importante que se quiera, pero formalmente una norma; la que, además de contener en su mayor parte materias de derecho político, en un porcentaje considerable es sustantivamente derecho administrativo, civil, procesal, laboral, minero, de aguas, etc., y es este libro una muestra de una actitud olvidada por los especialistas de tales áreas: son ellos los que, antes que nadie, deben realizar la lectura dogmática de la Constitución en las materias que les corresponde. Y en este libro, en este, su último capítulo, nos encontramos con el desarrollo que realiza un privatista de una partícula de la Constitución (= forma) relativa a la propiedad de las cosas incorporales (= sustancia), reivindicando un papel que les corresponde a los civilistas por especialidad e indudable conveniencia.

En segundo término, en cuanto a los derechos mineros y de aguas, luego del análisis breve pero profundo que de ellos realiza Alejandro Guzmán, quedan aún más de manifiesto los problemas irresolubles desde el punto de vista dogmático, que surgen de la actual regulación legislativa de minas y aguas: estos problemas parten de la misma concepción que aceptemos del "dominio" del estado sobre aguas y minas, hasta la concepción de la cosa incorporal (derechos subjetivos mineros y de aguas). Si bien estos son temas pendientes de estudio hoy en día y no cubiertos en este texto, el desarrollo del autor ofrece aristas nuevas y abre una perspectiva al futuro análisis dogmático. Existen problemas de conciliación, entonces, desde el punto de vista dogmático, entre el "dominio" que la nación o el Estado, según los casos, tenga sobre las aguas o las minas. ¿No será que ni una ni otro ostentan "dominio", sino que se trata de otra categoría dogmática? Problema este que no era el momento de resolver en este libro, pero para el cual el desarrollo del autor abre perspectivas innegables.

En fin, quisiera agregar que la categoría de las cosas incorporales, como sustituto lógico de los derechos, de frente a las "cosas corporales", no está exenta de críticas, las que el autor desecha por necesidades prácticas. A su juicio, en la práctica, los derechos también funcionan como cosas corporales (en su tráfico jurídico), dudando el autor si, al menos *oculis conniventibus*, debiésemos aceptar la categoría. En este punto, como es obvio en un texto de esta naturaleza, es necesario aceptar más allá de toda crítica o de un intento de reelaboración, la categoría; de lo que, sin perjuicio del desarrollo brillante ofrecido por el autor, podría surgir alguna duda, pues a partir de su mismo desarrollo quizás sea posible seguir el camino de nivelar lingüísticamente la categoría, rompiendo la dicotomía cosas corporales-incorporales (= derechos), dándoles autonomía dogmática a estos últimos y ofreciendo a partir de ellos toda suerte de clasificaciones, para lo cual este libro, diríase, sería un epígono. Todo el desarrollo dogmático, hoy ofrecido a las cosas incorporales como integrante de una dicotomía, podría ofrecérsele como categoría autónoma: los *iura* (que, estrictamente, son distinguibles de la *res* (corporales), de las *personae* y de las *actiones*, siguiendo la *partitio* tricotómica de Gayo). De tal modo que, superando esa *partitio*, y con este completo desarrollo dogmático ofrecido por Guzmán, pudiésemos hablar de los *iura*, ya no como cosas incorporales (formando parte de la bipolaridad dogmática cosa incorporal-corporal), sino como categoría dogmática no solo distinta, sino autónoma. En todo caso, a primera vista resulta ser razonable la posición del autor cuando afirma en el texto que se trata solo de un problema lingüístico; aunque al parecer el problema hoy ha dejado de ser solo lingüístico por la actual generalización del fenómeno de los derechos sobre derechos y, en especial, la propiedad sobre el derecho y su actual exceso, legislativo, constitucional y jurisprudencial, que también en este texto se pone de relieve de modo crítico.

4. El tema elegido por el autor, en fin, no puede ser más actual y urgente, pues el concepto de cosas incorporales y la posibilidad de propiedad sobre ellas -temo no ser exagerado- se encuentra en el centro mismo de la crisis de nuestro derecho; crisis, por lo demás, normal en cualquier ciencia (en el sentido de Kuhn), pero que nuestra cultura jurídica nos impide visualizar y resolver. En efecto, el debate dogmático que ha puesto en el primer plano Alejandro Guzmán se produce en un momento especialmente crítico, en que nos encontramos inundados por una práctica enorme de esta teoría de las cosas incorporales, mediante la propietarización de todo derecho. La visión del autor, por cierto, es brillante al hacer la tarea propia del jurista, y su resultado no es ciertamente la reafirmación del actual vicio dogmático chileno (de la propietarización enorme), sino el de reconducir esta teoría a su cauce: que la propiedad de la cosa incorporal sea entendida como titularidad y exclusividad, y no en el sentido pleno de una propiedad genérica, con todos sus atributos y facultades.

5. Según Alejandro Guzmán Bito, "el valor inmenso del estudio histórico del derecho radica (...) en su virtud de mostrarnos el origen y desarrollo de ideas que nos parecen inconmovibles y cuya inconmovilidad aparente genera en el jurista una determinada mentalidad de conformismo científico. En esta forma, el análisis histórico tiende a dar al estudioso una suerte de libertad de pensamiento que se nos presenta como condición necesaria para la creación jurídica". Entonces, no por casualidad esta nueva obra del autor, a través de su metodología histórica-dogmática-dialéctica gira, más que en el conformismo científico, en la creación jurídica, analizando las cosas incorporales y desarrollando en su tomo, por vez primera en nuestra dogmática, una completa teorización.

Este trabajo de creación de uno de los más lúcidos de nuestros juristas es, notoriamente, una continuidad de sus trabajos anteriores en la línea general de los derechos subjetivos y de las cosas incorporales. Las primeras ideas sobre el tema, con mención a la *partitio* gayana, las expuso el autor en su "Para la historia del derecho subjetivo" en *Revista Chilena de Derecho*, 2 (1975), pp. 55-68, de donde he tomado el texto recién citado. Luego, en relación a la noción de derecho subjetivo, las ofreció en su "Presentación" a la traducción de diversos trabajos de Michel Villey, publicados como *Estudios en torno a la noción de derecho subjetivo* (Valparaíso, Ediciones Universitarias de Valparaíso, 15761, traducidos por el mismo Guzmán Brito y otros profesores); luego, en general, sobre la naturaleza de los derechos, en su ponencia al V Congreso de Derecho Natural celebrado en la Pontificia Universidad Católica de Chile en enero de 1987, publicada posteriormente con el título *"Sobre la naturaleza de la teoría de los derechos del hombre"*, en *Revista de Derecho Público*, N° 41-42 (1987), pp, 77-93; y finalmente aplicadas a las llamadas garantías constitucionales, en su trabajo "La naturaleza de las garantías constitucionales de la persona examinada a través de su protección judicial" en *Revista de Derecho y Jurisprudencia*, t. LXXXV (1988) I, pp. 105-112. En todos ellos hay un hilo conductor: la preocupación por la dogmática de los *iura*, subjetivos, como hoy los llamamos.

Los temas sustantivos de nuestro derecho, sea que estén en la Constitución o en cualquier otro texto normativo, deben ser analizados *ex cathedra* por quienes tienen la *auctoritas* disciplinaria, y quienes no se encuentren en esa situación debieran decir, así como los medievales: gr. e. n. l. (*graecum est, non legitur*) y eso es natural, pues, *non omnia possumus omnes*, no todos tenemos aptitudes para todo. Esta asunción de la responsabilidad de no dejar temas abandonados que corresponden a los especialistas de cada ramo nos permitirá avanzar decididamente en nuestra cultura jurídica. Alejandro Guzmán Brito nos ha dado una lección más y ha asumido con creces su responsabilidad, sin excesos: *ne quid nimis*.

V. NATURALEZA JURÍDICA DEL SUBSUELO[305]

Se ofrece un análisis jurídico relativo al régimen jurídico del uso del subsuelo y de las hipótesis de indemnización a los propietarios del suelo, por ejemplo, ante la necesidad de su uso para la construcción de obras de interés público, de infraestructura, en que se construye en y ocupa partes profundas el subsuelo para túneles.

1. *Extensión horizontal y vertical de la propiedad.* En el plano vertical de los inmuebles se presenta el problema de determinar la extensión que le corresponde al propietario en el subsuelo. En Chile no existe norma expresa que le confiera el dominio del subsuelo al propietario del suelo superficial. Parte de la doctrina aplica la tesis romana clásica, dado que de algunos artículos dispersos del Código Civil (879, 931, 942 y 945), cabría entender que el propietario superficial lo es también del subsuelo. En este sentido, Claro Solar estima que "la propiedad del suelo abarca en toda su extensión (...), todo lo que se halle sobre el suelo o debajo del suelo. A su juicio, son "elementos constitutivos del suelo mismo"[306] (así también, Pescio, Figueroa Valdés).

2. *El subsuelo en la historia jurídica.*

a) El Code Civil francés de 1804. El *Code Civil* de 1804 en su artículo 552 inciso 1° dispone que "la propiedad del suelo comprende la propiedad de la parte superior [superficie] ("*dessus*") y del [fondo] ("*dessous*")"[307]. Nótese cómo el codificador francés deriva del concepto de suelo ("*sol*"), superficie y fondo; y no utiliza el concepto subsuelo ("*tréfonds*") como opuesto al suelo ("*sol*"). Ello es explicable, pues la separación bifronte "suelo/subsuelo" no constituye a la época una paridad de la cual se originasen consecuencias jurídicas para los propietarios.

---

305 Publicado en: *La Semana Jurídica*, N° 323, semana del 15 al 21 de enero de 2007, pp. 6-7.

306 Claro Solar (1930).

307 El texto en francés del artículo 552 inciso 1° es: "*La proprieté du sol emporte la proprieté du dessus et du dessous*".

Existía en tal época una óptica plana, de confines horizontales para la propiedad, y la utilización de los materiales subterráneos se concebía de acuerdo al interés y posibilidades técnicas[308]. No se concebía aún una conciencia de ser propietarios hasta lo más profundo de la tierra; idea que será posterior, originada en ideas decimonónicas, tendientes a apoyar una concepción absoluta de la propiedad, ideas individualistas que traerán por reacción defensiva una nueva patrimonialización de los minerales, ahora ya no por parte de los reyes (que eran parte del pasado), sino del nuevo titular del poder social: del Estado.

Será la doctrina sucesiva a la dictación del Código Civil francés, del siglo XIX y aun del XX, en especial la llamada Escuela de la Exégesis, la que seguirá insistiendo en una idea estática, vertical, de una propiedad individual y excluyente del subsuelo, apoyándose para ello en el tenor literal de este artículo 552 (aunque, como decimos arriba, de su tenor literal no se deriva una bipartición dogmática suelo/subsuelo), desempolvando además de los antiguos textos medievales el brocardo *cuius est solum eius est usque ad coelum*, a la que le adjuntaron la expresión *usque ad inferos*, trayéndola transformada, de la fórmula *usque ad profundum* que los juristas habían conocido para tutelar los intereses de los propietarios del suelo al disfrute del subsuelo para defenderse de la regalía soberana. Tesis esta que, incluso, apoyaron artificialmente en antecedentes romanos, lo que también era irreal.

Ya veremos que esto producirá la permanente tensión entre propiedad del suelo y explotación de las minas por terceros, y la decisión legislativa decimonónica de los Estados nacionales de recuperar la antigua regalía minera, con contenido patrimonial, con el fin de evitar que los propietarios del suelo, aplicando esta hipérbole, se considerasen dueños del suelo y del subsuelo. Un exceso (considerar a los propietarios como dueños del subsuelo "hasta el infierno", "hasta lo más profundo") traerá como consecuencia otro exceso (considerar por la vía legislativa al Estado como "dueño" de las minas). Pero para esto último será necesario traspasar un problema "técnico-jurídico": la necesidad de transformar al "Estado" en sujeto del derecho de propiedad y de ahí la atribución de un "derecho de propiedad" al Estado... *sobre el subsuelo.*

b) Ley francesa de Minas de 1810. Como se ha dicho, ya se había infiltrado como idea común, a partir del *Code Civil*, sostener que el propietario de la superficie era, al mismo tiempo, por la vía de la accesión, propietario del subsuelo, no solo en la medida necesaria para realizar todos los actos usuales de propiedad en el suelo,

308 Cf. Tenella (1994), p. 626.

sino también en el subsuelo mineral. Por ello, esta será una ley práctica, reflejando tales ideas individualistas como también los necesarios cambios de ideas acerca de la función económica de las minas, con tal de hacerlas producir. El "Estado" se transforma en guardián de los intereses colectivos: crea la "propiedad minera" expropiando al propietario del suelo (y del subsuelo). El sentimiento de que la expropiación constituía el nudo de la ley no solo estuvo en sus redactores, pues ha sido la interpretación más recurrida por la doctrina posterior[309], pero Napoleón tuvo la sagacidad de no asignarla a la Nación o al "Estado", estableciendo que las minas no serían ni del propietario del suelo ni de nadie: *res nullius*.

Conforme a las ideas del propio Napoleón, es la expropiación la que justifica la creación de la propiedad minera, pues las minas tienen una utilidad social. El que posee los recursos y la capacidad debe explotar las minas y, por ende, debe tener su propiedad, en desmedro del propietario del suelo, que se encuentra entonces expropiado de la propiedad del subsuelo que le prometía el *Code Civil*[310].

3. Doctrina moderna del interés en relación al subsuelo. La doctrina "del interés", que es atribuida a Ihering, es una postura intermedia entre el postulado del derecho romano clásico y la teoría restrictiva que reduce la propiedad sobre un inmueble a la superficie del suelo, entregando al Estado la disposición del espacio sideral y del subsuelo[311].

El criterio doctrinario del interés consiste, para algunos, en limitar el derecho de propiedad, mientras que, para otros, se traduce en la imposibilidad de oponerse a las inmisiones de terceros que no perturban al propietario, afectando en este último caso ala ejercicio del derecho de propiedad.

Ya sea que se acoja la explicación de la limitación del derecho de propiedad o del ejercicio del mismo, la restricción al propietario del suelo superficial quedaría materializada positivamente en el interés práctico y razonable del propietario del predio superficial para ocupar el subsuelo y, negativamente, en cuanto a la imposibilidad de dicho propietario superficial de oponerse a la actividad de terceros que se desarrolle a gran profundidad en el subsuelo por la carencia de perjuicios que dicha actividad le reporte.

---

309 Cf. por todos: Planiol (1906), p. 764, N° 2.394, para quien "si bien la letra del Código [artículo 552] ha sido respetada, su espíritu ha sido desconocido", pues, a su juicio, en la ley de 1810 lo que opera es una verdadera "expropiación" a los propietarios del suelo (y del subsuelo).

310 Ver un mayor desarrollo en: Vergara (2010).

311 Véase La Rocca (1995), p. 185.

La doctrina del interés ha llevado a que la doctrina y la jurisprudencia comparada estimen que la propiedad verticalmente no es absoluta y que el propietario del inmueble extiende su derecho al espacio que cubre el inmueble y al subsuelo, en la medida en que el interés, el provecho y la utilidad del ejercicio de su dominio lo justifique, no pudiendo oponerse a inmisiones de terceros (como aeronaves o excavaciones profundas en el subsuelo) que no afecten su dominio al no producirle perjuicios.

4. *Legislación chilena y "subsuelo"*. En la legislación chilena, en cuanto al subsuelo, no hay disposición expresa que lo atribuya al propietario. El artículo 942 del Código Civil, por ejemplo, lo da por supuesto. Por lo demás, resulta indiscutible, al menos en alguna medida, si se piensa que para poder ejercitar el dominio necesita siempre el propietario usar la parte inmediatamente inferior a la superficie (para cultivos, cimientos de construcción, etc.)[312]. De esta manera, ni la doctrina[313] ni la jurisprudencia han tomado un sendero claro en la materia y no han atribuido el dominio del subsuelo ilimitadamente ni al propietario superficial ni al Estado, y solo se han pronunciado con respecto a los minerales existentes en el mismo, atribuyéndolos al dominio del Estado de acuerdo a la concepción del dominio eminente.

Sin embargo, algunos autores chilenos se han pronunciado a favor de la Teoría de la Utilidad o del Interés: "El suelo pertenece al dueño del suelo hasta la profundidad requerida por el interés que determina el uso del inmueble"[314].

En consecuencia, se podría decir que la tesis del interés no está tratada orgánicamente en ningún texto legal, y tanto la doctrina como la jurisprudencia, aparte de ser escasa, no se ha pronunciado uniformemente sobre el tema (la gran mayoría se refiere a la Teoría del Interés como un criterio moderno de la legislación y de la doctrina comparada), pero que, a su vez, no ha sido despreciada por esta última y tampoco existe disposición legal alguna que impida su inserción doctrinaria.

5. *El propietario es tal solo respecto del suelo utilizable material y jurídicamente*. Nuestro ordenamiento jurídico, en especial la Constitución, ha dado una especial protección a la propiedad privada y a su titular, al disponer en el inciso 3°, primera parte, del artículo 19 número 24, que:

312 Peñailillo (2004).

313 Véase Figueroa y Figueroa (2006); Figueroa (2000), p. 121-128; Gillmore (2004), y La Rocca (1995).

314 Es el caso de Alessandri *et al.* (1997).

"Nadie puede, en caso alguno, ser privado de su propiedad, del bien sobre que recae o de alguno de los atributos o facultades esenciales del dominio, sino en virtud de ley general o especial que autorice la expropiación por causa de utilidad pública o de interés general, calificada por el legislador".

De esta manera, se impide que un particular sea despojado de parte de su propiedad privada sin que se le expropie por las causas indicadas.

Por lo anterior, es necesario *determinar el objeto que constituye el bien sobre el cual recae el derecho de dominio* del propietario superficial. Para ello, cabe trazar los límites de dicho objeto, utilizando criterios objetivos y aplicables a la generalidad de los casos.

En este sentido, La Rocca Mattar[315] enuncia y analiza algunos de los referidos criterios, señala que una primera delimitación estaría dada por cuanto el interés del propietario superficial debe tener carácter económico, es decir, debe referirse a la utilización que el propietario superficial quiera y pueda darle al subsuelo bajo su propiedad, teniendo en cuenta los avances de la técnica y de la arquitectura.

Pero el criterio anterior no es suficiente para limitar la extensión del dominio sobre el subsuelo, ya que la casuística puede ser infinita. Necesariamente el interés económico del propietario sobre el subsuelo debe tener un matiz objetivo o aplicable a una generalidad de situaciones, es decir, debe referirse a cualquier aprovechamiento posible objetiva y abstractamente considerado. De esta manera, el carácter objetivo opera en función de un interés económico-social y no en función del arbitrio de cada propietario superficial.

Asimismo, es necesario determinar si dicho interés económico-social, objetivo y abstracto que debe tener el propietario superficial requiere ser el actual o el que eventualmente pueda adquirir. En este sentido, se ha sostenido que el aprovechamiento económico-social, objetivo y abstracto del titular del predio superficial debe ser actual, entendiéndose que dicha actualidad no está condicionada al aprovechamiento que se tiene al momento en que se produce la inmisión de terceros en el subsuelo, sino que dice relación con la posibilidad de aprovechamiento cuya realización pueda obtenerse en un tiempo previsible y de acuerdo con la evolución normal de las cosas y la experiencia de la técnica y el arte, combinando beneficiosamente la delimitación de los derechos del propietario superficial con la futura ampliación de sus intereses.

315 La Rocca (1995).

CONCLUSIONES

1° En Chile no existe disposición legal alguna que atribuya al propietario superficial el dominio del subsuelo existente bajo su propiedad. Para parte de la doctrina por aplicación de algunas normas dispersas en el Código Civil (como lo sería el artículo 942), se entiende que se le atribuiría su dominio al propietario superficial.

2° Nuestro ordenamiento jurídico brinda especial protección a la propiedad privada. Por ello, para dar cabida a la doctrina del interés, debe delimitarse necesariamente el objeto sobre el cual recaería el dominio del propietario superficial en el provecho del subsuelo. Tal delimitación debe hacerse con un criterio de interés socioeconómico, abstracto, objetivo y actual, entendiendo que dicha actualidad debe coordinarse con la futura ampliación de los intereses del propietario superficial.

3° En cuanto a la figura de expropiar el subsuelo, aplicando la Teoría del Interés, ello no tendría lugar, debido que, al no haber interés del propietario superficial en la utilización del subsuelo, no habría derecho de propiedad privada sobre el mismo y la expropiación carecería de objeto. Lo anterior, atendida la necesidad de que un requisito de la expropiación es que debe haber una indemnización de perjuicios al afectado, y considerando que no se produce menoscabo alguno al propietario superficial con la construcción de un túnel a gran profundidad bajo su predio.

Bibliografía citada

Alessandri Rodríguez, Arturo, Somarriva Undurraga, Manuel y Vodanovic, Antonio (1997): *Tratado de los Derechos Reales. Los Bienes. Tomo* I (Santiago, Editorial Jurídica de Chile), Sexta Edición.

Claro Solar, Luis (1930): *Explicación de derecho civil y comparado* (Santiago, Imprenta Cervantes), Tomo 6, "De los bienes", I, pp. 675.

Figueroa Valdés, Juan (2000): "Régimen legal del subsuelo urbano", *Revista de Derecho y Jurisprudencia*, tomo XCVII, N° 3, I, pp. 121-128.

Figueroa Velasco, Patricio y Figueroa Valdés, Juan (2006): *Urbanismo y Construcción* (Santiago, LexisNexis), 327 pp. [El "subsuelo urbano", pp. 85 y 86].

Gillmore Landon, Roberto (2004): "Status Jurídico del Suelo Urbano", presentación en: *Seminario Santiago Sub-Terra: Desafíos y Oportunidades (Centro de Investigaciones Territoriales y Urbanas/CITU*. Facultad de Arquitectura y Diseño Universidad Andrés Bello. Cámara Chilena de la Construcción).

La Rocca Mattar (1995): *Propiedad del subsuelo urbano de los bienes nacionales de uso público y fiscales* (Santiago, Editorial Jurídica La Ley), pp. 185. Prólogo Pedro Pierry.

Peñailillo Arévalo, Daniel *Los Bienes. La Propiedad y otros Derechos Reales*. Editorial Jurídica de Chile, 3ª Edición, Santiago, septiembre de 2004.

Pescio V., Victorio (1958): *Manual de Derecho Civil* (Santiago, Editorial Jurídica de Chile).

Planiol, Marcel (1906): *Traité élémentaire de droit civil* (Paris, Librairie générale de droit et de jurisprudence), T. I, 4ª ed.

Tenella Sillani Chiara (1994): *I "limiti verticalli" della proprietá fondiaria* (Milán, Giuffré), pp. 626.

Vergara (2006): "La naturaleza jurídica de la riqueza mineral", en: *Revista Chilena de Derecho*, vol. 33, 2.

—(2007): "Naturaleza Jurídica del subsuelo", en: *La Semana Jurídica,* N° 323, semana del 15 al 21 de enero, pp. 6-7.

—(2010): *Instituciones de derecho minero*, (Santiago, Abeledo Perrot-Legal Publishing), 821 pp.

§ 11

DOS REGULACIONES ESPECIALES: VINO Y LIBROS JURÍDICOS

I. UNA DISCIPLINA CON DENOMINACIÓN DE ORIGEN: EL DERECHO DEL VINO[316]

El vino: desde las páginas de la Biblia a la cumbre de la literatura castellana

"Los árboles se pusieron en camino para buscar un rey a quien ungir. (...) / Los árboles dijeron a la vid: "Ven tú a reinar sobre nosotros". Les respondió la vid: "¿Voy a renunciar a mi mosto [vino], que alegra a los dioses y a los hombres, para ir a mecerme por encima de los árboles?" (La Biblia, *Jueces* 9, 8 (...) 12 y 13)

"Dijo Sancho: ¿No será (...) que tenga yo un instinto tan grande y tan natural en esto de conocer vinos, que en dándome a oler cualquiera, acierto la patria, el linaje, el sabor y la dura [los años del vino], y las vueltas que ha de dar con todas las circunstancias al vino atañaderas?" (Miguel de Cervantes Saavedra, *Segunda Parte del Ingenioso caballero don Quijote de la Mancha* [1615], cap. XIII, *in fine*).

"(...) [Y] aquella tarde la pasó Sancho en hacer algunas ordenanzas tocantes al buen gobierno de la que él imaginaba ser ínsula, y ordenó que no hubiese regatones [revendedores] de los bastimentos [abastecimientos] en la república, y que pudiesen meter en ella vino de las partes que quisiesen, con aditamento que declarasen el lugar de donde era, para ponerle el precio según estimación, bondad y fama, y el que lo aguase o le mudase el nombre, perdiese la vida por ello" (*Idem*, cap. LI, *in fine*: de *Las constituciones del gran gobernador Sancho Panza*).

a. La Biblia muestra la relevancia que para el hombre ha tenido el vino, que en la tradición cristiana ha reinado durante dos milenios, mediante su consagración en la misa. Pero la calidad del vino debe ser cuidada por los hombres, y solo un conocimiento (cultura) de esta bebida puede originar regulaciones adecuadas.

316 Prólogo a: *Derecho del vino*, de Carmen Paz Álvarez (Santiago, Editorial Jurídica de Chile, 2001, 150 pp.). Publicado, además, en: *Revista Chilena de Derecho*, vol. 28, N° 1, 2001, pp. 212-214.

Cervantes, al hacer de Sancho Panza un descendiente de catadores y, luego, al hacerlo gobernador, pudo proporcionarnos un precioso precedente "jurídico-literario" de nuestra tradición castellana sobre lo que hoy llamamos *"denominación de origen"*, con el mismo fin que cualquier norma actual: lograr que los productores del vino pudiesen obtener un precio "según su estimación, bondad y fama", exigiéndose una declaración "[d]el lugar de donde era el vino". Gloriosa conjugación cultural la del vino: desde esas páginas de la Biblia hasta la obra cumbre de la literatura castellana; es esta cultura la que ha guiado a nuestro país, dotado de un clima y un suelo adecuados, hacia un "mundo del vino" de especial riqueza.

Es notorio el actual interés editorial en todos los aspectos relacionados con el vino, que nos ofrece actualmente excelentes textos de enólogos, historiadores, médicos, productores y otros especialistas. Inclusive, ya se cuenta con revistas de divulgación comercial, las que poco a poco van integrando aspectos más técnicos, tratados con seriedad científica. En todo caso, aparentemente aún no existen publicaciones especializadas, provenientes de universidades, que publiquen trabajos de investigadores del área. Sin perjuicio de otros trabajos, es notable que la *Revista Universitaria* (publicación trimestral de la Pontificia Universidad Católica de Chile) haya dedicado dos números especiales dedicados al tema en los últimos años (n° 55, de 1997, *dossier* "El vino en cuerpo y alma"; y n° 70, de 2000, *dossier* "La nueva imagen del vino", entregando un total de trece trabajos de especialistas, que lo abordan desde distintas perspectivas literarias, poéticas, enológicas, históricas, y otras).

Los especialistas y profesionales del vino hasta ahora han venido cubriendo varios campos relativos al vino. Así, en primer lugar, cabe mencionar las conocidas publicaciones del enólogo Rodrigo Alvarado Moore, desde *Chile, tierra del vino*, 1982; a *El mundo del vino. Crónicas de un enólogo*, Turiscom, 1997; a *Los caminos del vino. Más crónicas de un enólogo y cuatro cuentos enológicos,* Editorial Universitaria, 1999; hasta el último libro, en conjunto con Juan Gana, *El vino del fin del mundo*, Editorial Antártica, 2000 (que ha permanecido muchas semanas en las listas de los más vendidos). Enseguida, la excelente *Introducción al vino de Chile,* PUC, 1997, recientemente reeditado, del profesor de vitivinicultura y enología, Alejandro Hernández; la completa *Historia del vino. Desde 1850 hasta hoy,* Editorial Universitaria, 1998, del historiador José del Pozo; las publicaciones, de Federico Leighton, del programa Vino y Salud de la UC, y un largo etcétera.

Pero hacía falta un libro dedicado a la regulación legal del vino.

Podemos decir entonces que, en conjunto con el actual despegue de esta industria, la cultura del vino se ha venido a llenar de un promisorio conjunto de publicaciones, que nos puede llevar poco a poco a ser un país no solo culto en materia de vino, sino con un grado de especialización y conocimiento nuevo de trascendencia. Ya vendrán nuevas disciplinas a cubrir sus respectivos campos (la química del vino, la geografía del vino, la sociología del vino...), ya sea con obras de divulgación como especializadas.

Por tal razón, con especial agrado recibimos este libro, cuya autora, Carmen Paz Alvarez Enríquez, entrega al público lector. La entusiasta recolección de *"racimos"* y la elaboración lenta y cuidadosa de este *"mosto"* lo he podido conocer desde su *"origen"*. Doy fe.

b. "Descorchemos" ahora este trabajo cuidadosamente *"embotellado"* por la Editorial Jurídica de Chile.

En la introducción la autora realiza una breve exposición acerca de la historia del vino en el mundo, explicando qué es el vino, de qué planta proviene, el posible origen de la vid y su difusión hasta llegar a Chile. Enseguida ofrece una historia de la vitivinicultura en Chile y para ello distingue tres épocas: época colonial, del Chile republicano y época actual, revisando su reestructuración y auge. Para cada una, y apoyándose en textos históricos, explica el desarrollo que ha tenido la industria vitivinícola en nuestro país. También aborda aspectos de la técnica de la industria vitivinícola, explicando qué es la viticultura (los sistemas de conducción de la vid, los sistemas de poda) y el concepto de vinicultura (partes de la uva, la vendimia, procesos de elaboración para los vinos tintos, blancos y rosados), todo lo cual es básico para comprender la normativa vigente. En fin, termina esta introducción dando datos de actualidad, recordando las condiciones favorables que existen en nuestro país para que se desarrolle la industria vitivinícola, tales como clima, suelo y cepas; indicando la composición varietal de los vinos blancos y tintos, y el origen y cualidades de cada una.

El hecho de que todos estos datos no-jurídicos se encuentren en la "Introducción" es un dato relevante desde el punto de vista metodológico: las disciplinas no jurídicas se conjugan aquí para mostrar la "realidad" de la industria vitivinícola como objeto de análisis jurídico, en toda su riqueza, a partir de la cual la autora elaborará sus desarrollos jurídicos. Solo después de abordar todos estos temas no jurídicos, aborda la autora lo central de la tesis: el derecho. Lo anterior es: historia, enología, economía, u otras disciplinas que, frente al fenómeno de las leyes vigentes en una país, no pueden por sí solas aportar lo que se espera de la ciencia jurídica.

En la primera parte analiza la autora, en general, la legislación de la industria vitivinícola. Ofrece una exposición de las diferentes normas que han regulado la industria del vino a través de la historia nacional, indicando incluso si, a su juicio y según las fuentes fidedignas, una determinada legislación la ha perjudicado o beneficiado. Comienza en la época colonial, sigue en los siglos XIX y comienzos del siglo XX, para finalizar en las diferentes leyes de alcoholes que se han dictado desde 1902 en adelante. Luego, la autora ofrece una sistematización del vigente Derecho del Vino, realizando una tarea propiamente dogmática y con gran originalidad: analiza la actual Ley de Alcoholes y su Reglamento, explica sus antecedentes y cuatro de las cinco instituciones sobre las cuales, a su juicio, descansa el Derecho del Vino: la producción o vinificación, la elaboración, la comercialización, la intervención administrativa y las denominaciones de origen.

La segunda parte de este libro lo consagra la autora a tratar el específico tema de las denominaciones de origen en general y su aplicación al producto alimenticio que denominamos vino. En cuanto al concepto general de las denominaciones de origen, realiza la autora un breve recorrido por sus antecedentes históricos mundiales, explicando los factores necesarios para que un vino tenga una denominación de origen, las bases del concepto, un análisis de las definiciones dadas e indicando la diferencia entre las denominaciones de procedencia y las de origen, distinción que aplicará particularmente para realizar el trabajo propio de la dogmática: sistematizar la legislación vigente según tal criterio y criticar adecuadamente las confusiones legislativas. En efecto, al analizar la Ley N° 18.455, y su Reglamento y el Decreto N° 464, indica la manera de constituir las denominaciones de origen, el concepto legal de esta institución y los elementos que la configuran: la zonificación vitícola o procedencia geográfica, factores humanos y naturales, ante lo cual se plantea de un modo crítico, señalando la conveniencia de mejoramientos y aclaraciones normativas.

Incluye la autora, como anexo, una relación de las doctrinas jurisprudenciales que han ofrecido nuestros tribunales en relación al Derecho del Vino; jurisprudencia esta que, utilizada en el cuerpo de la tesis cuando corresponde, complementan el estudio de la legislación histórica y vigente.

c. El interés del tema del vino es de primera actualidad. Las estadísticas de los terrenos dedicados al cultivo de la viña en nuestro país permiten apreciar su importancia y trascendencia tanto en lo relacionado con su cultivo en sí como con la industria de la vinificación. Dadas las excelentes condiciones climáticas, Chile es un país vitivinícola por excelencia, que exporta importantes volúmenes de vino que se destacan por su calidad. Esta actividad ha tenido que ser regulada por el legislador, para lo cual se han dictado diferentes leyes y reglamentos que han permitido normar la industria vitivinícola en sus distintos aspectos. Todas estas normas pueden considerarse integradas dogmáticamente dentro de lo que se conoce como "Derecho Administrativo Económico", disciplina de la cual sería una especialidad el Derecho del Vino.

La hipótesis sobre la cual trabajó la autora en este texto es lograr un ambicioso objetivo científico: probar la existencia de un Derecho del Vino como disciplina jurídica autónoma. Creo que está plenamente logrado, y debemos tener al Derecho del Vino como una disciplina autónoma, lo que por lo demás es el resultado de una realidad: la existencia de una industria del vino, cuyas vicisitudes históricas y realidad presente, la han moldeado, ante el sistema jurídico vigente, con unas características y principios muy especiales.

La característica de la industria del vino (o las fases de tal industria, según la autora), a su vez, moldean la disciplina del Derecho del Vino, lo que en este libro se demuestra con habilidad. A partir de tales características generales (si estamos de acuerdo con que ellas lo sean) se podrá diseñar principios sistematizadores que ayuden a los aplicadores del derecho (jueces, abogados) a realizar interpretaciones adecuadas de la legislación vigente. Es una tarea que en realidad correspondía hacer a los juristas profesionales.

Hacía falta que el mundo del vino chileno recibiera *ex cathedra* un desarrollo sobre su legislación, esto es, por quien tiene la *auctoritas* disciplinaria. Así como este texto no puede ofrecer datos enológicos ni históricos confiables (en cuyo caso tendremos que recurrir a los textos de esos especialistas), ingenieros agrónomos, enólogos e historiadores podrán ahora enriquecer sus propios textos con interpretaciones jurídicas confiables. Se transforma entonces, este libro, desde su aparición misma, en un primer punto de referencia jurídico obligado para el mundo del vino chileno. Esta es su *"etiqueta"*.

d. En fin, las conclusiones demuestran las hipótesis iniciales que se planteó la autora en relación a esta especialidad, ofreciendo, con originalidad y solidez, una sistematización dogmática del Derecho del Vino, demostrando de paso su autonomía por medio de las cinco instituciones que la autora postula.

Constituye este trabajo un esfuerzo metodológico encomiable, en un área donde casi no existe apoyo bibliográfico propiamente jurídico, en que solo se encuentran escritos que contienen relaciones de legislación derogada y vigente, realizadas por autores no juristas. La autora ha realizado lo auténtico de la dogmática jurídica: sistematizar una legislación de acuerdo a criterios razonados, que marcarán un punto de partida para la investigación futura en esta disciplina.

Es este libro, además, ampliamente original y en él la autora se ha atrevido a plantear con suficientes fundamentos la existencia de un "Derecho del Vino", señalando sus instituciones relevantes, a partir de una investigación histórico-legislativa y jurisprudencial ordenada, que permite colocar este trabajo en medio de la mejor tradición propiamente universitaria.

Brindo por ello, ¡salud!

II. ACTIVIDAD EMPRESARIAL DEL FISCO PARA EDITAR LIBROS JURÍDICOS

a) Editorial Jurídica de Chile: disolución de empresa fiscal deficitaria[317]

Ningún interés común justifica la subsistencia de una deficitaria empresa fiscal editora de libros jurídicos ni del curioso monopolio de edición oficial de Códigos.

La unanimidad del Senado, en sesión de 13 de marzo [de 2013], con realismo y parsimonia, acordó "solicitar al Presidente de la República que adopte las medidas conducentes a la disolución de la Editorial Jurídica de Chile y que se confiera a la Biblioteca del Congreso Nacional la facultad exclusiva, de editar y publicar en formato digital los textos oficiales de los Códigos de la República".

Este es uno de esos raros ejemplos de acuerdo "transversal" que ofrece nuestra democracia; lo que es muy denso políticamente hablando, me parece, pues el Senado, junto a la Cámara de Diputados, son los representantes de la voluntad ciudadana y si todos ellos han logrado esta unanimidad, podríamos confiar en que se persigue el interés común.

Este es un acuerdo que cabe celebrar, pues es injustificable, desde la perspectiva del bien común, la subsistencia de una empresa fiscal deficitaria, como tampoco la del innecesario privilegio de la edición oficial de los códigos legales.

En efecto, la mantención de dicha empresa quebranta la regla y principio de la subsidiariedad, que está en la base de nuestra institucionalidad administrativa y de desarrollo económico.

El contexto histórico en que fue creada dicha empresa es muy distinto a la realidad actual. Hoy el país no necesita la participación de empresas y organismos públicos en el desarrollo directo de actividades económicas.

La actividad empresarial por parte del Fisco/Estado todavía se permite, cuando ella sea necesaria para el bienestar de la sociedad. Sin embargo, ello se da de modo excepcionalísimo, pues, en concordancia con la subsidiariedad, el Estado/

317 Publicada en: *El Mercurio*, 26 de marzo de 2013, p. A2.

Fisco no debe interferir cuando la empresa privada puede y quiera desarrollar una actividad, circunstancia que se presenta en el caso de la edición, publicación y comercialización de libros jurídicos, leyes y códigos, actividad comercial en que existen múltiples editoriales.En consecuencia, la existencia misma de esa empresa fiscal editora de leyes y libros jurídicos hoy resulta anacrónica, y su disolución por ley (del mismo modo en que se creó) resulta coherente con nuestro marco constitucional y con el bien común.

Por otra parte, descarga de un rol extraño y desajustado a una singular Facultad de Derecho, casa de estudio que así podrá dedicar sus esfuerzos a lo que le es propio: la educación y formación de abogados. Quizás parte de la explicación de la grave situación financiera de esa editorial fiscal se encuentra en la distorsión de que un grupo de abogados, por conocedores que sean de su rol de tales, eran los directores de esa empresa, intentando improvisar pautas administrativas y financieras para la misma.

Además, tampoco se justifica el raro monopolio que en 1947 entregó la Ley N° 8.828 a dicha empresa: "Las ediciones oficiales de los Códigos de la República solo podrán hacerse por la Editorial Jurídica de Chile".

Este privilegio de *"ediciones oficiales"* a favor de una empresa fiscal para editar con exclusividad un tipo de leyes (los "Códigos") quebranta, en democracia, el rol que le corresponde al *Diario Oficial* de ser, como ya lo señalara un señero decreto de 1877, la única edición "auténtica y oficial" de las leyes y Códigos de la República.

Cabe, entonces, la derogación de la norma que le otorga a un solo actor del mercado editorial (la empresa fiscal "Editorial Jurídica de Chile") el privilegio de realizar "ediciones oficiales", pues no solo disputa el rol del *Diario Oficial*, sino que también atenta contra la libertad de empresa que consagra la Constitución, según la cual, cualquier persona puede editar las leyes y Códigos (enriqueciéndolos con notas, índices, actualizaciones, etc.), pero todas basándose en el texto que de tales leyes y Códigos ofrece el *Diario Oficial*, única publicación verdaderamente "auténtica y oficial".

Así, en una república democrática, como la que asegura la Constitución, la única publicación oficial de las leyes que obligan a los ciudadanos y a sus autoridades debe ser las que, de manera "auténtica y oficial" se publican en el *Diario Oficial*. Las demás ediciones o reediciones o sistematizaciones que la libre empresa realice de tales, leyes, en papel o en documentos electrónicos, son un derivado de la anterior.

En fin, la proyectada entrega de la edición digital de leyes y códigos a la Biblioteca del Congreso Nacional no hace sino reconocer el excelente rol de acercamiento de las leyes a los ciudadanos que esta última institución, clave en la cultura chilena, realiza en la actualidad; pero no es necesario recargar esa labor con el arcaico rótulo de la "edición oficial" de los códigos.

Para eso está nuestro "oficial" *Diario oficial.*

b) Edición deficitaria de libros jurídicos. Respuesta a un lector[318]

En una interesante columna de ayer, en respuesta a una mía anterior, el profesor José Joaquín Ugarte señala que sería un error la disolución de la Editorial Jurídica de Chile. Resalta la labor que le cupo a su ilustre padre, don Jorge Ugarte Vial, en la creación de esa editorial. Igualmente, dedica amables palabras a mi padre, Ciro Vergara Duplaquet, autor de un antiguo texto de derecho de aguas, lo que agradezco. Me identifica como director de una colección de tratados de una editorial privada, condición que ya no ostento.

En suma, estima que esa empresa fiscal debe ser objeto de salvataje, dada su trayectoria. Me temo que, a pesar de tan documentado y bien inspirado texto, la proyectada disolución de esa empresa es adecuada.

Primero, cabe razonar si existe algún interés común que justifique mantener, con el dinero de todos, una empresa fiscal deficitaria. A juicio del ilustre profesor, ese interés común sería la necesidad de editar obras jurídicas de excelencia. Entonces, estamos de acuerdo en cuanto al fin, pero no en el medio para lograrlo. Este es un fin deseable no solo para la ciencia jurídica, sino para toda disciplina universitaria y yo no veo que la ingeniería o la economía, u otras ciencias, exijan la mantención de una empresa editorial deficitaria para su promoción cultural. Los dineros públicos solo pueden invertirse en un fin como este solo de modo subsidiario, en aquellos casos en que la iniciativa de la empresa privada deje de editar libros de excelencia y un buen medio sea a través de fondos concursables para libros jurídicos, como lo editorializó este diario antes de ayer. Ese es un modo más focalizado y efectivo para editar libros jurídicos canónicos (en el sentido de Bloom) y buenas tesis de grado o doctorales, tratados y monografías de alto estándar, elegidos por una comisión interuniversitaria e interdisciplinaria de juristas.

En segundo lugar, precisa el profesor Ugarte que el tema de la edición oficial de los códigos es lo menos importante de la editorial. Entonces, pareciera que hay acuerdo en que esta tarea es razonable que el Senado proponga entregársela a la Biblioteca del Congreso Nacional.

318 Publicada como: "Edición deficitaria de libros jurídicos", en: *El Mercurio*, 3 de abril de 2013, p. A2.

En fin, la Editorial Jurídica de Chile prestó un innegable servicio a la cultura jurídica chilena, y sus aportes pueden ser rescatados, por ejemplo, mediante la creación de un fondo bibliográfico electrónico. Esa sería una encomiable tarea que también cabría entregar a la señalada Biblioteca.

ÍNDICE DE NOMBRES CITADOS

ÍNDICE DE MATERIAS

www.ingramcontent.com/pod-product-compliance
Lightning Source LLC
LaVergne TN
LVHW080301061026
849532LV00012BA/4002